徽学文库（第二辑）
主　编◎周晓光
副主编◎王振忠　胡中生

教育部人文社会科学重点研究基地
安徽大学徽学研究中心基金资助

宋元明清徽州家谱的历史演进

徐彬　祝虹◎著

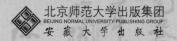

北京师范大学出版集团
安徽大学出版社

图书在版编目(CIP)数据

宋元明清徽州家谱的历史演进/徐彬,祝虹著.—合肥:安徽大学出版社,2020.12

(徽学文库/周晓光主编.第二辑)

ISBN 978-7-5664-2179-1

Ⅰ.①宋… Ⅱ.①徐… ②祝… Ⅲ.①家谱－研究－徽州地区－宋元时期 ②家谱－研究－徽州地区－明清时代 Ⅳ.①K820.9

中国版本图书馆 CIP 数据核字(2020)第 268967 号

国家社科基金重大招标项目"千年徽州家谱与社会变迁研究"(11&ZD094)结项成果之一

宋元明清徽州家谱的历史演进
Songyuan Mingqing Huizhou Jiapu de Lishi Yanjin

徐 彬 祝 虹 著

出版发行：北京师范大学出版集团
　　　　　安 徽 大 学 出 版 社
　　　　　(安徽省合肥市肥西路3号 邮编230039)
　　　　　www.bnupg.com.cn
　　　　　www.ahupress.com.cn

| 印　刷：安徽新华印刷股份有限公司 |
| 经　销：全国新华书店 |
| 开　本：170 mm×240 mm |
| 印　张：22.75 |
| 字　数：328 千字 |
| 版　次：2020 年 12 月第 1 版 |
| 印　次：2020 年 12 月第 1 次印刷 |
| 定　价：68.00 元 |
| ISBN 978-7-5664-2179-1 |

总　策　划：陈　来　齐宏亮　　　　　　装帧设计：李　军　孟献辉
执行策划编辑：李　君　　　　　　　　　　美术编辑：李　军
责　任　编　辑：李　君
责　任　校　对：李　健　　　　　　　　　责任印制：陈　如　孟献辉

版权所有　侵权必究

反盗版、侵权举报电话：0551—65106311
外埠邮购电话：0551—65107716
本书如有印装质量问题,请与印制管理部联系调换。
印制管理部电话：0551—65106311

总　序

　　徽学是以徽州历史地理、徽州传统社会、徽州历史文化及其传承创新为研究对象的一门学问。尽管关于徽州自然与人文的记述与探究，历史上由来已久，但作为具有现代学科意义的徽学，则形成于20世纪80年代。已故徽学研究奠基人和开拓者张海鹏先生在《徽学漫议》一文中说："在20世纪70年代末到80年代中期，随着'科学的春天'的到来，学术园地百花齐放，异彩纷呈。其中，'徽学'也在群芳争妍中绽开了蓓蕾，成为地域文化中的一枝新秀。"①已故著名徽学专家、原中国社会科学院历史研究所周绍泉先生在《徽州文书与徽学》一文中说："徽学（又称徽州学）是80年代以后才出现的新学科。"②著名徽学研究大家叶显恩先生在胡益民先生编著的《徽州文献综录》一书写的序中说："徽学在短暂的三十年间，从默默寡闻而勃然兴起，今已蔚然成大国，耸立于学界之林，成为与敦煌学、藏学相比肩的显学。"③回溯30年，正是20世纪80年代。中国社会科学院栾成显先生在《明清徽州宗族文书研究》中同样指出："20世纪80年代徽学兴起以来，学者们利用谱牒、方志及其他文献资料，乃至进行社会调查，对徽州宗族作了较为深入的研究，成果

---

① 张海鹏：《徽学漫议》，载《光明日报》，2000年3月24日。
② 周绍泉：《徽州文书与徽学》，载《历史研究》，2000年第1期。
③ 叶显恩：《徽州文献综录序》，见胡益明：《徽州文献综录》卷首，合肥：安徽教育出版社，2014年。

显著。"①上述关于徽学形成于20世纪80年代的观点,已是学术界的基本共识。

徽学之所以在20世纪80年代以后勃然兴起,有其天时、地利、人和等多种因素。

从"天时"来看,20世纪80年代是学界处于中华人民共和国成立以来的一个学术研究重要转型期。就史学研究而言,著名史学理论与史学史研究专家、北京师范大学瞿林东先生认为:"中国史学上的第五次反思出现于20世纪八九十年代,其历史背景和学术背景是,20世纪七十年代末,中国的政治形势从'以阶级斗争为纲'转向实行改革开放、以经济建设为中心;在意识形态领域则是以拨乱反正、正本清源、解放思想、实事求是为其时代特征……中国的理论界、学术界从'万马齐喑'的状态一下子活跃起来,几乎每一个学科或学术领域都在思考自身的发展道路。"②中国史学"视野开阔了,研究领域拓展了,中外史学交流日益加强了,新问题、新材料、新成果不断涌现出来"。③ 在此转型期中,文化史、社会史和区域史的研究受到高度重视。徽州因其独特的地理与历史文化秉性,吸引了海内外学者的目光,有关徽州及其历史文化的各类研究成果纷纷问世。由此,徽州成为当时区域史研究的一个重要对象。正是基于学术研究转向的这一背景,徽学因时而生。中国社会科学院卜宪群先生在《新中国七十年的史学发展道路》一文中评述这一时期的史学研究时说:"与历史文献学有密切关系的甲骨学、简帛学、敦煌学、徽学等古文书学研究取得了重要成就。徽学成为国际性学科,敦煌在中国,敦煌学在国外的状况得以根本改变。"④1999年12月,中华人民共和国教育部设立首批15所人文社会科学重点研究基地,安徽大学徽学研究中心入选。它标志着经过20年的发展,徽学学科得到了国家层面的正式认可。

---

① 栾成显:《明清徽州宗族文书研究序》,见刘道胜:《明清徽州宗族文书研究》卷首,合肥:安徽人民出版社,2008年。
② 瞿林东:《史学理论史研究 中国史学上的五次反思》,载《史学史研究》,2015年第1期。
③ 瞿林东:《传播·反思·新的前景——新中国70年史学的三大跨越》,载《中国史研究动态》,2019年第4期。
④ 卜宪群:《新中国七十年的史学发展道路》,载《中国史研究》,2019年第3期。

从"地利"来看,它包含了多个方面的内容:

一是历史上关于徽州自然与人文的探究传统,为徽学形成奠定了基础。从南朝梁萧几《新安山水记》、王笃《新安记》,唐代《歙州图经》,北宋祥符年间《歙州图经》、黄山祥符寺僧行明《黄山图经》,南宋姚源《新安广录》、罗愿《新安志》、刘炳等《新安续志》,到元代朱霁《新安后续志》,明代程敏政《新安文献志》、程曈《新安学系录》《新安文献补》、何东序等《徽州府志》、方信《新安志补》、蒋俊《祁闾图志》、戴廷明等《新安名族志》、张涛等《歙志》、傅岩《歙纪》,清代高晫《徽州府通志》、赵吉士《徽州府志》、施璜《紫阳书院志》《还古书院志》等,以及各历史时期其他大量有关徽州的府县志、专志、纪述,都是涉及徽州山川风物、疆域沿革、风俗变迁、宗族迁徙、文教兴衰、人物事迹等自然与人文历史的记述与考察。近代以来,学者又开始有意识地关注徽州历史与文化问题,把徽州视为一个既有特殊性、又具普遍性的区域加以关注、研究。其成果为20世纪80年代的徽学成为专门学问奠定了基础。

二是源远流长且内涵丰富的徽州历史文化,为徽学形成提供了研究对象。徽州文化具有丰富的内涵,其内容包括新安理学、徽派朴学、徽州教育、新安医学、徽商、徽州科技、徽派建筑、新安画派、徽派篆刻、徽派版画、徽剧、徽菜、徽派雕刻、徽派盆景、宗族、民俗、方言,以及文房四宝等。其文化秉性既是区域个性的标签,也展现了独特的文化风采。第一,徽州文化是连续不断的文化。宋徽宗宣和三年(1121)"徽州"得名,从此开始了徽州文化的时代。在其后的800年间,徽州文化有过盛衰变迁,但它从未中断过,长期保持了高位水平发展态势且始终具有个性特征。这在其他区域文化中是不多见的。徽州文化的"连续不断",主要表现在两个方面:一方面,宋代以降,各个时期徽州都是传统文化的发达之区,其生生不息的文化传承,构成了徽州文化的连续性;另一方面,徽州文化中的一些主要文化现象,宋代以来一直传承不息,源远流长。比如,徽州传统学术文化从新安理学到徽派朴学延续了600多年而未断层就是一个典型的事例。第二,徽州文化是兼容并包的文化。徽州文化虽有其独立的个性,但在其发展过程中,也吸收了大量的其他区域、其他学派的文化。因此,兼容并包成为徽州文化的重要特色之一。第三,徽州文化是引领潮流的文化。作为引领潮流的文化,徽州文化中的新安理学成为国家意志和国家"主流"意识;而徽州文化中的其他各种文化现象,不仅因其地域特色鲜明而在中国传统文化中独树一帜,而且能突破区域局限,引领各领域的文化潮流。第四,徽州文化是世俗生活的文化。徽州文化中无论是精神层面的文化,还是物质层面的文化和制度层面的文化,都与世俗生活息息相关。第五,徽州文化是体系完备的文化。在中国传统社会后期,随着传统文化的地域化发展,各具特色的区域文化纷纷出现,形成繁星满天的情景。这些区域文化,各擅其长,或以哲学思想影响当时及后世,或因文学流派享誉天下,或藉教育和科举形成特色,或由民风民俗传扬四方,但集各种文化现象于一身者,并不多见。徽州文化则因其具有丰富的内涵,成为别具一格的文化体系,形成鲜明的区域特色。这些文化现象,涉及徽州经济、社会、教育、文学、艺术、工艺、建筑、医学等学科,涉及中国传统文化的各个方面,也全面反映了中国传统社会后期经济、社会、生活及文学艺术等基本内容。无论是物质层面的文化、制度层面的文化,还是精神层面的文化,中国传统文化的特质在徽文化中均有典型体现。因此,徽州文化具有独特的研究价值,也成为徽学之所以形成的"地利"因素之一。

三是丰富的徽州历史文献和大量的文化遗存,尤其是20世纪80年代以来近百万件徽州文书的重新发现,为徽学的形成提供了坚实的资料支撑。徽学是以历史学为基础的综合性学科,史料是支撑学科成立的重要因素。历史上徽州向来以"文献之邦"著称,《新安歙北许氏东支世谱》说,江南诸郡中"以文献称者吾徽为最"。[①] 清乾隆年间编纂的《四库全书》,收录徽人著作254种(含存目类);而道光《徽州府志·艺文志》则著录徽人著述宋504种、元288种、明1245种、清(道光以前)1295种,总数达3332种,分经、史、子、集四大类,数十门类。胡益民编著的《徽州文献综录》著录的各类徽州典籍文献逾15000种。[②] 这些历史文献成为徽学研究的重要史料,并且在20世纪80年代以后包括《四库全书》在内的大型丛书陆续影印出版,为研究者提供了便

---

① 《新安歙北许氏东支世谱》卷五《寿昌许公八秩序》。
② 胡益民编著:《徽州文献综录》,合肥:安徽教育出版社,2014年。

利。徽州还是物质和非物质文化遗产保存较为丰富的地区,祠堂、牌坊、古民居、古村落、传统工艺、民间艺术等数量巨大,类型多样,它们既是徽学研究的重要内容,也是支撑徽学学科的资料类型之一。值得特别强调的是,20 世纪 80 年代以来近百万件徽州文书的重新发现,在徽学形成过程中起到了极其重要的作用。甚至有学者认为,徽州文书具有"启发性、连续性、具体性、真实性和典型性的特点",这些特点"吸引了许多研究者全力以赴地研究它,以致出现了一门以徽州文书研究为中心、综合研究社会实态、探寻中国古代社会后期发展变化规律的新学科——徽学"。[1] 丰富的历史文献、大量的文化遗存和百万件的徽州文书,成为徽学形成的重要"地利"因素。

从"人和"来看,学术界致力于徽学学科的理论与方法研究,推动了徽学的形成。20 世纪 80 年代以来,众多学者开始自觉为构建徽学学科体系而开展了一系列的讨论,涉及的问题包括徽学的名称、徽学的研究对象和研究范围、历史时段等。张立文、刘和惠、张海鹏、周绍泉、赵华富、黄德宽等学者分别撰文,探讨徽学学科建设的相关问题。安徽大学徽学研究中心在 2004 年还召开了"徽学的内涵与学科建构研讨会",40 余位专家围绕徽学的内涵和学科体系建构等问题展开了深入讨论,会议成果被编成论文集《论徽学》,由安徽大学出版社出版。[2] 2000 年,中国社会科学出版社出版的《徽州学概论》,也是一部探讨徽学理论与方法的著述。[3] 这些有意识地构建徽学学科的研究,成为 20 世纪 80 年代以后徽学形成的重要因素。

天时、地利、人和,三者共同促成了徽学在 20 世纪 80 年代后成为一门与藏学、敦煌学齐名的"显学"。在至今近 40 年的发展历程中,徽学研究取得了丰硕的成果。数千篇散见于报刊的徽学相关领域研究的论文,为我们展示了徽文化的博大精深和研究者的深度思考;数百部徽学专著,为我们解读和剖析了徽文化中诸种文化现象的前因后果,以及这些文化现象在中国历史和中国文化史上的地位与作用;数十种大型徽州文书与民间文献丛刊的影印出

---

[1] 周绍泉:《徽州文书与徽学》,载《历史研究》,2000 年第 1 期。
[2] 朱万曙主编:《论徽学》,合肥:安徽大学出版社,2004 年。
[3] 姚邦藻主编:《徽州学概论》,北京:中国社会科学出版社,2000 年。

版,为我们提供了徽学研究的重要珍稀资料。徽学成为一门"显学",正是立足于近40年徽学研究的成果之上。

为推动徽学研究的深入开展,集中展示最新的徽学研究成果,从2014年开始,安徽大学徽学研究中心与安徽大学出版社联手打造了《徽学文库》项目。该项目受到了国家出版基金的立项资助,第一辑共9种于2017年全部推出。《徽学文库(第一辑)》出版后,在学界产生了较大的影响。随后,我们策划了《徽学文库(第二辑)》出版项目,并再次得到国家出版基金的立项资助。《徽学文库(第二辑)》共收录徽学研究原创性著作10部,其中部分著作是省部级以上重点项目的结项成果,前后持续数年打磨而成;部分著作是学界新锐的博士学位论文,在导师指导下积数年之功形成的学术精品。作者分别来自安徽大学、复旦大学、上海财经大学、安徽师范大学、黄山学院和香港浸会大学等高校,均为长期关注徽州、从事中国史和徽学研究的学者。

《徽学文库(第二辑)》呈现了以下特色:

第一,聚焦徽学研究薄弱领域,填补学科发展空白之处。第二辑推出的10部著作,选题大多聚焦于徽学原先研究中相对薄弱的课题。比如,近年来随着徽州文书和民间文献的发现和整理,数量众多的徽州日记得以披露,但学界关于徽州日记的专题研究成果,尚未出现。第二辑中《明清以来徽州日记的整理与研究》一书,是作者20余年来深入村落田野进行调查,收集到大量散落民间的日记后,探幽发微、精心整理而成的著作,既有重要的学术价值,又填补了徽学相关研究领域的空白。徽州长期以来被视为儒学发达之区,有关徽州儒学的研究备受重视,而对徽州宗教的研究则相对薄弱。《徽州佛教历史地理研究》通过对大量徽州文书、佛教史籍、金石文字和考古资料的分析,从不同角度对徽州特定历史与地区的佛教传播、寺院分布、高僧籍贯等进行全面研究,对徽州各地区佛教发展的水平层次及其前后变化进行探讨,揭示了徽州佛教文化与其他文化的关系,以及佛教文化与徽州地理的相互作用。这一研究也是针对现有徽学研究的薄弱之处而进行的探索,具有填补空白的意义。《宋元明清徽州家谱的历史演进》《宋明间徽州社会和祭祀礼仪》等,均为徽学研究中独辟蹊径、创新领域的成果。

第二，重视徽州文书和民间文献等新资料的挖掘、整理与研究，推动徽学研究利用特色资料走向深入。大量徽州文书和民间文献存世，是20世纪80年代以来徽学得以形成的重要"地利"因素。本辑中的多部著作，非常注重利用徽州文书与民间文献开展研究。如《宋元明清徽州家谱的历史演进》立足于徽州地域社会，以时间为序，对宋元明清徽州家谱进行了细致的考察与分析，揭示其内在特质及发展规律。《明清以来徽州日记的整理与研究》分上、下两编。上编为研究编，收录作者研究明清徽州日记的最新成果，内容涉及徽州乡土社会、徽州商人的活动和徽州名人的事迹等。下编为资料编，收录《曹应星日记》《复堂日记》《习登日记》等10部日记，或为稿本，或为抄本，极具学术研究价值。《晚清乡绅家庭的生活实态研究——以胡廷卿账簿为中心的考察》对晚清时期的徽州乡村社会及民众的日常生活图景作了总体性描绘，而其主要资料来源则是胡廷卿账簿前后19年的流水记录。通过对胡廷卿一家日常生活状况的研究，结合族谱资料，分析晚清时期徽州社会民众日常生活中的空间、生计及社会关系等问题。注重对徽州文书与民间文献的挖掘、整理与利用，成为本辑多数著作的共同特色。

第三，致力于以微见著，体现徽学作为区域史研究的典范价值和宏观意义。本辑著作从题目来看，多为关于徽学领域中的具体问题或某一现象的研究，但作者往往以小见大，着眼于相关问题的宏观意义，从而凸显徽学研究在解读中国历史、社会和文化发展中的样本价值。如《多元视角下的徽商与区域社会发展变迁研究——以清代民国的婺源为中心》围绕徽商中婺源商人与区域社会之间的互动、融合、发展与变迁这一核心问题展开讨论，希望揭示的是传统社会中商人群体兴起和形成的原因、商业经营网络及其主要经营行业、商人流动迁徙及其组织形态、同乡组织及其慈善事业、乡村的人口流动与商业移民、商业移民与侨寓地的社会变迁、商人和商业与市镇之间的关系等宏观问题。《历史社会地理视野下的徽商及徽州社会——以清民国时期的绩溪县为中心》较为系统地考察了绩溪本土社会的近代化表现，而作者的立意则是剖析近代商人、商业与地方社会变迁之间的内在联系。《晚清乡绅家庭的生活实态研究——以胡廷卿账簿为中心的考察》虽是关于胡廷卿一家日常生活状况的研究,但作者的目的在于阐释晚清时期国家、社会与个人之间的相互关系。《传统职业变迁与明清徽州人口流动研究》从明清徽州的自然与社会因素出发,较为系统地考察了明清徽州传统职业观的转换与建构,而作者的意图还在于解读"四民"间职业变迁、"四民"间人口流动及其对整个明清社会的作用和影响。本辑10部著作是关于徽州区域史研究的精微力著,但其学术价值和研究意义是远远超出徽州的。

第四,跨学科方法的运用,也是本辑著作的显著特色之一。如《民间历史文献与明清徽州社会研究》首先从文献学的角度对徽州档案文书史料进行了系统的考证和研究,再立足历史学、社会学等视角对徽州民间文书所反映的各种社会关系加以阐发,深入解读并阐释徽州民间文书的形式和内涵,从而探索基层社会诸侧面,以及开展徽州区域社会的研究。《徽州佛教历史地理研究》《多元视角下的徽商与区域社会发展变迁研究——以清代民国的婺源为中心》《历史社会地理视野下的徽商及徽州社会——以清民国时期的绩溪县为中心》等作品,则侧重于采用历史学、历史地理学、宗教学、社会学等多学科方法进行综合研究。《徽州文献探微》在研究中采用了文献学、方志学、谱牒学及史学研究的方法。跨学科的研究方法,有助于多角度、多层面探讨相关问题,从而得到更为可靠的结论。

徽学作为一门新兴的学科,只有近40年的历程,未来要发展为成熟的学科,仍需学界同仁作出持之以恒的努力。我们相信,久久为功,必有大成。这次推出《徽学文库(第二辑)》,是我们为发展繁荣徽学贡献的绵薄之力,期待有助于徽学研究水平的提升和徽学学科的建设。

是为序。

周晓光

2020年5月20日于
安徽大学徽学研究中心

序

新时期以来,区域文化研究成为当前新兴学术潮流之一,是推动当今中国学术发展的一个新的生长点。一些典型区域研究吸引了历史学、社会学、人类学和民俗学等学科学者的积极参与。徽州地区便是这样的典型区域,在宋元明清的千余年时间里,徽州地区出现了富甲一方的徽商,出现了新安理学、典型的宗族组织等社会现象,近年来学者加强了对这些历史现象的研究,形成了综合性的区域文化研究学问——徽学。

当前,徽学的研究主要依据正史相关资料,同时重视利用"数以万计的文书、数以千计的家谱和数以百计的方志"作为研究的基本史料,在这些史料中宋元明清的家谱是一个亟待整理与研究的宝藏。徽州家谱传承有自,数量众多,内容丰富,类型多样,刻藏独特。20世纪30年代,赵万里先生在《大公报》上撰文说:"传世明本谱牒,大都是徽州一带大族居多,徽州以外绝少。"据调查,中国国家图书馆所藏善本家谱涉及123个姓氏,计585部,其中,确知为徽州的善本家谱即达175部。据《中国家谱总目》记载,宋元明清徽州家谱逾2000种,数量庞大。因此,徽州家谱极具典型性和代表性,是中国古代两宋以下家谱发展的缩影和标本。

对于这座史料的宝库,如何有效地利用,应从以下三个层面去思考和开展研究。一是要探寻宋元以来历经明清的徽州家谱是如何从徽州这一社会土壤中产生的,即为何在徽州会出现如此规模和优质的家谱?二是要探讨宋元明清徽州家谱自身发展的逻辑有哪些,即徽州家谱近千年来是如何演变的?三是要讨论徽州家谱产生以后与徽州地方社会是如何互动的,即徽州家谱是如何影响地方社会的?

一

宋元明清徽州社会变迁现象不是徽州区域社会所独有的,这种历史的变迁也是中国古代社会共同经历的,但徽州地区由于其独特的历史地理环境,加上经济文化因素的影响,又表现出不同于全国发展的历史轨迹,徽州社会的变迁史在不同的历史文献、历史遗存中都有记载与记录,而徽州家谱无疑是最具延续性的载体之一,徽州家谱的出现,从宋元到明清徽州家谱的延续,是徽州社会变迁的产物。

一是徽州士绅阶层对徽州家谱编修的推动。宋元明清这一时期,经历了从品官地主向官商地主的转变,进一步扩大了地主阶层的规模,促进了士绅阶层的发展,而北宋以来徽州地区士绅阶层不仅数量庞大,而且十分活跃,他们是徽州乡村社会秩序构建的主要成员,他们通过参与地方公共事务的管理有效地参与了社会治理活动,其中家谱的编修是他们进行社会活动的主要手段。家谱是士绅阶层整合家族势力、确定宗族边界和获得社会认同的重要手段与产物。

二是人口迁移对徽州家谱编修产生了深远的影响。徽州社会是一个移民社会,唐末以来北方士族不断南迁,徽州地区是他们主要的迁移地,这在《新安名族志》中有集中的体现。这些南迁的家族为了保持自己的家族历史,显示自己的家族地位,便利用家谱将家族历史记载并保存下来,家谱就在这种情况下产生了。宋元以后,特别是明清时期,徽州地区的人口随着宗族的不断成长,加之徽商的兴起,出现了大量的人口迁移,为保持家族历史,家谱编修传统依然被传承下来。

三是宗族发展对家谱编修的内在需求。家谱无疑是宗族发展的产物,宗族的形成以宗祠为象征,而以家谱为精神维系纽带。家谱谱系不仅是宗族重要的血缘纽带,而且是宗族的血缘边界,没有家谱的这种维系功能,宗族就难以维持。而家谱对宗族历史的记载,也是宗族传承的精神支柱。家谱是宗族社会维持的工具,也是宗族发展的必然结果。

四是文化教育变化对家谱编修的影响。徽州文化教育变化过程中突出的特点是经历了尚武向崇儒的转变,同时将新安理学作为教育的主导思想。此外,重视商业理念教育也是徽州社会文化教育变化的突出特点。这些思想、理念的变化引发了关于家谱指导原则、家谱编修理论与方法的讨论,促进了家谱内容的丰富与多样化。

五是徽商对家谱编修的深刻影响。徽商是徽州文化的"酵母",这是学界公认的论断。家谱作为徽州文化之一,当然也离不开徽商。徽商对家谱的最大贡献是为家谱编修提供了充足的资金,保证了家谱的付梓刊印。徽商将编修家谱作为联系宗亲、扩大经营范围、减少竞争的重要手段,也直接促进了家谱的发展。"徽商足迹遍天下",同时将家谱带到了各地,也加强了同各地联系,促进了统宗谱的编修,扩大了徽州家谱的影响。

二

宋元以降,徽州地区家谱数量大、善本多,具有重要的研究价值,但目前的研究还有待加强。特别是有关徽州家谱的历史演进过程,徽州家谱的编修理论与方法,徽州家谱的社会功能还没有得到系统的研究。总结徽州家谱的历史,探索徽州家谱发展的内在规律,通过比较归纳徽州家谱的特点,对中国家谱史的研究有重要的参考价值。

一是在宋元明清徽州家谱发展过程中既表现出传承性,又表现出阶段性的特点。从时间进程看,徽州家谱发展可分为宋元时期、明代和清代三个有机相连的阶段。

宋元时期徽州家谱存世不多,但弥足珍贵。由于徽州地区文化发达,在存世家谱之外,保留了大量宋元时期的徽州谱序。这些资料对认识徽州家谱在开创时期的具体形态和编修理念方面有重要研究意义,对理解徽州家谱在中国家谱史发展中的开创作用也有帮助。而朱熹、陈栎、郑玉等人的修谱理论与修谱活动不仅有重要的研究价值,也对理解明清以降的徽州家谱发展有指导作用。

明代是徽州家谱发展史上的一个重要阶段,一方面,家谱数量多、精品多,许多著名学者都参与了家谱编修,如程敏政编修了《新安程氏统宗世谱》、汪道昆编修了《灵山院汪氏十六族谱》、吴元孝编修了《临溪吴氏族谱》等有较大影响的家谱;另一方面,明代徽州家谱重视体例创新,创新意识突出,这在上述三部家谱中都有集中体现。

清代徽州家谱编修进入繁盛阶段,家谱种类更加繁多,数量更为庞大;清代徽州家谱体例更加完备,内容更加丰富,进一步体现了"谱为一家之史"的思想;清代徽州家谱充分折射出了徽州社会生活各方面。家谱为徽州宗族社会的构建提供了最重要的精神支撑,对徽州地区的教育提供了直接的保证,对徽州地区的社会风俗形成起到了直接的促进作用。徽州家谱在徽州社会的浸润下,又表现了自己的特色,而最为显著的就是与徽商之间的关系。

二是在徽州家谱发展过程中形成了具有特色的编修理论与方法。在家谱编修指导思想方面,宗法思想和新安理学是徽州家谱编修的根本指导,历史理论与历史编纂思想、方法则对徽州家谱编修的方法具有引导作用。

在徽州家谱编修理论方面,有"谱之废与兴,人也"的编者论,在徽州家谱编修过程中,形成了重视编修者的品德、毅力、地位以及家学传统的认识;有对徽州家谱编修延续性的理论认识,徽州家谱之所以数以千万计,历代编修不辍,与其有明确的延续性理论是分不开的;有对徽州家谱编修体例的探讨,由于家谱作为家族文献,在体例上并无统一的标准,因此在不同的家谱中所表现出的体例是不相同的,但有些基本的部分又是家谱所共同遵守的,从而形成了有关家谱体例的理论基础与方法;有对凡例作用、凡例内容进行理论总结;有对谱序作用、谱序类型以及对待谱序不同的态度等方面进行的考察;有对家谱中主体部分世系图表进行较为深刻的认知;有对欧苏图谱的影响、徽州世系图表的类型及其记载的探讨;有对徽州族谱重墓图的原因及其主要的表现形式的理论认识;还有对谱传、进谱表、诰封褒章、翰墨文章等相关体例问题的讨论。总之,徽州家谱编修理论内容丰富而深刻,对了解中国家谱编撰史有重要的启发意义。

此外,徽州家谱考辨方法论方面,对徽州家谱致误的主观、客观原因,及其产生的影响有较为全面的认识;徽州家谱考辨的主要方式、考辨方法则表现出多样性,有较强的实践性。这些对正确理解徽州家谱的"真"与"求真"十分有价值。

三是徽州家谱中的名谱表现出强烈的代表性和深远的影响意义。从宋元明清徽州家谱的发展历程来看,每一时期都有具有典型意义的家谱产生。徽州地区不仅是一些著名的大姓有谱,几乎各个姓氏都会积极修谱,这中间多有编修精良的家谱。特别是程氏家族、汪氏家族和李氏家族等多有连续性的家谱,对徽州家谱研究具有典型性意义。

在这一漫长的家谱发展过程中,出现了大批名家修谱的情形,产生了大量的名谱。比如程敏政和他的《新安程氏统宗世谱》、程一枝的《程典》、汪道昆的《灵山院汪氏十六族谱》等,这些都是具有重要影响的人物和具有典型意义的家谱,他们的修谱理论和实践对徽州家谱的发展具有重要作用。此外,徽州历史上著名思想家和学者,如陈栎、朱熹、朱升及戴震等的家谱理论,对认清徽州家谱的发展也具有深远的影响。

三

宋元明清徽州家谱是徽州社会发展的结果,是社会变迁的产物。徽州家谱出现后则能动地对徽州社会起作用,徽州家谱不仅记录了徽州社会的变迁实态,还有机地融入徽州社会变迁之中,通过发挥家谱的功能担当起社会变迁中的基层社会秩序重构重任,这是徽州家谱生生不息的重要原因之一。

徽州学者赵吉士在《寄园寄所寄》中说:"新安有数种风俗胜于他邑:千年之冢,不动一抔;千丁之族,未尝散处;千载谱系,丝毫不紊。"这一论断表明徽州是一个高度宗族化、组织化的地方社会,这种组织化的形成是在社会变迁中不断重构而生的。徽州基层社会秩序的获得,固然有多方面的原因,但家谱所起的作用是不可低估的,"千丁之族"是由谱系维持的,"千年之冢"是由家谱中的墓图固化的,这说明家谱承担着基层社会秩序重构的主要责任。

一是徽州家谱对徽州人口有序流动具有引导作用。宋元以降,徽州人口一直保持着高流动性,有北方人口的大量迁入,有徽州区域内的人口流动,还有徽州人口的外迁。这种不断流动,始终有序、理性地进行,究其原因,是因家谱在其中起着规范、约束和引导作用。

二是徽州家谱对徽州宗族秩序的构建具有规范作用。宗族化是徽州基层社会的典型特征之一,宗族化也标志着人群的组织化。家谱是宗族组织化的基础,家谱通过谱系的构建,构筑了宗族的历史,同时也实现了宗族在时间维度上的有序化,保证了宗族内部人群尊卑有序;家谱利用统宗谱、支谱等形式,实现了宗族不同分支之间的联系与区分,在考虑血缘关系的前提下,更侧重从空间维度构建宗族间的秩序。由众多有序的宗族,进而构筑了基层社会的秩序。

三是徽州家谱对徽州社会分层具有约束作用。社会运行通畅程度与社会分层的合理与认同相关,家谱通过确立"亲亲""尊尊"的编写原则与方法,实现了宗族内部的分层;士绅集团利用家谱实现了对乡村绅权的构建,他们一方面利用家谱实现对族内低阶层族众的控制,同时也利用家谱区分不同宗族在社会中的层次,从而保证了士绅集团内部的有序化,也维持了基层社会内不同阶层的秩序。

四是徽州家谱对徽州基层社会经济稳定具有保障作用。经济的稳定是基层社会秩序建立的保障,徽州家谱利用有关族产规定,利用对祠田、墓产的保护,形成宗族的共同经济基础,保证了宗族内部的经济互助。家谱中关于宗族经济的记载,同时也是不同宗族间地产区分的依据,是不同宗族、不同村落避免纷争的依据。家谱中关于族产的记载,在社会变迁过程中起重要的稳定作用,是维护基层社会经济秩序重构的基本依据之一。

五是徽州家谱对徽州基层社会教化具有导向作用。良好的社会教化是基层社会秩序构建的重要内容。徽州家谱在社会变迁过程中始终保持着教化功能，对基层社会秩序形成起着重要促进作用。徽州家谱以朱子家礼为指导思想，保证了教化的权威性与长期性，即使在社会变迁过程中家谱依然起到教化功能。家谱的"隐恶扬善"功能，对符合儒家伦理规范行为大加宣扬，通过人物传记的形式，实现了对家族成员的引导，保证了在社会变迁过程中家族成员依然保持正确的行为。家谱中的家法族规，则从强制角度加大了对宗族成员的约束，保证了社会教化在社会变迁过程中的有效性。

六是徽州家谱对徽州商人社会形成具有促进作用。徽州社会另一重要特征是徽商在人口比重中占大多数，成为名符其实的商人社会，这是传统社会的重要变化。徽州家谱通过宣扬商业理论，提高了徽州人经商的信心；徽州家谱通过为商人立传，也满足了徽商名垂青史的需求；家谱作为一种重要的联谊工具，为徽商商业行为提供了良好的人际环境，这些都显示出徽州家谱对徽商发展有重要的促进作用，也推动了徽州商人社会的形成。

家谱是徽州社会发展的产物，家谱产生后又作用于徽州社会，正是由于这种互动关系，考察徽州家谱的演变过程，就可以更好地去理解徽州社会的历史。毫无疑问，讲清宋元明清以来徽州家谱历史的演变过程，是进一步认清徽州社会发展变迁的基础，本书正是基于这一逻辑认识开展的研究，同时也是本书意义之所在。

徐彬

2020 年 11 月 13 日于
安徽师范大学花津校区

目 录 MULU

上编　宋元时期的徽州家谱

第一章　宋元时期徽州家谱编修的背景与原因 …………………… 2

第一节　宋元时期徽州家谱编修的背景 …………………… 2
一、宋元私家修谱兴起 …………………………………… 2
二、宋元时期徽州地域开发 ……………………………… 5
三、新安理学形成与社会化 ……………………………… 11

第二节　宋元时期徽州家谱编修的原因 …………………… 14
一、宗族意识的萌生与家谱纂修 ………………………… 14
二、宗族族产、宗族血缘与家谱纂修 …………………… 18

第二章　宋元时期徽州家谱的内容与特点 …………………… 28

第一节　宋元时期徽州家谱的概况 ………………………… 28
一、宋元徽州家谱的遗存 ………………………………… 28
二、宋元徽州家谱的编修 ………………………………… 30

第二节　宋元时期徽州家谱的内容 ················· 32
　　　一、谱序 ··························· 32
　　　二、凡例 ··························· 34
　　　三、世系 ··························· 36
　　　四、传记 ··························· 39
　　第三节　宋元时期徽州家谱的特点 ················· 41
　　　一、宋元时期徽州家谱编修的特点 ················ 42
　　　二、宋元时期徽州家谱体例的特点 ················ 42
　　　三、宋元时期徽州家谱内容的特点 ················ 43

第三章　宋元时期徽州谱学名家与典型家谱 ················ 44
　　第一节　宋元时期徽州谱学名家 ··················· 44
　　　一、陈栎 ··························· 45
　　　二、唐桂芳 ·························· 52
　　　三、舒頔 ··························· 58
　　　四、郑玉 ··························· 61
　　第二节　宋元时期徽州家谱发凡 ··················· 66
　　　一、《汪氏渊源录》简论 ····················· 66
　　　二、《新安大族志》的成就与影响 ················ 72

中编　明清时期的徽州家谱

第四章　明清时期徽州家谱编修的背景与原因 ··············· 84
　　第一节　明清时期徽州家谱编修的背景 ················ 84
　　　一、明清徽州宗族的发展 ····················· 84
　　　二、明清徽商群体的兴盛 ····················· 90
　　　三、明清家谱编修的普遍 ····················· 102

第二节　明清时期徽州家谱编修的原因 ·············· 104
一、明清时期徽州宗族建设的需要 ················ 104
二、明清时期徽州地方文化的影响 ················ 119

第五章　明清时期徽州家谱的内容与特点 ·············· 129

第一节　明清时期徽州家谱的概况 ················ 129
一、馆藏明清徽州家谱遗存概况 ·················· 130
二、馆藏明清徽州家谱姓氏概略 ·················· 134

第二节　明清时期徽州家谱的内容 ················ 144
一、明清徽州家谱继承的内容 ···················· 145
二、明清徽州家谱创新的内容 ···················· 154

第三节　明清时期徽州家谱的特点 ················ 169
一、明清徽州家谱体例完善、内容丰富 ············ 169
二、明清徽州家谱具有编修上的连续性特点 ········ 172
三、明清徽州家谱注重理论性的总结 ·············· 175
四、明清徽州家谱与其他徽州地方文献具有高度关联性 ·· 183

第六章　明清徽州典型家谱 ·············· 184

第一节　明代徽州典型家谱 ················ 184
一、《新安程氏统宗世谱》 ···················· 184
二、《珰溪金氏族谱》 ························ 188
三、《休宁范氏族谱》 ························ 192
四、《临溪吴氏宗谱》 ························ 198

第二节　清代徽州典型家谱 ················ 201
一、《潭渡孝里黄氏族谱》 ···················· 201
二、《歙西金山宋村宋氏族谱》 ················ 205
三、《绩溪金紫胡氏家谱》 ···················· 211
四、《绩溪城西周氏宗谱》 ···················· 216

下编 宋元明清徽州家谱编纂理论

第七章 徽州家谱的性质辨析 …… 222

第一节 史籍性质 …… 224
一、史籍性质的表达对象 …… 224
二、史籍性质的表达思维 …… 224

第二节 档案性质 …… 228
一、档案性质的表达对象 …… 228
二、档案性质的表达思维 …… 228

第三节 史籍性质与档案性质统一于家谱的原因分析 …… 232
一、明代以后徽州基层社会的影响 …… 232
二、宋以后谱学发展的影响 …… 235

第八章 徽州家谱的基本理论 …… 239

第一节 中央与地方关系的理性思考 …… 239
一、从宗旨上看：以国为尊，以族为重 …… 239
二、从方法上看：宗法思想的运用 …… 241

第二节 古今观的深层思考 …… 244
一、尊古而不盲从的史源观 …… 244
二、师古以求效今的古今观 …… 247

第三节 功用性的理论与实践 …… 257
一、史料功用 …… 257
二、教育功用 …… 261

第九章 徽州家谱编撰理论的沿革 …… 265

第一节 徽州家谱编撰理论在宋元时期的转型与探索 …… 266
一、编撰目的的变化 …… 266
二、体例与内容的多样化 …… 267

三、编撰思想的开阔 …………………………………………… 269
　第二节　大发展与成熟——徽州家谱编撰理论在明代的不断发展 … 273
　　一、体例创新与定型 …………………………………………… 273
　　二、史学意识增强 ……………………………………………… 274
　　三、家谱修撰理论的提出和趋于成熟 ………………………… 277
　第三节　总结与兼收——徽州家谱修撰在清代的繁荣与时代
　　　　　新发展 ………………………………………………… 283

第十章　徽州家谱的基本特征 …………………………………………… 288
　第一节　注重向正史、地方志的学习借鉴 …………………………… 288
　第二节　注重经济方面的记述 ………………………………………… 291
　第三节　注重家谱的教育功能 ………………………………………… 295
　第四节　关于女性的记载 ……………………………………………… 296
　第五节　谱惟载善，为亲者讳的传统 ………………………………… 298

第十一章　徽州家谱的研究现状与展望 ………………………………… 304
　第一节　宋元明清徽州家谱的研究现状 ……………………………… 304
　　一、宋元徽州家谱的研究 ……………………………………… 304
　　二、明清徽州家谱的研究 ……………………………………… 305
　第二节　宋元明清徽州家谱的研究问题 ……………………………… 312
　　一、仍然存在的旧问题 ………………………………………… 312
　　二、发展出现的新问题 ………………………………………… 313
　第三节　宋元明清徽州家谱的研究展望 ……………………………… 314
　　一、加快徽州家谱原件的开放、开发与电子化的步伐 ……… 315
　　二、扩展徽州家谱研究的时间与空间视野 …………………… 316
　　三、强化徽州家谱研究的理论与方法 ………………………… 316

参考文献 …………………………………………………………………… 318

后记 ………………………………………………………………………… 339

上编 宋元时期的徽州家谱

第一章 宋元时期徽州家谱编修的背景与原因

宋元时期徽州家谱编修有其特定的历史背景,宏观上,在士大夫群体的推动下,当时的中国出现了私修家谱的热潮,全国范围内的谱学发展成为徽州家谱编修的重要背景。就微观层面而言,这一时段徽州地域开放程度不断提高,居民文化素养也有所提升,加上新安理学的兴起及其思想的社会化,这些都成为区域内家谱编修的良好社会基础。这时期徽州家谱编修的原因也与地方宗族发展息息相关,地域内宗族意识的萌生引发了族内士大夫等群体尝试进行家谱编修,加之宗族保护族产、维持祭祀、控制血缘的需要,进一步促使域内宗族广泛编修家谱。

第一节 宋元时期徽州家谱编修的背景

一、宋元私家修谱兴起

入宋之后,中国范围内谱牒修纂渐入高潮,姓氏之学再次兴起,构成这种兴盛之态的重要原因在于出现了私修家谱形式。现今所知,开此风气者当为欧阳修与苏洵。欧阳修有感于当时家族后人忘记自身祖先与世次,以致谱学废绝的情况,"自唐末之乱,士族亡其家谱。今虽显族名家,多失其世次,谱学由是废绝"。① 在纂修完《新唐书》后,欧阳修创制了一整套新的家谱范式,并应用于自己家族,最终形成一部新家谱——《欧阳氏谱图》。几乎在同一时间,苏洵在自己家族"喜不庆,忧不吊""相视如涂人"的情况下②,于宋仁宗至和二年(1055)以另一种形式编成自己家族的家谱——《苏氏族谱》③。因二人将家谱编入自身文集,故谱牒全文保存至今。虽然现今并未见其他北宋谱牒全文,但通过一些文人所纂不同种类的部分家谱文本,仍能看出两宋时期中国私修家谱的郁勃。如北宋时期,同为唐宋八大家的王安石撰有《许氏世谱》④,文学家朱长文于绍圣二年(1095)修成《朱氏世谱》⑤。南宋时期,文人参与编修谱牒的情况更多,在各种文集中屡屡可见,理学家陈亮有《书家谱石刻后》传世⑥,词人李石亦参与了家族谱牒的重修⑦。宋末文天祥不仅为李氏族谱作跋⑧,还亲自为燕氏编修族谱⑨。实际上,在南宋时期,部分学者的所见所闻显示出此时已出现不同地域存在着同姓家谱,部分家谱部头相当可观的现象,"予前后所见同姓诸谱,但在庐陵诸邑者已六七本,各巨帙细书。至

---

① (宋)欧阳修著,洪本健校笺:《居士外集》卷二一《欧阳氏谱图序》,见《欧阳修诗文集校笺》,上海:上海古籍出版社,2009年,第1873页。
② (宋)苏洵著,曾枣庄、金成礼笺注:《嘉祐集笺注》卷一四《苏氏族谱》,上海:上海古籍出版社,1993年,第373页。
③ (宋)苏洵著,曾枣庄、金成礼笺注:《嘉祐集笺注》卷一四《苏氏族谱》,上海:上海古籍出版社,1993年,第373~377页。
④ (宋)王安石著,唐武标校:《王文公文集》卷三三《许氏世谱》,上海:上海人民出版社,1974年,第391~393页。
⑤ (宋)朱长文:《乐圃余稿》卷九《朱氏世谱》,见《景印文渊阁四库全书》第1119册,台北:台湾商务印书馆,1986年,第118页。
⑥ (宋)陈亮著,邓广铭点校:《陈亮集(增订本)》卷二五《书家谱石刻后》,北京:中华书局,1987年,第284页。
⑦ (宋)李石:《方舟集》卷一〇《家谱后序》《代家德麟作重修家谱序》,见四川大学古籍整理研究所编:《宋集珍本丛刊》第43册,北京:线装书局,2004年,第492页。
⑧ (宋)文天祥:《文山先生全集》卷一〇《跋李氏族谱》,北京:商务印书馆,1936年,第351页。
⑨ (宋)文天祥:《文山先生全集》卷九《燕氏族谱序》,北京:商务印书馆,1936年,第331页。

邻郡清江、宜春、长沙同姓亦各有谱"。① 若以谱牒序跋论,现今留存下的宋代文本有103篇,规模已是相当可观②,并且分布于当时王朝统治的大部分区域③。上述情况无不说明,在两宋时期,民间私修谱牒已是一种普遍现象,绝非单个家族的个例,足以说明当时私修谱牒已有一定的规模。

　　宋元鼎革不但未中断民间私修家谱的习俗,而且在元朝统治之下,民间修谱的数量大有增加,修谱之风更为炽热。这种情况可通过元人家谱序跋数量直接反映出来,有学者依据现存元人文集等文献进行了统计,席永春搜集多种文献,共计序跋251篇④,常建华仅以文集为底本,在合并相同者后得出198篇的数据⑤。相较于宋代,这一数据有了很大的增长,如果将元代统治时间纳入参照系,这种增量将会显得更为可观。事实上,在数量增长的同时,谱牒名称也在变化。在两宋时期,中国谱牒名称主要为家谱、族谱、世谱三种,而从元代文集情况来看,在此三种外还有谱、家乘、世系、谱系、宗谱、世家谱、族谱图、谱图、家谱图、族系、家世、本支图、支派图等十四种⑥。这种谱名变化肇始于南宋,至元代时达至峰值,而谱名的增多可从侧面反映出谱牒种类的增加。在家谱修纂数量增加的背后,是谱牒分布的不均。席永春按照元代行政区划划分了谱牒归属,其中家谱修纂数量最高者乃是江西行省,其次为江浙行省,两者合计占据其统计总数的七成以上;常建华依照现今行政区划进行了分析,得出江西、浙江、江苏、安徽和河北家谱修纂数量是前五名,共计接近其统计总数的七成。从这个数据来看,大致是现今的华东区域占据了私修谱牒的绝大多数。与此同时,从家谱内容来看,元朝的家谱修纂大都继承

---

　　① (宋)欧阳守道:《巽斋文集》卷一九《书欧阳氏族谱》,见曾枣庄、刘琳主编:《全宋文》第347册,上海:上海辞书出版社,2006年,第5页。
　　② 梅华:《宋代家谱序跋的文化意蕴》,载《社会科学家》,2012年第8期。
　　③ 黄超、王善军:《宋代族谱序跋所涉家族的地域分布》,载《大连大学学报》,2012年第1期。
　　④ 席永春:《元代南部中国的宗族组织——读251篇元代谱序》,复旦大学2005年硕士论文。
　　⑤ 常建华:《元人文集族谱序跋数量及反映的谱名与地区分布》,载《史学集刊》,2008年第6期。
　　⑥ 常建华:《元人文集族谱序跋数量及反映的谱名与地区分布》,载《史学集刊》,2008年第6期。

了两宋时期谱学家的理论与方法,若系统性地看待家谱纂修,元朝可与两宋时期构成一个统一体。

总体来说,就宋元时期而言,私家修谱行为已然肇始,成为中国谱牒纂修的主流,作为长期以来接受中央王朝直接统治并位于江南的徽州,自然会受到这一潮流的影响。正是在这种全国性私家修谱风气的推动下,处于徽州地域范围的家族着力于家史之追溯,纷纷投身于谱牒的编修。从这个角度而言,全国谱牒纂修的风尚正是徽州家谱编修的重要社会背景。

二、宋元时期徽州地域开发

从中国历史地理来看,徽州地域的开发并不算早。就地形地貌而言,徽州不便于开发,对此,清末许承尧有过较为贴切的描述,"徽之为郡,在山岭川谷崎岖之中,东有大鄣山之固,西有浙岭之塞,南有江滩之险,北有黄山之厄。即山为城,因溪为隍。百城襟带,三面距江。地势斗绝,山川雄深"。① 这种地形地貌虽可给居民带来天然的保护屏障,但也会给地域开发造成较大的困难。从历史沿革来看,徽州地域春秋属吴国,吴亡属越,越亡属楚,秦统一全国后置黟、歙二县属鄣郡,汉兴析属丹阳郡,献帝时迁新都郡,两晋时期改为新安郡,下辖徽州大部与新安江下游遂安等县,其后辖地在南北朝时期屡有变化。至隋文帝开皇九年(589)设置歙州,徽州区域正式形成了较为稳定的一级行政单位。之后在宋徽宗宣和三年(1121)正式更名"徽州",此后徽州作为单独行政区一直稳定至清末。事实上,与行政区划变化同步,徽州地域的大范围开发也是发生在隋唐之后,特别是宋元时期,徽州地域开发达到了相当的程度。

在技术水平低下的传统社会中,对于恶劣地形的开发需要大量的人力,得益于安史之乱后江南地方社会的安定及经济中心的南移,在唐宋时期徽州地方人口不断增加,为地域开发创造了良好的条件:

---

① 许承尧著,李明回等校点:《歙事闲谭》卷一八《越黄门郡志略》,合肥:黄山书社,2001年,第635页。

表1-1　唐宋时朝徽州的地域范围与人口①

年代	地区及领县数	户数	口数	资料来源
唐贞观十三年（639）	歙州（领歙、休、黟）	5021	26617	淳熙《新安志》卷一《户口》
唐天宝元年(742)	新安郡（领歙、休、黟、北野、婺源）	38320	269109	淳熙《新安志》卷一《户口》
北宋初年（980—989）	歙州（领歙、休、绩溪、黟、祁门、婺源）	51763	8627	《太平寰宇记》
宋天禧中（1017—1022）	歙州（领歙、休、绩溪、黟、祁门、婺源）	127203	192292	淳熙《新安志》卷一《户口》
宋元丰（1078—1085）	歙州（领歙、休、绩溪、黟、祁门、婺源）	105984	不详	淳熙《新安志》卷一《户口》
宋乾道八年（1172）	徽州（领歙、休、绩溪、黟、祁门、婺源）	122014	不详	淳熙《新安志》卷一《户口》
宋宝庆元年（1227）	徽州（领歙、休、绩溪、黟、祁门、婺源）	124941	20823	《新安志补》

在这种人口增长的情况下，两宋时期的徽州得到了有效开发，首要的直观反映便是山林经济的发展。就自然环境而言，徽州不仅难以进行大规模的直接农业垦殖，而且受水旱灾害影响极大，"新安为郡在万山间，其地险狭而不夷，其土驿刚而不化。水湍悍少潴蓄。自其郡邑，固已践山为城，至于四郊都鄙，则又可知也。大山之所落，深谷之所穷，民之田其间者，层累而上，指十数级不能为一亩，快牛剡耜不得旋其间，刀耕而火种之。十日不雨，则印天而呼。一遇雨泽，山水暴出，则粪坏与禾荡然一空"。② 这种较为恶劣的耕种环境需要完善的水利设施，在两宋时期官府等力量的推动下，徽州区域内水利设施获得了长足的进步。在绩溪县，县令王柟木叔大兴水利，使境内农田规模大为扩大，"绩溪县，宋初塘共九十五所，堨一百一十七所。《新安广录》载：邑令王柟木叔尝开陂塘三十六所，其大者古塘在杨山乡，广三十余亩。又有古塘、凿石塘，俱在良安乡，各广四十余亩……羊头坑在修文乡，去县四十里，

---

① 〔日〕斯波义信：《宋代徽州的地域开发》，载刘淼：《徽州社会经济史译文集》，合肥：黄山书社，1987年，第7～8页。
② (宋)罗愿撰，肖建新、杨国宜校著：《〈新安志〉整理与研究》卷二《叙贡赋》，合肥：黄山书社，2008年，第62页。

坑有两石相接,名曰石碣,不假修筑,大旱不竭。"①民间力量在这一时期也参与了水利建设,建成大量塘、碣、陂,如三塘、陈公碣、清陂等②。从这类设施的总量来看,此时徽州地区的水利建设已形成一定规模,"歙县:宋塘1207处,碣262处……休宁:宋淳熙间塘510处,碣210处……黟县:宋碣190处……绩溪:宋初塘共95所,碣117所",③在这些水利设施的支持下,徽州区域内山地得以有效开发,土地规模得以增加,粮食耕种水平有所提高④。

尽管两宋时期徽州地区农田面积有所扩大,但本地粮食产量仍然难以满足自身需要,迫于解决温饱问题,向山要粮成为必然的选择,在此情况下,两宋时期徽州山地经营获得了较快发展。具体而言,一是种植经济作物。如茶叶,早在唐代徽州便有专门的茶叶种植,至两宋时期,婺源茶叶已成为当时茶中精品,"雪川顾渚生石上者,谓之'紫笋',毗陵之'阳羡',绍兴之'日铸',婺源之'谢源',隆兴之'黄龙''双井',皆绝品也"。⑤ 除婺源茶叶这一品种,徽州还有胜金、嫩桑、仙芝、来泉、先春、运合、华英等茶叶品种,体现出植茶在徽州的兴盛⑥。在茶叶之外,木材种植亦是徽州山地经营的重要组成部分,特别是杉木的蓄植,"休宁山中宜杉,土人稀作田,多以种杉为业。杉又易生之物,故取之难穷。出山时价极贱,抵郡城已抽解不赀。比及严,则所征数有倍。严之官吏方曰:吾州无利孔,微歙杉不为州矣。"⑦二是发展手工业。如造纸业,唐后期产自徽州的纸张就已有一定名声,入宋之后,黟、歙两地纸业

---

① (明)何东序修,汪尚宁纂:《徽州府志》卷一〇《水利》,见《北京图书馆珍本古籍丛刊》,北京:书目文献出版社,1992年,第245页。
② [日]斯波义信:《宋代徽州的地域开发》,载刘森:《徽州社会经济史译文集》,合肥:黄山书社,1987年,第14页。
③ (清)马步蟾修,夏銮纂:《徽州府志》卷四《营建志·水利》,见《中国地方志集成·安徽府县志辑》48,南京:江苏古籍出版社,1988年,第300、303、312、314页。
④ 这一点可以从粮食种植品种中看出,参见《〈新安志〉整理与研究》卷二《叙物产》,第47页。
⑤ (元)脱脱等:《宋史》卷一八三《食货志下六》,北京:中华书局,1977年,第3041页。
⑥ (宋)罗愿撰,肖建新、杨国宜校著:《〈新安志〉整理与研究》卷二《叙物产》,合肥:黄山书社,2008年,第47页。
⑦ (宋)范成大:《骖鸾录》,乾道九年(1173)正月三日,见《范成大笔记六种》,孔凡礼点校,北京:中华书局,2003年,第45页。

继续发展,"黟歙间多良纸,有凝霜、澄心之号,复有长者可五十尺为一幅。盖歙民数日理其楮,然后于长船中浸之,数十夫举抄以抄之,傍一夫以鼓节之,续于大熏笼上周而焙之,不上于墙壁也,于是自首至尾匀薄如一"。① 而纸业之进步在于此时徽人对于山区水利的有效利用,"大抵新安之水清澈见底,利以沤楮,故纸之成振之似玉雪者,水色所为也。其岁晏,敲冰为之者,益坚韧而佳"。② 此时因山木而得以发展的墨、漆二业同样可为例证。在墨业方面,自唐代李超、李廷珪父子发现黄山松在制墨上具有优势后,徽州墨业便得以迅速发展,至两宋时期成为中国墨制造中心之一。当时徽州涌现出一批享有盛誉的制墨名家,首推沈珪,还有张处厚、高景修、关珪、张遇、常和、常遇、潘谷、潘遇、张谷、叶谷等人③。在漆业方面,当时徽州制漆已有相当的规模,"山民夜刺漆,插竹笕其中,凌晓涓滴取之,用匕刮筒中,磔磔有声,其勤至矣"。④

与山林经营一样,商业在两宋时期的徽州同样得以发展。商业发展的前提是交通,从唐朝开始,徽人便开始着力于徽州的向外交通建设,至宋代,徽州已经修建了多条外出通道,"陆路有:从东门至绩溪－宁国－黄池镇－和州,然后至开封的 2065 里的官路;而其他街道多为商旅所利用,还有由黄山箬岭－池州大通镇－无为军庐江县－庐州－寿州,以达开封的捷路。水陆有:从西门沿新安江至严州,可行二百石舟,然后顺浙江直达杭州,从婺源用 200 石舟直通鄱阳江的婺水"。⑤ 通过这几条通道,徽州商业日益兴旺,主要是外销徽州本地的经济作物及手工业品,如前述茶叶、杉木、纸张等,由于这些物

---

① (宋)罗愿撰,肖建新、杨国宜校著:《〈新安志〉整理与研究》卷二《叙物产》,合肥:黄山书社,2008 年,第 47 页。
② (宋)罗愿撰,肖建新、杨国宜校著:《〈新安志〉整理与研究》卷二《叙物产》,合肥:黄山书社,2008 年,第 47 页。
③ (宋)罗愿撰,肖建新、杨国宜校著:《〈新安志〉整理与研究》卷二《叙物产》,合肥:黄山书社,2008 年,第 47 页。
④ (宋)罗愿撰,肖建新、杨国宜校著:《〈新安志〉整理与研究》卷二《叙物产》,合肥:黄山书社,2008 年,第 47 页。
⑤ [日]斯波义信:《宋代徽州的地域开发》,载刘淼:《徽州社会经济史译文集》,合肥:黄山书社,1987 年,第 15 页。

产声名远扬,故经营者获利颇丰。以纸为例,"四方例贵蜀笺,益以其远号难致。然徽纸、池纸、竹纸在蜀,蜀人贵其轻细,客贩至成都,每番视川纸价几三倍"。① 较高的利润自然会刺激徽州地区商业的发展,虽然现今无法统计出当时徽州地区的商业规模,但从当时徽州官府的税收来看,其规模当不算小②。

在经济开发之外,两宋时期徽州文化同样有了较快发展,首先,最直观的表现便是进士数量,确切可考的两宋徽州进士共有 740 名③,这一数量在整个中国范围内已属于中高等水平④。在县域分布上,依次为婺源、休宁、歙县、黟县、祁门、绩溪;在姓氏分布上,依次为汪、程、胡、吴、李⑤。其次,地域文化特色的转变同样彰显出当时文化的发展。事实上,早在唐代时,徽州地域社会风尚便已开始转变,对此,许承尧有言,"武劲之风,盛于梁、陈、隋间,如程忠壮、汪越国,皆以捍卫乡里显。若文艺则振兴于唐宋,如吴少微、舒雅诸前哲,悉著望一时"。⑥ 这种变化有着多种具体表现,主要是儒学教育的兴起,如在休宁,宋人洪适有言,"休宁之人,盖以乡校为先务,早夜弦诵,洋洋秩秩,有洙泗之风"。⑦ 清人吴天骥在《休宁进士题名记》中则说,"自南渡来,师友渊源,得所从受,故士多长于谈经"。⑧ 在绩溪,"学校者,化民成俗之本也。

---

① (元)费著:《蜀笺谱》,转引自鲍幼人:《徽州的"文房四宝"》,载《凤山集》,北京:学林出版社,1987 年,第 53 页。
② 吴树国:《唐宋之际徽州重税考》,载《求是学刊》,2003 年第 3 期。
③ 赵龙:《试析宋代徽州进士的分布特点》,载《社会科学论坛(学术研究卷)》,2009 年第 12 期。
④ 由于缺少全国统计数据,无法准确定位徽州的进士排名,但可参照江西的情况予以估计,在两宋时期,江西文风大盛,北宋江西进士占全国的 9%,南宋则占 15.7%(参见林萍:《试析宋代江西进上地域分布的不平衡性》,载《东京文学》,2009 年第 8 期)。其中,按府总计饶州 931 人,吉州 897 人,建昌军 654 人,名列前三甲。(参见刘锡涛:《宋代江西文化地理研究》,陕西师范大学 2001 年博士论文)对比这些数据,可见徽州进士数量介于吉州与建昌军之间。
⑤ 赵龙:《试析宋代徽州进士的分布特点》,载《社会科学论坛(学术研究卷)》,2009 年第 12 期。
⑥ 许承尧著,李明回等校点:《歙事闲谈》第 18 册《歙风俗礼教考》,合肥:黄山书社,2001 年,第 601 页。
⑦ 康熙《休宁县志》卷二一《艺文纪述》。
⑧ 康熙《休宁县志》卷一《风俗》。

州县立学,始自宋之庆历。而南渡后,徽为朱子阙里,彬彬多文学之士,其风埒于邹鲁"。①

在两宋开发的基础上,元代徽州地区的发展取得了一定的成果。在经济方面,手工业获得了一定的进步,如纸业,元代徽州造纸业发达,乃是贡纸的重要来源,歙砚同样成为驰名全国的重要物产。此外,丝织等行业也有发展②。值得一提的是,元代徽州的刻书业发展水平有了很大的提高,且私刻较官刻更为发达,一些元代徽州文人致力于刻书,成为当时有名的刻书家,如歙县的方回、郑玉、倪士毅、胡一桂,休宁的朱升、程景山,婺源的汪同、汪泽民,绩溪的汪梦斗等③。在经济发展的同时,元代徽州地方文化也得到了提升,由于元代科举次数有限,教育场所、师资力量与教学覆盖面成为评价地方文化发展的重要指标。从现今史料来看,元代徽州理学家们,如胡一桂、曹泾、赵汸等人至少开办了22所书院,这些书院大都设有义田,能够维持相当长的时间④。此外,此时徽州区域内童蒙教育同样较为发达,在官府与民间力量的双重支撑下,徽州地方设有多处小学和塾学⑤。在这些小学、塾学等教育场所内,徽州儒生乃是教师的主流,如赵汸、朱升等人均有着塾师的经历⑥。同时,这些场所中的教学理念是理学式的,只是在教材上日趋通俗化,特别是在童蒙教育上表现明显,如元代徽人程若庸在宋代理学家程端蒙所撰《小学性理字训》基础上编有《增广性理字训》,时人评价"此书铨定性理,语约而义备,如医家脉诀,最便初学"⑦。故而我们认为元代徽州文化教育有着一定的覆盖面。

---

① 乾隆《绩溪县志》卷三《学校》。
② 陈瑞:《元代徽州路的手工业》,载《安徽大学学报(哲学社会科学版)》,2009年第1期。
③ 张守卫:《元代安徽刻书考》,载《图书馆理论与实践》,2012年第12期。
④ 赵华富:《元代的新安理学家》,载《学术界》,1999年第3期。
⑤ 王耀祖,黄书光:《元代徽州童蒙教育探析》,载《四川师范大学学报(社会科学版)》,2016年第2期。
⑥ 王耀祖,黄书光:《元代徽州童蒙教育探析》,载《四川师范大学学报(社会科学版)》,2016年第2期。
⑦ (元)程端礼:《程氏家塾读书分年日程》,北京:中华书局,1985年,第6页。

三、新安理学形成与社会化

从宋以后中国私家修谱的情况来看,家谱存在的必要性来自于理学家们对宗族的认识。事实上,自士族衰亡之后,理学家们对血缘群体的散乱表现出相当程度的担忧。对此,二程有言,"宗子法废,后世谱牒,尚有遗风。谱牒又废,人家不知来处,无百年之家,骨肉无统,虽至亲,恩亦薄"。① 苏轼对此有更为详细的分析:

> 今夫天下所以不重族者,有族而无宗也。有族而无宗,则族不可合。族不可合,则虽欲亲之,而无由也。族人而不相亲,则忘其祖矣……今夫良民之家,士大夫之族,亦未必无孝弟相亲之心,而族无宗子,莫为之纠率,其势不得相亲。是以世之人,有亲未尽而不相往来,冠婚不相告,死不相赴,而无知之民遂至于父子异居,而兄弟相讼。②

面对这种情况,理学家们进行了多方面的设想,认为谱牒能够成为解决此问题的重要手段。对此,苏洵说得十分明白,"情见乎亲,亲见于服。服始于衰,而至于缌麻,而至于无服。无服则亲尽,亲尽则情尽,情尽则喜不庆、忧不吊,喜不庆、忧不吊则途人也。吾人所以相视如途人者,其初如兄弟也,兄弟其初一人之身也,悲夫一人之身分而至于途人,吾谱之所以作也"。③ 在这种情况下,理学在社会上的扩散必然能对谱牒修纂产生积极的促进作用。而宋元时期理学在徽州地区滥觞,并逐渐形成了以"新安理学"为名的理学思潮,这种思潮在当时社会广泛传播,并有着相当的影响力。

对于新安理学而言,北宋时已有歙县闵景芬、休宁江致一兄弟等人师从当时的理学名家,并在徽州范围内传播他们的学识,两宋之间更有朱松、程

---

① (宋)程颢、程颐,王孝鱼点校:《二程集》,北京:中华书局,1981年,第162页。
② (宋)苏轼著,邓立勋编校:《苏东坡全集(下)》,合肥:黄山书社,1997年,第114页。
③ (宋)苏洵著,曾枣庄、金成礼笺注:《嘉祐集笺注》卷一四《苏氏族谱》,上海:上海古籍出版社,1993年,第373页。

鼎、滕恺、李缙等学者钻研义理①。南宋及之后，徽州因是朱熹的故乡，从而成为理学之重镇。在此期间，理学在徽州区域内广泛传播，其传播方式主要是通过各类理学教育。其一，是理学家们直接参与各类教学。朱熹本人就曾在故乡进行多次理学教育，主要通过三种途径，一是在回乡省墓之际进行理学宣传；二是通过书信，解答徽州学者在理学上的疑惑；三是直接招收徽人以为弟子②。正是在这三者的作用下，朱熹直接在徽州传播了自身的理学学说，不仅倡导了徽人研习理学的风气，也为徽州培养了一批理学家，从而使理学在徽州形成了相当的影响。其二，在讲学形式之外，影响更大的教育方式是创办书院。居于徽州且与朱熹同时代的理学家致力于创办书院以扩大理学的影响，如程大昌于南宋绍兴、庆元年间在休宁会里建西山书院，吴儆在休宁创建竹洲书院等③。入元之后，理学家创办的书院数量上升，如胡一桂建湖山书院、赵汸建东山精舍等。与此同时，他们还在大部分徽州书院中授课，如婺源明经书院延胡炳文为山长，讲学其中，阆山书院请赵汸为师，休宁商山书院为朱升讲学处，汪克宽则在祁门中山书堂授课④。这些理学家的讲课内容大多以朱熹学说为宗，如休宁理学家倪士毅，教授于黟县长达23年，"非仁义道德之说尝论定于朱子者，不以教人"⑤。又如汪克宽，"平生以聚徒讲学为业，其学以朱子为宗"⑥。再如郑玉，"每于名公大夫论及为政，必以树纲常、厚风俗为急先务。其为学，大概本朱子"⑦。其三，在元代，受制于科举的

---

① 周晓光、周慧珺：《试论北宋及两宋之交的徽州理学思潮》，载《孔子研究》，2015年第5期。
② 周晓光：《试论朱熹在徽州的理学教育活动及其影响》，载《华东师范大学学报（教育科学版）》，2004年第3期。
③ 周晓光：《南宋徽州人文环境变迁与新安理学的形成》，载《江淮论坛》，2003年第6期。
④ 赵华富：《元代的新安理学家》，载《学术界》，1999年第3期。
⑤ （清）施璜著，吴瞻泰、吴瞻淇整理：《紫阳书院志》卷九《倪道川先生传》，合肥：黄山书社，2010年，第210页。
⑥ （清）永瑢，纪昀主编，周仁等整理：《四库全书总目提要》，海口：海南出版社，1999年，第878页。
⑦ （元）汪克宽：《师山先生郑公行状》，载郑玉：《师山集·师山遗文附录》，见《景印文渊阁四库全书》第1217册，台北：台湾商务印书馆，1986年，第105页。

中断,徽州理学名儒若无法正常参加科考以成就自身,则会有生存之忧,在这种情况下,他们往往被迫选择在私塾作馆以教授宗族子弟,成为理学传播的另一重要途径。以陈栎为例,其人几乎终身都以此为业,业馆的人家明确可知的有詹溪程氏、陈村毕氏、江潭叶氏、渠口汪氏和珰溪金氏,其中在詹溪程氏家中作馆8年(至元十三年至二十年),而在珰溪金氏的家中作馆长达14年(延祐元年至天历二年)。①

在直接教学的同时,理学家们还会著书立说,捍卫并解释理学,这些著作在当时社会上的流传同样会对理学的传播产生积极影响。从理学渊源来说,新安理学直接承自朱熹,朱熹之言论往往会被徽州理学家们奉为宗旨并奉行。虽然宋理宗之后,朱熹理学逐渐成为官方哲学,但其他声音仍有出现,进而影响到朱子学说的地位,"朱子既殁,天下学士群起著书,一得一失,各立门户,争奇取异,附会缴绕,使朱子之说翳然以昏"。② 在这种情况下,元代新安理学家们在维护朱子学说方面多有发力。如陈栎,"慨然发愤圣人之学,涵濡玩索,废寝忘食,贯穿古今,罗络上下。以有功于圣人莫盛于朱子,惧诸家之说乱朱子本真,乃著《四书发明》《书传纂疏》《礼记集义》等书,余数十万言,其畔朱子者,刊而去之"③。再如胡炳文见当时学者与朱子之学相抵牾,方深正其非,作《四书通》,凡辞异而理同者,合而一之;辞同而意殊者,析而辨之"④。在此之外,元代新安理学家群体还纷纷撰述专著,以阐述朱子学说,同样以陈栎与胡炳文为例,前者"亡虑数千万言,凡诸儒之说,有畔于朱氏者,刊而去之;其微词隐义,则引而伸之;其所未备者,复为说以补其阙。于是,朱熹之说

---

① 章毅:《理学社会化与元代徽州宗族观念的兴起》,载《中国社会历史评论》,2008年。
② (元)陈栎:《定宇集》卷一七《定宇先生墓志铭》,见《景印文渊阁四库全书》第1205册,台北:台湾商务印书馆,1986年,第441页。
③ (元)陈栎:《定宇集》卷一七《定宇先生墓志铭》,见《景印文渊阁四库全书》第1205册,台北:台湾商务印书馆,1986年,第442页。
④ (明)程敏政:《新安文献志》卷七一《胡云峰炳文传》,见《景印文渊阁四库全书》第1326册,台北:台湾商务印书馆,1986年,第198页。

大明于世"①,共著有《四书发明》《尚书集传纂疏》《四书考异》《礼记集义译解》等共24种。后者则有《易本义通释》《性理通》《易五赞通释》《书集解》《礼书纂述》《春秋集解》《朱子启蒙》《纯正蒙求》《四书通》《大学指掌图》《四书辨疑》《五经会意》《尔雅韵语》等十余种,特别是在《四书》方面,"用力尤深……往往发其(朱熹)未尽之蕴"。②这些著作的存在与流传,特别是其中部分还成为理学家的教材,直接促进了朱子理学在徽州的传播。

第二节　宋元时期徽州家谱编修的原因

就徽州宗族发展史而言,宋元两朝是奠基阶段,在两宋时期,以汪、程两姓为代表的徽州宗族取得发展,并逐渐形成较大规模的宗族。进入元代,受官府政策影响,徽州宗族不仅在广度上得到扩展,而且在深度上也有所突破。这种宗族发展自然会产生谱牒需求,进而成为徽州家谱纂修的主要直接动因。具体而言,意识的萌生使得宗族编修家谱尤其可能,而徽州宗族资产的确立与宗族的血缘裂变则令宗族编修家谱确有必要。

一、宗族意识的萌生与家谱纂修

尽管宋元时期徽人具有的宗族意识并不强大,但是仍然会对家谱编修产生较大的推动作用。此时徽州宗族意识主要包括推行宗族礼制和进行宗族控制两个方面,两者均与理学家有着直接的关联。对于前者,朱熹有着详细的论述,并直接成为后世徽州宗族的礼制范本。此外,与其同时代的部分徽州士绅对宗族礼制也有所论述,部分论述还相当全面③。而在元代,虽然家

---

① （清）赵吉士,周晓光、刘道胜点校:《寄园寄所寄》卷一一《新安理学》,合肥:黄山书社,2008年,第857页。
② （明）宋濂:《元史》卷一八九《胡炳文传》,北京:中华书局,1976年,第4322页。
③ 较为全面者为宋代学者王炎所撰《宗子论》一文,其中对祭祀范围、祭祀礼仪等多个方面都有所论述(参见王炎:《双溪类稿》卷二六《宗子论》,见《景印文渊阁四库全书》第1155册,台北:台湾商务印书馆,1986年,第737~739页)。

礼未能成为此时宗族礼制的原则，但这些家礼支持者仍然坚持各种儒家礼仪形式，如陈栎先世排斥佛事，"吾家四世以来，得古意者又有一节：先曾祖平生不好佛，故治命命先祖说，'如我死，丧葬其略参用古今礼，谨毋作佛事'"。① 又如吴霞举，"其为说本之《仪礼》《礼记》，若注疏而文公《家礼》与尝言及之者折衷之，稍以己见佐其决"。② 一些新安理学后学则亲身践行朱熹《家礼》中的宗族礼制，如方回叮嘱其子，"属有客语我，法当营冢阡；儿曹勿过计，葬穴自有缘；只鸡可以祭，故絮亦足缠；但戒效俚俗，佛事徒喧阗；文公有《家礼》，夙已书诸篇"。③ 王廷珍同样在祭礼中奉行《家礼》，"尤昌下里之兆吾所自卜也，死必以葬我。惟礼制之大不可违，自始死至祥禫，其一遵朱子所定《家礼》"。④

几乎与此同时，在这些理学家们的努力下，这些礼仪制度与礼仪也在当地产生了一定的影响力，对宗族礼制的构建与扩散具有积极的促进作用。如李森：

> 事亲孝、事长弟，丧祭宾客必尽礼。遇下有常，喜怒不妄施，有庆吊必先焉……火起其邻，惟号泣求保先祠，环祠皆火，而祠独不及。⑤

又如鲍椿：

> 生九年而母亡，鞠于祖母潘，三年而潘亡。继母向杲吴氏也，居七年而父疾作，公奉汤药，日夕不离侧，及卒葬，祭一遵礼度，事继母惟恐或缺。母慈子孝，人不知为前子后母也。居家勤俭，而厚于宾客，自奉粗粝，乐施贫。先业恐弗克负荷，宗族恐不克敦睦。终身忍

---

① （元）陈栎：《定宇集》卷一五《陈氏谱略·本房先世事略》，见《景印文渊阁四库全书》第1205册，台北：台湾商务印书馆，1986年，第387页。
② （明）程敏政辑撰，何庆善、于石点校：《新安文献志》卷一九《文公丧礼考异序》，合肥：黄山书社，2004年，第264～265页。
③ （元）方回：《桐江续集》卷五《示长儿存心》，见《景印文渊阁四库全书》第1193册，台北：台湾商务印书馆，1986年，第278页。
④ （元）郑玉：《师山集》卷七《处士王君墓志铭》，见《景印文渊阁四库全书》第1217册，台北：台湾商务印书馆，1986年，第55页。
⑤ （元）揭傒斯：《李隐君森墓志铭》，李修生主编：《全元文》第28册，南京：江苏古籍出版社，2001年，第550页。

让,有犯不校。①

与宗族礼制相呼应,此时徽州宗族已经开始了相应的宗族控制,在徽州,最早提起这种控制的,当属朱熹。在朱熹所著《家礼》中,有着明确的针对性论述,下面仅举部分条款为例:

> 凡为子、为妇者,毋得蓄私财,俸禄及田宅所入,尽归之父母、舅姑,当用则请而用之,不敢私假,不敢私与……
>
> 凡父母有过,下气怡色,柔声以谏,谏若不入,起敬起孝;悦则复谏,不悦,与其得罪于乡党州间,宁熟谏;父母怒,不悦而挞之流血,不敢疾怨,起敬起孝……
>
> 凡子妇,未敬未孝,不可遽有憎疾,姑教之。若不可教,然后怒之;若不可怒,然后笞之;屡笞而终不改,子放妇出。劝谏父母,父母怒,不悦而挞之流血,不敢疾怨,起敬起孝。②

至元代时,此类家规、家训文本与实践逐渐增多,并且呈现出扩大化与规范化的发展趋势。以文本为例,此时徽州宗族家训的遗存虽较少,但在家谱中却有家规遗留。其中尤以墓地保护的家规最为严厉,同时订立群体也较为广泛③。而此时关于家训、家规的践行也有着较多的记录留存,如前述李森,"与族子弟言,必及其祖父艰难之状,而申以读书为善之劝。有善称之,有过训之"。④ 又如汪庭桂,"族子文冒犯先墓,出之,终身不得与宗族齿。有妇早年婺居,自誓靡他,舅姑欲夺其志,公戒之,以全妇节……制节家事,严而有

---

① (元)郑忠:《处士鲍公椿行状》,李修生主编:《全元文》第 35 册,南京:江苏古籍出版社,2001 年,第 289 页。
② (宋)朱熹:《朱子家礼》卷一《司马氏居家杂仪》,朱杰人等主编:《朱子全书》第 7 册,上海:上海古籍出版社,2010 年,第 881~883 页。
③ 陈瑞:《元代徽州宗族祖茔规约二则释读》,载《史学史研究》,2009 年第 1 期。
④ (元)揭傒斯:《李隐君森墓志铭》,《全元文》第 28 册,南京:江苏古籍出版社,2001 年,第 550 页。

恩。妻子闻其謦咳,皆敛手正容,毋敢肆也"①。同时,还可看到,一些宗族在有族人外出经商之后,族内领导层还会加强对宗族的控制,以获得宗族内部关系的稳固与有序,如婺源郑氏宗族的郑以文,"于是府君独奉罗夫人理家政,内外井井有条,遇事应物随其巨细、缓急处之,若丝理栉比不少紊"。②他们还会努力维持族内等级结构不至紊乱,"其从子孙行受约束严惮,莫敢自纵,治货殖率以宗元为师。岁时燕集,宗元必至坐上坐,长幼更起,奉觞跪拜为寿,尽欢极醉乃罢"。③甚至女性也会主导推行宗族规条,如黟县汪元妻吴氏,"性行淑温,事舅姑孝……督男诗书,巧女桑麻,内外肃然,家法为邑里最"④。

总体来说,宋元时期徽州宗族的主导思维明显是理学性质的。这一点在当时士绅撰写的墓志铭中表现得尤为明显,以陈栎所撰《友山处士程公行状》为例,全传以儒家"立德、立功、立言"为主脉,将程泳形容成"世范",并认为:"公虽不逢,无功可化,然处家处乡,是亦为政,复何憾焉?"⑤这种理学道德和思想的包装实际上反映出理学家们对宗族控制的支持,并将治家与从政并立,认为两者并无高下之分:"然林泉自乐于乡,是亦为政于家,付功名于子孙,亦足以称善人、传不朽矣,何必身预宾兴,列人爵而后偓哉!"⑥细究这类支持的缘由,朱升说得十分明白:

> 士之立于世也,莫大于报本。善其亲及其族里,达则施于一世,

---

① (明)程敏政:《新安文献志》卷九二上《存耕处士汪公铭庭桂墓志》,见《景印文渊阁四库全书》第1376册,台北:台湾商务印书馆,1986年,第2279页。
② (明)王祎:《王忠文集》卷二二《郑府君以文墓铭》,见《文渊阁四库全书》,上海:上海古籍出版社,1987年,第22页。
③ (明)程敏政:《新安文献志》卷八八《蒋市监宗元传》,见《景印文渊阁四库全书》第1376册,台北:台湾商务印书馆,1986年,第2174页。
④ (元)陈栎:《定宇集》卷九《傅岩处士汪公孺人吴氏墓志铭》,见《景印文渊阁四库全书》第1205册,台北:台湾商务印书馆,1986年,第292页。
⑤ (元)陈栎:《定宇集》卷九《友山处士程公行状》,见《景印文渊阁四库全书》第1205册,台北:台湾商务印书馆,1986年,第284页。
⑥ (元)陈栎:《定宇集》卷九《桐冈先生金公墓志铭》,见《景印文渊阁四库全书》第1205册,台北:台湾商务印书馆,1986年,第289页。

斯可谓报本矣。夫天地生我者也,秀气毓于山川,庆源衍于宗祜,而托体于父母,斯四者有身之本也。父母劬劳,不待言也已。我之生也而立也,族之人,里之人由亲而疏、迩而远,其愜我谓何？妣祖之愿于我者,犹我之愿于孙曾也。存恤所以为不忘也,显扬所以为不辱也。曾是弗顾念,虽爵位压朝,著勋名满天下,可以不觍于族里,可见翁媪于地下哉？果无愧于天地生我哉？①

二、宗族族产、宗族血缘与家谱纂修

对于宗族而言,长久的资产与延续的血缘是其发展的关键。而在传统中国社会,社会环境与技术手段均不能有效保障这两者,在此情景下,徽州宗族若想确保此二者的安全,必须依靠自己的力量。这种力量的具体实践就是谱牒的兴修。如此一来,宗族族产、宗族血缘便会产生谱牒修纂的直接需求。

(一)宗族族产

对于宗族资产,主要指族产,在宋元至少有三个方面的体现:一是宗族墓地,二是宗族田产,三是宗族祠庙。部分宗族已完全具备上述三个方面。

第一个方面是宗族墓地。宋元时期,徽州士大夫均有访查、考订自身宗族墓地的行为,如徽州程氏在前述求访程元谭墓地的行为外,宋代族人就已有考察确定程灵洗墓地的情况,"(程祁父亲)又得所谓相公墓及宅基……家君既拜墓下,又从歙令张世望借取图经,因以考实所闻,盖皆符合"。② 除探求远祖墓之外,还有部分士大夫宦游回乡后修复近世祖先墓地的情况,典型者即为朱熹,他在回乡省墓期间,修复了自身宗族的多处墓地:

> 淳熙丙申,熹还故里,将展连同之墓,则方夫人,十五公冯夫人之墓皆已失之,因亟询访,得连同兆域所在,乃率众人言于有司,而

---

① (明)程敏政:《新安文献志》卷八九《程氏国英墓志》,见《景印文渊阁四库全书》第1376册,台北:台湾商务印书馆,1986年,第2206页。
② (宋)程祁:《程氏世谱》,见程敏政:《新安程氏统宗世谱》,成化十八年(1482)刻本。

复得之。其文据藏于家,副于族弟。然而三墓者则遂不可复见。①

在进行祖墓考证记载的同时,族内士大夫还会经常赶赴这些墓地进行祭拜,如元代徽人方回,不仅直言问政山为其祖墓所在,"歙县之东乡,吾远祖东汉贤良方公储墓在焉"②,还多次亲赴方氏祖墓省墓③。又如郑玉,"每过先茔,必下车伏谒。自十世祖而下悉立石,大书深刻以表其墓"。④ 再如舒頔,其人不仅亲赴祖墓祭扫,还借着省墓过程,与族人进行了互动⑤。

在两宋时期,徽州宗族已十分重视自身墓地的保护,关于这种保护对宗族而言的重要性,时人罗愿有着明确的阐述,认为祖墓一旦有问题,便会给宗族带来严重的后果,"先世之丘墓往往随宦留止不能复还,使其子孙为羁人于四方"⑥。部分宗族在墓地附近生活,并愿意长期看守自身宗族墓地,如吴儆所在的徽州吴氏,"故新安之南六十里有田百亩,有宅一区,仅如古井田之民,自祖父而上凡七世皆安耕稼,守丘墓"。⑦ 还有部分仕宦在致仕之后,更是亲

---

① (明)程敏政:《新安文献志》卷一八《婺源茶院朱氏世谱序》,见《景印文渊阁四库全书》第1376册,台北:台湾商务印书馆,1986年,第426页。
② (元)方回:《桐江续集》卷一五《舟行青溪道中入歙十二首并序》,见《景印文渊阁四库全书》第1193册,台北:台湾商务印书馆,1986年,第399页。
③ 检索方回文集《桐江续集》可以发现其人至少两次省墓,如卷四《复如严陵就省先墓》、卷六《问政山拜墓》等诗文,特别是后者提及其人在年幼时被准许跟随长辈省墓的情景。还需要说明的是,在文集中多处可见其人对祖墓的详细描写,不难看出其人对宗族祖先墓地的了解,若无多次省墓的经历,恐不能写下这么详细的文字。
④ (元)汪克宽:《师山先生郑公行状》,载郑玉:《师山集·师山遗文附录》,见《景印文渊阁四库全书》第1193册,台北:台湾商务印书馆,1986年,第102页。
⑤ (元)舒頔:《贞素斋集》卷七《过旌德下庄省先墓山长公墓因访方朝阳》(《景印文渊阁四库全书》第1217册,台北:台湾商务印书馆,1986年,第659页),"幽胜何年号隐龙,光风霁月四时同。族绵百世云仍盛,秀萃一门山水雄。古木修藤时雨露,良田嘉谷自秋风。我来苒苒岁云暮,恍若桃源邂逅逢"。《清明祭祖墓便过旌德柘斋宗家兼怀黟歙祁诸宗人》(第640页),"水木寻源本,宗情自一般。春风助酬酢,夜话尽盘桓。黟歙时亲近,旌祁路渺漫。韦家花树会,幸勿作虚谈"。
⑥ (宋)罗愿:《罗鄂州小集》卷三《程仪同庙记》,见《景印文渊阁四库全书》第1142册,台北:台湾商务印书馆,1986年,第487页。
⑦ (宋)吴儆:《竹洲集》卷一〇《竹洲记》,见《景印文渊阁四库全书》第1142册,台北:台湾商务印书馆,1986年,第252页。

身守墓,"公讳谷,字次元,姓汪氏……一旦弃官老于故居龙溪之上,治田桑保坟墓"①。在宋元易代之时,宗族内部有能力者,还会尽力保障自身宗族墓地不遭战争侵害,如汪云龙"父殁,属宋季抢攘,力负艰阻以保庐墓"。② 至元代,这种保护与修缮行为的范围逐渐扩展,其缘由在于此时宗族墓地遭受了更大的破坏,在这种情况下,多数宗族内部都出现了墓地保护与修缮的行为,典型的就是婺源洪氏,"府君之墓世次既远,历年滋多萧茅筱荡蒙翳,其上墓道,茔域芜秽不治,重以埋□侵陵几不可识。十七代孙斌,幼有至性,每过墓下,辄重感伤。至正六年十二月甲戌始克伐石甃,砌列以阶级,聚土版筑,缭以垣墙,立表其上"。③

就墓产而言,宋元徽州宗族主要的墓产形式就是墓田,这一时期的墓田主要由宗族内部士大夫割舍、捐献而来。在管理上,则是以借助祠庙平台为主,在祠庙的名义下进行管理。细分之后可以看出,管理主体可以分为两类,一类是族外庙宇,以道观和庵舍为主,如谢氏祖先的墓田就由附近道观管理,"叔虎来新安之初年,尝游问政山,于兴道观之左见有墓焉……曰国初谢谏议也……旧有遗田数十亩,为黄冠香火费"④。又如休宁王氏则是将墓田交于庵舍管理,"齐祈寺僧某未祝发时,在宋咸淳庚午因里人王公竹窗父母墓兆余地卓庵三间……又得王氏诸孙佐之"。⑤ 另一类则是一种更为普遍的管理方式,即通过在墓旁建设自身祠庙来进行管理,其名称多样,试举数例如下,典型者如孙氏的善应庵,"居士幼甚贫,事母黄氏孝,母殁,誓终身庐墓,积俭累

---

① (宋)汪藻:《浮溪集》卷二四《奉议公行状》,见《景印文渊阁四库全书》第1128册,台北:台湾商务印书馆,1986年,第222页。
② (元)汪松寿:《汪氏渊源录》卷五《详亲录》,正德十三年(1518)刻本。
③ (元)郑玉:《师山集》卷五《王干里洪氏始祖墓记》,见《景印文渊阁四库全书》第1217册,台北:台湾商务印书馆,1986年,第44页。
④ (明)程敏政:《新安文献志》卷七七《宋谏议谢公墓记》,见《景印文渊阁四库全书》第1376册,台北:台湾商务印书馆,1986年,第1873页。
⑤ (元)郑玉:《师山集》卷五《黄石施水庵记》,见《景印文渊阁四库全书》第1217册,台北:台湾商务印书馆,1986年,第42页。

勤买田十亩,筑室十间,田以供粢盛,屋以祀其先"①,程氏宗族的永思亭,"乃置祭田,合族人建亭始祖墓下,题曰'永思',具条约、定仪则,为久计"②。

第二个方面是宗族田产。宋元时期徽州宗族田产主要分为两类,一是在宗族祠庙或族社等名下,主要为族内祭祀所服务,二是在族内私塾名下,主要是为族内及附近学子学习所用。这里主要阐述的是第一类,如歙县陈氏,其石门族支构筑出眉寿庵,族内士绅舍田入庵,"以田三百而赢永入庵中,赡守庵人,戒子孙无违",其设置的目的就是为了祖先祭祀,这一点从陈栎所言中便可看出,"又仁莫大于爱亲,孝莫大于襄事以报亲。公于祖考妣允为仁孝之子孙,天必生仁孝人以为公子孙,此理昭昭可信不诬"③。还有一些宗族族人设置庵堂以管理族田,如婺源胡氏迁居德兴的后裔,设有宏山庵,"歙婺源考水胡为著姓,唐明经为之初,明经十一世而下有居鄱阳德兴者,铜川府君为之初……铜川后嗣宏远之祥者,创庵遂名宏山,初命僧智圆居之。庵田二十亩,初中益为三十,岁得米六十石,六之五饭僧,一赋于官。山川雄秀,松楸蒙密,每寒食拜墓下,子子孙孙森如也"。④ 又如歙县孙氏,"孙居士复兴家焉……居士幼甚贫,事母黄氏孝,母殁,誓终身庐墓,积俭累勤,买田十亩,筑室十间,田以供粢盛,屋以祀其先……为请于三十六代天师张真人宗演书善应庵三字扁之"。⑤ 关于第二类,两宋时期徽州宗族族学设置较少,从现今的资料来看,仅部分大族有所设立,典型者为休宁汪氏,"一时气焰,声称甲于族里。然

---

① (元)方回:《桐江续集》卷三六《善应庵记》,见《景印文渊阁四库全书》第1193册,台北:台湾商务印书馆,1986年,第717页。
② (明)程敏政:《新安文献志》卷一五《永思亭记》,第395~396页;其行为还可见《新安文献志》卷八八《见山居士程君岘墓志铭》,见《景印文渊阁四库全书》第1376册,台北:台湾商务印书馆,1986年,第2179页。
③ (元)陈栎:《定宇集》卷一二《眉寿庵记》,见《景印文渊阁四库全书》第1205册,台北:台湾商务印书馆,1986年,第344页。
④ (元)胡炳文:《云峰集》卷二《宏山庵祠堂记》,见《景印文渊阁四库全书》第1199册,台北:台湾商务印书馆,1986年,第758~759页。
⑤ (元)方回:《桐江续集》卷三六《善应庵记》,见《景印文渊阁四库全书》第1193册,台北:台湾商务印书馆,1986年,第717页。

能以诗礼自牧……其家塾子弟之师,不虞远地,惟其才学遴选宾致焉"。① 至元代时,在社会环境的影响下,在继承原有宗族义学的基础上,还新建了一些新的义学,并伴有义田存在,如程本中不仅设置遗安义学,还捐助"学田三百亩,义田二百亩"②。有时,义学还会伴有房屋的设置,如祝寿朋创设中山书塾就有"屋若干楹,学田二百亩"③。

第三个方面是宗族祠庙。在宋代,徽州宗族祠庙主要是墓祠,它们虽然名称各异,但设置目的相同,均为祭祀之用,如方氏敬思庵:

> 从弟质庵于其亲之墓,而问名于予,为名曰敬思。记曰君子生则敬养,死则敬享,思终身弗辱也,铭之以为故。犬马有养,豺獭有祭。彼人是哉,不敬胡异?厥维敬矣,奈何勿思?忝尔所生,何辱如之?我卜斯藏,是畚是锸。我考斯堂,于享于荐。景彼高山,有郁楸梧。曰予蒸尝,曾是孝乎。孝思伊何,勿亲之辱。言视其身,维亲之欲。我庚则经,我经则籯。孰为亲荣,厥闻惟馨。允敬允思,相尔终慕。岳作铭诗,敬告司墓。④

不过在此之外,仍有一些家族祠堂在当时主要用于祭祀部分宗族祖先,特别是以其中的个别祖先为主。这些祠堂与后世宗族祠堂在规制上有所不同,如方岳为其祖父和父亲所建的祠堂:

> 吾祖吾父,退然寒素,为乡人所推尊,一言折中,两讼消弥,盖有王彦方之遗风焉。平生所为力不足而心有余,事虽微而利无穷,义役特一事耳。邦之人士安乐无事者五六十年,两公久殁已,而思之

---

① (元)汪炫:《新安旌城汪氏家录·提纲第一》,元刻本。
② (元)贡师泰:《玩斋集》卷八《跋程氏遗安义学本末》,见《景印文渊阁四库全书》第1215册,台北:台湾商务印书馆,1986年,第663页。
③ (明)彭泽修,汪舜民纂:《徽州府志》卷五《学校》,见《天一阁藏明代方志选刊》,上海:上海古籍书店,1981年,第657页。
④ (宋)方岳:《秋崖集》卷三七《敬思庵铭》,见《景印文渊阁四库全书》第1182册,台北:台湾商务印书馆,1986年,第591页。

不能忘也,乃为作斯堂而表之,系之诗而使岁时歌舞之。①

又如婺源汪氏为其支脉祖先汪端所重建的祠堂:

> 婺源东九十里曰鳙溪,居人惟汪氏一族。其始祖曰端公,以官称也。唐大中间,汪氏自歙徙而来此,至今十余传矣。李氏时盗贼蜂起,端公以勇略选为三梧镇将,捍御乡间,拒贼死之。众慕其义,遂立庙镇傍,而鳙溪咸思,僧舍亦有祠像在焉。乡人奉事甚严,春秋祭祀以时。岁久庙坏碑仆,十世孙叔达谋曰,庙祠不存则无以揭虔妥灵,然立庙,重事祠宇,敝合新之,于是富者出财,壮者效力,既讫……举族二千余指,余庆所钟,盖有所自。②

虽然此时单个村落中的祠堂数量无法考证,但从时人的诗文来看,它们应该不止一处③。元代之后,受新安理学的影响,宗族祠堂建设兴起,不仅墓祠建设数量增多,而且宗祠的设置数量也有大幅提升,特别是在汪、程等大族中表现得尤为明显。以汪氏为例,其族不仅有前述的墓祠,还有一套祖庙、行祠和家祠的系统④。其中,祖庙为位于乌聊山,祭祀汪华的越国公庙,行祠的情况较为复杂,反映出徽州地域范围内不同区域的汪王信仰,"乌聊之外,行祠相望,苦竹丛祠,威灵孔彰"。⑤ 行祠主要分布在婺源、歙县、黟县和休宁,其中属于汪氏内部较典型的有婺源汪氏祭祀自身祖先的汪端公祠、知本堂

---

① (宋)方岳:《秋崖集》卷三六《方长者祠堂记》,见《景印文渊阁四库全书》第1182册,台北:台湾商务印书馆,1986年,第558页。
② (明)程敏政:《新安文献志》卷九六上《汪端公祠堂记》,见《景印文渊阁四库全书》第1376册,台北:台湾商务印书馆,1986年,第2457页。
③ 如婺源大坂的祠堂情况,参见王炎:《双溪类稿》卷二《村行》:"青山护村落,暗水通沟渠。人行禾黍间,漫漫迷所之。里社压新醅,击鲜赛丛祠。田父相劳苦,雨旸无失时。龙骨挂屋敖,秋熟可预期。行径度冈涧,泉石多幽奇。微风发清籁,好鸟吟高枝。此中有佳趣,岂无幽人知? 去住两不可,空吟招隐诗。二篇未第时,在大坂作。"
④ 常建华:《宋元时期徽州祠庙祭祖的形式及其变化》,载《徽学》,2000年,第38~51页。
⑤ (元)陈栎:《定宇集》卷一四《祭越国汪公文》,见《景印文渊阁四库全书》第1205册,台北:台湾商务印书馆,1986年,第383页。

等,这些行祠还有专门的族人管理,如"瑞,掌祠"①,并在产权上还有一定的保证,"六十五代祖,十一公仁俸……奇兴汀潭二□□立二土置祠堂,祝版世祀之,予扁之曰'德报',为书扬焉"。② 同时,还有家祠的存在,如汪松寿就在其家中设有家祠,"谨(因)奉神主于家祠,尔其监□忱",并进行相应的祭祀活动③。

(二)宗族血缘

从前述人口发展情况来看,至两宋时,徽州宗族已经形成了一定的人口规模。当宗族人丁繁衍达到一定规模时,宗族自然会析出多个支派。同时,这些支派往往还因生存的需要迁出原居地,在新的村落扎根。一定时间后,这些迁出的支派与本宗间的联系自然会日趋稀少,且两者间的关系也会渐趋淡薄。在宋元期间,一些徽州宗族分出了多个支派,居于徽州乃至全国各地。试举数例如下,如歙县方氏在北宋时期的分支情况:

> 自雷祖四十六代孙显,世居河南平陵。至汉成帝时,显公六十四世孙纮,由大司马长史出守河南,退居于家。平帝元始五年,王莽篡逆,复起不就,挈家自平陵方山避居江左歙之东乡,即今淳安,此迁歙之始祖也……二十世孙烈迁下南路,唐僖宗光启元年也。烈公六世孙希道迁居歙西寒山,宋仁宗天圣九年也。储公第三子洪享弘之二十八世孙干,字雄飞,赘居桐庐白云村。干之季弟羽,字于飞,迁居歙西茆田,唐咸通庚辰岁也。干公五世孙景玭,避乱而卜居歙南,以姓名其村,残唐五代间也。六世孙承威,宋景德甲辰避地歙南方巷井坞,即今瀹坑也。承威公八世孙子华迁居瀹潭,贞献迁居潜口,俱南宋绍兴间也。九世孙安忠迁歙北沙溪,宋宁宗绍定元年也。

---

① (元)汪松寿:《汪氏渊源录》卷四《续谱代表·婺源州大坂支代表》,正德十三年(1518)刻本。
② (元)汪炤纂:《新安旌城汪氏家录》卷一《提纲第一》,元泰定刻本。
③ (元)汪松寿:《汪氏渊源录》卷九《辞源集·大祥祭父祝文》,此集中还记录了汪松寿祭祀支脉祖先的《远招辞》。

干公九世孙蒙始居左昌,宋太祖乾德二年也。蒙公曾孙忠正再迁苏村,忠正公长子桂,字天举,迁淳安六都帮源,宋仁宗天圣元年也。桂公六世孙文毅自帮源徙居余坡,南宋绍兴间也。忠正公三子相则世居苏村。相公十三世孙克明,十四世孙天泽、思敬同徙磻溪,明太祖建元初也。干公十三世孙桂,字伯坚,由白云村迁歙之柘源,宋元丰二年己未也。居茆田临河者,为羽公孙公闰、公叔,宋端拱间再迁联墅者,为公闰公孙琪。宝祐二年迁潜口后市者,为公叔公十一世孙豫,此十二派始迁之祖也。其由各派零星散处者,详世系下。外此,则有因贾留家,流宦异地,随赘改居,转徙不一,则不可得而尽详矣。①

再如婺源武口王氏在南宋时期的分支情况:

王氏出姬姓,周灵王太子晋之子宗敬爵周司徒,时人号曰"王家",因以为氏。后世居晋阳,著望太原郡,至唐散骑常侍仲舒为江南西道观察使,死于洪州,夫人李氏携七子居宣州船蓬塘,因巢乱,居歙黄墩。艮子初生秘阁校正希羽,迁歙泽富。四子弘生扬州民曹参军希翔,迁婺源邑东十里曰武口,号"云谷居士",是为武口王氏一世祖也。二世曰延剑,号"陀川主人",子十人,名皆从"仁",派称"十府君";孙二十四人,名皆从"文";曾孙五十六人,名皆从"德";玄孙九十六人,名皆从"元"。四世同居,三百二十有六人,鸣鼓而后食。德聪公聚书教子孙,以孝友著闻。有义木夹东西,两涯连理而生,邑宰刘公定奏旌其门曰"孝友信义之家"。其后以"十府君"派析居为"十大房"。②

有些宗族中部分支派还在宋元时期有着进一步的分迁,如婺源甲椿李氏的由来:

---

① (清)方善祖:《歙淳方氏柳山真应庙会宗统谱》卷一《迁徙》,乾隆十八年(1753)刻本。
② (明)程尚宽:《新安名族志》,合肥:黄山书社,2007年,第581~582页。

粤考唐乾符间,始祖京公避黄巢乱于歙之黄墩,卜迁界田……而生仲皋公,字明允,生于唐天祐庚辰……公盖三田始祖之所自出也。长子德鹍,迁祁之新田。次子德鸾,迁婺之严田。幼子德鸿,仍居界田,即堪舆家所称李八公也。鸾公迁严田。字匡录,生于晋开运甲辰,宋乾德甲子迁严田而生湖、浒及海,湖之孙士征、士姚,征迁高沙,再传而迁大汾。姚迁休宁环田。浒之孙士严迁鄱阳高源,是湖、浒之后无复住严田者……生鹏举及将,鹏举居下严田,为下宅祖。将居上严田,为上宅祖。今特详吾上宅之分迁散处者。将公字彦和,生于宋元丰乙丑,卒于绍兴甲戌,葬四十六都罗村陂庄后,巳向。娶王氏,葬三十三都方村宜春上滩壶瓶坞口,寒牛出栏形,丁向。生元明、元忠、元孝。孝外迁,明生焕、郁、彬、瑞。忠公字公卫,生于宋崇宁癸未,以子贵授朝议大夫,卒于淳熙丙申,葬乐平县永善乡之杭桥束垄瓦窑畲,口向。建五敬庵住守,后改仙鹤灵应观。娶清华胡氏,葬甲路北山,丁向。生炳、知己、熺、成己及炟。炟公因侍外,迁父母清华甄家塘。清华之有李氏,又自炟公始也。炟公字昭仲,生于宋绍兴丁卯,娶周氏,合葬十八都上铁炉坞,冲霄凤形,巳向。生六子:域、坦、墉、垓、圻、圭。墉不传,域三传而止,垓三传而迁邑中,圻五传而迁浮溪,圭仍甄家塘,十二传而返严田。坦公字和之,生于宋乾道巳丑,娶吴氏,合葬十七都戴村塘垮,仙虾戏水形,癸向。生二子:曰温如,曰麟。麟子道通迁淮,道祥迁桐城,其后未考也。温如公登进士第,官中书舍人,字温叔,号拙庵,生于宋嘉泰癸亥,淳祐巳酉乡举,宝祐乙卯再举补监,丙辰登方逢辰榜。卒葬十七都苦竹坑口,亥向。娶吴氏,葬二十三都半港,申向。生子:一初、道儒、宗孙。一初不传,宗孙出继桂岩戴氏,道儒公省举,任翰林编校。□口,号溪山,生于宋嘉定癸未,景定甲子乡举,乙丑省举,后改任江淮制置司判机。卒葬清华北山宋村古井后,艮向。娶戴氏,葬北山宋村古井后,卯向。子秃锡帆,生一子罗舌。锡,省举,授本州教谕,而迁葛村,即甲村,元至正壬辰年也。甲村之为李,则锡公为始迁之祖也。①

支派迁出的原因较多,其中极为重要的一条便是原居地人地冲突的尖锐化,《古林黄氏重修族谱》对此有过总结,"迁派者何？良由子姓蕃衍,地隘人稠,或随其所之便,或以其地居之"②。而休宁月潭朱氏即是此中典型,其族系临溪朱氏宗族之派系所衍生,因"子姓蕃而居址隘,乃卜地距东十里许,曰月潭,前挹天马山,后倚天柱峰,术者以此地益秀,必昌其后,于是由临溪而迁矣"③。

总体而言,正是在宗族族产与血缘的双重作用下,宋元时徽州宗族对谱牒极为重视,并逐渐将编修家谱付诸实践。对于前述作用的体现,一些元代徽州谱序的作者说得尤为明白：

> 夫祖宗之为孙子计者,有官爵则思荣其身而昌其家,有恒产则思厚其积而豪其乡。此人心之所同,无足怪者,及其世代绵邈,子孙蕃衍。然后有贤愚贫贱富贵之殊,万有不齐,此理之常,亦无足怪者。今有人焉思其祖宗之勤俭,幸其家世之不坠,纂其谱系,续其支派,以符祖宗之心者。④

> 家有谱书,非止叙尊卑、别贵贱、辨贤愚而已,实所以为同人心、厚风俗之本也。盖人心、风俗本相流通,故风俗之所以不厚,由于人心之不同；人心之所以不同,由于阖知祖宗之始于一人也。夫以祖宗之始于一人视之,则见远犹近,见疏犹亲,虽万派千枝,而实均为一家之同体,使合族之人而果视为一家,则情自相通,谊自相孚。⑤

---

① （清）李廷赵：《甲椿李氏世系家谱》卷首《世系溯源便览图说》,乾隆四十七年(1782)刻本。
② （清）黄治安：《古林黄氏重修族谱》卷一《谱迁派》,清刻本。
③ （民国）朱承铎：《新安月潭朱氏族谱》卷二《世系·月潭府君》,民国二十年(1931)刻本。
④ （元）舒頔：《贞素斋集》卷二《北门张氏族谱序》,见《景印文渊阁四库全书》第1217册,台北：台湾商务印书馆,1986年,第578页。
⑤ （元）郑玉：《龙溪坦头汪氏续谱序》,见汪奎：《重修汪氏家乘》卷首,中国国家图书馆藏早期稀见家谱丛刻本,北京：线装书局,2002年,第6页。

第二章 宋元时期徽州家谱的内容与特点

宋元两朝徽州家谱编修已成一定的规模,总体上宋代较多,元代较少。这时期徽州家谱在内容上虽已超出欧阳修与苏洵两位前贤所编的家谱,但仍较为简单,远不及后世家谱,大都只有谱序、凡例、世系、传记四部分内容。家谱编修的时空分布极不平均,并且少有持续,同时,谱中内容编排也缺少通行的标准,这些都是宋元时期徽州家谱具备的时代特征。

第一节 宋元时期徽州家谱的概况

如前所述,宋元时期徽州家谱编修已有一定的规模,从时代分布来看,宋代稀少,元代较多。这些家谱部分留存至今,从中可管窥这一时期徽州家谱编修的内容与特点。总而言之,由于此时乃是徽州家谱的草创时代,家谱编修在整体上未成大势,体例也并未统一,有着明显的时代特点。

一、宋元徽州家谱的遗存

赵华富曾进行过统计,认为现存宋元时期徽州家谱共计 14 部,其中宋代

6部,元代8部,涉及汪、方、程、黄、詹、吴、陈等姓氏。① 依据《中国家谱总目》及各大图书馆的馆藏目录明确找到了其中的8部,分别是:

1.(宋)方桂森纂:《汉歙丹阳河南方氏衍庆统宗图谱》1卷,明刻本,国家图书馆藏,保存状况完好。

2.(宋)黄天衢纂:《祁门左田黄氏宗派图》不分卷,清康熙间重刻本,国家图书馆藏,保存状况良好,《中国国家图书馆藏早期稀见家谱丛刊》中收录有明末刊本。

3.(元)吴浩辑述:《休宁商山吴氏重修族谱》2卷,明吴景存续订,明吴士彦续辑,明崇祯十六年(1643)刻本,国家图书馆藏,略有残缺。

4.(元)詹晟纂:《婺源庆源詹氏族谱》不分卷,明初抄本,国家图书馆藏,多有残缺。

5.(元)汪垚纂:《新安汪氏庆源宗谱》不分卷,元抄本,国家图书馆藏,严重残缺。

6.(元)汪松寿纂:《汪氏渊源录》10卷,明汪以昭增修,正德年间刻本,国家图书馆藏,部分残缺。浙江图书馆、安徽省图书馆等藏有复本。

7.(元)汪炤纂:《新安旌城汪氏家录》7卷,元泰定刻本,安徽省博物馆藏,略有残缺。

8.(元)陈栎纂:《陈氏谱略》不分卷,载《定宇集》,景印文渊阁四库全书本。

在此之外,还发现赵华富未注意到的两部元代徽州家谱:一部是国家图书馆藏邵桂子纂《邵氏世谱》1卷,多有残破;另一部是重庆图书馆藏有的《回岭汪氏宗谱》,该谱被一些学者认定为元代家谱②,但也有研究者对此谱的编修时间有所怀疑③。总体而言,这一时期徽州家谱的遗存数量较少,不仅一

---

① 赵华富:《徽州宗族研究》,合肥:安徽大学出版社,2016年,第187~188页。
② 朱振华:《中国家谱综合目录》,北京:中华书局,1997年,第178~180页;中国古籍总目编纂委员会:《中国古籍总目·史部》,上海:上海古籍出版社,2009年,第2103页。
③ 章毅:《元代徽州路的军功家族》,载《安徽史学》,2015年第3期。

些姓氏家谱未有留存,而且绩溪和黟县两县同样未见家谱存世。

二、宋元徽州家谱的编修

由于经历多次兵燹,现今遗留的宋元时期徽州家谱仅是当时实际编修的冰山一角。依据当时徽州文人文集及后世徽州家谱所收的序跋,可以大致估计宋元徽州家谱的编修情况。

从宋代徽州文人文集来看,北宋时期歙县共有两篇谱序,同属一个宗族,南宋时期谱序较多,分布于歙县、休宁、婺源、绩溪四县,数量为12,共涉及9个宗族,分别是程、汪、金、朱、罗、许、文等姓氏。① 而在85部明代以后的徽州家谱中,笔者共见到两宋谱序185篇,共涉及35个姓氏宗族。与两宋相比较,元代徽州家谱序、跋的情况较为复杂,同样在上述85部家谱中,有元代谱序133篇,数量较少。而文集中相关序、跋数量则远超两宋,以《四库全书》系列为底本,共检索出25篇家谱序、跋,如表2-1所示。

表2-1 元代徽人文集所载家谱谱序一览表

序号	作者	序、跋名称	文献来源
1	郑玉	方氏族谱序	《师山集》遗文卷一
2		郑氏石谱序	
3	吴海	新安吴氏家谱叙	《闻过斋集》卷二
4	舒頔	胡氏族谱序	《贞素斋集》卷二
5		戴氏族谱序	
6		章氏族谱序	
7		北门张氏族谱序	
8	李祁	俞氏族谱序	《云阳集》卷三
9		汪氏族谱序	《云阳集》卷四

---

① 黄超,王善军:《宋代族谱序跋所涉家族的地域分布》,载《大连大学学报》,2012年第1期。

续表

序号	作者	序、跋名称	文献来源
10	陈栎	汪溪金氏族谱序	《定宇集》卷二
11		跋五城黄氏族谱	《定宇集》卷三
12		徐氏族谱跋	
13		谢曹弘斋撰族谱序启	《定宇集》卷十一
14		族谱赞	《定宇集》卷十二
15		陈氏谱略	《定宇集》卷十五
16	唐元	李氏族谱序	《筠轩集》卷九
17	程文海	题程氏谱系	《雪楼集》卷一
18	戴表元	题婺源武口王氏世系	《剡源文集》卷十八
19	朱升	石门陈氏族谱序	《朱枫林集》卷三
20		重修本宗族谱序	《朱枫林集》卷四
21		苦竹朱氏族谱序	
22		詹田孙氏家录序	
23	程龙	书婺源龙陂程氏谱	《新安文献志》卷二十三
24	程文	书河南上程氏宜振录后	《新安文献志》卷二十四
25	郑千龄	鲍屯鲍氏族谱序	《新安文献志》卷八十八

就真伪而言，文集明显超越家谱，原因在于明清时期徽州家谱编纂者会在宗族需求的驱动下，有意识地伪造自身家谱谱序，这些谱序大都冒充为名人所作，因为名人为家谱"增色"不少。同时，这些谱序内容还可以证明宗族历史悠久。在现存明清徽州家谱中，朱熹、蔡元定、陈康伯、赵鼎等出现的频率较多，署名这些名人的谱序内容较短，且多有重复，很容易判断真伪。具体而言，作伪方法大都为新谱套用部分旧谱，如明代汪道昆所修的《汪氏十六族家谱》，其中有宋朱熹的《汪氏旧谱序》，冯剑辉认为此序为伪作，因为最明显之处是"从汪华'进爵英济王'起，至'汪氏仕宦又盛于斯，蝉联簪组'为止，中间的一大段文字，新建谱序为新建派仕宦名人，而（汪道昆）十六族谱序则为

唐模仕宦名人",明显是汪道昆对新建谱序挖改而成的伪作。[①] 在这种情况下,徽州家谱所载谱序自然不可全信。从这个角度而言,宋元时期徽州编修家谱的宗族数量大致介于文集谱序所涉宗族数量与家谱谱序所在宗族数量之间,并且要偏向于前者。

第二节　宋元时期徽州家谱的内容

纵观现存宋元徽州家谱全本,以及部分家谱序、跋,可以看出,此时徽州家谱在欧苏家谱内容的基础上,有进一步的扩展。此时的徽州家谱内容虽然远不及后世丰富,但已经展现出家谱作为宗族文献集成的重要地位。从这一点来看,可以说,宋元时期徽州家谱的内容已经比较丰富。具体而言,此时徽州家谱至少包含谱序、凡例、世系、传记四部分内容。

一、谱序

谱序乃是宋以后家谱的共有之物,往往置于家谱的开头,宋元时徽州家谱亦不例外。在现存的徽州家谱中,谱序名称虽然各异,但其内容却大多类似,主要记叙家谱编修的意义、编修家谱的成员和原因、宗族的历史(包括迁徙过程)、历代修谱的概况等内容。同时,谱序往往还寄寓着宗族修谱作者们的思想和情感,可以说,谱序是徽州家谱中不可缺失的重要组成部分。从谱序的作者来看,宋元时期徽州家谱,既有由本宗族内成员撰写的谱序,如《新安汪氏庆源宗谱》《汉歙丹阳河南方氏衍庆统宗图谱》《左田黄氏宗派图》《商山吴氏宗谱》中的谱序均是由本宗族成员撰写而成,可见族内成员撰写谱序是宋元时期谱序创作的主要方式。同时亦有外族知名官员士绅等撰写的谱序,如《庆源詹氏族谱》中的两篇《詹氏族谱序》就是由元代至正年间的承事郎徽州路同知宋梦鼎以及元代至正年间进士文林郎徽州路同知李祈一所作,还

---

① 冯剑辉:《徽州家谱宗族史叙事冲突研究》,合肥:合肥工业大学出版社,2014年,第161页。

有两篇谱序则是由董元桂、江氏某等外族人士所作,这些外族人士大多是当地拥有一定影响力或社会地位较高的人群。通过邀请这些社会名流撰写谱序,一方面可以体现出其宗族在当地已经具有一定的势力和话语权,另一方面宗族也可以利用"名人效应"来增强宗族世系的权威和真实性,并进一步扩大宗族在地方上的影响力。

就具体修谱而言,各个宗族在谱序的内容上会有所取舍,或有所侧重,不过总体上都不外乎以上的内容。以创作于南宋建炎年间的《左田黄氏宗派图序》为例,分析此时徽州家谱谱序内容:

> 谱系之作何为也,所以教仁也。盖仁也者,人也。人之一身无尺寸之肤不爱也,至于祖宗之子孙则亦祖宗之身也,而有不爱者,由各身其身而不知身祖宗之身以为身耳。谱也者,通宗族于一身,使之相亲相睦而无不爱者也。夫能通示族于一身而无不爱,则由是而中国一人,天下一家,特扩而大之矣。故曰:谱系之作所以教仁也。
>
> 我黄氏自陆终之后受封于黄,子孙以国为氏。至春秋时,春申君歇相楚而封于吴;汉之时,颍川太守霸以治绩而振于淮阳,征君宪以德量而闻于汝南,魏郡太守香,子琼,曾孙琬,累叶簪组而著于江夏。此皆黄氏之支流,第世远谱残而支系不及详也。
>
> 若我新安之黄则琬之五世孙曰积,仕晋为新安太守,子寻,遂家歙之姚家墩,而新安之黄所由始。积之十四世孙曰仪,仕唐为祁门尉,遂家邑东之左田,而新安之黄所由著。自是以来,世派昭昭,而可考者,则以我叔宏公尝因兵乱荡析之余而作数十世之家乘,故今得有所据而宗盟不坠也。今视叔宏公之时,何时也,历季既远而生齿益蕃,兵乱荐臻而播迁益众。及是时不有志叔宏公之志者以继之,则有入其庙而祖宗之名讳不知,遇于道而族人之伦叙不识者,其如同宗一体之义何?故因告老之余力,葺前人之旧章而作宗派图,以昭示于将来也。盖图以联于上,使人有以知其原;注以详于下,使人有以考其实。

自共统于上者而观之,则亲疏一体,远近一人,而同仁之公以溥;自其别于下者而观之,则由亲及疏,由近及远,而施仁之序以彰。不特此也。有爵者,特书之,所以贵贵也;有德者,特书之,所以尊贤也。亲亲之中而寓贵贵,尊贤之典,则又仁之至而为义之尽者也。使我族人得是图而览之,则将曰,吾固祖宗之身也。彼近而为某支,远而为某派,凡体祖宗之遗者皆祖宗之身也,相亲相爱之情,宁不油然而兴起乎?虽然作之于前,则必述之于后,予今日固以扬叔宏公之余波也。嗣是而为巨汇者又将不以今日为川泽乎?吁,斯图也,岂直仁一时而已哉?岂直仁一时而义哉?①

这篇谱序主要分为三个部分。第一部分论述修谱的意义在于仁教,仁的观念可以使宗族内人与人之间的关系亲睦和谐,进而使人们团结一心,天下一家。从而得出结论:修谱是出于仁教对宗族发展的需要。第二部分主要讲述了黄氏宗族的起源及新安左田黄氏的由来,并褒奖了黄宏在战乱时也坚持修谱的事迹。第三部分在明确入谱原则的同时再次重申修谱对宗族团结的重要意义。如《左田黄氏宗派图序》一样,其他的宋元时期徽州家谱的谱序也往往会先论述宗族修谱的意义及原因,以明确其修谱的必要性。之后会叙述宗族的起源及其发展迁派的过程。紧接着会对宗族中有卓越成就的人物及事迹进行表扬和宣传,以激发其宗族子孙后代的尊祖敬宗之情。最后再一次强调宗族修谱对宗族后世发展的重要意义,进一步点明中心,结束全文。正是这样类似"总分总"的书写结构,使宋元时期徽州家谱的谱序一气呵成,浑然一体,内容上十分充实、完整。

二、凡例

凡例同样是宋元时期徽州家谱必不可少的一部分,其位置大都在谱序之后,世系之前。此时徽州家谱凡例虽然简略,但已经具备后世家谱凡例之雏

---

① (宋)黄天衢纂:《祁门左田黄氏宗派图·左田黄氏宗派图序》,清康熙间重刻本。

形,它直接规定了家谱中各部分内容的格式与修辞规范,还以入谱标准为媒介,影响族人的行为方式,进而明确家谱修编的原则和意义。宋元时期徽州家谱的编修者在撰写凡例时已开始利用序号排列的方式将每条内容井井有条地列举出来。通过这种方式可以使凡例的条理更加清晰明确,能够令家谱的阅读者更直观且清晰地了解家谱凡例内容及其所表达的中心思想。

在众多宋元时期徽州家谱的凡例中,无一例外地都将修谱意义和总体编修思想放在第一条。如《汉歙丹阳方氏衍庆图谱》凡例:"国有史、家有谱,一义也。善恶备书,史之义,隐恶扬善,谱之义,今依旧谱编次,图中传信传疑一字不敢增益焉。"①《商山吴氏宗谱》凡例:"谱史例也,谱为一家之史,史则善恶具载,谱则载善不载恶,为亲讳之也。"②在此内容之后,家谱凡例会主要介绍以下几方面内容,一是家谱的书写规范和入谱标准,在吴氏家谱中表现尤为明显,"谱法以明族属(礼曰睦于父母之党,可谓孝矣。世之为谱者只著本宗不及于母、于妻、于女之族,故明亲属所以广爱也)、辨少长(行次所以辨少长也,故名系于图,次书行以为别,使少长秩然,有伦历世,虽多庶几可辨)、尚同姓(传曰鬼神不歆非类,故非其族不敢认其为钦。是其族不敢置而不认,庶水木本源之义明矣)、避讳名(世人多以先世之名复命其子,岂理也哉,故命名者使无相犯可也),为子孙者慎之"。③ 二是家谱的具体内容与修辞范式,如:"封爵、谥号、庙食、迁徙详书名下,住传必书,以塞冒谄之窦矣。传不书以通归宗之径。"④"凡为善而啬后者书曰无传(悯之也),为不善而啬后者直书曰绝(斩之也),善恶无闻者书曰止,殇故者书曰早卒……礼曰君子以论撰先世之行美为,故先祖有美而不知,非孝也;知而弗传,尤非孝也。凡同宗有言行表,表者并详书之,盖发潜

---

① (宋)方桂森:《汉歙丹阳河南方氏衍庆统宗图谱·凡例》,明刻本。
② (元)吴浩辑:《休宁商山吴氏重修族谱》卷一《凡例》,明吴景存续订,明吴士彦续辑,崇祯十六年(1643)刻本。
③ (元)吴浩辑:《休宁商山吴氏重修族谱》卷一《凡例》,明吴景存续订,明吴士彦续辑,崇祯十六年(1643)刻本。
④ (宋)方桂森:《汉歙丹阳河南方氏衍庆统宗图谱·凡例》,明刻本。

德也。"①三是家谱世系的撰写体例,如"四图系以五世为一图,盖祖欧阳氏谱法也。其旁枝五世外或余二三世,则附载于枝下,不复具图焉"。②

三、世系

作为家族史书的家谱,记载族人生平的世系乃是谱中的重要内容,在现存宋元时期徽州家谱中,均有世系。与后世相比,此时的世系记载相对简略,也并非全是按照欧苏体例书写。在具体编排上,这些世系都是以派别作区分,按照父子相继的形式做成表格或挂线,最终形成一定的世系图。在两宋时期,徽州家谱世系情况如图2-1、图2-2所示。

图2-1 方桂森:《汉歙丹阳河南方氏衍庆统宗图谱·元邦公世系图表》

---

① (元)吴浩辑:《休宁商山吴氏重修族谱》卷一《凡例》,明吴景存续订,明吴士彦续辑,崇祯十六年(1643)刻本。
② (元)吴浩辑:《休宁商山吴氏重修族谱》卷一《凡例》,明吴景存续订,明吴士彦续辑,崇祯十六年(1643)刻本。

图 2-2　方桂森:《汉歙丹阳河南方氏衍庆统宗图谱·彦章公世系图表》

图 2-1 部分内容为元邦——玄略(字德深)——绍世(字仲衡,本州太守)——干——输(字仅仍,仕隋,拜仁州刺史,封文登郡开国公)。图 2-2 则有彦章——伯起(字应远,号愚溪先生,太学生)——莹(出太学上舍生)——桂森(字秀山,宋仁和县知县)——祖(字述翁,行正四,户名进卿,构亭森秀,以永思亲,有□)等内容。在这种世系图中,人物记载较为简单,主要为名、字和官职三项内容,有些人物则会记录户名,如方桂森六子,祖、祺、禛、礼、元、社。

元代徽州家谱世系渐趋复杂,从现存的数部元代徽州家谱来看,既有以表格形式记录世系者,也有以挂线图形式记录世系者的情况。与宋代有所不同的是,在这些世系当中,有的人物记载会较为详细。

图 2-3 汪松寿:《汪氏渊源录》卷四《世系》

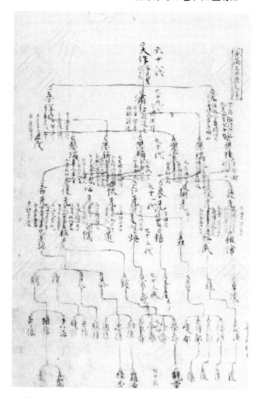

图 2-4 汪垚:《新安汪氏庆源宗谱·世系》

以上述两谱为代表的元代徽州家谱,往往是先述总体世系,再分述各支谱系,并对部分人物作了重点介绍。这种世系编制方法与欧苏体例有所类似,亦有部分不同,其最为突出的特征便是汪炤在《新安旌城汪氏家录》中所言的"随派而篇":

> 从宗枝顺次该述,其见有子孙者,表为某房,为一篇;其虽绝而有可书者,亦特曰某房,为一篇,其已绝而无可书者,但直书;其直下子孙若干、名某、字某、娶某而止,或无可考,止书其名或行第而止。自五十五世祖迁旌城,而下止泰定甲子岁,先总提其纲,次各列为图,次随派而篇。①

四、传记

受记述对象影响,传记文体涉及范围较广,在宋元时期徽州家谱中,主要涉及的是人物传记。这些传记主要记载了宗族内部部分人物的生平与事迹,其目的在于彰显宗族中的杰出人物,凸显宗族地位,进而增强宗族子弟对宗族的认同感与凝聚力。

具体而言,此时徽州家谱的传记主要表现为两类。第一类是存在与于世系图中,附着于家谱人物之后,可被称为人物小传。两宋时,因徽州家谱世系图的特殊撰述方式,所以此时徽州家谱中并未有传记。但入元之后,情况发生了变化,多部家谱中出现了记述详细、篇幅较长的人物小传。以《新安汪氏庆源宗谱》为例,其中载有数篇小传,主要分为两种写法,举例如下:

> 汪应声小传:虚日门郡有盗,狱多泛滥,不实吏或锻炼,而周内之里人以为宽,公至则撤□矣。他日民有讼其宽者,公大书其楗曰:不为势屈,不为利诎,断断唯是之后悚然。里民有与势家役者斗于卷,民执役者曰:吾与若俱诣汪公。役者遽而引去。于是越人皆畏

---

① (元)汪炤纂:《新安旌城汪氏家录》卷一《总序》,泰定刻本。

公之神明，而乐公之平易也。公以病余，日泊事，食少而□，旧疾复大作，死之日，剖决犹不辍，四年七月甲午卒于寝，一语不及家事。寿年娶罗氏，封安人，一子几先；一女，适登仕郎鲍宗海。丞相程元凤为遣使护其丧，明年冬十一月葬于颍源之醴泉里。

  汪象先小传：象先，字似之，行第仲五，应端之子也，生嘉禧二年戊戌十二月初二日亥时，天不假年，寿止三十九岁，卒十三年丙子十一月二十三日巳时，至元二十九年葬大里下村，癸山丁向。娶罗下田方氏，生嘉禧八年甲辰十二月十九日酉时。二子，长茗老，复改名垚；次名怡老，出继与祖武为子。四女长润堨田朱仲斌；次名宁，登第江，夫丧，改适槐塘程德范；三名敬，适长林郑憩；四名熙，适向杲吕晋。①

  从《汪应声小传》来看，撰述内容主要是其人的事迹，并兼记人物的生平；而《汪象先小传》则全文记录人物的生平，缺少事迹的记载。这种情况不仅说明了此时徽州家谱小传记载方式的混乱，缺乏统一的范式，同时也展现出此时家谱纂修者开始注意小传的记载，进行相关撰述方式的摸索。

  第二类是在世系之外的单篇人物传记，这类传记在宋代时便已出现在徽州家谱中，大部分记述对象为徽州宗族始祖，同时，这些传记名称不一，如《汉歙丹阳方氏衍庆族谱》中的《方山雷公世家》，《庆源詹氏族谱》中的《黄公小传》，以及《新安汪氏庆源宗谱》中的《灵惠公传》等。需要注意的是，这些人物虽远离纂修者所在时代，但传记内容却相当翔实，使得此类传记有极大可能乃是一种文化建构，《方山雷公世家》一文便是其中的典型：

  雷为榆罔帝之子，炎帝九世孙，母陈郡风氏，雷生而有圣德，综蚩尤有功，让位于轩辕，封于方山，生子明，辅御黄帝，游大隗、具茨之山，事见《庄子》。明生玑，玑四十一世俊，俊生回，有圣德，与许由、巢父为友，唐尧受以天下弗受，隐于成阳。雷子回列班固《人物表》，回生显，舜封于河南，为河南望祖，生子千期，袭父封位，舜兼掌

---

① （元）汪垚：《新安汪氏庆源宗谱》，不分卷，元抄本。

农官,百姓歌之。千期生相,佐夏禹奠高山大川,封侯。相生越,越佐禹凿龙门,辅佐启任豫州牧。越生丹砂,以才干帝,纳为婿。丹砂十世至云,云生灼,佐夏,封六合县,开国侯,十二世至毅,小甲元年为河南郡守,生子威,帝乙以女妻之。三世至亦,亦生誉,佐武王伐纣,封河南。三世至琛,琛生论,破徐偃以功,拜平侯。八世至舛,佐宣王,诗人美之,列班固《人物表》。三世至朴,生子瑷,佐秦为上卿。瑷生约,汉初封下相侯。约四世至忻之,生子伟,汉拜金紫光禄大夫,陪葬昭帝陵。伟生望,为军师,劝隗嚣以立高庙,卒葬东迈山,至子纮为丹阳始祖。赞曰:雷让位于轩辕,回让位于虞帝,何其祖孙相继,轻天下如是哉?世有箪食豆羹以争者,其得失孰重也?观叔佐宣王以中兴,望劝隗嚣以立高庙,斯其为世济其美欤!①

总体而言,上述四部分内容乃是宋元徽州家谱所共有的。将宋元徽州家谱与之后的徽州家谱进行对比,不难发现,部分后世家谱中普遍存在的内容,有些宋元徽州家谱可能会有缺失,譬如谱跋,仅在《汪氏渊源录》等家谱中有着明确的元代谱跋。同时,也会包含一些明清家谱少见的内容,同样是在《汪氏渊源录》中,汪松寿创制了"谱注"。这种内容芜杂的情况正是此时家谱百般体例的直接作用,也是宋元时期徽州宗族发展对家谱写作的具体影响。

第三节　宋元时期徽州家谱的特点

宋元时期正当徽州家谱的草创之时,此时的徽州家谱纂修者与谱学家们持续探究家谱的编修模式,使得此时家谱在编修、体例与内容上都表现出相当鲜明的特点。同时,在两宋与元代,徽州家谱的情况也有所不同,特点不一。总体上,宋元时期的徽州家谱有着明显的时代特征,为明清徽州家谱的兴盛奠定了基础。

---

① (宋)方桂森纂:《汉歙丹阳河南方氏衍庆统宗图谱》卷一《方山雷公世家》,明刻本。

一、宋元时期徽州家谱编修的特点

从上述情况来看,宋元时期徽州家谱的编修数量稀少,这一时期编谱数量总和可能都不会超过百种,大约只能达到明清两朝总数的一成。不仅数量稀少,而且此时家谱的编修还表现出分布上明显的不平衡,这种分布的失衡在姓氏与县域上都有着明显的表现。究其原因,主要是在修谱者上,其中根本性的一点是这一时期徽州宗族发展程度低下。如前所述,尽管在元代时,徽州宗族已有所发展,少数宗族具备了后世宗族组织所拥有的重要因子,但这种发展仍存在相当的不足,不仅大部分宗族没有这些重要因子,而且具备这些因子的宗族也缺少相应的组织主体。在这种情况下,大部分宗族都缺乏足够的主观意识去推动家谱的编纂。也正因为如此,徽州宗族的家谱编修难以持续,后世常见的续修行为很难在这一时期见到。此外,这一时期的家谱编纂者几乎都是某个人或几个人,这些人在新安理学的持续影响下,自身宗族意识"觉醒",促使他们关注宗族的历史与发展,从而致力于家谱的编修。不过在当时,理学思想远没有后世有力,在徽州,受理学教育者的数量较少,很难形成普遍的宗族意识,这种状态限制了个人的修谱行为。还要考虑到的一点是,一旦这些编谱者弃世,家谱的编修自然会随之断绝。

二、宋元时期徽州家谱体例的特点

通过分析前述现存宋元时期徽州家谱,不难看出,此时徽州家谱体例是散乱与规范并存。在内容安排方面,宋元徽州家谱乃是一种乱序的存在,不仅缺乏清晰、统一的撰写内容,而且在顺序排列上各有千秋,全无定论。在世系编制上表现得尤为明显,"随派而篇"的编写方式本身就意味着家谱的编修当以各个宗族的实际情况为准,并不存在某种统一的规划。这种乱序的主要原因在于此时徽州家谱编修的数量较少,为家谱编者提供了相当大的编修空间,而欧苏体例的扩展限制也是造成此时徽州家谱体例不统一的一个原因。需要看到的是,在元代,徽州家谱编修者着力于扩展自身家谱内容,这种内容的扩充也给内容安排带来了相当的压力。在内容安排呈现乱序的同时,宋元时期徽州家谱在书写上则表现出了明显的规范,"书善不书恶"的书写规则已被确定下来,并且在当时的徽州得到了广泛的认可与运用。

三、宋元时期徽州家谱内容的特点

宋元时期,徽州家谱内容的最大特点是家谱内容的扩充。在史学与理学发展的影响下,宋元时期徽州家谱,特别是元代徽州家谱,内容有了极大的丰富。一是受史学思想的影响,元代家谱编修者会有意识地扩大家谱编修的选材,并致力于利用史学方法进行相应的撰述,如汪松寿,其人在《汪氏渊源录》中引入了唐太宗敕令,"旧谱唐族望敕",并模仿史书,撰写注脚和赞语。[①] 又如汪炤则在家谱中增加了对人物生平的考证,以提高家谱记载的真实性。[②] 二是受理学思想的影响,此时徽州家谱编修者将家谱的编修与孝道相连,并详论祖先的生平与事迹,还将大量祖先墓地信息写入家谱以为纪念与证明,这一点在《汪氏渊源录》与《新安旌城汪氏家录》中都有着详细的表现。这些有着明确理论支撑的内容创新与扩充,使得此时的徽州家谱显得繁芜而不失系统,进而加快了徽州家谱的发展。正是在这些修谱者的推动下,徽州家谱日渐丰满,为后来家谱内容的进一步扩充打下了坚实的基础。

---

① (元)汪松寿纂:《汪氏渊源录》,明汪以昭增修,正德年间刻本。
② (元)汪炤纂:《新安旌城汪氏家录》,泰定刻本。

第三章　宋元时期徽州谱学名家与典型家谱

宋元时期徽州区域内出现了一批较有声名的谱学名家,他们或参与家谱编修,或对家谱编修发表意见,这些名家详细阐述了家谱编修方法、家谱功能等问题,直接推动了区域内谱牒学的发展。与此同时,在现存宋元时期徽州家谱中,《汪氏渊源录》等谱编修质量较高,与特殊的"郡谱"共同构成了此时的典型家谱。

第一节　宋元时期徽州谱学名家

在中国家谱发展史上,宋元时期是家谱变革、转型的重大时期。在此之前,官修谱牒占绝对优势;宋元以降,私修家谱得以兴盛。在徽州地区同样如此,宋元时期徽州涌现出一批从事家谱编纂工作的学者。他们积极主导或参与族谱编修,并在此过程中逐渐探索、创新既有的家谱编纂理论与方法。其中部分学者的创新对当时及后世都产生了相当的影响,可被视为当时的谱学名家。具体来说,自北宋欧阳修与苏洵开创私修家谱模式之后,中国各地方才有了私修家谱的探索,诚如前所述,两宋时期徽州私修家谱的态势并不猛烈,直至元代时,私修家谱才比较普遍,并出现了谱学名家。纵观当时的谱牒编修者,其中颇值一提的有陈栎、唐桂芳、舒頔和郑玉。

第三章　宋元时期徽州谱学名家与典型家谱

一、陈栎

陈栎(1252—1334),字寿翁,晚号东阜老人,休宁人。《元史》有传,称"栎生三岁,祖母吴氏口授《孝经》《论语》,辄成诵。五岁入小学,即涉猎经史。七岁通进士业。十五,乡人皆师之。宋亡,科举废,栎慨然发愤,致力于圣人之学,涵濡玩索,贯穿古今。尝以谓有功于圣门者,莫若朱熹氏"。① 对陈栎在朱氏之学上的贡献,后人有很高的评价,不过,陈栎对徽州谱学所起的推动作用也不容忽视。陈栎作为元代徽州有影响力的学者之一,随其问学的徽州学子众多,如汪古逸、郑绍卿②、程仲本③、唐桂芳④、朱升⑤等,故而影响了一大批徽州学子。这些人大都步陈栎之后尘,积极加入徽州家谱的编修活动,极大地促进了徽州谱学的发展。

陈栎是元代徽州有名的谱学家,这绝不是偶然。其中一个重要原因便是陈栎与当时徽州家谱编修者多有交流,揭傒斯在为陈栎作墓志铭时说:"其学大抵以朱子为归,其所严事曰黄常甫(黄智孙)先生,所与游曰方公回、曹公泾。"⑥曹泾为南宋时徽州较为出名的谱学家,陈栎多次与他探讨谱学。据《云萍小录》记载,"自丙申至庚子,无岁不见,无月不书,爱之有加焉,无替也。

---

① (明)宋濂:《元史》卷一八九《儒学一·陈栎》,北京:中华书局,1973年,第4321页。
② (明)汪克宽:《环谷集》卷八《郑长者传》记载,"长者姓郑,名绍卿,元之盛德士也。……长者生而岐嶷,长从乡先生陈公定宇游,讲学知道大原,慨然有济人利物之志",见《景印文渊阁四库全书》第1220册,台北:台湾商务印书馆,1986年,第721页。
③ 据朱升的《朱枫林集》卷四《送程仲本之龙川侍亲序》记载,"程仲本,年十八,从乡先生东阜翁,学经术,举子业",合肥:黄山书社,1992年,第63页。
④ 在《白云集·原序》中,唐桂芳云"予幼承过庭之训,其未出乡里,师授洪杏庭先生、陈定宇先生、胡云峰先生",见《景印文渊阁四库全书》第1226册,台北:台湾商务印书馆,1986年,第774页。
⑤ (明)程敏政:《新安文献志》卷七六《行实·朱学士升传》记载,"朱升……幼师乡贡进士陈栎,剖击问难,多所发明",见《景印文渊阁四库全书》第1376册,台北:台湾商务印书馆,1986年,第1854页。
⑥ (明)程敏政:《新安文献志》卷七一《定宇陈先生栎墓志铭》,见《景印文渊阁四库全书》第1376册,台北:台湾商务印书馆,1986年,第1739页。

近秋丁一再上谒,其还也,蒙力留之馆中,且云嗣岁确佚老于家,嗣春未必可会晤,可不留一惜别乎?因不敢辞。入夜纵谈,忽出一纸,首题曰《云萍小录》,乃叙述家世及平生及贤子孙以赐教者也,且令栎亦书世家以呈"。① 文中详细地叙述了陈栎与曹泾探讨谱学的事实,曹泾请陈栎书"世家",而自己仅书"云萍小录"。陈栎思索再三,深感此举不妥,在他看来,虽然陈氏家族出仕者众多,但本房儒学不显,不可命名过高,"虽今者先生忘年而下交之,先世自唐末由严陵迁陈村,迄于今登科者一族凡六人,而栎一派,累世不仕,栎也自揆晚末,上交何敢僭?不足乎扬云萍之至,又何敢僭?"

此外,陈栎还与谱学家汪照有来往,汪照为曹泾的学生,他对谱学也有研究,曾参与编修《新安旌城汪氏家录》。陈栎在《与汪竹溪书》中说:"忆今春侍家叔扫松楸,道经仞墙,因获遂识荆之愿。虽老成典型时见清梦,然以无谓,不敢数动閽人。讵图谦尊忽赐诲示,乃以诸令孙彬彬玉立,特有西塾之招。"②这里,陈栎虽未论及与汪竹溪谈论谱学,然谱学家之间的交流是存在的,他们对谱学的探讨也应当是有的。

这些例子无不反映出陈栎谱学思想中有着明确"旁得之友"③的因素。具体来说,陈栎的谱学思想内涵丰富,他对于家谱的功能、书法与体例均有着自身独特的认识。这些谱学思想体现在陈栎撰述的多种家谱文献中,其中《陈氏谱略》体现最多,此书乃是陈栎为其家族家谱编修的草稿,虽不全面,但仍可从中窥见陈栎编修家谱的思想。

(一)论家谱的功能

元代徽州谱学家对家谱功能的认识,大体有以下三种。第一种,以唐桂

---

① (元)陈栎:《定宇集》卷一五《陈氏谱略》,见《景印文渊阁四库全书》第1205册,台北:台湾商务印书馆,1986年,第387页。
② (元)陈栎:《定宇集》卷一○《与汪竹溪书》,见《景印文渊阁四库全书》第1205册,台北:台湾商务印书馆,1986年,第308页。
③ (元)陈栎:《定宇集》卷三《跋五城黄氏族谱》,见《景印文渊阁四库全书》第1205册,台北:台湾商务印书馆,1986年,第187页。

芳为首的,认为家谱有益于社会风俗①;第二种,以舒頔为首的,认为家谱能教育后世子孙②;第三种,以汪云龙为首的,认为家谱能记述祖宗功德③。总之,他们对家谱功能的认识是不同的。与他们相比,陈栎对家谱功能的认识更为全面,他认为家谱的功能至少包含以下三点。

第一,家谱的基本功能是"纪人伦",以实现维护家族血缘秩序的功能。陈栎认为,"予读《周官》书,见小史之职,奠世系,辨昭穆,以定邦国之志,此世族之谱所由起也。盖世之为氏为族者,征其谱,识其所从出,考其所由分,世远族繁,势必至于不相维系,而昭穆之序淆矣,谱牒之不可不作者,此也"。④不难看出,在陈栎看来,家谱编修的最初目的就是为了"奠世系,辨昭穆",区别与维系宗族的血缘关系将伴随家谱的始终。

第二,家谱具有"示儿辈"的功能,在家谱编修完成后,须展现给后世子孙,以达到教育他们的目的。陈栎在《本房先世事略》中说:"谨因续编族谱而略述祖考遗事,以示儿辈,使知予家数世儒学之相继,庶几其能善继云。"在陈栎看来,家谱的功能在于让子孙知道家族"数世儒学之相继"的事实,并期望他们能继承先业。

第三,家谱还具有"厚风俗"的功能,能够达到实现维护社会稳定的目的。陈栎在为《新安大族志》作序时说:"夫族志者,乃先朝唐太祖高皇帝命诸贤臣儒士而集族志以继宗祖之义,正风化之遗,使不忘乎本也。切见世俗纷纷纭纭,乔木之家有被火难而失其家乘,或渐消而弃之者,越世远而愈失也,以至后裔有不明宗祖之源,遂至无相叙义,故有彼我之论,往往皆然,因志有失而使然也。"⑤序中,陈栎认为唐代修谱是为了"继宗祖之义,正风化之遗",宋元

---

① (元)唐桂芳:《白云集》卷五《洪氏宗谱序》,见《景印文渊阁四库全书》第1126册,台北:台湾商务印书馆,1986年,第849页。
② (元)舒頔:《贞素斋集》卷二《北门张氏族谱序》,见《景印文渊阁四库全书》第1217册,台北:台湾商务印书馆,1986年,第578页。
③ (元)汪垚:歙县《新安汪氏庆源宗谱》,天历元年(1328)抄本。
④ (清)徐景京:《歙西傅溪徐氏族谱·旧序二》,乾隆二年(1737)刻本。
⑤ (明)曹嗣轩,胡中生、王夔点校:《休宁名族志》,合肥:黄山书社,2003年,第4页。

以来,诸多家谱因战火兵燹而毁弃,家谱的亡佚使族人未出五服乃相视为途人,亲情不存,尔虞我诈,社会流俗四起。可见,家谱的编修对维持良好的社会秩序意义重大。

除了这三点外,陈栎对家谱"序祖宗之积德"的功能也有论及。与同时期的谱学家相比,陈栎对家谱功能的总结更为全面。

(二)论家谱的书法

家谱的书法指的是谱学家编修家谱的态度。当代历史学家瞿林东认为,"'直书'与'曲笔',是中国史学史上两种不同的传统和学风。它们之间的对立,不仅反映了不同的治史方法,而且往往也反映着不同的历史观点和政治观点"。① 这种"直书"与"曲笔"同样也体现在家谱编修中,陈栎以"史才"的标准要求自己,尝试以"直书"的方式记载家史,这体现在以下两个方面。

第一个方面是在对本源的追溯上,陈栎取"存疑"态度。在有关本源问题上,陈栎的态度是审慎的。他在考订陈氏本始时,对陈氏本源产生了怀疑。他说:"《记》曰:武王克商,封舜之后于陈。则陈,虞帝之后也。始封之君曰胡公满……则仍陈姓而不改者,其在陈国之子孙乎?"② 这种怀疑还体现在陈栎为汪溪金氏、五城黄氏、藤溪王氏等宗族所作谱序中。当然,这种怀疑是有限的,由于宗族需要以姓氏源流来构建宗族认同,陈栎不可避免地撰写了《陈氏本始》《前代姓陈人》,目的就是通过"欲儿辈知前代吾姓有如许人耳",来加强对陈氏家族历史的认同。

第二个方面是在对家世的记载上,陈栎取"直书"之法。他如实记载本房的情况,从《陈氏谱略》中可知,陈栎一房经历了由盛转衰的过程,他没有刻意隐瞒这一事实,对先世的事迹"善恶必书",对本房没落的事实直言不讳。据《本房先世事略》记载,他的曾祖"于生业不屑为";先祖"贷以乘桴,桴漂人逝,钱以乌有",迁居五城;父亲"终身假馆";陈栎"年十五,已为饥所驱,束父书以

---

① 瞿林东:《直书与曲笔》,载《吉林大学学报(社会科学版)》,1979年第4期。
② (元)陈栎:《定宇集》卷一五《陈氏谱略》,见《景印文渊阁四库全书》第1205册,台北:台湾商务印书馆,1986年,第387页。

出"。上述史事，反映了陈栎以"史才"的标准要求自己，敢于以实事求是的态度来撰写家史。他深深地感慨："嗟乎！自始祖府君，十有八世而至栎，他房有以儒学显者，而本房独无有。"实际上，陈栎对家道中落的现状如实陈述，是为了总结历史上的经验教训，"所大惧者，气薄早衰，儿辈才下志怠，或隳其家声焉耳……谨因续编族谱而略述祖考遗事，以示儿辈，使知予家数世儒学之相继，庶几其能善继云"。可见，陈栎没有选择回护，也没有攀附权贵，而是客观地总结本房盛衰的原因，期望子孙能"善继"儒学。①

家谱史料价值的大小取决于编修者的取材是否全面、真实，陈栎在编修《陈氏谱略》时秉持求真的精神，注重选材的全面性和史料的真实性。

其一，陈栎在编修《前代姓陈人》时，他运用了历代正史资料。如《史记》《汉书》《三国志》《南史》《北史》《隋书》《唐书》。他强调，"前乎此而杂见他书与后乎此者不可胜纪，今姑略之。类出颍川、汝南、下邳、广陵、东海、河南六望世之拘谱其族，往往强附于前代闻人以侈大之，世代悠远，实不可详，今不取。所以述诸史陈姓人者，欲儿辈知前代吾姓有如许人耳"。② 在陈栎看来，编修《前代姓陈人》的目的是希望子孙了解陈姓名人，必须以真实为准绳，对于"他书"以及"不可详"则略之不录。

其二，在正史资料之外，陈栎兼取"簿书契券"、社籍等地方官、私册籍。例如，他在论述高祖之祖"田畴甲一乡，绍兴二十三年，徽行经界，公为一乡首"时，便使用"簿书契券"来说明情况。在考订高祖之祖的年龄时，他说："按社籍，绍兴二十六年丙子，陈福政为社师，记其年八十八，公为社宿，年必亚之。三十二年壬午，公始卒，相传谓公年七十余，信矣。"同时，对高祖事迹的记载，也参考了社籍资料。他写道："遗文可见者仅祝文一篇，今见社籍中。"不难看出，陈栎对先世事略的记载，其资料来源都是可靠的，先世事略也是有

---

① （元）陈栎：《定宇集》卷一五《陈氏谱略》，见《景印文渊阁四库全书》第1205册，台北：台湾商务印书馆，1986年，第387页。

② （元）陈栎：《定宇集》卷一五《陈氏谱略》，见《景印文渊阁四库全书》第1205册，台北：台湾商务印书馆，1986年，第387页。

凭有据的。① 此外,陈栎还部分使用墓志资料。他在《云萍小录》中说:"家世居陈村,先六世祖讳宠,即洪野处士志尚书程母夫人墓所谓处士,与之亲兄也。"②

(三)论家谱的体例

1. 关于谱序的撰写

陈栎强调谱序的重要性,在作序者方面,他说:"非印正于名公,难灼示于来裔。"③在陈栎看来,谱序需请社会名人来作,以保障家谱的权威,同时将之昭示子孙,强化他们对家族历史的认同。陈栎具体分析了其中的原因:"聿降锡类之仁,辱取敬宗之义。荣实均于同派,感岂独于私衷?"④陈栎认为,家族可以凭借社会名人作的谱序实现内部的"统一",进而使家族成员对家族历史产生认同。"荣"不是某房、某派的,而是整个家族成员的,实际上,它指的就是家族内部的一致与认同。当一个家族缺乏精神领袖时,请社会名人作序无疑是最好的选择,因为它能使家族成员达成共识,促进家族内部秩序的稳定。徽州大量不显赫的家族,就是通过请社会名人作序来实现家族成员对家族历史的认同,这种现象在明清徽州的家谱中十分明显,这是不难理解的。例如,明代徽州谱学家程敏政就常为他族撰写谱序,《篁墩文集》收录了他撰写的谱序,如《城本查氏族谱序》《古林黄氏续谱序》《严镇谢氏家谱序》《休宁东门邵氏族谱序》等,上述家族都是借助程敏政所作的谱序以实现家族成员对家族历史的认同。由此可见,陈栎将谱序的作用推向了更高层次,突破了请名人作序仅仅是为了彰显家族的传统思维。这一点是元代徽州其他谱学家所未识见的。

---

① (元)陈栎:《定宇集》卷一五《陈氏谱略》,见《景印文渊阁四库全书》第 1205 册,台北:台湾商务印书馆,1986 年,第 387 页。
② (元)陈栎:《定宇集》卷一五《陈氏谱略》,见《景印文渊阁四库全书》第 1205 册,台北:台湾商务印书馆,1986 年,第 387 页。
③ (元)陈栎:《定宇集》卷一一《谢曹弘斋撰族谱序启》,见《景印文渊阁四库全书》第 1205 册,台北:台湾商务印书馆,1986 年,第 336 页。
④ (元)陈栎:《定宇集》卷一一《谢曹弘斋撰族谱序启》,见《景印文渊阁四库全书》第 1205 册,台北:台湾商务印书馆,1986 年,第 336 页。

在谱序内容方面,陈栎注重在谱序中撰述宗族简史,在为他族作谱序时,陈栎甚至还会阐述两家之关系以从侧面展现该宗族的历史。例如,陈栎在为汪溪金氏作谱序时有言:"余家与金氏村壤相接,世有婚媾,尝延先君、先叔于家塾模范数年,故余又得交其群彦……君家一世迁杉坑,四世迁梅结,九世迁今汪溪;予家一世迁鬲山,二世迁藤溪,后世改名陈村。君家始祖乐善行义,乡人依之成聚,名金村;余家始祖积德累仁,殁葬鬲山,乡人神而祠之。君家自十三世有朋说公以进士显科甲,相传于今益著;余家九世有尚忠公兄弟以进士显科甲,相传于今不衰:则二家户有《诗》《书》,人有德业,何莫非始祖之垂裕矣!"①这种兼述数族以论宗族之过往情况,在《跋五城黄氏族谱》《徐氏族谱跋》中亦有所见。

2. 关于家谱世系的撰写

陈栎虽未专门讨论家谱的体例,但从他的著述来看,他对家谱体例的论述十分全面。例如,关于家谱的体例标准,陈栎说:"前是族谱未用老泉苏公条例,故高祖以上享年几、某日卒俱不备知,可知者曾祖以下而已。"②不难发现,先前因未采用苏洵谱法而致生卒不详,陈栎认为家谱编修要遵照苏洵的谱法,他在《本房先世事略》中确实参考了苏谱体例,对曾祖以下的生卒记载详细,如曾祖生绍兴二十二年壬午,卒于淳祐元年辛丑二月二日,享年八十。这是陈栎谱学思想的重要组成部分。

陈栎作为谱学家,其谱学思想影响深远,后世家谱中多有提及。如《新安月潭朱氏族谱》的凡例:"以茶院府君为始祖,盖据文公谱,不敢轻臆冒载远祖。苏老泉所谓顿自可知者始则善矣,义简公程泰昌、东阜翁陈定宇二氏之谱,皆法其遗意。世之作谱者,往往多迹华胄,岂可信哉?"③显然,朱氏家谱编修者对陈

---

① (元)陈栎:《定宇集》卷二《汪溪金氏族谱序》,见《景印文渊阁四库全书》第1205册,台北:台湾商务印书馆,1986年,第168页。
② (元)陈栎:《定宇集》卷一五《陈氏谱略》,见《景印文渊阁四库全书》第1205册,台北:台湾商务印书馆,1986年,第387页。
③ (清)朱国兰:休宁《新安月潭朱氏族谱》卷首《凡例》,康熙四十六年(1707)刻本。

栎的"求真"精神十分肯定,这足见陈栎的谱学思想对后世的影响。

二、唐桂芳

唐桂芳(1308—1380),字仲实,号白云,歙县人。唐桂芳本为婺源李氏,先祖唐虞,又称梅癯先生,出继于唐,以治《周礼》而闻名于时。父亲唐元,又称长孺先生,学号该博,有《易传义大意》,诗文几三千篇,名重当世,以徽州路儒学教授致仕。唐桂芳有子四人,其中文虎、文凤,"颇力学,工于诗"。① 从中可以看出,唐氏家族有优良的家学传统,因而能名重于时。

唐氏家族数世"以儒业相继"。唐元在《筠轩记》中云:"吾家居乌聊山麓四世矣,室陋甚猥,以儒见称。"②儒学的家传,是从唐虞开始的。唐桂芳在《先兄敏仲训导墓表》中对唐虞有论及,唐桂芳说"先君上承两家望族,日夜磨砻灌养,思所以亢厥宗。教诸子舍诗书无以为业"。从中不难看出,唐虞既为家长又为师长,为振家声,以教书来训子弟。唐元颖敏好学,"幼读程文简家谱"③,在谱学上颇有造诣。据《跋先君子梅癯先生讲篇后》记载,"元为童时,尝录先生诗词,作一巨编。中更乙未,郡毁弗存。他如理学诸文多所发明,具载六典精义,犹得为手泽也,后之子孙宝之"。④ 在唐元看来,父唐虞治学出色,在理学上多有创见。唐元受其熏陶,弱冠辑其诗词,并视其为瑰宝。在他的努力下,终成"一代之宗工"。唐元与洪焱祖、俞赵老并称"新安三俊"⑤。

唐元十分重视对子女的教育,不仅亲自教授,"以文章行义,为士轨式,微

---

① (元)唐桂芳:《白云集》卷七《题先人序李氏族谱后》,见《景印文渊阁四库全书》第1226册,台北:台湾商务印书馆,1986年,第885页。
② (元)唐元:《筠轩集》卷九《筠轩记》,见《景印文渊阁四库全书》第1213册,台北:台湾商务印书馆,1986年,第534页。
③ (元)唐元:《筠轩集》卷九《李氏族谱序》,见《景印文渊阁四库全书》第1213册,台北:台湾商务印书馆,1986年,第545页。
④ (元)唐元:《筠轩集》卷一一《跋先君子梅癯先生讲篇后》,见《景印文渊阁四库全书》第1213册,台北:台湾商务印书馆,1986年,第527页。
⑤ (元)唐元:《筠轩集·提要》,见《景印文渊阁四库全书》第1213册,台北:台湾商务印书馆,1986年,第427页。

辞奥义,过庭之训甚富"①,而且延请名师,唐桂芳便"少从洪焱祖学"。② 在洪焱祖门下时,唐桂芳因十分勤奋,颇得老师喜爱,"日记经史,颖悟绝人,每篝灯夜读,吾伊之声达旦,虽隆寒、盛暑、疾疢,不为之辍。教授公爱之甚,每夜分以杖叩阁户曰:汝休矣,勿过于劳也"。③ 当他偶见虞集的《道园集》时,便"伏而攻之,日夜不寐,从容法度,心领神会……卓然自成一家之文"。④ 唐桂芳在经历正规学习之后,便游学于当时儒林,"予幼承过庭之训,其未出乡里,师授洪杏庭先生、陈定宇先生、胡云峰先生。既游江湖,请业钱水村先生、龚子敬先生,方攻举子声律之学,而未暇慕于古文也"。⑤ 正是在家学与名师的熏陶下,唐桂芳年轻时便已学识出众,"弱冠为明道书院司训,元至正中,用荐授建宁路崇安县教谕,再任南雄路学正,以忧归。明太祖定徽州,召对称旨命之任,以耆废辞,寻摄紫阳书院山长,卒年七十有三"。⑥ 当时徽州人十分钦佩唐桂芳的才学,歙人郑玉云:"予与分水君为忘年之友,辱爱最深,知仲实之才超于人人,而学出乎等夷也。"⑦ 祁门人舒顿则有言:"先府君长孺先生尝升南轩书院,时顿尝资讲习,归老以乡校致事,文章学问为时所宗。仲实盖得其家传云。"⑧

---

① (元)唐桂芳:《白云集·原序》,见《景印文渊阁四库全书》第 1226 册,台北:台湾商务印书馆,1986 年,第 774 页。
② (元)唐桂芳:《白云集·提要》,见《景印文渊阁四库全书》第 1226 册,台北:台湾商务印书馆,1986 年,第 773 页。
③ (明)程敏政:《新安文献志》卷八九《南雄路儒学正白云先生唐公桂芳行状》,见《景印文渊阁四库全书》第 1376 册,台北:台湾商务印书馆,1986 年,第 2198 页。
④ (元)唐桂芳:《白云集·原序》,见《景印文渊阁四库全书》第 1226 册,台北:台湾商务印书馆,1986 年,第 775 页。
⑤ (元)唐桂芳:《白云集·原序》,见《景印文渊阁四库全书》第 1226 册,台北:台湾商务印书馆,1986 年,第 774 页。
⑥ (元)唐桂芳:《白云集·提要》,见《景印文渊阁四库全书》第 1226 册,台北:台湾商务印书馆,1986 年,第 773 页。
⑦ (元)郑玉:《师山文集》卷三《送唐仲实赴乡试序》,见《景印文渊阁四库全书》第 1217 册,台北:台湾商务印书馆,1986 年,第 20 页。
⑧ (元)舒顿:《贞素斋集》卷三《跋白云文集后》,见《景印文渊阁四库全书》第 1217 册,台北:台湾商务印书馆,1986 年,第 588 页。

唐桂芳家世显赫,以儒学显于时。大父唐虞以治《周礼》而闻名于乡邑。父亲唐元才气逼人,"文章学问为时所宗"。唐桂芳尽得家学,其诗文"雄伟雅健,飘飘然有凌云之风",其论议"浩涣若长江大河,滔滔汩汩莫知所止"。①父亲唐元"幼读程文简家谱",对程大昌"其族出黄墩"的观点深信不疑,子唐桂芳"幼承过庭之训"②,先后与洪焱祖、陈栎、胡炳文等儒士从游。唐桂芳对家谱的认识,受到父亲和老师的影响。他的谱学理论,既有家学传统,又有师承关系。

(一)论家谱的功能

关于家谱的功能,唐桂芳在继承前述陈栎观点的基础上,突出强调了家谱促使社会稳定的功能。唐桂芳在《洪氏宗谱序》中有所论及:

> 上古之世,教化易行,风俗淳厚。虽由上之治隆,其亦在下者各知亲其所亲,敦睦之风隆,维持之具存,而致然也。是以君子之善睦族者,恒以谱牒为先务。夫始焉一身之所出,末焉散而为千百身。始焉同居共爨而食,庆吊欣戚之相关,取舍好恶之同趣;末焉散而离井以耕,异邑而处,近数百里,远而数千里,邈然若秦人视越人之肥瘠。苟不清谱牒以明之其流,不至于相残者不止,以故欲宗族之相亲而不至于相残,必先示其身之所自出,使之熟观注视之顷,森然孝敬之心生,沛然亲睦之情笃。行一不义,惟恐吾宗人闻之见黜。履一非道,恐玷吾之宗族,不足以光前人。使天下之人皆若此,则比屋之封岂难见哉!惟其支离涣散,至于疏薄、斗阋而卒无以匡维之,然后民俗愈偷,人情愈丧矣。今洪厓老人请予发端,予故为一言之,非特为洪氏告,且将以为天下之宗未合者告也。③

---

① (元)舒頔:《贞素斋集》卷三《跋白云文集后》,见《景印文渊阁四库全书》第1217册,台北:台湾商务印书馆,1986年,第588页。

② (元)唐桂芳:《白云集·原序》,见《景印文渊阁四库全书》第1226册,台北:台湾商务印书馆,1986年,第774页。

③ (元)唐桂芳:《白云集》卷五《洪氏宗谱序》,见《景印文渊阁四库全书》第1226册,台北:台湾商务印书馆,1986年,第849页。

在唐桂芳看来,编修谱牒能明源流、睦其族、相其亲。如果谱牒不修,就会不知"其身之所自出",族人涣散,亲情疏薄,斗阋丛生,败坏风俗。相反,谱牒的编修会使族人"孝敬之心生,亲睦之情笃",对不义之举、非道之为起到遏制作用,对维持良好的社会风俗大有裨益。因而,唐桂芳有言:"谱所以有功世教,不为无助矣。"①正是在此种情况下,他才会强调修谱"为当今之急务",呼吁"天下之宗未合者"去编修家谱。

(二)论家谱的体例

关于家谱的体例,唐桂芳虽没有进行全面探讨,但他对谱序的思考值得关注。元代谱学家汪云龙说:"序谱系所出,不若序祖宗之积德。"②从中可见,汪云龙的观点有二:一是谱序要厘清谱系;二是谱序更要歌颂先人功绩。后者论述作序之意,而前者阐述作序之道,即要基于谱系来序说其家族。一旦脱离谱系,谱序就无从谈起。唐桂芳对此十分认同,在《朱氏族图序》中体现了他的观点。

> 尚书文简程公讳大昌,尝以黄墩地势狭隘,贵家侈族蕃衍盛大,似不能容,殆暂聚尔。暇日,方外交奇公瑞远偕继荣来访,袖示竭田朱氏《流芳图》,以征予文。按图,十四世祖讳崇道,闻其先番阳朱家村,以万户侯戍歙,遂以赀雄。十一世祖讳希声,迁古溪王村。九世祖讳汝霖,再迁竭田。五世祖讳伯凤,字仪之,赠迪功郎。四世祖讳瓒,字君玉,配程氏,封孺人,丞相吉国程公从孙女。三世祖讳斌,号晓山,入元授休宁歙县潜口务副使。其可见者如斯而已。虽然,代有远近,事有得失,固非臆说也。③

唐桂芳为竭田朱氏作谱序,所论之处有理有据。他引用程大昌的观点,

---

① (元)唐桂芳:《白云集》卷五《重刊溪南吴氏族谱序》,见《景印文渊阁四库全书》第1226册,台北:台湾商务印书馆,1986年,第844页。
② (元)汪垚:徽州《新安汪氏庆源谱·谱序》,元抄本,现藏国家图书馆。
③ (元)唐桂芳:《白云集》卷五《朱氏族图序》,见《景印文渊阁四库全书》第1226册,台北:台湾商务印书馆,1986年,第857页。

认为朱氏家族外迁的原因有二:第一,家族的蕃衍盛大;第二,黄墩的地势狭隘。并列举两次迁徙的事实,其先世居朱家村,后迁古溪王村,再迁竭田。同时,通过家族的迁徙,来证明竭田朱氏家族的强盛。此外,他还阐述了竭田朱氏的家世,从十四世祖至三世祖,对其先人功绩彰显无疑。

除此之外,在《绩溪戴氏谱系图记》中也体现了唐桂芳的观点。

> 武王克商,封微子于宋,七世而曰戴公,此戴姓之权舆也。或缀或分,或湮或振,或以删经而附列正经,或以讲席而坐夺重席,具载传记,杂出姓氏之编,有足征也。绩溪之谱,处士玉甫辑之,既而廷伟图之。今考其故,先世自江西袁州,徙于新安。其居绩溪,则自汀州通判杰公始。宋高宗南渡迄于前元,剔历中外,判寿春,评大理,荣登科目,为进士,为待补。掌教黉宫为教授,为纠正。若今仲义以喜山司佥荐于朝,授乐平州判官。坚以孝弟力田,荐任上高县丞。仲庸举茂才,任清忠书院山长。簪组相传,代不乏人。①

唐桂芳在给戴氏谱系图作记时,阐述了戴氏的先世及其功绩。虽不比《朱氏族谱序》中明确记载世系,但其作序方法、目的是明确的,都是通过对其家世介绍,最终得出戴氏"簪组相传,代不乏人"的结论。可见,这也是对上述思想的运用。

(三)论谱序的书法

除了对作序方法、目的的论述,唐桂芳在谱序书法上也有思考。如上文《朱氏族图序》中最后一句,"虽然,代有远近,事有得失,固非臆说也"。这是唐桂芳为所作谱序作解释,他强调谱序内容是有根据的。汪云龙说:"是谱系之序,妄固不可,疏亦不可也。"②在汪云龙看来,序的内容要真实可靠,作序者要善于求真、敢于直书。不难发现,唐桂芳对作序的方法、目的,以及谱序

---

① (元)唐桂芳:《白云集》卷六《绩溪戴氏谱系图记》,见《景印文渊阁四库全书》第1226册,台北:台湾商务印书馆,1986年,第880页。
② (元)汪垚:《新安汪氏庆源宗谱·谱序》,元抄本,现藏国家图书馆。

书法的思考,与汪云龙的观点相契合。后来,谱学家宋濂作谱序时,对这些观点作了继承和发展,如在《宋学士文集》中收录了宋濂所作的谱序,如《戴亭张氏谱图记》《符氏世谱记》《查林曾氏家牒序》《方氏族谱序》《诸暨孝义黄氏族谱序》等体现了上述思想。需要说明的是,元末谱序书写的内容不同于往昔,特别是在谱序中增加了世系的推演,这也宣告了谱序书写上的成熟,为明清谱序的格式提供范本。

另外,唐桂芳还简论了谱系之重要,他说:"呜呼!族谱不明久矣。尝爱太史公作世年月等十表,彪分胪列,犹谱系也。"①他还强调,"经史零落,而学者不见全书,吾道之不幸也。谱系放失,而人子不见全编,宗祐之不幸也"②。将谱系的放失与经史的零落相比,可见唐桂芳重视谱系,而其师陈栎却重视谱序③。就这点而言,他与其师陈栎不同。但无论怎样,唐桂芳对谱系的重视,不是对陈栎谱学思想的背离,而是对其家谱理论的丰富。

总之,唐桂芳的家谱观点既有对前人的继承,亦有个人的发展。然限于资料所困,未能对其谱学思想作系统阐述。但他的家谱观点仍能发人深省,唐桂芳除了论述家谱与风俗的关系,还提出了作谱序要注意的若干问题。其他诸如孝是家谱的指导思想④,家谱的记事要远详于国史⑤,等等,在序文中亦有所提及。

元代徽州有众多的谱学家,他们都对家谱有研究,然各自的动因是不同

---

① (元)唐桂芳:《白云集》卷七《题先人序李氏族谱后》,见《景印文渊阁四库全书》第1226册,台北:台湾商务印书馆,1986年,第885页。
② (元)唐桂芳:《白云集》卷五《朱氏族图序》,见《景印文渊阁四库全书》第1226册,台北:台湾商务印书馆,1986年,第857页。
③ 徐彬:《徽州家谱的理论与方法研究》,合肥:安徽科学技术出版社,2017年,第204~206页。
④ (元)唐桂芳:《白云集》卷五《朱氏族图序》,见《景印文渊阁四库全书》第1226册,台北:台湾商务印书馆,1986年,第857页。文中引用韩魏公(韩琦)的家谱观点,即"谨宗牒而不忘先茔者,孝之大也"。可见,关于孝是家谱的指导思想,唐桂芳是认同的。
⑤ (元)唐桂芳:《白云集》卷七《题先人序李氏族谱后》,见《景印文渊阁四库全书》第1226册,台北:台湾商务印书馆,1986年,第885页。文中唐桂芳云:"国有史,家有谱。子孙执笔,书曰仕、不仕,娶某氏,享年几,某日卒,亦佐史之不及也。君子何病焉?"

的。就唐桂芳而言,他的大父唐虞被过继给唐氏,这对唐虞本人及唐元、唐桂芳均造成很大的心理创伤,他们不甘被先祖遗弃,于是重视对家谱的研究,特别是对本源的追溯,如唐元提出的"一本观",这无疑推动徽州谱学的发展。应当指出的是,上述动因并不适合谱学家陈栎、舒頔。陈栎家道中落,儒学不显,以清贫自守,为振兴家声,遂稽家族盛衰之理,他有较强的历史意识。舒頔是元末的谱学家,因战火纷纭,家谱毁坏殆尽,"国已破,而家不可亡",遂起忧患之心,重视对谱学的探讨。

三、舒頔

舒頔(1304—1377),字道原,号贞素道人,绩溪人。舒頔"博学洽闻,诗文不属草,尤长于歌选,善隶书"①"年十二三能经书成诵,十五六便淹贯诸史、工诗文"②,乡先辈皆为之惊叹。舒頔与同郡朱允升、郑子美、程以文讲明经史之学。稍长,寻师问道,授业于姑孰李青山,与翰林陶主敬、博士潘元叔皆为同舍生。时中丞马伯庸、祭酒韩伯高皆雅善深器之,他在《自传》中说:"頔,性直率,守信不阿,亦无骄矜之色,王公大人见之,坦如也。喜为文章,人求记述,则欣然援笔,未尝以事辞。称人之善,必本于父兄师友。又喜咏歌,或古风长律,取意而足,不蹈袭,不求奇,务在理胜。"③

至元三年(1337),江东宪使燕只不花辟为池阳贵池教谕,大兴文教,招来多士。时万户侯枣阳仲贤、万公曲律不花延聘他至家塾训诸子,子孙后都袭封侯爵。至正元年(1341),服阕起补京口丹阳校官,于是馆于平章秦公之门。至正十年(1350),转升台州路儒学正,以道梗不仕,归觐亲闱。不久,方国珍作乱占有台州,于是他奉亲携书遁迹山中。至正十七年(1357),明太祖遣邓

---

① (弘治)《徽州府志》卷八《人物二·宦业》。
② (元)舒頔:《贞素斋集》附录卷一《故贞素先生舒公行状》,见《景印文渊阁四库全书》第1217册,台北:台湾商务印书馆,1986年,第672页。
③ (元)舒頔:《贞素斋集·自传》,见《景印文渊阁四库全书》第1217册,台北:台湾商务印书馆,1986年,第549页。

愈、胡大海戡定徽郡，改徽州路为兴安府，江淮知府交章荐剡，并厚礼卑辞聘延他，他高卧北山之阳，以疾辞不仕。① 晚年，他诛茅结庐，教授私塾，训课子孙，讲解不倦。

舒頔之先居舒村，宋有雅公、雄公，以雄才及第，科甲蝉联。迨至其孙恕四公，睹绩之山水明秀，遂迁家绩之城北，云仍相继，代不乏人。高祖珣公，以明经补国学上舍，因天下多故，遂不仕，著有《鹤林稿》。曾祖梦旂公，字武仲，宋补国学上舍、阶登仕郎。祖正大公，字直方，号梅野，元初授饶州路长芗书院山长，转授广德路学正。与卢疏斋友善。父彦洪公，号白云先生，两任杭州昌化临安教谕，其渊源所渐者远矣。② 可见，舒頔的先世均以儒业而显于时。门生张梓则云："舒由上舍至于先生，五世相传，皆以儒显，岂非源深流长之效欤！"③

元朝末年，徽州诸多文献遭遇灭顶之灾，舒頔说："自壬辰寇变，家藏谱画书籍与所作旧稿荡然无遗。"④谱牒虽在社会动荡中散佚，时人却积极地参与重修。据《戴氏族谱序》记载，"壬辰世变，旧谱不存，而所抄亦为丙丁所夺，尚能记忆大略"。⑤ 此外，他们还请谱学家作序。例如，舒頔偕戴氏拜谒唐桂芳，唐桂芳与舒頔乃为世交⑥，而舒頔又与戴氏为姻亲，遂作《绩溪戴氏谱系

---

① （元）舒頔：《贞素斋集》附录卷一《故贞素先生舒公行状》，见《景印文渊阁四库全书》第1217册，台北：台湾商务印书馆，1986年，第672页。
② （元）舒頔：《贞素斋集》附录卷一《华阳贞素舒先生墓志铭》，见《景印文渊阁四库全书》第1217册，台北：台湾商务印书馆，1986年，第674页。
③ （元）舒頔：《贞素斋集》附录卷一《华阳贞素舒先生墓志铭》，见《景印文渊阁四库全书》第1217册，台北：台湾商务印书馆，1986年，第674页。
④ （元）舒頔：《贞素斋集·序》，见《景印文渊阁四库全书》第1217册，台北：台湾商务印书馆，1986年。
⑤ （元）舒頔：《贞素斋集》卷二《戴氏族谱序》，见《景印文渊阁四库全书》第1217册，台北：台湾商务印书馆，1986年，第577页。
⑥ （元）舒頔：《贞素斋集》附录卷一《华阳贞素舒先生墓志铭》，见《景印文渊阁四库全书》第1217册，台北：台湾商务印书馆，1986年，第674页。文中记载："余先人尝与绩溪先辈王伯经、胡相之、舒彦洪三先生为友，古义称笃，惟彦洪先生子道原公与予又友爱特深。"

图记》①。不难看出,在元末社会动荡的背景下,徽州人仍不忘编修谱牒,谱学家们也时常交流,他们对家谱都有着自己的认识和理解。

(一)论家谱的功能

舒顿在《黄氏族谱序》中说:"虽然,国有史,所以纪兴亡得失之由,载仁与不仁之迹;家有谱,所以示昭穆亲疏之间,别缌功远迩之分。谱系之作,良有以也。"②舒顿通过对国史与家谱的比较,认为国史是善恶均书,总结古今兴衰之理;家谱则是辨昭穆,别亲疏。此外,舒顿认为家谱有教育后世的功能。他说:"夫祖宗之为孙子计者,有官爵则思荣其身而昌其家,有恒产则思厚其积而豪其乡,此人心之所同,无足怪者。及其世代绵邈,子孙蕃衍,然后有贤愚、贫贱、富贵之殊。万有不齐,此理之常,亦无足怪者。今有人焉,思其祖宗之勤俭,幸其家世之不坠,纂其谱系,续其支派,以符祖宗之心者,曾几何人?"③还是在《北门张氏族谱序》中,他说:"嗟乎!诗书一脉,虽百世不可废,后之子孙思夫祖宗创业,思贻祖宗令名,秋霜春雨,焄蒿凄怆之心,宁不勃然有感,思继先世者乎?斯可谓孝矣!老泉云:观吾祖宗之谱,孝敬之心油然而生。韩魏公云:谨家牒而不忘乎先茔者,孝之大也。"④他进一步强调,以"孝"来指导家谱编修,使后世有尊祖敬宗之心,思祖宗的"创业"和"令名",更重要的是,它能教育后代,使簪缨冠冕之族百世不衰。

(二)论家谱的内容

在家谱内容方面,舒顿着重阐述了本源问题。舒顿认为祖宗与子孙是同

---

① (元)唐桂芳:《白云集》卷六《绩溪戴氏谱系图记》,见《景印文渊阁四库全书》第 1226 册,台北:台湾商务印书馆,1986 年,第 880 页。文中记载:"予与舒君道原(舒顿),忝总角交,玉甫以女妻其父彦洪,则玉甫外祖也。道原之学博极而精,究夫岂无自来哉? 磨砻浸灌,得于外家者深矣。一日,道原偕戴氏子元达访子城南,携谱相示,谓当有言。故不辞而为之记。"
② (清)舒正仪:《贞素斋家藏集》,《补遗·黄氏族谱序》,道光刊本。
③ (元)舒顿:《贞素斋集》卷二《北门张氏族谱序》,见《景印文渊阁四库全书》第 1217 册,台北:台湾商务印书馆,1986 年,第 579 页。
④ (元)舒顿:《贞素斋集》卷二《北门张氏族谱序》,见《景印文渊阁四库全书》第 1217 册,台北:台湾商务印书馆,1986 年,第 579 页。

"气"相联的,他在《戴氏族谱序》中云:"夫谱者,不过记宗派之亲疏,别支流之远近,然自吾祖以来,至于吾身,推之,一气相传,则何亲疏远近之有?"① 不难发现,舒顿认为家谱虽有记亲疏、别支流的功能,然祖宗与子孙的"气"是相通的,应当无亲疏远近之分。他的"一气观"实有"大公之心"的意味,他在《黄氏族谱序》中引用范文正公的观点,即"吾吴中宗族甚众,于吾固有亲疏,以吾祖宗视之,则均是子孙,固无亲疏也"。不难理解,从祖宗至子孙,因同气相联,遂无亲疏之别。舒顿还强调:"君子修身,必本于孝,孝莫大于敬亲。自吾亲推而至于高曾,同此一气;下而及乎曾玄,传此一气也。传曰:身也者,亲之枝也。敢不敬乎?"②

元朝末年,社会纷争四起。舒顿世代"以儒业相继",作为元末著名的学者,他饱受战争侵害,体察民间疾苦,深刻认识到家谱的重要性。要想国破而家不亡,就要编修家谱。他所作的每篇谱序,基本上都体现他渴求安定的愿望。总之,舒顿作为元末徽州重要的谱学家,他对家谱的认识和理解不仅反映了元末徽州谱学发展的情况,而且丰富了徽州家谱的编纂理论与方法,这无疑推动了徽州谱学的发展。

四、郑玉

郑玉(1298—1358),字子美,号师山,歙县人。郑玉因勤于教学而备受门人赞赏,凭借诗文而得到学者推崇。《元史》有传,称他:"幼敏悟嗜学,既长,覃思六经,尤邃于《春秋》。绝意仕进,而勤于教。学者门人受业者众,所居至不能容。学者相与即其地构师山书院以处焉。玉为文章,不事雕刻煅炼,流传京师,揭傒斯、欧阳玄咸加称赏。"③

---

① (元)舒顿:《贞素斋集》卷二《戴氏族谱序》,见《景印文渊阁四库全书》第1217册,台北:台湾商务印书馆,1986年,第577页。
② (元)舒顿:《贞素斋集》卷二《章氏族谱序》,见《景印文渊阁四库全书》第1217册,台北:台湾商务印书馆,1986年,第577页。
③ (明)宋濂:《元史》卷一九六《忠义四·郑玉》,北京:中华书局,1976年,第4432页。

郑玉世代居住在歙县袠秀乡贞白里。十二世祖讳球，"以赀雄其乡"。曾祖父文政。祖父安，至元初年，"闻大兵讨李世达将屠城，即杖策诣军门，言动主帅，全活郡民"，于是授征事郎、歙县尹。逝世后，"民思其德，言于有司，请立祠。省府嘉歙民之志，下其事如请，俾列之典祀，号郑令君庙"。① 父千龄，字耆卿，幼年卓越，"七岁闻人讲《吕东莱春秋》，退即能衍其说……稍长，师上乡先生鲁斋鲍公，一以躬行为学。及壮，从令君入京师，出入诸公贵人，一时翕然称许"②，累官承事郎、休宁县尹，以操行而著称，乡人私谥"贞白先生"。唯有郑玉不愿仕进，性喜山水，善于治学，他说："其祖、父皆为县令。玉独不愿仕，筑室里之师山，以耕钓为业。"③在为人方面，他"质直耿介，重然诺。于人少许可，一介不妄取与"；在育人方面，他"诱掖后进，无厌怠意。门人有过，面折之不少贷；有善则奖借而汲引之，成材者居多"；在为文方面，其诗文"以正大刚直之气，发为雄浑警拔之辞，感慨顿挫，简洁纯粹。然纪事朴实，不为雕镂锻炼、跌宕怪神之作。出入马迁、班固，而根之以六经之至理。大抵主于明正道，扶世教，语子以孝，语臣以忠"。④ 可见，郑玉能为时人所宗，成为后辈楷模，是有原因的。

（一）论家谱的现实意义

作为一名在乡士绅，郑玉热衷于对家谱现实价值的探讨，并将经世思想运用到家谱编修活动中。每与名公大夫谈论时政，"必以树纲常、厚风俗为急先务"。⑤ 这些可以通过编修家谱、修缮坟墓来实现。他将家谱与社会联系

---

① （元）汪克宽：《环谷集》卷八《师山先生郑公行状》，见《景印文渊阁四库全书》第1220册，台北：台湾商务印书馆，1986年，第723页。
② （明）程敏政：《新安文献志》卷八六《贞白先生郑公千龄行状》，见《景印文渊阁四库全书》第1375册，台北：台湾商务印书馆，1986年，第2098页。
③ （元）郑玉：《师山遗文》卷一《庙岭磨崖记》，见《景印文渊阁四库全书》第1217册，台北：台湾商务印书馆，1986年，第75页。
④ （元）汪克宽：《环谷集》卷八《师山先生郑公行状》，见《景印文渊阁四库全书》第1220册，台北：台湾商务印书馆，1986年，第724页。
⑤ （元）汪克宽：《环谷集》卷八《师山先生郑公行状》，见《景印文渊阁四库全书》第1220册，台北：台湾商务印书馆，1986年，第724页。

起来,阐述了编修家谱的现实意义。郑玉认为谱牒的废兴与家族的隆替有很大关系:

> 自宗法废,而先王所以睦族之意竟不可见,独赖谱系之存,世数犹可考也。然非大家宦姓,声势足以动其乡州,德泽足以及于后世者,则又不久而辄亡之,使其子孙服未尽而已为途人,岂不重可叹哉!予家来居西溪之上,今十二世。至以姓名其村,谱牒历历可考,坟墓无所遗失,非有达官大人之势,豪家巨室之资,世以力田相尚,而能保守不坏如此,余尝私自庆幸,以为所积者深矣!①

(二)论家谱的功能

郑玉认为,家谱不但有"纪人伦"的功能,还承载有"厚风俗"的重任。他将家谱与风俗联系在一起进行专门论述。他指出:

> 予尝谓家有谱书,非止叙尊卑、别贵贱、辨贤愚已也,实所以为同人心、厚风俗之本也。盖人心风俗本相流通,故风俗之所以不厚,由于人心之不同;人心之所以不同,由于罔知祖宗之始于一人也。夫以祖宗之始于一人视之,则见远犹近,见疏犹亲,虽万派千枝,而实均为一家之同体。使合族之人而果视为一家,则情自相通,谊自相乎。其间有贫乏者,孰不曰:吾家人也,宁忍不相济乎?有患难者,孰不曰:吾家人也,宁忍不相救乎?有婚姻、死丧者,又孰不曰:吾家人也,宁忍不相资而相恤乎?虽服穷亲尽,而和气自觉霭如;户割门分,而恩谊益征浃洽,风俗至此,不诚厚矣哉?无他,家有谱焉,致人心之同然也。②

这是郑玉关于家谱社会功能的重要论断,他认为家谱不仅仅能"叙尊卑、别贵贱、辨贤愚",还可以"同人心、厚风俗"。郑玉指出,风俗不厚的原因在于

---

① (元)郑玉:《师山遗文》卷一《方氏族谱序》,见《景印文渊阁四库全书》第1217册,台北:台湾商务印书馆,1986年,第70页。
② (明)汪奎:《重修汪氏家乘·龙溪坦头汪氏续谱序》,正德三年(1508)刊本。

人心不同,而人心不同的原因则在于"罔知祖宗",这要通过编修家谱来改变。他强调"祖宗之始于一人也"①,从"一人"至"一家"再至"天下家",要建立对祖先的认同,要对家族有强烈的归属感。郑玉虽未明确提出一本观的概念,但"一人"已具有一本观的意思。郑玉还辨析了这种归属感的具体方式,他在《方氏族谱序》中说:"抑犹有说:聿修厥德,人之所以念其祖也;全而归之,人之所以孝其父母也。然修德以显身,而体无不全;全身以道,而德无不修。盖修德然后能全其身,全其身所以为修其德。则念其祖考,孝其父母也,亦非有二道也。方氏之先多闻人,其子孙当益进于学,求所以显身修德,以光大其门闾,使家声复振,斯谱之传不坠,此则谱外意也。"②这里,他阐述了"修德"与"全身"的先后关系,只有先去修德,然后方能全身。"全身"的方法就是要遵"道",即"念其祖考,孝其父母",若要实现此"道",就要编修谱牒。谱牒的编修,就要"修德""全身",以此来振兴家声。可见,修谱是实现"厚风俗"的重要途径,应当指出的是,郑玉所言指的是编修统宗谱而不是支谱。这也解释了他为什么要提倡用大宗之法来指导家谱的编修③。可以说,"家谱有关于风教,大矣哉"!

(三)论家谱的书法

王世贞说:"国史人恣而善蔽真,其叙章典、述文献,不可废也。野史人臆而善失真,其征是非、削讳忌,不可废也。家史人腴而善溢真,其赞宗阀、表官绩,不可废也。"④王世贞通过对国史、野史、家史三者进行比较,指出这三种文献的利弊,他认为家谱最大的问题就是"溢真",若要避免家谱中"溢真"的情况,编者就要以"史材"的标准要求自己,提高道德修养,敢于"秉笔直书"。

---

① (元)郑玉:《师山遗文》卷一《郑氏石谱序》,见《景印文渊阁四库全书》第1217册,台北:台湾商务印书馆,1986年,第74页。文中记载:"且见世之宗族服属既尽,尊卑遂紊,贫富不等,利害相凌,不知其初为一人之身也……呜呼!能以高池府君之心为心,则一人之身而已,岂有百数十人之殊哉?岂有紊乱欺凌之患哉?"文中对追溯祖先与社会风俗的关系亦有论及。

② (元)郑玉:《师山遗文》卷一《方氏族谱序》,见《景印文渊阁四库全书》第1217册,台北:台湾商务印书馆,1986年,第70页。

③ 徐彬:《徽州家谱的理论与方法研究》,合肥:安徽科学技术出版社,2017年,第37页。

④ (明)王世贞著,吕浩点校,郑利华审校:《弇山堂别集》卷二〇《史乘考误一》,上海:上海古籍出版社,2017年,第473页。

关于此点,郑玉在《方氏族谱序》中有论及,他说:"予每怪世之奸人侠士,妄取前代名公卿以为上世,自诧遥遥华胄,以诬其祖,以辱其身。如郭崇韬拜子仪之墓者,其亦可诛也已。"①在郑玉看来,编者要以实事求是的态度去编修家谱。需要注意的是,徽州的谱学正是在"求真"与"溢真"的推动下发展的。

大宗思想、小宗思想是指导家谱编修的具体方法。苏洵较早提出用小宗之法来编修家谱。他说:"凡今天下之人,惟天子之子与始为大夫者,而后可以为大宗,其余则否。独小宗之法,犹可施于天下。故为族谱,其法皆从小宗。"②相反,郑玉则病苏洵的小宗之法,他提倡大宗之法,他说:"至若以为谱系有限,高、曾之外即不复著,而不知先王制服以情,后世著谱以考其源,二者义实不同。如苏明允之序其族谱者,其亦隘矣。"③总之,不论是大宗之法,还是小宗之法,都是指导家谱编修的重要方法,也是实现尊祖敬宗的重要路径。这种宗法思想还体现在郑玉对墓地的认识上,这也是他宗法思想的重要组成部分。郑玉窥探到社会习俗的变迁,他指出其对坟墓造成的破坏。据《凤亭里汪氏墓亭记》记载,"以其墓之近于家也,昔者岁正之朝,族人子弟会拜族长之家,然后以鼓乐前导,省谒墓下,还宴于家。明日,以次谒先世诸墓,遍而后止。故坟墓无所遗失。近年以来,省墓之礼既废,坟墓之失随之矣。凤岭之墓,或创为宫室,或开为道路,或犯以犁锄,五患几于备矣。侵陵之祸,至有不忍言者"。④ 不难看出,郑玉对社会现状极其不满,特别是对坟墓的侵毁极其不满。

郑玉数次强调墓地的重要性,他郑重地说:"予惟人之于其祖宗,所以奉其祭祀,守其坟墓者,无所不用其至。苟或祭祀之不修,坟墓之不保,则亦何以子孙为哉!且人有一金之藏,犹必谨而识之,恐忘其处,况祖宗体魄之所存

---

① (元)郑玉:《师山遗文》卷一《方氏族谱序》,见《景印文渊阁四库全书》第1217册,台北:台湾商务印书馆,1986年,第70页。
② (宋)苏洵:《嘉祐集》卷一四《族谱后录上篇》,见《景印文渊阁四库全书》第1104册,台北:台湾商务印书馆,1986年,第951页。
③ (元)郑玉:《师山遗文》卷一《方氏族谱序》,见《景印文渊阁四库全书》第1217册,台北:台湾商务印书馆,1986年,第70页。
④ (元)郑玉:《凤亭里汪氏墓亭记》,《全元文》第46册,南京:凤凰出版社,2004年,第379页。

乎! 其于四尺之封,表而异之,当何如也。"①此外,他还指出墓祭的重要性。他强调:"予闻葬者必诚必信之道,古之人封之若堂、若坊、若厦屋、若斧者,所以表而识之,欲其既坚且固,久而不忘也。坊墓之崩,圣人为之泫然流涕,况于侵陵惊犯乎!然非有拜扫之礼,世次既远,不至于遗忘者几希矣。故墓祭非古也,自近世以来,莫之能废也。"②可见,郑玉认为如果坟墓遗失、祭祀不到位,那么子孙有罪于祖先。郑玉为自己家族中坟墓无遗失、族谱犹可考而感到欣慰,这是不难理解的。

郑玉对家谱与坟墓的认识是共通的。这种"共通"体现在他对社会风俗的重视,期望通过编修家谱、修缮坟墓来达到整治社会风俗的目的。作为元代谱学家,他能将"求真"与"经世"结合起来,这是不多见的。元代理学家汪克宽对郑玉称赞有加,他感慨:"以此穷理,以此淑身,以此治民,以此觉后,庶乎无愧于古之人矣。"③从以上论述来看,这种评价是客观的。

第二节　宋元时期徽州家谱发凡

一、《汪氏渊源录》简论

(一)编修背景

汪松寿,字正心,休宁人,元代徽州杰出的谱学家,谱学名著《汪氏渊源录》④的作者。汪松寿出生在一个著名的军功家族。据章毅介绍,徽州汪氏

---

① (元)郑玉:《王干里洪氏始祖墓记》,《全元文》第46册,南京:凤凰出版社,第378页。
② (元)郑玉:《凤亭里汪氏墓亭记》,《全元文》第46册,南京:凤凰出版社,2004年,第379页。
③ (元)汪克宽:《环谷集》卷八《师山先生郑公行状》,见《景印文渊阁四库全书》第1220册,台北:台湾商务印书馆,1986年,第726页。
④ 《汪氏渊源录》现存世六部,国图两部,安徽图(安徽省图书馆)一部,浙江图(浙江省图书馆)一部,哥大(纽约哥伦比亚大学)一部,犹他州(犹他州家谱馆)一部。这部分内容是以哥大藏《汪氏渊源录》为研究对象,在参考其他相关资料的基础上所进行的研究。

家族在宋元转型之际，抓住历史契机归附蒙元，以赫赫军功而显于时。① 需要指出的是，婺源回岭汪氏作为军功家族的一支，在徽州汪氏家族中最为显赫。如汪元龙、汪元奎、汪良臣等，都是依靠军功走上了仕宦道路。② 汪松寿属于休宁旌城汪氏，父汪云龙"从军献策取台州有功，被用为前承节郎，同知徽州路休宁县事"③，终官两浙盐运司巡盐官。

汪松寿的家庭有着良好的家学传统，高祖淳"生性沉毅，笃志文学，尤工辞赋"，宋淳熙十三年（1186），举为进士，授迪功郎、京湖制置司，辟为随州司户参军。曾祖朝贤"生性方介，重然诺，雅好清简，不以事自恩，然耽嗜书史若久饥渴"。祖父震炎，"善属文，习尚书义"，宝祐三年（1255）试，中举，出任休宁县学教谕。④ 受家庭的影响，汪松寿从小嗜学，再借助家族势力，出任绍庆路儒学教授，著有《姚江集》《汪氏渊源录》。

编修《汪氏渊源录》是有原因的，第一个原因是汪松寿自身优良的家学传统和他本人较强的历史意识，"靖惟今之所以知昔，后之所以知今，苟捐书简，非口耳其传赖者。晋旭《谱表》仅存，志高《编录》可识，及兹不勖，将抹杀无余。遂推原哉，始摘揭示兹，旁罗经史之传、百家之记，质诸谱录，尚合契符，惟不偭厥旨，乃敢奠厥世。若夫藻绘辞章，铺张事迹，讨论润色，成一家言，尚俟后之人逮与不逮，非仆所敢知也"。⑤ 另外，还有两个原因不容忽视。一是当时所存汪氏旧谱与新谱都存在着不足，《汪氏旧谱》因"年代永积"而"简编断错销逸，兼之递相传写，字读讹阙，乱误失真"。元泰定乙丑（1325）春，汪竹溪"开家录，创为新谱"，对汪氏旧谱进行辨识，但他"至弃吾祖铁佛，窜属旁支"，汪松寿在《论竹溪新谱书》一文中指出了竹溪公所编新谱的谬误。这些

---

① 章毅：《元代徽州路的军功家族》，载《安徽史学》，2015年第3期。
② 《新安文献志》卷七九《汪御史良臣传》、卷八五《徽州路治中元龙传》《饶州路治中元圭墓志铭》，见《景印文渊阁四库全书》第1375册，台北：台湾商务印书馆，1986年，第1946、2073、2076页。
③ （元）汪松寿：《汪氏渊源录》卷五《详亲录》，明汪以昭增修，正德十三年（1518）刻本。
④ （元）汪松寿：《汪氏渊源录》卷五《详亲录》，明汪以昭增修，正德十三年（1518）刻本。
⑤ （元）汪松寿：《汪氏渊源录》卷一〇《后序》，明汪以昭增修，正德十三年（1518）刻本。

谬误引起了汪松寿的不满,于是他"驰书白其缪冒",不久,他便"取家藏旧谱,补其遗绝,究其讹杂,循名征实,即事引时,通为注释。其有不类不同,率从删正。……编帙既成,号为《汪氏渊源录》"。① 二是汪松寿出身于军功家族,编修家谱是彰显家声的一种途径。《汪氏渊源录》共十卷,其中《垂名记》(记述"本支上世宦学名人")、《风云记》(记述"本支今世宦学名人")各占一卷,分别为第六卷、第七卷,如果算上第八卷、第九卷的《辞源集》,那么总共占了《汪氏渊源录》接近一半的篇幅。以上均是汪松寿编修《汪氏渊源录》的原因。

(二)内容简介

《汪氏渊源录》共十卷,分《叙谱》《原姓》《谱论》《周鲁叙系》《汪字说》《汪芒辩》《平阳辩》《颍川辩》《平阳后辩》《晋汪旭上旧谱表》《旧谱叙祖墓》《旧谱叙支派》《旧谱唐族望敕》《五十二代旧谱》《续谱》《代表》《支始图》《详亲录》《垂名记》《风云记》《辞源集》《谱录古今地理图》《古鲁国颍川图》《唐越国公告》《唐白渠府统军告》《后序》《字音》等若干子目。

《汪氏渊源录》结构严谨,编排有序。第一卷主要介绍《汪氏渊源录》编修的背景,以及对谱学的探讨、对族源的辨别,如《叙谱》《谱论》《汪芒辩》,等等。第二、三卷主要辑录汪氏旧谱的内容,通过考辨的手段尽可能地还原历史的真实面目,如《晋汪旭上旧谱表》《旧谱叙祖墓》《旧谱叙支派》。第四、五卷纪述当代汪氏家族的支派,值得注意的是,《详亲录》的编写,反映了汪松寿重视对"近族"历史的记载。第六、七卷为《垂名记》《风云记》,都是为反映汪氏家族的特色、概括家族的大事而设立的。大体记述家族古今的"宦学名人",《垂名记》的编修原则有三:第一,必须是有"德行功言"的汪氏家族成员;第二,志书虽已有记载,但"非其尤显著",那么,在谱书中"不重书";第三,通过"不正当"途径成为家族名人的不录,如"多门捷径,与失巫、医、工、贾、□、伎以之登于王府者不书"②。可见,科宦名人才是《垂名记》被记载的对象,其目的是显亲扬名,垂训后世。第八、九卷为《辞源集》,记载了"本支古今人士文字",实

---

① (元)汪松寿:《汪氏渊源录》卷一《叙谱》,明汪以昭增修,正德十三年(1518)刻本。
② (元)汪松寿:《汪氏渊源录》卷六《垂名记》,明汪以昭增修,正德十三年(1518)刻本。

际上,这是对家族文献的整理与辑录。第十卷主要由图、告构成,如《谱录古今地理图》《古鲁国颍川图》《唐越国公告》《唐白渠府统军告》。

需要指出的是,《汪氏渊源录》中出现了与地域有关的图,这种现象在元代并不多见。明代谱学家方信在《竦塘黄氏族谱》中收录了《黄氏姓原世望郡国之图》《黄氏新安以官为家之图》和《竦塘黄氏聚族之图》。这种承继关系十分明显,其创新之处在于对族姓聚居之所进行了记载。至清代,这种图在徽州家谱中逐渐演变为村居图,如清人程际隆编修的《祁门善和程氏族谱仁山门支修宗谱》,卷一就有村居图。可见,图在谱书中的发展是有历史渊源的,汪松寿将图录入谱书的举动对后世影响甚大。

(三)杰出成就

汪松寿对《汪氏渊源录》的体例有过缜密的思考。其取材十分全面,从备参"经史子传"到搜罗"尘编绝简",可见取材范围甚广。并且,汪松寿对汪氏旧谱进行了悉心的考辨和注释。这均表明了汪松寿对《汪氏渊源录》的编修是下了一番功夫的。《汪氏渊源录》的体例是汪松寿在理学影响下的"发明",以"一本观"为指导,追溯祖先,在近支上详本支,重点描述本房世系。《汪氏渊源录》的记事上起汪氏始祖汪侯,下迄汪松寿,共七十二代,囊括了一千九百多年的历史,可以说,它是一部汪氏家族的通史著作。《汪氏渊源录》的编修是受到历史编撰理论的影响和指导,汪松寿借鉴了史书的编撰方法,除了对谱书体例的因袭,又掺杂了正史体例,从而使《汪氏渊源录》的体例不拘成格且有所创新。

1. 理学影响下的《汪氏渊源录》体例

受新安理学的影响,汪松寿对宗族"一本"有着自己的理解,其人有强烈的"一本"观念,他在《叙谱》中指出:"于是推明姓氏之源,叙赞谱书之旨,辟汪野、汪芒之诞误,决平阳、阳夏之钩龙,最集名贤,条陈支裔,虽族散万途,而宗归一本。"[①]在"一本观"的指导下,汪松寿进行了"推原姓氏之始"的工作,在

---

① (元)汪松寿:《汪氏渊源录》卷一《叙谱》,明汪以昭增修,正德十三年(1518)刻本。

《原姓》中他写到,"汪氏之先,本于轩辕,别于后稷,族于姬鲁,而氏于颍川,实为鲁成公之次子,夫人姒氏之所生"①。

与此同时,汪松寿对宗族支派也有着理学式的理解,他大力宣扬了宗族统合的观念:

> 大矣哉! 古先王之制也。别子为祖,继别为宗,继祢为小宗,四祖五宗,人伦之道也,行之尊敬,不敢慢焉。故三纲以之而明,六纪以之而序,德业以之而立,教化以之而成,宗族之礼,可不慎欤? 迨夫世教湮微而宗法敚,五服之外,亲竭情忘,驯致同姓之间,化为异类,民德不归于厚。职此之由,兹盖上切轩黄,爰暨姬鲁,属我汪侯,次其名实。越兹支派所传,错综源委,俾无忘厥初,咨尔子孙,诞愍承嗣,藏之家世,庶来者有稽焉。②

与此同时,对于宗族内部各支派,《汪氏渊源录》在世系记载上表现出明显的详本支倾向。对于其人的近亲,汪松寿单列《代表》《支始图》《详亲录》三篇,"谱为吾撰,亲吾之所祖也,并列其四,通为表纲,谱族所同,非吾之所得私也"。③ 特别是其中的《详亲录》,记载了大量其人本房信息,对此,汪松寿的解释是"虽同族之心亦皆然,将使同族之人因吾之谱而复合,详其亲以为录,附之谱后,事无遗逸,爱有等差,其于道也不分矣,此详亲录之所由作也"。④他对于略去一些派系的原因,同样有所解说,"由祖考曾高,至无服之族,至同姓之人,至众也……由鲁成公时,至于今世,以年计者千九百余,至久也。□是而欲概其名宦之实,事迹之详,居葬之所,竭世之楮毫,疲生之精虑,有不能通矣。故苏明允谱每详于所自出,而略于他支,非固为是隆杀差别也"。⑤

---

① (元)汪松寿:《汪氏渊源录》卷一《原姓》,明汪以昭增修,正德十三年(1518)刻本。
② (元)汪松寿:《汪氏渊源录》卷一〇《后序》,明汪以昭增修,正德十三年(1518)刻本。
③ (元)汪松寿:《汪氏渊源录》卷四《续谱》,明汪以昭增修,正德十三年(1518)刻本。
④ (元)汪松寿:《汪氏渊源录》卷五《详亲录》,明汪以昭增修,正德十三年(1518)刻本。
⑤ (元)汪松寿:《汪氏渊源录》卷五《详亲录》,明汪以昭增修,正德十三年(1518)刻本。

2. 史学影响下的《汪氏渊源录》内容

第一，通过考辨的方式来实现对谱书的校对。如在卷一添置了《汪芒辩》《平阳辩》《颍川辩》《平阳后辩》，即以考辨的手段来辨别族源。尤为可贵的是，考辨思想在《汪氏渊源录》中随处可见。如汪松寿在《晋汪旭上谱表》中指出了其中的讹误，他在文中写到，"按阳城为颍源，州来为颍尾。颍川地广，而谱中所指，特鲁灭项之疆，故以晋时郡县名释之……故汪旭之谱加'晋初'二字于'陈郡阳夏县'之上，以释鲁地之颍川。'初'字讹误，近'州'，后世又以汪氏平阳郡望名，类'晋州'，故惑而不知改"①。这一优良的传统在明清徽州得以传承，如明代程敏政的《新安程氏统宗世谱》，清代程士培的《新安程氏统宗补正图纂》，就是例证。

第二，将史书中的"论""赞"运用到谱书中。"论"多是对历史问题和历史人物的评论，如汪松寿在《论竹溪新谱书》中指出汪竹溪所修谱书的谬误。"赞"附于每篇纪传之后，如《汉书》《后汉书》，《汪氏渊源录》中的"赞"正是对此种体例的因袭，不同的是在家族世系之后附上一首"赞"，这也可视为"赞"这种体例在家谱中有特色的反映。

第三，用司马迁的史表来对家族世系进行编修。史表是史学的一种表现形式，司马迁是最早将史表运用到史书中的。然而，这一传统在史书中没有很好的继承，不过在谱书中却得到了充分的展现。《汪氏渊源录》就是通过史表的方式来编写家族世系的，如歙县的唐模、石冈，婺源的大坂、回岭，休宁的西门、程村，等等。世系表中一律以九代为经，以人名为纬。应当指出的是，汪松寿以九代为表，不以五世为图，这突破了徽州家谱的编修者对世系的编写多法欧苏谱例的传统思维。

《汪氏渊源录》是元代徽州汪氏的重要家谱文献，在当时产生了相当大的影响，在汪氏内部影响尤为明显。如婺源回岭汪士章对其的评价，他说："松

---

① （元）汪松寿：《汪氏渊源录》卷二《晋汪旭上旧谱表》，明汪以昭增修，正德十三年（1518）刻本。

寿所著详矣。其旁搜远取,考古验今,细大不遗,使吾汪氏之子孙得有所凭,以不紊夫尊卑疏戚之序,其用心劳矣。"①汪松寿的著述显然得到了汪士章的认可,不过汪士章认为它仍有不足之处,即"特详其所自出,而于他族不能皆详",于是汪士章著回岭之谱。对于这种缺陷,汪士章表示可以理解,"松寿居休宁,则详其所自出。今吾居回岭,亦详吾之所自出。吾之意,即松寿之意也"。② 对此,李祁给予他们很高的评价,他感慨:"松寿虽有功于汪氏,而士章又有功于回岭者矣。"③可见,李祁认为汪松寿所编之谱不但对徽州汪氏家族有很大贡献,而且对徽州汪氏支派产生了相当的影响。与此同时,元代徽人汪垚在《叙谱》中也有相关评论,"近又得休宁石田汪正心松寿所撰《汪氏渊源录》,尤为精密。正心者,备参经史子传,百氏之书文,诸家之纪录,尘编绝简无不搜罗稽考,通为注释,辩其诞误,又为赞说,更相发明,其有不类不同者率从删正。上至始祖汪侯,下至松寿七十二代之间,字名、行第、婚宦、墓茔,罔有断遗,其亦勤勤焉"。④ 族外之人廉希贞同样对《汪氏渊源录》评价很高,"汪氏之初,别于东鲁,传记可稽焉。后裔实繁,散而之四方者,盖莫之闻也。于是,汪芒合于汪锜,晋绛混于平阳,子孙能言其先祖者稀矣。世传七十有二,而其裔孙松寿,始翻然发愤,思推究其源,凡百氏之书文,诸家之记录,尘编绝简,无不窥也。次始姓祖迄于今代,罔有断遗,既悉为注释,且著辨、论、赞、说,更相发明"⑤。

二、《新安大族志》的成就与影响

"郡谱"或全国性统一的谱书的产生和发展有着悠久的历史,唐初有官方

---

① (元)李祁:《云阳集》卷四《汪氏族谱序》,见《景印文渊阁四库全书》第1219册,台北:台湾商务印书馆,1986年,第673页。
② (元)李祁:《云阳集》卷四《汪氏族谱序》,见《景印文渊阁四库全书》第1219册,台北:台湾商务印书馆,1986年,第673页。
③ (元)李祁:《云阳集》卷四《汪氏族谱序》,见《景印文渊阁四库全书》第1219册,台北:台湾商务印书馆,1986年,第673页。
④ (元)汪垚:《新安汪氏庆源宗谱》,元抄本。
⑤ (明)汪尚琳:《新安汪氏重修八公谱》卷首《序》,嘉靖十四年(1535)刻本。

颁行的《氏族志》。元代,徽州出现了一部记载地方氏族的《新安大族志》(以下简称《大族志》)。此后,又陆续涌现出《新安名族志》《休宁名族志》,形成了徽州特有的"族志"系列。

(一)别出心裁的"族志"

陈栎在《大族志·序》中说:"夫族志者,乃先朝唐太祖高皇帝命诸贤臣儒士而集族志以继宗祖之义,正风化之遗,使不忘乎本也。"①这里,"族志"是指贞观《氏族志》,陈栎已认识到"族志"的重要性。在陈栎看来,编修"族志"可以"继宗祖""正风化"。实际上,唐太宗李世民时期编修的《氏族志》,是通过"序列天下氏族门第"来选拔官员,侧重其政治功能,这对唐朝的稳定和繁荣影响很大。陈栎的《大族志》,则注重其社会功能,通过"继祖宗""正风化",以实现"不忘本",这对维持明清徽州风俗淳朴、社会稳定有重大意义。《大族志》作为元代家谱"总结性"的著作,陈栎虽草创未就,然开了徽州编修"族志"的先河。

1. 编修原则

第一,编排姓氏,以"所迁先后"为次序。据《大族志·凡例》记载,"各姓据所迁新安朝代先后为之次序并无甲乙"②。可见,陈栎有意识地对姓氏进行编次,不以氏族"甲乙"而论,而以迁徙先后为准。如程氏,黄帝重黎后。……汉末曰普为都亭侯,普之后曰元谭,永嘉间为新安太守,赐第黄墩。十四世曰灵洗,击侯景,封重安公,谥忠壮,追封忠烈王,子二十二人,居新安。鲍氏,鲍本姒姓,夏禹王之后。……先世青州,至晋曰伸,镇新安。永嘉末,子孙避兵江南。咸和中,曰弘,任新安太守,因占籍居此。③ 这里,程氏是在"永嘉间"定居新安,而鲍氏是在"永嘉末"避兵江南。不难看出,程、鲍两姓的编次以他们迁徙新安先后次序为原则。

第二,详其所自出,而略其事迹。《大族志·凡例》中写到,"大族实迹,自

---

① (明)曹嗣轩,胡中生、王燮点校:《休宁名族志》,合肥:黄山书社,2003年,第4页。
② (元)陈定宇辑,(清)程以通补校:《新安大族志全集》,康熙六年(1667)刻本。
③ (元)陈定宇辑,(清)程以通补校:《新安大族志全集》,康熙六年(1667)刻本。

见各宅宗谱,此概不赘"①。从"族志"内容来看,未有对大族"实迹"的任何记载。如方氏,方出榆罔之子,雷封方山,因氏焉。汉永光初,祭酒伟推之孙长史家丹阳,唐时曰肃者,拱桐庐万户,卜居于白云村。紧接着写到,歙县大族方氏:结林派、罗田派、沧坑派,等等。文中又写到,结林派,郡南十五里,唐玄英十二世孙桂,自白云村迁歙西柘源。桂后十三世曰宁、信,兄弟六人其后散居新安。不难发现,其对姓氏的记载仅言其出处,并未论及大族事迹。

第三,"标其地名",以实现"分明世派"。《大族志·凡例》中称,"各邑有同姓、同族者,则合其派而书之"②。实际上,以派别来区分同姓族群,这是《大族志》最重要的编写方式。如俞氏,它有歙县派、溪西派、山斗派、长田派、钟口派、礼田派、石兀派、礼洛派、新源派,共九大派系。③ 这些派别实由地名构成,这与《新安名族志》略显不同,它们用村镇名来记载氏族。如《新安名族志》中的俞氏,歙县的岩镇,休宁的溪西、万安、山斗,等等。另外,《大族志》在世派旁标注方位,如歙县余氏,余岸派,邑南四十里;余家派,邑西三十里;汝溪派,邑南五十里。④ 这点,在《新安名族志》中得到了承继。

2.体例和内容

第一,在体例上,陈栎是经过认真思考的。《大族志》的基本框架是姓氏、邑名、方位、派别。如黄氏,歙县大族黄氏,石岭派(邑西南十里),黄家坞(邑东隅),竦塘派(邑西四十里),黄屯派(邑西九里),潭渡派(城西四十里),虬村派(邑西九里)。⑤ 对于世系不详的,则"止标其地名"。与家谱相比,这种体例十分独特。南宋朱熹认为,家谱主要是由世系和文献两部分构成。世系是家谱的核心,在家谱中占有很大篇幅。然而,《大族志》更关心对氏族渊源的

---

① (元)陈定宇辑,(清)程以通补校:《新安大族志全集》,康熙六年(1667)刻本。
② (元)陈定宇辑,(清)程以通补校:《新安大族志全集》,康熙六年(1667)刻本。
③ (元)陈定宇辑,(清)程以通补校:《新安大族志全集》,康熙六年(1667)刻本。
④ (元)陈定宇辑,(清)程以通补校:《新安大族志全集》,康熙六年(1667)刻本。
⑤ (元)陈定宇辑,(清)程以通补校:《新安大族志全集》,康熙六年(1667)刻本。

追溯。有趣的是，敦煌出土的《氏族志》在体例上与《大族志》十分相近①。是否可以这样认为：在元代，类似于《氏族志》的谱书还有流传，陈栎得以借鉴其中的编修方法。这些谱书为私人所作，以稿本或抄本的形式流传，随着时间的推移而消逝。陈栎的《大族志》也是稿本，只不过陈栎是元代大儒，徽州又是典型的宗族社会，因而《大族志》能流传下来。

第二，在内容上，《大族志》的记载偏于简略。主要包含姓氏来源、家族始祖、宗族派别、迁徙情况五个方面的内容。如汪氏，汪始于鲁成公黑肱次子夫人姒氏，生侯有文在手曰汪，遂以名之，食采于颍川，号汪侯，子孙遂以为氏。汉末曰文和，以破黄巾为龙骧将军；建安二年（197），渡江，孙策表为会稽令，家新安。十二世曰勋明，生僧莹、僧湛。莹长子曰华，当隋末，保守宣、歙、杭、睦、婺、饶六州，称兴王，唐封越国公，庙祀乌聊山，宋元追封王，生子九人，曰建、璨、达、广、逊、爽、俊、献。僧湛第三子曰铁佛，隋大业间为新安首领，与兄华分兵争讨，保据歙州。武德三年（620），兄华遣镇佛入唐纳款，授金紫光禄大夫，四年授本守六州总管长史、上柱国、宣城郡开国公，生八子曰伯广、伯密、伯伦、伯廉、伯雅、伯巖、伯顺、伯俏。歙县大族汪氏，唐模派、潜口派、上路派、稠墅派，等等。其中，唐模派是华公长子建八世孙思立元和间由澄源迁此。潜口派是唐模派宋大夫曰叔敖迁此，今梧竹源此分派。② 文中，对汪氏的姓氏来源、始祖、始迁祖、派别、迁徙情况都有介绍。与家谱不同的是，《大族志》中没有记载家族名人，更没有对他们的生殁年月、迁葬地址、重要事迹的介绍。这是因为家谱的编修者有较强的血缘意识，更注重家族成员的亲疏关系；而"族志"的编修者有浓厚的地缘意识，更关心氏族迁徙的先后次序。

总之，《大族志》不拘成格而富有变化，虽然"疏略未备，且立例混于他郡

---

① 据《氏族志》（残卷）记载，始平郡出四姓，雍州：冯、庞、宣、阴。冯氏，承姬姓周文王裔，毕公高之后。庞氏，承帝之苗裔，若□之胤绪，楚王子庞之后。等等。具体参见郑炳林校注：《敦煌地理文书汇辑校注》，兰州：甘肃教育出版社，1989年，第3421页。

② （元）陈定宇辑，（清）程以通补校：《新安大族志全集》，康熙六年（1667）刻本。

姓名"①,但它包含了徽州氏族的一些信息,于元代族姓之研究,不失为一重要资料。陈栎草创之功,应当得到首肯。需要指出的是,陈栎在序中明确提到了编修《大族志》的目的,他说:"族志何为而作也?士君子上以推本得姓之源、下以载派脉之远而作也。"②在陈栎看来,编修"族志"是为了"继祖宗""正风化",要"推得姓之源""载派脉之远"来实现它,反映了陈栎编修"族志"的思想,对《新安名族志》的编修有指导意义。

(二)"族志"系列的出现

荷兰汉学家宋汉理认为,"从所有现存的只习惯于记载单一氏族的族谱和宗谱的撰写体例看,我们不得不承认这种地区氏族的综合写法同别的地方相比较,已经有了异乎寻常的发展"。③自《大族志》之后,陆续出现了《新安名族志》《休宁名族志》。它们与《大族志》共同构成了徽州特有的"族志"系列。

明代涌现出一批热衷于编修"族志"的学者,如郑佐、洪垣、戴廷明、程尚宽、曹嗣轩,等等。他们以编修"族志"为己任,不断地去搜集、整理资料。据《程尚宽引》记载,"元儒陈氏定宇尝编有《新安大族志》,其书惜未盛行者。双溪郑公、觉山洪公因其遗编增益而梓布之……而为之采录者,则始于祁之叶本静,继之以休之戴廷明辈,勤勤搜辑,垂十年矣"。不难看出,这些有志编修"族志"的学者,无不追随陈栎的足迹,实现陈栎的遗意。

关于陈栎的遗意,洪垣在《新安名族志·序》中有论及,他说:"元儒陈定宇以不得行其志,惧乡俗日且疚戾,乃窃取新安名族,叙其源委,以微存昭鉴之权于十一,识者亮之。"④这里,洪垣称陈栎"惧乡俗日且疚戾",暗示了陈栎"正风化"的遗意。王讽在《新安名族志·序》中则作了详述,他说:"而陈定宇

---

① (明)程敏政:《新安名族志》,见《景印文渊阁四库全书》第1375册,台北:台湾商务印书馆,1986年,第16页。
② (明)曹嗣轩:《休宁名族志》,合肥:黄山书社,2007年,第4页。
③ [荷]宋汉理:《〈新安大族志〉与中国士绅阶层的发展(800—1600年)》,载《中国社会经济史研究》,1983年第2期。
④ (明)程敏政:《新安名族志》,见《景印文渊阁四库全书》第1375册,台北:台湾商务印书馆,1986年,第2页。

之意,苟其借名族之志,以厘正新安之风俗,以寓观感警劝之机,其顾不在于先定谱而后定志哉!"①这里,他揭示了陈栎作《大族志》是为了"厘正新安之风俗"。如果要实现"正风化",就要"推得姓之源""载派脉之远"。胡晓在《新安名族志·序》中说:"族志者,所以明本宗、纪世系也。"②即要有追溯本源的"一本观",以及彰显家声的"纪世系"。

"族志"的编修,受到了"一本观"的指导。《大族志》《新安名族志》《休宁名族志》都有对姓氏本源的追溯。为说明这一情况,以程氏迁徙情况为例。具体内容,详见表3-1、表3-2、表3-3。

表3-1 《大族志》中程氏迁徙情况说明

邑名	支派	迁徙情况
休宁	汊口派	忠壮十五世孙沄,为歙州副兵马统帅检校御史中丞迁此
	闵口派	忠壮十五世孙渝,佐兄保障,居汊口后迁此
	率口派	元谭公三十五世孙安尚迁此
	榆村派	忠壮公裔迁此
	迴富派	忠壮公系迁此,小贺由此分枝
	山斗派	沄次子仲节四世孙迪之子照迁此
	黄石派	沄十一世孙百一公后由汊口派迁此

资料来源:《大族志》

表3-2 《新安名族志》中程氏迁徙情况说明

邑名	支派	迁徙情况
休宁	汊口	忠壮公十五世孙都使沄公,黄巢乱,起兵守东密岩,始家于此
	塘尾	忠壮公二十一世曰世望者,闲居乐其山川明秀,遂居于此
	溪西	忠壮公廿一世曰世高始迁此
	屯溪	出溪西派,世高十四世曰舟武始迁此
	会里	出忠壮公十五世孙曰清始迁于此
	陪郭	忠壮公十六世孙曰南节,官至左领军人将军,镇休宁,遂家焉
	闵口	忠壮公十四世孙曰渝,尝佐兄沄……寻迁于此

资料来源:《新安名族志》

---

① (明)程敏政:《新安名族志》,见《景印文渊阁四库全书》第1375册,台北:台湾商务印书馆,1986年,第6页。
② (明)程敏政:《新安名族志》,见《景印文渊阁四库全书》第1375册,台北:台湾商务印书馆,1986年,第3页。

表 3-3 《休宁名族志》中程氏迁徙情况说明

邑名	支派	迁徙情况
休宁	篁墩草市	派出东吴都亭侯程普之后曰元谭……遂世居焉
	汉口	忠壮公十五世孙都知兵马使曰沄……始家于此
	会里	出忠壮公十五世孙曰清始迁于此
	陪郭	忠壮公十六世孙曰南节,为左领军大将军,镇休宁,遂家焉
	富溪	忠壮公十七世孙曰炳,南唐同光二年由闵口迁此
	率东	出梁忠壮公后
	金川	忠壮公十五世孙曰清,居会里。……十七世曰棣,始迁金川

资料来源:《休宁名族志》

从表 3-1、表 3-2、表 3-3 来看,《新安名族志》和《休宁名族志》对《大族志》的体例有因袭,特别是对宗族迁徙情况的记载,可以说是"族志"的一大特色。在迁徙情况的记载中,当追溯程氏本源时,几乎都归为忠壮公。《大族志》有 4 处,《新安名族志》有 6 处,《休宁名族志》有 6 处。可见,"族志"的编修受到了"一本观"的指导。

此外,"族志"的编修,还重视"纪世系"。陈栎在编修《大族志》时,极为强调"载派脉",至戴廷明、程尚宽时,这方面有了新的突破,他们以"纪世系"来取代"载派脉"。以歙县程氏、汪氏、黄氏为例对此情况作说明,详见表 3-4、表 3-5。

表 3-4 《大族志》所载歙县程氏、汪氏、黄氏派别表

歙县	程氏	汪氏	黄氏
支派	槐塘、郡城、荷花池、岑山渡、宣明坊、南市、涑口、临河、岩镇、五里牌边、虹梁、元里、表里、冯塘、褒家坦、云雾塘、竭田、托山、方村、唐具、古城关	唐模、潜口、上路、稠墅、古城关、西沙溪、斗山、岩镇、富竭、水界山、环山	石岭、黄家坞、涑塘、黄屯、潭渡、虬村

资料来源:《大族志》

表 3-5 《新安名族志》所载歙县程氏、汪氏、黄氏派别表

歙县	程氏	汪氏	黄氏
支派	槐塘、虹梁、潜口、元里村、宣明坊、表里、褒嘉坦、岩镇、云雾塘、竭田、唐具、方村、托山、临河、郡城、荷花池、南市、岑山渡、涑口、东山、刘村、五里牌	唐模、古唐、岩镇槐花树下、葛山、岩镇、潜口、水界山、上路、松明山、崇明、东关、郫祁、古城关、西沙溪、竭田、黄墩、斗山、环山、岩镇、富竭、信行、涑口、涑川、丰溪、稠墅	潭渡、向吴柏枝树下、东门、黄屯、虬村、瑞野黄村、税者黄村、官塘黄村、涑塘、石岭、新馆黄村、黄家坞

资料来源:《新安名族志》

从表 3-4 和表 3-5 来看，在《大族志》中，程氏支派有 21 个，汪氏支派有 11 个，黄氏支派有 6 个，共有 38 个。在《新安名族志》中，程氏支派有 22 个，汪氏支派有 25 个，黄氏支派有 12 个，总共 59 个。可见，《新安名族志》中记载的支派数量明显增多。

另外，《新安名族志》对支派内容的记载也更为丰富，如程氏槐塘派，《大族志》中写到，"忠壮公十五世孙汾，仕唐，歙州助防驱使，传三世延坚迁此"①。《新安名族志》的记载则要翔实得多，文中称，"系出忠壮公十七世孙曰玢，仕唐，歙州助防驱使，迁邑之河西，传三世曰延坚者，始徙于此。延坚七世曰大圭，宋赠太师。八世曰子瑜，赠迪功郎；曰子玘，赠太师，追封齐国公。九世曰域，赠奉议郎……二十一世曰继芳，由胄监官浪穹县丞；曰廷恩，监生"②。这些，均反映了"族志"对派系记载从"载派脉"到"明世系"的转变。

《新安名族志》，有对"族志"传统的因袭，也有对新路径的开辟。《新安名族志》是"以姓统邑"，即从姓氏到邑名再到村镇名。如程氏，歙县的槐塘、虹梁、潜口……休宁的汊口、塘尾、溪西……等等。这与《大族志》是一致的。《休宁名族志》是"以邑统姓"，即从邑名到姓氏再到村镇名。如休宁，程氏，汊口、会里、陪郭……等等。这表明了"族志"进入深入发展的阶段。

值得注意的是，曹嗣轩原计划编修六邑名族志，他说："旧志六邑同姓者合为一章，惟分六邑次第，以今视之，似未便于观览。兹分为六邑，每邑各为一秩，以便稽考。"③他还罗列大量的名人事迹，以忠孝、乡善、笃行、贞节、儒硕、勋贤等条目出现。事实上，这是对《新安名族志》中"忠孝节义，勋业文章"的深入，也是对陈栎"正风化"遗意的发展。这与曹嗣轩对"族志"的认识是分不开的，他说："顷友人持程文祖诸君所梓名族集视予，予恍然自失，愕然愧作，不意先得我心之同然也。乃三复披阅，见其犹有阙焉者，盖备于簪笏而略

---

① （元）陈定宇辑，（清）程以通补校：《新安大族志全集》，康熙六年（1667）刻本。
② （明）程敏政：《新安名族志》，见《景印文渊阁四库全书》第 1375 册，台北：台湾商务印书馆，1986 年，第 20 页。
③ （明）曹嗣轩：《休宁名族志》，合肥：黄山书社，2007 年，第 23 页。

于氏族也,予或可以羊革补裘矣。"这里,曹嗣轩对《新安名族志》作了评价,在他看来,《新安名族志》有"备于簪笏而略于氏族"的缺陷。基于这种认识,曹嗣轩序列诸多条目,以期有益于风教。

(三)"族志"兴起的启示

陈栎作为谱学名家,编修家谱得心应手。《大族志》的编修似属草创,其有待发明之处尚多。南宋史学家郑樵在《通志总序》中说:"大抵开基之人不免草创,全属继志之士为之弥缝。"①明代,一群"继志之士"主动对《大族志》进行整理、考辨。经过他们的努力,《新安名族志》得以问世。胡晓对此给予了很高的评价,他说:"是志也,世次精白,衍派详明,文约而事该,语质而不俚,律之班固之年图、马迁之世系,大有径庭矣。"②实际上,"族志"的编修要比方志、家谱困难得多,它能否编修成功受到多种因素的影响和制约。

首先,兴修家谱。王讽在《新安名族志·序》中说:"故族之名,名于人也;志之纂,纂于谱也。"③在王讽看来,"族志"的编修要用各族家谱作参考。他强调,"是故知所以修谱,而后知所以修志也"④。王讽认为家谱是编修"族志"的前提。这是因为:"正以事关六邑,元非一家之私事,则固非一家之私书也。"⑤家谱是家族成员对家族历史达成共识的产物,若抛弃家谱来编修"族志",则会引发"众口之呶呶"。因而,"其谱者志之源,源洁则流清,而庶其事之无疚者,此也"⑥。元代,因战火兵燹致家谱毁弃,家谱存世的数量不多。

---

① (宋)郑樵:《通志·二十略》,北京:中华书局,1995年,第2页。
② (明)程敏政:《新安名族志》,见《景印文渊阁四库全书》第1375册,台北:台湾商务印书馆,1986年,第4页。
③ (明)程敏政:《新安名族志》,见《景印文渊阁四库全书》第1375册,台北:台湾商务印书馆,1986年,第6页。
④ (明)程敏政:《新安名族志》,见《景印文渊阁四库全书》第1375册,台北:台湾商务印书馆,1986年,第6页。
⑤ (明)程敏政:《新安名族志》,见《景印文渊阁四库全书》第1375册,台北:台湾商务印书馆,1986年,第6页。
⑥ (明)程敏政:《新安名族志》,见《景印文渊阁四库全书》第1375册,台北:台湾商务印书馆,1986年,第6页。

而明代社会稳定,统治者鼓励修谱,家谱数量不断增多,尤其是编修统会宗谱,使编修"族志"成为可能。

其次,团队合作。陈栎尝修《大族志》,凭一己之力而草创未就。《新安名族志》由数人合力而作,终成不刊之典。王讽在《新安名族志·序》中称,"其事创于六邑诸君子,曰汪子孟泚,曰戴子廷明,曰胡子德卿,曰程子璿,曰王子克和,曰叶子本静,盖皆贤士大夫之族也,而勤勤搜集十余年,而今始告完"。不难看出,"族志"的编修不是一人、一时能够完成的,而是"六邑诸君子"花费大量时间共同努力的结果。

再次,编者素养。"族志"的编修,要有家学传统、勤奋精神及道德修养。陈栎与戴廷明、程尚宽、曹嗣轩等人都具有这些素养。洪垣在《新安名族志·序》中说:"厥今和溪戴子、古山吴子、旸谷程子辈,则又因述旧典,更加摭集,以详著各族先世之善,核而不滥,侈而不夸,夫岂无所为哉!"①另外,程尚宽在《新安名族志·引》中说:"宽谨谋之六邑名公及诸同志者,仍其旧本而续补之,考其姓氏迁次而更定之,校其讹谬出没者而厘正之,约其异而归之同,非故于其同而求之异,盖欲行吾义而情有不得不然者耳。"②可见,他们都具有勤奋精神,重视对旧本的考辨。就道德修养而言,曹嗣轩在《休宁名族志·引》中指出,"兹举为各宅彰家声耳,非图媒利也"③。可见,他有"大道为公之心",编修"族志"讲究公正。就家学传统而言,曹嗣轩在《刻名族志通知帖》中称:"万历己卯,洪先生束杖而过先子,先子北面事之,命诸子从学于先生之门,将别,出是编以授先子,曰:此予未了事,今以授子,续此笔者,非子而谁?是亦史氏遗意也,子其勖之。……轩也丘壑鄙人,为世摈弃,日事稼穑,口体

---

① (明)程敏政:《新安名族志》,见《景印文渊阁四库全书》第1375册,台北:台湾商务印书馆,1986年,第2页。
② (明)程敏政:《新安名族志》,见《景印文渊阁四库全书》第1375册,台北:台湾商务印书馆,1986年,第14页。
③ (明)程敏政:《新安名族志》,见《景印文渊阁四库全书》第1375册,台北:台湾商务印书馆,1986年,第23页。

彷徨,安能绍父、师之业哉!"①在曹嗣轩看来,编修"族志"是对父亲、老师事业的继承。

最后,民众支持。程尚宽在《新安名族志·引》中说:"阅其名家,尚多缺略,此盖情限于力之所弗及,而义睽于势之所弗能故也。"这里,程尚宽认识到编修"族志"所遇到的困难,即"情限于力""义睽于势"。具体而言,编修"族志"不但要群众参与,而且可能会遭受名族干扰。曹嗣轩指出,"其间或恃门第不袭抄示世系者,或不谙典籍视为无益者,又或甘于自外者,以致本枝遗漏,此皆自弃自误,其于作者何尤"②!可见,并非人人都愿意加入"族志"编修的活动中。故而,群众的参与和支持十分必要。

总而言之,"族志"的编修是一种"大众"行为,要调动各种资源,尤其是家谱资料。这就需要地方上有威望学者的号召和参与,如陈栎、郑佐、洪垣、戴廷明,等等。从《大族志》到《新安名族志》,延续了300多年,它们是一脉相承的。此后,"族志"退出了历史舞台。对于这一现象,我们认为:清代不兴修统会宗谱,不利于对"族志"的编修。另外,"族志"自身的特性决定其编修的难度,即对编者素养、团队合作、民众支持等方面提出了更高要求。

---

① (明)程敏政:《新安名族志》,见《景印文渊阁四库全书》第1375册,台北:台湾商务印书馆,1986年,第20页。

② (明)程敏政:《新安名族志》,见《景印文渊阁四库全书》第1375册,台北:台湾商务印书馆,1986年,第23页。

中编　明清时期的徽州家谱

第四章　明清时期徽州家谱编修的背景与原因

相较于宋元时期,明清两代徽州家谱的编修与区域社会发展有着更为紧密的联系,域内宗族的裂变、发展与组织化是家谱编修的首要社会背景,而长期存在并持续兴盛的徽州商人群体则是家谱编修的重要驱动力量。与此同时,当时的国家与社会力量同样也对区域内家谱编修有所影响。在编修原因方面,组织化后的宗族需要是徽州家谱编修兴起的第一因素,区域内多种文化因素则是徽州家谱编修兴起的次要原因。

第一节　明清时期徽州家谱编修的背景

一、明清徽州宗族的发展

进入明清时期,徽州宗族不断繁衍与裂变,一个宗族衍变为众多宗族,形成一种多层级的宗族组织模式。据程尚宽《新安名族志》中记载,歙县黄墩黄氏宗族因不断繁衍而裂变为数个宗派,分出歙县潭渡黄氏、黟县石山黄氏及祁门左田黄氏三个宗族。由歙县潭渡黄氏族派又进而分出歙县向杲柏枝树下黄氏宗族,由黟县石山黄氏族派分出黟县横冈黄氏宗族。其中,以祁门左田黄氏族派的繁衍、裂变过程最为繁杂,具体分出歙县黄屯黄氏、歙县竦塘黄氏、休宁五城黄氏、休宁西溪黄氏、休宁古林黄氏及婺源横槎黄氏,而这其中的休宁五城黄氏又分出休宁汊口黄氏、休宁溪口黄氏及休宁岭南黄氏三个宗族。这个驳杂的宗族联盟由于逐渐的繁衍而裂变为众多"子族",与其"母族"构建成为一个歙县黄墩黄氏大宗族。明清时期,徽州宗族联宗修纂谱牒日趋发展完善,纂成大量的统宗谱牒。据《月潭朱氏族谱》载:"夫谱牒之作,所以原本始、序昭穆、隆宗支、别亲疏、属涣散而厚人伦,其于风化之系重矣。"[①]徽州宗族以"收族、萃涣散"为编修家谱的重要目的,因而"母族"与"子族"统合修谱是实现宗族敬宗收族之道的最佳途径。歙县桂溪项氏宗族在其族谱中亦说:"新安居万山中,风淳俗古,城郭村落率多聚族而居,故于族谊最笃,而世家巨阀尤竞竞以修谱为重任。"

今日全国各地图书馆、档案馆、博物馆等单位的馆藏徽州谱牒数量特别大、种类特别多,且善本极多,这与徽州宗族的繁衍裂变与繁荣发展是分不开的。徽州世家大族极为重视谱牒的编修,认为"族有谱,何以像史也,史以纪夫国事,谱以纪夫族姓,其义一也,是故以统同,以辨异。统同者,详吾之所自出也。……所以示信,一举而众善集,诚无愧于家史矣,虽持是以史,国尚有遗理乎哉,予故取之为斯世风"[②]。郑佐在《新安名族志·序》中说徽州之地:"有殊邑联宗,数村一姓之繁。……其先代坟墓之存者,远肇齐梁,近有唐宋,百年十世者勿论焉。"《盘川王氏宗谱》也记载说:"王氏出唐兵部尚书大献公,而居新安者六百余族,散处列邑,又蔓旁郡,其大且显者凡百十族,各以其地为望,而一望之聚居者,无虑数百人,数千人。"[③]即徽州世家宗族皆以修谱为重任。因此,修谱是凝聚宗族向心力、组织能力及经济实力的重要途径,宗族由于繁衍与

---

① (民国)朱承铎:新安《月潭朱氏族谱》卷首《成化壬辰重修朱氏会谱序》,民国二十年(1931)刻本。
② (清)周之屏:《绩溪城西周氏宗谱》卷首《绩溪周氏前修族谱序》,光绪三十一年(1905)刻本。
③ (民国)王德藩等编纂:《盘川王氏宗谱》卷首《重修新安王氏统宗世谱序》,民国十年(1921)刻本。

裂变,逐渐析分出众多族派,也是宗族有活力的表现,而族谱的编纂即是其展现大族、望族身份地位的标识。《绩溪南关许氏惇叙堂宗谱》载:"人既要孝父母,从父母的父母,代代推上去,便是祖宗一要修整坟墓以安祖宗之体魄,二要修整祠堂以安祖宗之神灵,三要及时修谱以明祖宗之来历。"①徽州名宗右族大都重视宗族之溯源,所谓宗一本而无二,派系严明,世次有定,宗族在不断的繁衍裂变中繁荣发达、枝繁叶茂。因而谱牒是"奠世系、序昭穆"和敬宗尊祖、统宗收族的重要工具。如歙县虹川黄氏在其谱中所云:"孝莫大于尊祖,尊祖莫先于合族,合族之道,必修谱以联之。"②故而,尊祖、敬宗与收族乃为族谱纂修之重要目的,人们因尊祖而敬宗,宗子、族长从而组织族人,形成宗族群体,借以修纂宗谱,以期达到宗族的尊祖、敬宗与收族之目的。

第一,徽州宗族的裂变与发展,不仅使宗谱编修成为一种需要,而且更重要的是使其成为一种可能。如果没有宗族的形成,特别是没有名族的存在,也就无需编纂宗谱。徽州宗族的裂变而兴盛的情况,胡晓在《新安名族志·序》中有一段著名的论述,曰:

> 历秦而汉、晋、唐、宋,或强合于世胄,或阴夺于天亲……求族之不紊者,盖寥寥矣,矧名族乎?新安则异于是矣,山峭水厉,燹火弗惊,巨室名族,或晋唐封勋,或宦游宣化,览形胜而居者恒多也。其故家遗俗,流风善政,宛然具在。以言乎派,则如江淮河汉,汪汪千顷,会于海而不乱;以言乎宗,则如泰华之松,枝叶繁茂,归一本而无二;言乎世次,则尊卑有定,族居则闾阎辐辏,商贾则云合通津;言乎才德,则或信义征于乡间,或友爱达于中外,或恬退著述,或忠孝赫烈。至于州里之镇定,六州之保障,诸儒之大成,宗庙血食,千载不磨,又名族之杰出者。③

---

① (清)许登瀛:《绩溪南关许氏惇叙堂宗谱》卷八《家训》,光绪十五年(1889)刻本。
② (清)黄开簇:《虹川黄氏宗谱·虹川黄氏重修宗谱序》,道光十年(1830)刻本。
③ (明)程敏政:《新安名族志·胡晓序》,见《景印文渊阁四库全书》第1375册,台北:台湾商务印书馆,1986年。

正是由于这种历时数百年、族支众多、繁而不紊的宗族繁衍和发展壮大，为其族谱的编修提供了丰富的资料，从而促进了家谱的发展。而宗族为了进一步维护其各项利益，也大力支持修谱工作。据《柳川绩邑胡氏宗谱》谱序述其族派之溯源："祖宓仕唐为散骑常侍，迁居歙城之乌聊山下，寓居祖沼仕南唐为客都之官，遂迁于绩溪东市，建宅，西市为库，其富甚矣。吾宗自此而兴，于今数世。有祖峤生子准，准生三子，曰符、曰筠、曰策，以财助国，任信州铅山县尉，生子三，曰宏、曰成、曰咸。宏皇祐中登科，任处州司法参军。咸生四子，曰舜陟、曰舜申、曰舜俞、曰舜举，舜陟即予也，登大观三年科第，累拜至今之爵。弟舜申补登仕郎，任严州府录事参军，擢宣教郎知萧山县事。季弟舜举登建炎二年科第，任德庆军节度判官。"可以说，胡氏家族在绍兴年间由于胡舜陟兄弟四人而迅速发展起来，胡氏家族虽"建宅，西市为库，其富甚矣"，且能"以财助国"，但由于没有仕宦子弟的积极参与，故在此期间并没有编修家谱的活动，直至绍兴年间才始修其谱。而后胡氏家族"族属日蕃，支派益多，谱牒不修，固为阙文"，至明永乐十一年（1413），族中子弟感慨"吾宗自此而兴矣，自开平而至夫建隆，由中统而至夫今日，云仍奕叶，世世相承，传之子孙于今凡二十世，譬若水之源泉，混混流之无穷，子子孙孙振振之众，亦云盛矣"。在这种情况下，胡氏宗族修成《永乐胡氏宗谱》。在《永乐胡氏宗谱》的基础之上，成化年间胡景润又修《成化胡氏宗谱》。至清嘉庆二十四年（1819），胡秉衡有言："家谱自宋乾道、淳熙已两次修辑，明永乐间十九世福建提举信公复续之，迨成化甲辰汝庆公、景润公又续成永乐谱而刊之。而宗祠之建始隆庆间，当成化刊谱时，虽已及二十三世，派别尚未甚繁也，乃自成化迄今，历岁三百三十余载，支派之在续者增旧三十余倍，而族谱之举阙如。"①可见，家族的壮大更需要族谱的编修，甚至可以说族谱就是为家族兴旺发达而服务的。徽州宗族的每次修谱活动皆与宗族的发展密切相关，伴随宗族的不断发展和扩大，宗谱也就要不断地进行续修、重修及翻刊，不仅是因年久侵

---

① 曹诚谨：《柳川绩邑胡氏宗谱》卷首《胡秉衡序》，民国三十五年（1946）刻本。

损、毒虫咬噬而必须修纂谱牒，更是因徽州宗族极为赞同的续修论与书谱史、睦族收族等思想观念。黟县湾里裴氏宗族在其《湾里裴氏族谱》中载："服有尽也，情无尽也，无尽而尊尊亲亲，合族之谊不可以不敦，则上治、下治、旁治之道不可以不讲，而谱事兴焉，而谱事急焉。吾族之谱修自乾隆戊戌，迄今已七十七载，岿然存者唯含章叔一人……谱牒于箧中之断简残编……此叔所以倡议续修而阖族之人所以俯首听命而欣欣焉。"①可见修纂谱牒之事重大，族众倡议修谱活动之心切。亦如清光绪年间《仙源杜氏宗谱》卷首篇《凡例》载："谱，家史也。修国史者必知《春秋》之义，然后可以明王道、正国体。"所谓"修家谱"，如同编修家史，即可明确世系、辨晰昭穆，又可传颂先祖事迹以激励后世子孙、荣荫族派，详明记录其族派的历史沿革以达到促进其家族繁荣兴盛的目的。正是源于谱如同宗派之史，故修谱可敬宗收族，编纂谱牒贵在持之以恒，徽州宗族认为："谱者，家之大典，姓氏之统于是乎出，宗祖之绩于是乎章，子姓之绪于是乎传，宗法于是乎立，礼义于是乎兴，胡可缓也？"②因而，徽州宗族积极倡导修谱活动被视作族门孝子的重要标准条件，也由此可见，续修谱牒对徽州宗族来说，已经成为一个不可或缺的重要活动。同时，也正是由于宗族本身的不断发展和兴盛，促进了宗谱的发展。因此，宗族的发展和兴盛无疑成为家谱发展的重要推动力。

第二，徽州宗族的裂变与发展，为家谱的编修提供了财力支撑。因徽州家谱的纂修不仅需要大量的人才，还必须具备一定的财力。徽州宗族的强大与否、是否有足够的财力是宗族能否顺利编修其族谱的重要条件。可以这样说，纂修家谱是一项浩繁的工程，多数情况下非一人之力可以完成，需要家族成员的共同支持，尤其体现为财力的支撑。例如，明天启年间武口王氏编修统宗世谱，历时十二年才修纂完成，各派积极参与编写，仅以"各派往返食用工费，重至数千金"之多，为此谱，族众子弟所耗费的心血与财力可见一斑。因此，只有在财力上较为强大的徽州宗族，才可能完成家谱的编纂工作，这也

---

① （清）裴元荣：《湾里裴氏族谱》卷首《重修谱叙》，咸丰五年（1855）刻本。
② （明）程一枝：《程典》卷一二《本宗列传第二下》，万历二十六年（1598）刻本。

是宗族对宗谱而言至关重要的一个方面。清乾隆二十五年(1760)编纂、刊刻的《星源甲道张氏宗谱》共42卷,42册;清乾隆三十年(1765)刻本《重编歙邑棠樾鲍氏三族宗谱》有200多卷,共计20册。纂修、汇编这样的大部头、多卷册的谱牒家乘,肩事者济济,经营数十载,费用之巨可想而知。故而,编修宗谱需要族中成员在财力上的支持,实际上这也从另一侧面反映了编修家谱只有以全家族之力量方能做到更周详、缜密,从而顺利完成家谱编修工作。

第三,徽州宗族的裂变与发展,为修谱提供了大量的储备人才。族谱的编修虽说是每一位宗族成员的责任,但并不是每位宗族子弟皆有能力担当起家谱的编修重任。因此,徽州大量的宗族派系由于不断的发展壮大,族中士子于儒门家教的熏染中在科第仕宦中获得了辉煌成功。据史载,"宋代一朝,徽州中式进士多达619人",出现了"名臣辈出,东南邹鲁"的社会现象。至明清时期,徽州地区形成一个庞大的徽籍官僚群体,如赵吉士所言:"自胜朝重科目之选,而吾乡之以甲乙科显者,比肩接翼而起,一时立朝至有数尚书。[①]"康熙《休宁县志·选举志》中亦云:"休邑科目肇于唐,亨于宋,弗绝于元,炽于明,及国朝春秋之试,本庠外籍隽必数人。由是为名公、乡大夫者相望焉。呜呼,盛矣!"此时,徽州地区人才辈出,产生众多进士、举人,成为全国科举文教事业最为繁荣昌盛的区域之一。众多的仕宦子弟无疑成为修谱的重要力量,抑或是主要的倡修者。徽州宗族仕宦从小便生长于"读朱子之书,服朱子之教,秉朱子之礼"的环境之中,宗族观念强烈且深厚。当他们衣锦还乡,便积极为宗族作出种种"义举",以荣耀宗族。其中,纂修谱牒便是尊祖、敬宗的重要表现。因而,许多徽州宗族仕宦都积极为其族派编修家谱。如宋鄂州知州罗愿辑著《柏林罗氏族志》,宋仁和县知县方桂森纂修《汉歙丹阳河南方氏衍庆统宗图谱》,朱熹亲自编修了《婺源茶院朱氏世谱》,成化年间礼部右侍郎程敏政更是殚精竭虑地编修了《新安程氏统宗世谱》,明兵部左侍郎汪道昆编修了《岩镇汪氏家谱》《汪氏十六族近属家谱》,明按察使程昌编纂的《祁门善和

---

① (清)丁廷楗修,赵吉士纂:《徽州府志·科目》。

程氏谱》,清诸暨等诸县知县纂编了《祁门倪氏族谱》,清徽州府教授周赟主持编修了《绩溪仙石周氏宗谱》,清观察使许登瀛编修了《重修古歙东门许氏宗谱》,等等。此外,在许多宗谱中还记载了其宗族历代的修谱情况,如绩溪《龙川尚书公派胡氏支谱》中记载:"胡氏家乘之修,昉于太师魏国公思谦公修之于晋;郡宪仕义公修之于陈;枢使子荣公修之于唐;提干念五公修之于宋,继大学士允年公亦修之于宋;教授竹州公考之于元。"此谱中,明代户部尚书胡富、都察院右副都御史胡宗明、兵部尚书胡宗宪等宗族仕宦子弟,都积极地从事此谱的编纂工作[①]。可以这样说,徽州宗族的裂变与发达恰好造就了大批的仕宦人员,为徽州谱学的进一步发展提供了大量的储备人才。他们积极投身谱牒的纂修工作,是尊祖、敬宗的重要表现,亦是他们义不容辞的光荣使命。

二、明清徽商群体的兴盛

徽州地处"地隘斗绝、厥土驿刚而不化"的皖南山谷之中,境内高山纵横,地形多变,开发较晚。因徽州之地峰峦叠翠、烟云缭绕且山川秀美,似人间仙境;又因其处"万山回环,郡称四塞"之地,"兵燹鲜经"、与外界隔绝的地理环境,故而徽州成为封建士大夫躲避战乱的理想世界,呈现高移民化的情况。《方氏家谱序》载:"其险阻四塞几类蜀之剑阁矣,而避在一隅,用武者莫之顾,中世以来兵燹鲜焉。"自西晋末年,八王之乱、五胡乱华与十六国纷争,出现中原人口大规模南渡,史称"永嘉南渡";唐末,黄巢起义,中原居民纷纷南迁,出现中原人口南渡的高潮;北宋末年,女真贵族征服中原,出现中原人口的大量南渡。其中,西晋末年"永嘉丧乱"和唐末的黄巢起义,从中原地区迁徙徽州避难的封建士大夫和仕宦人数最多,为徽地输送来大量人口。尤其是明中叶以后,徽州人口增长尤为迅猛,至万历二十一年(1593),徽州人口已逾90万,"明代人口极盛之时,应在120万之谱"。随着社会经济的稳步发展与人口的不断增多,徽州地区人口与土地的矛盾愈来愈突出,生计日隘。

---

① 赵华富:《徽州宗族研究》,合肥:安徽大学出版社,2016年,第246页。

土地兼并的开展则使徽州地区发生前所未有的生存危机,"明代全国人均田地数目在 6.5～20.6 亩之间,清代顺、康、雍三朝全国人均田地数目于 27.65～33.44 亩之间",然而明清徽州地区的人均田亩仅 2 亩左右,可见徽州地区人均田亩数额远远低于全国平均水平①。徽州地区素有"七山一水一分田,一分道路和庄园"之说,土地贫瘠,整个徽州地区除去屯溪盆地较宜耕作以外,其他地区大多土层较薄、肥力颇低,更有不少耕地处于深山幽谷之中,霜多雾重、日照不足,粮食作物产量有限。因此,面对地狭人稠,土地质量不佳的恶劣环境,为求生计,徽州人不得不改变重本抑末的观点,走出一条与传统农业社会发展不同的道路,即"天下之民寄命于农,徽民寄命于商"的经商之途。宋元时期,徽州宗族子弟开始零星地外出经商。明代中叶后,伴随着商品经济的发展和资本主义生产关系萌芽的出现,由于徽州周边地区,尤其是东南沿海地区商品经济的迅速发展及国家盐业政策方针的变动,徽州地区从商谋生之风大开,徽州宗族子弟"弃儒服贾""弃农从商"者大量增多,出现了大量外出务商的热潮,形成一种经商的社会风尚。徽州商人逐步发展成富甲一方的一支地域性商帮,独执商界之牛耳长达三个多世纪,造就了"无徽不成镇""足迹几遍寓内"的兴盛景况。

明代中后期,徽州地区人口激增,地少人稠的矛盾日趋尖锐,如顾炎武在《天下郡国利病书》中所说:"徽郡保界山谷,土田依原麓,田瘠确,所产至薄,独宜菽麦、红虾籼,不宜稻粱。壮夫健牛,日不过数亩,粪壅缛栉,视他郡农力过倍,而所入不当其半。又田皆仰高水,故丰年甚少,大都计一岁所入,不能支什之一。小民多执技艺,或贩负就食他郡者,常十九。转他郡粟给老幼,自桐江、自饶河、自宣池者,舰相接,肩相摩也。田少而直昂,又生齿日益,庐舍、坟墓、不毛之地日多。山峭水激,滨河被冲啮者,即废为沙碛,不复成田。以故中家而下,皆无田可业。徽人多商贾,盖其势然也。"②因此,为求生存,徽州宗族子弟不得不"弃儒服贾""弃农从商",因而"人十三在邑,十七在天下;

---

① 梁方仲:《中国历代户口田地田赋统计》,上海:上海人民出版社,1980 年,第 251 页。
② (明)顾炎武:《天下郡国利病书》第 9 册《凤宁徽》。

其所蓄聚则十一在内,十九在外"①。由于外出经商者愈来愈多,而此时商品经济的发展和市场的繁荣又为他们"弃儒服贾"开辟出广阔天地。明清时期,徽属六县商业经济的发展是非均衡性的,以歙县和休宁商人为最著。早于明成化、弘治年间,二县的出贾之风即已形成,至明末,两邑之民,不仅"业贾者遍于天下",且大多数从业于易获取高额利润的盐、典二业,故而富商大贾极多。史载歙县一邑"业贾者什家而七,赢者什家而三",休宁"土田不给生齿之什一,而大多行贾,不习赋役",则"民以货殖为恒产"。所谓"千金之子比比皆是,上之而巨万矣,又上之而十万百万矣"②。与歙、休二县相比,婺源、祁门县的出贾之风稍迟,绩溪、黟县的从商风气则形成最晚。据乾隆《绩溪县志》载,绩溪"与歙为接壤,而独受多山之累,且南辕北辙,惟绩鲜挟资之游人",清乾隆年间业贾人数虽逐渐增加,但"贸迁不逮歙、休"③。黟县直至清康熙年间才"始学远游,亦知权低昂、时取予,岁收贾息"④。徽州从贾风习之盛充分反映了明清徽人价值观念的变化,宋元以降,徽州宗族子弟把寒窗苦读、金榜题名、科举入仕视为追求富贵最理想的途径,显亲扬名,荣宗耀祖。然而在现实中,能够进入仕途者毕竟只有少数。因此,诸多徽人往往为生计窘困所迫,不得以"弃儒服贾",寻求其他出路。歙邑蓝田人叶天赐"性聪颖嗜学,工诗,擅书法。家贫,为人行贾,料事十不失一。晚业盐□于扬。重然诺,恤患难,族党戚里间待举火者甚多"⑤。婺源李氏族人李祖纪"幼业儒,甫冠而宗进公背,生日落,因弃儒业商"。再者,亦有科试屡试不售,便"弃儒服贾"。婺源游山董氏族人董步爵"历十七试竟不售,愤而习估,动辄折阅。叹曰:'名利非吾有也。'命子佐唐受读。佐唐甫冠,即青一衿。科举废,从事茶业,又战无不

---

① (明)王世贞:《弇州四部稿》卷六一《赠程君五十叙》,见《景印文渊阁四库全书》第1280册,台北:台湾商务印书馆,1986年,第92页。
② (明)谢陛撰,张艳红点校:《歙志》卷一〇《货殖》,合肥:黄山书社,2014年,第414页。
③ 乾隆《绩溪县志》卷一《风俗》。
④ 康熙《黟县志》卷一《风俗》。
⑤ (民国)许承尧:《歙县志》卷九《人物志·义行》,《中国地方志集成》,南京:江苏古籍出版社,1998年。

利。今已饶余,华厦高筑矣"①。歙县《潭渡孝里黄氏族谱》载潭渡人黄铺,"赋性敦厚,少即绩学业举,志存经世,既乃愤东园公之弗偶于科甲也,辄弃去。商游闽、越、齐、鲁者三十余年,十一取赢,赀大丰裕。"②

明清时期,徽州商帮不断发展,逐步形成了一些自己的特色。

一是活动地域范围广阔。随着徽商经营的商运路线不断增辟与延伸,徽商活动的地域范围也随之不断地扩大。有谚云:"钻天洞庭,遍地徽。"徽州富商大贾商游全国,通达四海,不但活跃于城市及大小县镇,甚至在深山老林、沙漠海岛、人迹罕至之地皆有涉历。民国《歙县志·风土》载:"田少民稠,商贾居十之七,虽滇、黔、闽、粤、秦、燕、晋、豫,贸迁无不至焉,淮、浙、楚、汉又其迩焉者矣。"张翰亦有言:"其民多仰机利,舍本逐末,唱棹转毂以游帝王之所都,而握其奇赢,休、歙尤夥,故贾人几遍天下。良贾近市利数倍,次倍之,最下无能者逐什一之利。其株守乡土而不知贸迁有无长贫贱者,则无所比数矣。"在徽州素有"无徽不成镇"之说,徽州商人"足迹几遍寓内",活动范围非常广,"北京、南京两京,苏、浙、闽、粤、云、贵、陕、冀、晋、豫、鄂、湘、川诸省,杭州、嘉兴、苏州、松江、淮安、扬州、南昌、开封、武昌诸府,临清、济宁诸州,仪真、芜湖诸县,塘栖、盛泽、濮院、景德镇诸镇,甚至山陬海堧、孤村僻壤,无不留下了徽商的足迹"③。徽州商人奔走于全国各地,经营长途贸易,因而主要活动在商品经济发展尤为发达的苏浙区域和国内几条商运线路及沿海地区。

二是财力资本雄厚。明中叶起,伴随着商品经济的繁荣发展与徽州人纷纷"弃儒服贾""弃农从商",宗族业儒者中富商大贾日益增多。明万历时,徽州商业资本异常雄厚,时人谢肇淛说:"新安大贾,鱼盐为业,藏镪有至百万者,其他二三十万则中贾耳。"④至清朝中期,徽商"资本充裕者,以千万计,其次亦以百万计",民国《歙县志》载:"两淮八总商,邑人恒占其四。各姓代兴,

---

① 赵华富:《徽州宗族研究》,合肥:安徽大学出版社,2004年,第482页。
② (明)黄玄豹:《潭渡孝里黄氏族谱》卷九《松涧黄处士传》,雍正九年(1731)刻本。
③ 卞利:《无徽不成镇——明清时期的徽商与城市发展》,载《社会科学》,2011年第1期。
④ (明)谢肇淛撰,印晓峰点校:《五杂俎》卷四《地部二》,上海:上海古籍出版社,2009年,第74页。

如江村之江、丰溪、澄塘之吴、潭渡之黄、岑山之程、稠墅、潜口之汪、傅溪之徐、郑村之郑、唐模之许、雄村之曹、上丰之宋、棠樾之鲍、蓝田之叶,皆是也。彼时盐业集中维扬,全国金融几可操纵。致富较易,故多以此起家。席丰履厚,闾里相望。其上焉者,在扬则盛馆舍,招宾客,修饰文采;在歙则扩祠宇,置义田,敬宗睦族,收恤贫乏。下焉者,则但侈服,御居处,声色玩好之奉,穷奢极靡,以相矜炫已耳。"①

三是经营、从事行业繁多。明人王世贞认为,"新安僻居山溪中,土地小狭、民人众,世不中兵革,故其齿日益繁,地瘠薄,不给于耕,故其俗纤俭习事",②故徽人"服贾四方",且徽商所经营行业种类繁多。万历《歙志》载:"其货无所不居。"大体而言,徽州宗族商人业贾行业有食盐业、典当业、茶叶业、竹木业、粮食业、棉布业、丝绸业、印刷业、冶铁业、制墨业等。其中,以盐、茶、木、质四者为大宗。明清时期,徽州宗族子弟在盐业经营中发财致富,赢得无限商机,获得举世瞩目的巨额商业利润,与明代盐法制度改革提供的商业机遇是分不开的。明万历四十五年(1617),统治者为疏销积引而施行"纲法",由纳粮开中转变为纳银开中,进而发展至运司纳银。正是此盐政体制的革变为徽州商人提供了超越晋商的重要契机③,使之发展壮大。至明清时期,徽商已经完全控制住长江中下游的商业运作,如谢肇淛在《五杂俎》中所云:"富室之称雄者,江南则推新安,江北则推山右。"④仅以盐业为例,"以盐策祭酒而甲天下者,初则黄氏,后则汪氏、吴氏,相递而起,皆以数十万以汰百万者"。

徽州商人有着浓厚的乡土意识,"夫商人离其世守之庐墓,别其亲爱之家

---

① (民国)许承尧:民国《歙县志》卷一《舆地志·风土》,见《中国地方志集成》,南京:江苏古籍出版社,1998年,第41页。
② (明)王世贞:《弇州四部稿》,见《景印文渊阁四库全书》第1280册,台北:台湾商务印书馆,1986年,第92页。
③ [韩]朴元熇:《明清时代徽州商人与宗族组——以歙县柳山方氏为中心》,载《安徽师范大学(人文社会科学版)》,1999年第3期。
④ (明)谢肇淛:《五杂俎》卷四,《续修四库全书》第1130册,上海:上海古籍出版社,2002年,第412页。

庭,奔走四方,靡有定处者,乃因生计所迫。而故乡大好山水,固无日不萦绕于梦魂中"。明清时期徽商的蓬勃发展和兴盛,其所积累起的巨额财富对全国,尤其是其活动最为集中的地区都产生了广泛且深远的影响,为徽州社会的发展与繁荣提供了强有力的物质保障。

第一,徽商的兴盛促进了徽州社会经济全面发展。徽州商人经营从事的行业种类繁多,以"盐、典、茶、木为最著"。其中,茶叶是徽州特产,早在唐时,徽州就是茶叶的重要产区,这得益于徽州得天独厚的高山、云雾等自然条件,适宜茶树生长。加之种茶成本较低,风险也小,茶叶品质好,种茶、做茶、卖茶,代代相承。因此,茶叶始终是徽商较为稳定的利润来源。故而明清徽人有言,"茶叶兴衰,实为全郡所系"。[①] 故而茶业发展迅速,对徽州本地经济发展亦产生了重要的推动作用。徽州盐业的发展则最为兴盛,掌管两淮盐场的盐运司位于扬州,而扬州又是众多出身徽州之盐商极其活跃的商业都市,"邑中商业,以盐、典、茶、木为最著,在昔盐业尤兴盛焉,两淮八总商,邑人恒占其四"[②]。可以这样说,纲法的施行,使徽州盐商在两淮盐业中的垄断地位获得了国家制度层面的保障。此后,徽商便进入黄金时代,歙邑的江氏、吴氏、黄氏、程氏、汪氏、郑氏、曹氏、鲍氏等宗族子弟,都经营盐业,执盐业之牛耳长逾两个世纪。

徽州以营商作为第一生业的习俗,在以程朱理学为依归、家族本位的宗族伦理观念的浸渍下,个人的升迁荣辱同宗族发展是紧密相连的。在封建时代,由于恪守官本位的价值取向,科举仕宦是荣宗耀祖的重要途径。然读书应举一途,需要雄厚的经济基础作为支撑,如汪道昆所说:"夫养者,非贾不饶;学者,非饶不给。君其力贾以为养,而资叔力学以显亲,俱济矣。"[③]毫无疑问,经济基础是决定徽州宗族发展与徽州社会繁荣的根本力量。求富最便

---

① 《治事闲谈》,转引自张海鹏等编:《明清徽商资料选编》,合肥:黄山书社,1986年,第172~173页。
② (民国)许承尧:民国《歙县志》卷一《舆地志·风土》,见《中国地方志集成》,南京:江苏古籍出版社,1998年,第21页。
③ (明)汪道昆:《太函集》卷四二《明故程母汪孺人行状》,见《续修四库全书》第1347册,上海:上海古籍出版社,2002年,第283页。

捷之途径莫过于经营商业,而经商的成功则是关联徽州家族延绵不衰与徽州社会持续发展的重要秘诀。徽商无论是在从商之道和商业运作方面,还是在经营规模与资本积累方面,都已近乎达至传统的极致境界。徽商将积聚一生的资本视作手段,不是将其商业资本转化为产业资本,而是结托于官宦事业,用于科举仕途,以期实现光耀门第之终极目标。如果从文化的角度,就徽商本身作探讨的话,最根本的是其浸透尊卑主仆等级的家族伦理及其制约下的"官本位"价值观①。因此,业儒仕宦而光宗耀祖乃为徽商的终极目的,可以说,他们是"以儒为体,以贾为用"。他们通过积极编修家谱、出资支持或建立行会、公所等组织,以加强宗族和地区的凝聚力,共同谋求乡梓的福利。此外,他们对修葺祖茔、建桥修路、乐善赈贫及扶孤恤寡等事业,始终未曾吝惜。徽州商人与徽州仕宦一样,都是生活并成长于宗族氛围之中,"读朱子之书,服朱子之教,秉朱子之礼",深受朱熹思想的熏陶、感染,宗族观念极为强烈,极端深刻。徽商在经商成功、衣锦还乡以后,积极为宗族作出种种"义行",以期达到光宗耀祖的终极目的。因此,纂修谱牒亦是其尊祖敬宗的重要体现,也是他们责无旁贷的光荣任务与使命。家谱编纂是一项需要大量资金支持方可顺利完成的事业。热心于家谱修纂,并积极提供资金资助的徽州商人不胜枚举。徽州宗谱的编纂所需支付的大量资费,大都来源于族商的慷慨解囊。《婺源县志》载:"俞铨,字以湘,龙腾人。幼失怙……后经商赀裕,为支祖立祀田祭扫,修葺本支谱牒,凡先茔为妥者卜吉安葬,费不下千金。"亦有"胡正鸿……若修谱牒,葺祖茔,费皆得任"。②另如棠樾鲍氏家族的鲍肯园,"先生由困而亨,顾恒思于物有济,修宗祠、纂家牒、置田赡族人之不能婚者,举苦节之不能请旌者,则有关于伦纪"③。正是源于宗族富商积极参与家谱的编纂,才有了今日各地图书馆、档案馆、博物馆等单位的馆藏徽州谱牒数量巨

---

① 叶显恩:《儒家传统文化与徽州商人》,载《安徽师范大学(哲学社会科学版)》,1998年第4期。
② 光绪《婺源县志》卷三五《人物》。
③ (清)鲍琮:《棠樾鲍氏宣忠堂支谱》卷二一《鲍肯园小传》,嘉庆十年(1805)刻本。

大、并且善本尤其多的浩繁局面。

第二,徽商带来徽州社会风俗的变化。明清时期,伴随着商品经济的发展与徽商经营的成功,徽商多回报于故土,从而促进了徽州的社会发展及变革,于一定程度上改变了徽州的社会风气。徽州素有"东南邹鲁"和"聚族居,最重宗法"的宗法文化传统发生了巨大的变化。明代中叶,由于商品经济的繁荣与资本主义生产关系萌芽的影响,徽州原先田园般的生活被打破,徽州宗族子弟大都踏上"弃农从商""弃儒服贾"之路,使徽州宗族由农业宗族转变为亦农亦商的宗族,并且取而代之的是"经商成习""棍风大炽"与奢侈挥霍的社会风气。万历《歙志·风土》中生动、具体的记载有助于我们更进一步体会明清徽州的社会背景、宗族风气的剧烈变化。其载述曰:

> 国家厚泽深仁,重熙累洽,至于弘治盖綦隆矣。于是家给人足,居则有室,佃则有田,薪则有山,艺则有圃。催科不扰,盗贼不生,婚媾依时,闾阎安堵。妇人纺织,男子桑蓬,臧获服劳,比邻敦睦。诚哉一时之三代也!岂特宋太平、唐贞观、汉文景哉?诈伪未萌,讦争未起,芬华未染,靡汰未臻……寻至正德末、嘉靖初,则稍异矣。出贾既多,土田不重;操资交捷,起落不常;能者方成,拙者乃毁;东家已富,西家自贫;高下失均,锱铢共竞;互相凌夺,各自张皇。于是诈伪萌矣,讦争起矣,芬华染矣,靡汰臻矣……迨至嘉靖末、隆庆间,则尤异矣。末富居多,本富尽少;富者愈富,贫者愈贫;起者独雄,落者辟易;资爱有属,产自无恒;贸易纷纭,诛求刻核;奸豪变乱,巨滑侵牟。于是诈伪有鬼蜮矣,讦争有戈矛矣,芬华有波流矣,靡汰有丘壑矣……迄今三十余年,则迥异矣。富者百人而一,贫者十人而九;贫者既不能敌富,少者反可以制多;金令司天,钱神卓地;贪婪罔极,骨肉相残;受享于身,不堪暴殄;因人作报,靡有落毛。于是鬼蜮则匿影矣,戈矛则连兵矣,波流则襄陵矣,丘壑则陆海矣……①

---

① 万历《歙志·风土》。

明中叶以后,徽州风俗的巨大变化对徽州宗族来说,是严重的冲击和严峻的挑战。宗族制度建立在封建的生产方式与自给自足的自然经济基础之上,宗族的统治与制度的确立及完善需以小农社会为基础。宗族统治者规范宗族成员的宗规有"亲亲尊尊、雍雍睦睦""喜庆相贺、忧戚相吊、疾病相问、患难相扶"。然而,商品经济的繁荣与资本主义生产关系的萌芽所带来的影响是全方位的。其一,在本业废弃、经商成风和徽州地区社会道德标准普遍降低的情况下,徽州出现了封建史家称之的"礼崩乐坏、世风乖戾"的混乱状态,宗族成员间"欺孤虐寡,恃富吞贫""狠戾妒忌""贪婪罔极,骨肉相残"。"俗渐浇漓"导致徽州地区的败礼败度者、逾节凌分者大有之。其二,徽州地区甚至出现大批族员沦落到为奸为盗、丧身亡家的境地。徽州宗族子弟踏上经商之路,许多人"或以富贵骄,或以智力抗,或以顽泼欺凌""恃己势以自强,剥人赀以自富,反败道德",有的商人"纨绔冶游,酒色荡费",甚至出现大批"善作淫巧,售敝伪器"的手工业者,以故混淆是非。其三,更有甚者,明清时期,徽州大量的地痞无赖开始兴风作浪,为所欲为,大肆对徽州社会进行灾难性的破坏,造成"打行、赌博、奸淫、教唆之风日炽"的混乱局面。

从明中叶至清,徽州宗族社会风气的剧烈变化,对宗族统治者来说,虽似"山雨欲来风满楼",但得益于徽州宗族中广大仕宦及富商大贾的鼎力支持及扶助,徽州宗族制度并未发生根本性的动摇。因恐"惧其族之将圮也,思有以维持安全之",故而采取诸多重大措施以保障制度的稳固与执行。如:编纂谱牒家乘,兴建宗族祠堂,设立祭田、义田、学田等及制定并严格贯彻执行族规、家法、宗训等。其中,通过宗族编修家谱这一方式,极大地强化了徽州宗族的宗法观念,增强了宗族的组织管理及运行能力,建立起稳固的宗族保障制度,强化宗族统治工具,使宗族制度得以巩固,宗族的统治得到了强化。

第三,徽商的兴盛促进了宗族观念的强化。徽州作为程朱理学之故地,与程朱一派渊源久远,宗法制强固,因而以家族为本的宗族观念极其深厚。由于宗法之严,更甚于国法,在宗族社会中耳濡目染长大的徽州族商,懔于宗法之严,极为重视巩固并强化宗族制度与宗族统治。谈及宗族与徽商的关联,民国时期,歙县人吴日法在《徽商便览》中有论述:"吾徽居万山环绕中,川谷崎岖,峰峦掩映,山多而地少。遇山川平衍处,人民即聚族居之。以人口孳乳故,徽地所产之食料,不足供徽地所居之人口,于是经商之事业以起。"可以说,徽州宗族聚族而居所造成的人口与土地的尖锐矛盾是与徽州商人业贾紧密关联的。叶显恩说:"祠堂、族田的日益增多,对修坟墓、撰家谱的日益加重,同祠堂族长权力的不断强大是互为因果的。徽商的利润投入这方面愈多,宗法的势力便愈加强大。"徽商发达以后,便从诸多方面促进徽州宗族的发展与壮大。因而,徽商十分重视编纂族谱,日本的臼井佐知子曾指出:"徽州商人随自身的发展,积极参与编纂族谱,其具体之目的不但是确保人才,更在于搜集资讯。从此可为扩展商业网确保其据点。"徽商在整个经营活动中面临的竞争是十分激烈的,利用宗谱进行联宗可以尽量减少不必要的竞争,甚至可以互通信息达到共赢的效果。如绩溪商人章必泰,"隐于贾,往来吴越间""尝因收族访谱,遇福建清浦江宗人名汉者于吴门,道及南峰宗柘重建事,于是相与刊发知单,遍告四方诸族"[①]。作为一名商人的章必泰"遍告四方诸族",一方面固然与敬宗收族的目的有关,另一方面其在商业活动中利用宗族的关系减少商业竞争也是情理之中的事。对于徽州商人对编纂宗谱的积极投入,如唐力行所说:"从某些意义来说,宗谱是徽州行商的联络图,也是四方的族人可获得的,足以信赖之商业咨询来源。"[②]他们不惜时间与财力致力于编修家谱,其功利性之目的是不可否认的,但此种目的对一个商人群体的发展而言,通过家谱形成联合族众,减少商界经营的摩擦、纠纷应是有作用的。但若过分强调族谱编纂之商业旨意,则会使人误解编写谱牒家乘的本质用意。徽州家谱的编修是徽州商人以"商贾何以负闳儒"价值观的根本体现。徽商作为一个重要的群体,积极参与家谱的编修,为徽商的发展提供饱满的精神力量与坚实的心理基础,从而进一步促进徽州宗族观念的加深与强化。"徽商资本一方面瓦解着大家庭结构,另一方面又极力巩固并扩大了宗族血

[①] 章尚志:《西关章氏族谱》卷二四《家传》,民国四年(1915)刻本。
[②] 唐力行:《论徽商与封建宗族势力》,载《历史研究》,1986年第2期。

缘群体"。因此,由于徽州宗族其本身具有聚族而居的生活特性,导致其在经商过程中表现出强烈的宗族性特质,然而经商活动具有明显的分散性和流动性,因此,利用修纂家谱这一手段,将流散于全国各地的族众紧密联合在一起,以达到敬祖收族的良好目的。

徽人经商与宗族利益攸关,明人金声在《与歙令君书》中指出:"夫两邑人以业贾故,挈其亲戚知交而与共事,以故一家得业,不独一家食焉而已,其大者能活千家、百家,下亦至数十家、数家。且其人亦皆终岁客居于外,而家食者亦无几焉。今不幸而一家破则遂连及多家与俱破。"①由于经商业贾对解决土地和人口的矛盾,以及对维持宗族聚族而居产生了重大影响,因此族人经商业贾得到了宗族势力的鼎力支持。在徽州宗族的族规、典籍中均有详细且明确的规定:"族众或提携之,或从它亲友处推荐之,令有恒业,可以糊口。"加上族众业贾,商业流动分散,需要利用宗谱将族众紧密联络,便是一种必然趋势了。另外,徽商与宗族之间除了血缘联系,还有经济利益上的密切关系,日本的藤井宏曾将徽商资本的来源归结为共同资本、委托资本、援助资本、婚姻资本、遗产资本、劳动资本和官僚资本七种,其中,除劳动资本以外,都与宗族势力的发展息息相关。在亲情与资本的相互作用下,明确的宗族关系是获得信任的基础。故宗谱对徽州宗族而言,从徽商角度看,是徽商维系族众并获得支持的桥梁,从留居徽州本土的族众看,是他们获得徽商资助的纽带。总之,宗谱是徽商获得族众支持,保持竞争力的重要手段之一。鉴于以上论述,宗谱对徽商的经营活动有直接的帮助作用,是徽商在竞争中立于不败之地的一个重要原因。

虽然早在西汉时期,史学家司马迁就将"不令己失时,立功名于天下"作为一种评价标准,并且将扬名立万的商人写入史册。但封建时代严格根据职业划分社会地位,分别为"士、农、工、商"四民,其中"商"位居四民之末。因此,在重本抑末思想的影响下,司马迁所持有的编写原则和方法没有被后代

---

① (明)金声:《金正希先生文集辑略》卷四《与歙令君书》,见《四库禁毁书丛刊》集部第50册,北京:北京出版社,1998年,第522页。

史学家沿承和应用。在正史中留名,虽然是极具吸引力的,但这并不是他们所能决定的,因为重本抑末的传统思想根深蒂固。但是,徽州宗族的富商大贾则不然,他们利用宗谱使自己在宗族内广为传颂是现实可行的。所以在徽州宗谱中翔实记载的徽商资料甚多,为富商巨贾立传者也是不胜枚举。《绩溪庙子山王氏谱》的《家传》卷目中,甚至专置一卷册的商人传,以作详细说明。赵华富也认为:在徽州谱牒之中,除了乡绅以外,立传最多的就是富商大贾。如《新安月潭朱氏族谱》中,为宗族富商大贾立传者有数十人之多。婺源《董氏宗谱》中有游山宗族大商人董绳武、董慎斋、董步爵、董荣选、董文山、董昌明、董廷杰、董佐唐、董汝万等数十人传记。这些都表明在明清时期徽州宗谱中为其族商树碑立传是极为普遍的事情,而这也恰恰符合了徽商在精神、心态上的一种向往与追求,这也是徽州商人致力于宗谱修编活动的深层原因之一。

此外,徽商在长期的经商活动中逐渐积攒起丰富的经验,同时自身也具备良好的文化素质修养,因此诸多族商积极扶助或亲自参与编写族谱,谱中载述相关族人的经商事迹,甚至有关于水陆商程、经商经验、商业道德与行为规范等内容。如余英时所指:"商人是士以下教育水平最高的一个社会阶层,不但明清以来,弃儒服贾的普遍趋势而造就了大批士人流沛在商人阶层的社会现象,而且更为重要的是商业本身必须要求一定程度的文化知识水平。商业经营的规模愈大,则知识水平的要求愈高。"因而,明清时期徽商以"贾而好儒"的身份特征,积极参与谱牒家乘编撰,是适应了明清商品经济发展和尊宗收族的需要。在儒家思想占据主导地位的社会氛围中,徽商积极寻求在社会心理层面上与其创造的财富相均衡的平衡点,使儒士与业贾间的矛盾得到一定程度的缓解。而参与编修家谱的活动将其儒家道德观念充分映射到商业运作中,修谱及谱中之载述正是不断地谋求儒家思想道德与商人心理层面上的认同。如王世贞所述:"吾闻之吴俗讳富以避官侵牟,然亦不善居富。独徽人不讳富,其所致富与居亦类有道者。今读张翁状其趣时近智,其宽报近仁,其让著近礼,其赴役近义,岂所谓好行其德者。"即清楚翔实地阐明儒学与业贾之间的关联,二者在传统价值观念上被赋予了相同的意义,仅是表现的方式不同而已①。

明清时期,宗族制度显著发展,其后有众多族商势力作为坚强后盾。这一点在徽州地区尤为卓著,在得到宗族鼎力支持而经营成功的徽州商人,将其财富资本回馈给宗族,从而对徽州宗族的发展作出极大的贡献。此外,"贾而好儒"的商人亦以积极之姿态或投身谱牒家乘的编纂,或对宗族士子的读书应举给予经济上的大力支持。尽管明清时期商品经济发达,但人口的迁移流动与大家庭的分散、析出,致使徽州宗族的向心力较弱。然而,徽州商人却为宗族制度的进一步加强作出较大的努力。可以说,这与徽商所秉持的儒家价值观念有着紧密关系,他们不会挣脱其宗族文化的框架约束,而会不断增强宗族组织力量,为强化宗族制度而不懈奋斗。

三、明清家谱编修的普遍

明清家谱是我国家谱发展的成熟时期,也是中国封建社会家谱发展的鼎盛时期。明清时期,由于封建世家大族的昌盛、国内宗族仕宦及社会经济的繁荣发展,国内宗族的家谱编修活动空前活跃。从今日全国各地图书馆、档案馆、博物馆等单位的馆藏徽州谱牒来看,明清时期编修的家谱不仅数量巨大、种类繁多、内容丰富、体例完善,并且善本颇多,出现了空前繁荣的局面,也为此后家谱的发展奠定了坚实的编修基础。

明清时期,家谱中不仅包括宗族谱牒,亦包括很多支谱,还包括数量非常丰富的、纵跨地域且涵盖各个宗派支系的统宗谱。统宗谱又作统谱或会通谱、通谱。此现象的流行与明清两代社会编修家谱的普及和家族人丁的繁衍昌盛是息息相关的。例如,明弘治年间编纂的《新安黄氏统谱》,便是以东晋时先祖定居于新安尊为始迁祖载起,记述了由新安析出的二十五个支系派别,可谓"会千万人于一家,统千百世于一人",气势蔚为大观。明清家谱深受正史与方志的影响,因此,仿照正史和方志编纂之法,家谱编修体例日臻完

---

① 徐彬:《论明清徽州家谱编修与徽商的互动》,载《学术研究》,2011年第6期。

善,家谱的记载内容也极为丰富,除了记载祖先名讳、世系、事迹、官职之外,还普遍收录姓氏源流、迁徙情况、分支分派、祠堂图像与传记、家训家规、人物传记、契约文书、艺文著作等。诸多明清家谱已经突破宋元时期的"小宗之法",应用"大宗之法",溯源至百代以上,冠以古代的帝王将相、名门伟人作为先祖。同时,明清家谱讳恶扬善的书法原则、宗亲成员的血统纯正性规则,以及以此订立相关的入谱准则和标准。此外,有些明清家谱于卷首和卷末绘有乡舍村居图、祖茔图、先祖画像等,进一步使家谱成为其家族的史料汇编,为后世族人保留了大量珍贵的原始资料。

明清两朝统治者基本上把家谱编修视作宣扬"三纲五常"、伦理教化的政治工具,视作加强封建宗法制度的发展与巩固、维护社会稳定、巩固统治地位的政治手段,因此,统治者十分重视和倡导家谱的编修活动。明清时期家谱编修之所以呈现普遍化的特点,与统治者推行的政策有直接的、密切的关联。清康熙九年(1670),清圣祖制定并颁行了《圣谕十六条》,强调"敦孝弟以重人伦""笃宗族以昭雍睦";雍正二年(1724),清世宗作《圣谕广训》,明确提出"修族谱以联疏远"的宗亲修谱思想。故而,众多宗族在编修家谱时将《圣谕广训》收录入谱,作为他们编纂家谱的指导思想。这些政策的实施,使得修谱活动深入民间,触动颇深。《江村洪氏家谱》中载:"今上治隆化洽正,以孝友雍睦教天下,伏读圣训有曰:'修族谱以联疏远。'大哉!圣言诚视天下犹一家,中国犹一人之心也。"[1]国之天子以修谱为训,士庶之家,皆以修谱为己任。"坐令宗族之谱乘述芜荒略,不克一为修茸,岂非盛世士大夫家一阙事乎?"《绩溪璜上程承启堂世系谱》的谱序称:"自古孝者莫重于继志,士庶人之家又以纂修宗谱为继之要图。"[2]《婺源查氏族谱》中亦说:"谱书之设也,借以载先世之源流,垂昭穆之统绪,关乎子姓者匪轻,不可漫焉忽视也。夫兴思仁孝

---

[1] (清)洪昌:《江村洪氏家谱·序》,雍正八年(1730)刻本。
[2] (清)程步云:《绩溪璜上程承启堂世系谱》卷首《璜上程氏续修谱序》,宣统三年(1911)刻本。

者,必稽其水木所自出,而晰支派之攸传,澄澈本末,参核详明,庶无愧于心焉。"①可以这样说,明清时期编修家谱行为的普遍化充分体现为士庶子民皆积极参与。纂修家谱乃"继之要图",是家族世代传承与弘扬祖宗功德显贵的重要途径,故而许多家族,不论大小,家家户户皆编纂家谱,并且众多家谱一修再修,多次续修。编纂家谱的宗旨、要义基本均贯穿着忠孝臣子、节妇义夫的"存天理、灭人欲""三纲五常"等伦理思想,以期达到"凝聚宗亲""敬祖收族"的根本要义。

伴随着明清家谱编修的繁荣发展,涌现出大量谱学专家及谱学著作。其中章学诚尤为卓著,其在有关著作中归纳总结并分析以往家谱编修在理论与实践中存在的缺陷,详细论述了家谱的起源发展和其产生的重大作用,对明清家谱编修的普遍化与深化发展提供了众多有价值的观点和可借鉴的措施,也对后人的家谱编修活动产生了积极的影响。

第二节 明清时期徽州家谱编修的原因

一、明清时期徽州宗族建设的需要

明嘉靖以后,乡约得到全面的推行与发展,而徽州正是乡约与宗族制结合较紧密的地区。明中后期徽州宗族的组织化通过乡约化得以逐渐加强与完善。通过族谱的编修与不断的续修,宗族把以教化为目的的"乡约",以宗规族规、家法、家训等形式,载入家谱之中。虽然名称稍有不同,但基本的教化精神,则通过族谱这一文本载体,得到充分体现。政府也通过地方宗族社会自治的形式来达到控制地方社会秩序的目的。徽州地方宗族的精英分子,则把族谱作为宣传教化思想的工具,来实现对族众思想与行为的控制,所以族谱的编修与保存,是宗族组织化有序推行的重要依据,用以满足宗族社会

---

① (清)查荫元:《婺源查氏族谱》卷首上《福亭蓝轩公支谱序》,光绪十八年(1892)刻本。

群体现实的需要。明代嘉靖时期"大礼仪"之争后,徽州宗族的基本形态开始发生变化,原本有"奠世系、序昭穆、尊祖、敬宗、收族"功能的宗族族谱,开始逐渐向宗族事务管理工具的方向转变。而徽州家谱编修在明中叶以后的盛行,说明了徽州宗族的精英群体,对家谱在主要以祠堂、祖茔、族田宗族组织化建设过程中,所发挥的控制性作用已有了较成熟且理性的认识。具体来说,可分为以下几点,下面分别阐述。

(一)维护宗族内部血缘秩序,延续宗族身份认同的需要

首先,家谱通过"奠世系,序昭穆",宗族的血缘关系才能得以长期、稳定的延续。而"奠世系,序昭穆"也是宗法制度在徽州得以确立与推行的基础与核心。如《绩溪北门张氏宗谱》所云:"自一世祖始至于九世,凡坟墓之在某乡、某原、某山、某向及生殁之年月,与夫或隐或仕,若子若孙,娶某氏嫁某氏,亦书之。区分派别,裒于一集,俾后之云,仍粲然可观。"①通过家谱使家族成员基本信息文本化,以实现对家族史的记忆与传递。又如《徽州杨氏宗谱》有言:"访求族人所藏家谱,集录厘正,原其祖之所自出,别其派之所由分,务于辨亲疏,隆爱敬,详略适宜,著而为谱。使子孙知其本源,虽千万世,不致相视如途人也。其用心可谓勤矣,思处可谓精矣。"或曰:"是虽上下数百年而统同辩异,咸具指掌,是诚可谓后世修谱者之法矣。……是谱之作,虽以明世实,以广爱也;虽以辨族,实以笃伦也。"②故徽州注重世系的追溯与延续,才能实现祖先世系的上通下达。先人对于家族基本信息的意识性记载与留存,则为后世提供有依可寻的凭证,防止家族史记忆的流失,有利于维护宗族血缘世系的持续建立。家族世系记忆的清晰稳定,才能使宗族内部成员清楚相互之间血缘上的关系,以"辨亲疏,隆爱敬",即通过"辨族笃伦",来维护家族内部成员的血缘秩序与族群边界,以延续宗族内部的身份认同。

其次,通过"奠世系,序昭穆"才能实现尊祖敬宗,以合族,即通过维护宗族内部血缘秩序,以延续宗族的身份认同。歙县《徽城杨氏宗谱》指出:"人之生

---

① (清)张沛泽:《绩溪北门张氏宗谱·谱序》,光绪十三年(1887)刻本。
② (明)杨万春:《徽州杨氏宗谱·谱序》,崇祯三年(1630)刻本。

也,必有所始;而其既生也,必有所分。始则患其湮而不明,分则患其散而无统,其所以防其散,使不至于湮,则谱之功居多矣。"①如果"谱牒不立,世系不分",则造成"始与分无所考",故"虽祖与族之莫知矣,而况能尊与合哉"!故家谱的编修与留存使"由前观之则不湮,而尊祖之心油然生矣;由后观之则不散,而合族之心油然而生矣。其功岂浅浅哉""亲亲以尊祖,尊祖以敬宗,敬宗以合族",故徽州杨氏宗族对家谱编修在实现"尊祖、敬宗、合族"的作用方面,已经有了十分清晰且正确的认识。《新安徐氏宗谱》在谱序中也记载说:"虽然族之繁也,则居愈析;居愈析,则迹愈疏,而情愈涣,至有祭享,不相集庆、吊不相通者。故续斯谱也,不惟先绪可缵,而族谊亦永敦矣。"②如不重视家谱编修的话,"知之愈推愈远,愈远愈疏,极则恩纪之违,甚于路人,隔阂之异殊于胡越"③,没了家谱的维系,族人虽"水木同源",但却相视如途人,宗族则难免涣散,从而致使风俗日渐浇漓。该谱还说:"谱以载世德,使后人有水木本源之思;谱以清世系,使后人无赢吕牛马之诮;谱以联世,好使后人无肝胆胡越之悬。"④新安岭南张氏宗族在谱序中也说道:"因修谱以明族之广大,遂作语以叙姓之源流,重以明人伦,笃礼义,为族党劝,无非本于孝悌之心也。语曰孝悌也者,其为仁之本,与宗族同心,视诸幸甚。"在宗族的发展过程中,本宗星分棋布,难免散居不一。为了缓解因"族之繁"而"居愈分""迹愈疏""情愈涣"的状况,故编修家谱"刊立字目",以避免"行次混乱失序",从而使族众遵守并维持宗族的社会秩序。所以对于徽州宗族中的知识分子来说,"然至谱牒一节,靡有不兢兢注意者"。家谱在此方面所发挥的作用,是持续且深远的,故徽州宗族对于家谱编修的必要性及徽州宗族对家谱编修的高度重视是毋庸置疑的。

再次,防止异族异姓伪冒、紊乱宗支,从而实现维护宗族内部血缘秩序的需要。徽州的大族为了维护其大族地位,就必须维护其在血缘上的纯正性,要

---

① (明)杨万春:《徽州杨氏宗谱·谱序》,崇祯三年(1630)刻本。
② (清)徐景京:《新安徐氏宗谱·许国序》,乾隆三年(1738)刻本。
③ (清)徐景京:《新安徐氏宗谱·徐文清序》,乾隆三年(1738)刻本。
④ (清)徐景京:《新安徐氏宗谱·徐申序》,乾隆三年(1738)刻本。

明确界定宗族在发展过程中的分支派别,并对这些"散居不一"、自称所谓"同根一脉宗支"进行鉴定与甄别,以免他族趁势伪冒,这是徽州大族所面临的重要问题。而宗族重视家谱的编修,则是宗族应对此问题所建立的强大壁垒。如新安毕氏宗族在其家谱中,就提醒宗族后人要注意防范此种问题。该谱指出:"如徽城上北街亲支毕姓者壹,乃祥卿公子孙,世居此地,其余冒其姓者贰,一匠一军系异姓充役,界限明甚,后人勿忽。"①宗族利用家谱来警醒后人,要防止低贱的"异姓充役",通过明确宗族身份界限来维护其尊贵的宗族地位。

双井黄氏宗族在家谱中规定:"本宗无嗣者,于至亲兄弟应继之子继之,以承宗祀。至亲无人,方继旁支,若继异姓,紊乱宗支,不许收入。本宗子孙,或出继异姓者,不可遗弃,收入谱系。"②双井黄氏宗对于本宗"无嗣者"继子的选择问题,作了明确的规定,必须是与本宗有血缘关系的"本宗祀"或"旁支",在选择上也要根据其血缘上的远近关系来确定其优先的选择对象。双井黄氏宗族在"入继异姓"和"出继异姓"问题上,是两种明显不同的态度,前者是"紊乱宗支",后者则是"不可遗弃"。故双井黄氏宗族是以客观上的血缘关系来确定"继子"是否有资格拥有本宗身份的。而"继子"是否收入家谱,就是对这一本宗身份是否成立的标志性证明。潭渡孝里黄氏宗族在其家谱《凡例》中也明确指出:"生殁表内,惟书生殁唐时,或生殁宋时,无年月日时可考者,不录。若生殁之朝代载有先后,始照谱录刊,以备稽考。生殁表内所注,无传失考者,俱照谱载入。其有未经登注查明,果无子孙又未继嗣,则概书止字,以免旁支窜入。"③潭渡孝里黄氏在家谱续编的过程中,对于早期家谱录入稽查不明的家族成员的再录入,采取了谨慎的态度,不盲目删弃或照录;对于"无子孙又未继嗣者",在家谱的录入上更是注意防范旁支借此窜入本宗。故徽州宗族通过编修家谱,来防止异族异姓伪冒攀附本宗,避免其紊乱宗支,以此来维护宗族内部血缘秩序。

---

① (明)毕济川:《新安毕氏族谱》卷首《凡例》,正德四年(1509)刻本。
② (民国)黄占魁等:《双井黄氏宗谱》卷一《家规》,民国九年(1920)刻本。
③ (明)黄玄豹编:《潭渡孝里黄氏族谱·凡例》,雍正九年(1731)刻本。

(二)维护宗族社会秩序的需要

首先,徽州名门望族为了维护"主仆有别"和"贵贱有序"的宗族社会秩序,在婚配中就尤其注重门第的高低。双井黄氏宗族的《家规》明确指出:"族属之人男女嫁娶,必择家世相尚者,毋得苟且卑污,以辱先世。"①明嘉靖《徽州府志·风俗》载:"家乡故旧,自唐宋来数百年世系比比皆是。重宗义,讲世好,上下六亲之施,无不秩然有序。……婚配论门第,治袿裳装具,量家以为厚薄。其主仆名分尤极严肃而分别之。藏获辈即盛赀厚富,终不得齿于宗族乡里。"②清代赵吉士对徽州名门望族尤其注重婚姻门第界限的坚守,也持肯定态度。其在《寄园寄所寄》中就谈道:"徽俗重门第,凡仆隶之裔,虽显贵,故家皆不与缔姻。他邑则否,一遇科举制人,即紊其班辈,昧其祖先,忘其仇恨。行贿媒妁,求援亲党,倘可联姻,不恤讥笑,最恶风也。"③婚配原则是宗族社会秩序中的重要环节,而徽州宗族婚配的选择普遍"以门第为尚"。宗族社会对宗族内部成员婚配的界限态度明确,即门第的高下是婚配选择合适与否的重要标准。婚配选择对象的家族历史,即家谱成为判断其门第高下的参考依据,故家谱具有判断或证明某人门第高下的作用。家谱中"凡娶世家之女,则书娶某地某氏。非世家,则单书娶某氏。仕宦之女,则书某官之女"。此种书写原则就充分体现了其门第高下分明的态度。婚配对象的选择一般是在族外中的外姓之中,这是宗族突破族内界限与外族建立联系的重要媒介,通过婚配的形式,宗族与宗族之间建立姻亲关系,形成良好的互动。所以徽州宗族尤其注重门第,其间的社会性因素不可忽视。

康熙《祁门县志·风俗》中记载:"旧家多世系,唐宋来不紊乱。宗谊甚笃,家有祠,岁时嘉会在焉。人重去其乡,婚姻重门第,辨别上中下等。所役属佃仆不得犯,犯则正诸公庭,即其人狡狯多财作吏胥,终不得列上流。"④光

---

① (民国)黄占魁等:《双井黄氏宗谱》卷一《家规》,民国九年(1920)刻本。
② (明)何东序修,汪尚宁纂:《徽州府志》卷二《风俗》,第67页。
③ (清)赵吉士:《寄园寄所寄》卷一一《引〈觚谈〉》。
④ (清)姚启元:《祁门县志》卷一《风俗》,康熙二十三年(1684)刻本。

绪《婺源乡土志·婺源风俗》中也有记载:"(婺源)乡落皆聚族而居,族必有谱,世系数十代,尊卑秩然。主仆之分甚严,役以世,即其家殷厚,终不得列于大姓。或有冒与试者,攻之务去。"①清代士人程且硕在《若庵集》中的《春帆记程》篇中,也提出徽俗"主仆攸分,冠裳不容倒置"。故徽州宗族为了维护自身的尊贵地位,抑制仆人冲破其卑微的地位界限,有意识地强调并维护主仆之分的社会秩序。不管是在言行举止方面,还是在冠裳服饰方面,都存在严格的主仆界限。不同身份的人都有其对应的一系列社会活动的行为模式,而社会群体之间的差别,自然成为区分彼此的标志。当然这也是社会优势群体对弱势群体外在行为表征不断塑造与内化的过程,即弱势群体自觉遵守自身的身份界限,以达到社会各阶级各司其职、各安其业的稳定局面。而家谱则是徽州宗族实现这一理想社会状态的重要工具。所以家谱编修的原因,也在于社会中的优势群体利用家谱维护宗族社会秩序的功能,来达到其维护自身社会地位的目的。

其次,通过家谱推行教化,惩恶扬善,统摄人心,以维护宗族的社会秩序。明中后期,徽州宗族社会因大兴"行商作贾"之风,致使风俗日渐浇漓,冲击了徽州宗族社会的稳定与统治。如万历《歙志·风土》中记载:"国家厚泽深仁,重熙累洽,至于弘治盖綦隆矣。……岂特宋太平、唐贞观、汉文景哉?诈伪未萌,讦争未起,芬华未染,靡汰未臻。此至冬至以后,春分以前之时也。寻至正德末、嘉靖初,则尤异矣:出贾既多,土田不重;操资交捷,起落不常;能者方成,拙者乃毁。……迨至嘉靖末隆庆间,则尤异矣:末富居多,本富尽少。"②清代的凌应秋在《沙溪集略》中也谈道:"余乡(歙县沙溪)上下两千田畴平野。昔时人大半安于农业,习儒习贾,各有正务,而游手者寡。近世稍异于古矣。"可见明代中期之后,徽州习贾之风逐渐盛行,致使田土不重,越来越多的人追逐财富的积累,徽州人口的流动性大大加强。徽州宗族流失了大量的人口,并对其失去控制,给族内的群体也带来了不安分的因子,对宗族原有的社会

---

① 光绪《婺源乡土志·婺源风俗》。
② 万历《歙志·风土》。

状态造成了一定的冲击与破坏。又由于经商往往"操资交捷"而"起落不常",极易造成"高下失均"的贫富差距。从而致使"诈伪萌,讦争起,芬华染,靡汰臻",破坏宗族社会群体之间的良好关系,进而打破徽州社会的和谐局面。

康熙《徽州府志·风俗》中也有记载:"吾闻之先大父曰:嘉隆之世,人有终其身未入城郭者。……有少与外事者,父兄羞之,乡党不齿焉。今则武断者比比矣。而闭户不出者,即群而笑之,以为其襁褓若此也。"①可见嘉隆之后徽人社会流动的空间范围不断扩大,与自身宗族社会之外的地方社会互动频繁,这意味着徽人的社会习俗已经逐渐发生改变,"多喜远商异地,而果轻弃其乡";又因徽州"山多田寡,耕种为难",故徽州开始盛行"远游之风"。

《休宁碎事·赵氏日记》有言:"万历二十七年,休宁迎春共台戏一百零九座,台戏用童子扮。故事,饰以金珠缯彩,近来此风渐减,然游灯犹有台戏,以绸纱糊人马皆能舞斗,较为夺目。邑东隆阜戴姓更甚。戏场奇巧壮丽,人马斗舞亦然。每年聚工制造,自正月迄十月方成,亦靡俗之流遗也。有劝以移此巨费以赈贫乏,则群笑为迂矣。"②由于宗族中善于经营者不乏其人,家资的积累日益丰厚,故"多失于侈,俭则固而无礼;或失于侈,侈则滥而罔节,故富而能知德者鲜矣"。许承尧在《歙事闲谭》中也谈道:"冠服采章,普天率土,悉遵时制,罔敢或异。而女人服饰,则六邑各有所尚。……而歙休较侈,数十年前,虽富贵家妇人,衣裘者绝少,今则比比皆是,而珠翠之饰,亦颇奢矣,大抵由商于苏扬者启其渐也。持久之道,尚其知所节欤。"③由此可见"奢靡之风"对徽人思想侵袭已深,已经影响到了宗族社会生活方式的选择。"移此巨资,以赈贫乏",已经不是徽人的资金运用的首选方式,"贪图享乐"之风已经弥漫在宗族社会之中,这对于宗族组织的良好运行,无疑是一个巨大的隐患与冲击。可见宗族勤俭节约、家资用之有度的良好社会风气,在一定程度上已经受到了破坏。

---

① (清)赵吉士:《徽州府志》卷二《风俗》,康熙三十八年(1699)刻本。
② 《休宁碎事》卷七《引〈赵氏日记〉》。
③ 许承尧著,李明回等校点:《歙事闲谭》卷一八《歙风俗礼教考》,合肥:黄山书社,2001年,第606页。

故明中后期徽州因"行贾之风"而来的"远游之风"、从"安土重迁"到"轻离乡"之风、"奢靡之风"的盛行,徽州宗族精英阶层的危机意识逐渐增强。徽州宗族为了达到维护宗族制度与统治的目的,积极编修家谱,以便于推行教化,应对社会发生的改变与社会不良风气的恶性循环。如绩溪北门张氏宗族在编修的家谱谱序中,明确指出:"历代帝王之有谱序,所以传相承之。次也,其善恶之谥,昭然载诸经史,永为万世监戒,其来有自也。是故士大夫家,亦必编缵谱系,以明祖宗之所从出,而兴木本水源之念。录夫一姓,长幼善恶而有劝惩之意,乃世教之一助,是则世家大族谱系之作,岂偶然哉。"①

而徽人的"善恶观",必然也会影响到其对宗族的建设与管理方式。绩溪双井黄氏宗族在其家谱中就谈到:"人生在于世,必是积德务为善事,而后可以保身延祚。于子孙苟为不然,虽富贵,其能久乎!是故能爱子孙者,则遗之以德;不爱子孙者,则遗之以恶。故《易》曰,积善之家,必有余庆;积不善之家,必有遗殃。吾族固宜慎之。"②宗族把"积德为善"与宗族未来的良好发展联系到一起,使族众注重日常积善,谨慎言行。故宗族利用家训,使家谱中善恶分明的态度昭然若揭,使族人受到监督与评判,从而达到控制族众的目的。宗族的宗规家法是对于善恶标准、个人行为准则的集中体现。把制定的族规家法收编在家谱之中,以便留存,后来发展成为家谱收录的重要内容之一。《环山余氏宗谱》中就明确记载:

> 闻之以法正人曰规,盖规定若者为适法,若者为非法,使人知所取法。其有非法者,得规诫之,俾共趋于正轨。吾族列祖所订家规,其大纲有十:曰严宗庙、曰省茔墓、曰重祭祀、曰正彝伦、曰崇礼教、曰辩内外、曰睦族邻、曰重输纳、曰禁游侠、曰御童仆。其纲又别为目,计共四十三条,悬于祖庙,使子孙观览,取法亦古人规正之意。其后族丁繁衍,付之枣梨,以期传播多而喻晓易,立教垂训,既详且

---

① (清)张沛泽:《绩溪北门张氏宗谱·谱序》,光绪十三年(1887)刻本。
② (民国)黄占魁等:《双井黄氏宗谱》卷一《家规》,民国九年(1920)刻本。

备。兹编宗谱更应仰体先志,载之篇首,昭示百世,庶展卷存,触于目、惕于心,得以遵循而不悖也。①

家谱编订明确的宗族法规,使族人区分"适法"与"非法",在其行为上才能有所选择,从而严格遵守自身的行为界限。并且把家规"悬于宗庙",以达到"传播喻晓,立教垂训"的目的,故族谱的编修者,正是利用族谱文字的传播功能来发挥其教化功能的。族规家训作为明清徽州家谱的重要组成部分,对于徽州家风的形成与传承起着重要的引导作用。从家训撰写的目的与效果来看,警示和教化作用明显。注重对家族后代尊祖敬宗、忠孝节义观念的培养,以此来强化对家族血脉的认同感与归属感,是一个家族兴旺不衰、拥有潜在凝聚力的一个强大的内在精神动力。利用家谱强大的文本载体功能,来发挥其强大的道德舆论评价功能,这种在言传身教的氛围下所形成的惯性思维与行为习惯,所达到的教育效果是不容忽视的。

万历《休宁县志·舆地志·风俗》中也有记载:"生齿日繁,则生计日隘,细民勤其职业者,为力最劳,为享最薄。彼游惰成习,夫诓成甘之,寡廉鲜耻而居下流,则所谓无赖者也。自非司教化者设禁端习而移易之,民俗曷由正,而民生曷由厚哉!盖既庶期富邑,非有本富也。"良好风气的形成与塑造,不是任其随便发展,而是需要靠教化者的引导与规范。宗族社会的良性发展,得益于良好社会风气的长久熏陶,而良好社会风气的形成与维持,则需要族人的不断自省和自我行为约束,一般的族众是缺乏此种自觉力的。所以宗族的精英分子就利用族规家训来引导和规范族众的社会行为,即运用自身社会地位与权力所形成的威慑力,来推动族规家训在宗族社会中的实践。故法规的可实践性,即是其所具有的实际约束效力、规范力与威慑力。

环山余氏宗族在家谱之中就有对家规实施与监督人员的相关规定。其曰:"家规议立家长一人,以昭穆名分有德者为之;家佐三人,以齿德众所推者为之;监视三人,以刚明公正者为之;每年掌事十人,二十以上五十以下子弟,

---

① (民国)余攀荣:《环山余氏宗谱》卷首《余氏家规》,民国六年(1917)刻本。

轮流为之。凡行家规事宜，家长主之，家佐辅之，监视裁决之，掌事奉行之，其余家众毋得各执己见。拗众纷更者，倍罚。"①族规家法在环山余氏宗族社会中的具体实施人员，已经作出了明确的分配，活动时主要的家众都能参与其中，加强了宗族上层人员与一般家众的联系，共同维护宗族社会的良好秩序，以强化族众的宗族社会责任感。宗族之中的家长或族长，须"择年高有德，为众所推服者为之"。故以族长为代表的宗族上层统治阶层所具有的威望与信服力，是族规家法得以有效实施的重要保障。宗族对族长的担任者也有相关的权利制约与规训。"总理之事，必谨家规以制其下，专以至公无私为本。是非赏罚，务求必当，不可以亲疏厚薄之故，而枉其是非之实，务使人心齐一，风俗醇厚，视一族如一身可也。而其族长不贤，而违反家规者，则家相合族人谏不听，则诣祠堂告于祖考，以更置之"。②族规家训的制定者，同样要受到家训制约与规范，才能使这些条文本身具有约束力与规范性。否则族规家训的实践效力会大打折扣，最后形同虚设，致使宗族社会秩序紊乱，人心涣散。

不过，这些家规条文要想发挥其规训的作用，宗族的上层统治者就必须加强其实践的可行性。如黟县环山余氏宗族在其族谱中还记载：

> 立劝惩簿四扇，监视掌之。族内有孝子顺孙、义夫节妇，及有隐德异行者，列为一等；务本力穑、勤俭干家，为第二等；能迁善改过，不得罪乡党宗族者，为第三等。每月朔，告庙毕，即书之善录；族有违规挨罚者，隐事轻重，每月朔，告庙毕，即书之记过簿；其有勇于服善而能改，复书劝善录以美之。三录不悛者倍罚，三年会考，如终不悛而倍罚不服者，则削之，不许入祠堂，仍榜其名于通衢。造牌两扇，一刻劝字，一刻惩字，下空一截。族中有善有过者，直书挂于祠堂，一月方易。庶知善善恶恶之戒。③

---

① （民国）余攀荣：《环山余氏宗谱》卷首《家规提纲》，民国六年（1917）刻本。
② （民国）黄占魁等：《双井黄氏宗谱》卷一《家规》，民国九年（1920）刻本。
③ （民国）余攀荣：《环山余氏宗谱》卷首《余氏家规》，民国六年（1917）刻本。

黟县环山余氏宗族通过"立劝惩簿"的方式,来记录族众的善恶行为,以达到"抑恶扬善""迁善改过"的目的。而"善过者"会产生两种明显不同的社会评价,前者被宗族社会所认可并褒扬,对于"不悛者",则"不许入祠堂"且"榜其名于通衢",大肆宣扬此人违背祖训的不良行为,使其受到族众的批判与谴责,并被冠以恶名,最终受到族众的孤立。

绩溪双井黄氏宗族在家训中也有规定:"宗族之人,有不恤行检,专事游荡赌博,喜灾乐祸,触犯刑辟。又有乐艺隶卒出家为僧道者,俱不许入祠堂,从重治之。又能改过者复之,庶使后来者,有所戒。"①这反映了宗族通过"劝惩"并举的方式达到规训族众的行为。并且,家规条文在践行中,以多种形式融入了族众的日常生活,乃至社会集体活动之中。如"拜谒祖考,团拜已毕,男左女右分班站立已定,击鼓九声,令善言子弟面上正言朗诵戒训,男云:'人家盛衰,皆由乎积善与积恶而已。'何谓积善,谨守家规。……"②使其融入宗族的社会生活之中,必须反复强调,从而使族众的思想和日常行为得以固化,以形成族众稳定的且不断被强化的宗族记忆,最终达到控制宗族社会行为的目的。徽州的宗族社会,既有统治者的高强度的压制,又有家长制下家族内部的自我行为规范与监督,故促进宗族社会的移风易俗,已经内化成了一个家族维持兴旺的一种无意识的、思想上和行为上的价值追求。

尽管宗族已经通过族规家训的形式,规范着族众的社会行为,但还是有人试图冲破宗族社会的行为界限。如咸丰六年(1856)徽州历溪王氏共计二十四人所立的《同心合文契》中有例证:

> 义子异姓不得紊乱宗支,婚姻不缔于不重之门。祖规森严,谁敢逆犯。今我族合修宗谱告成在即,逆裔(王)清池抱来异姓之子,业已控告在案,不能入谱;至缔婚于不重之门,前圣玑结婚于汤姓,众心不服,遭(造)成人命,累死数人,祖祀神会败尽,前车之鉴。况

---

① (民国)黄占魁等:《双井黄氏宗谱》卷一《家规》,民国九年(1920)刻本。
② (民国)余攀荣:《环山余氏宗谱》卷首《余氏家规》,民国六年(1917)刻本。

合杜四村公立合文,杜禁结婚于不重之门。今我族(王)际阳等各自数家恃强不遵,复娶于张、汤二姓,以致大众议论阳等诣祠削除,不载入谱,固是美举。①

"异姓紊乱宗支""缔婚于不重之门"都是比较严重的触犯宗族族规家训的行为,对于此种挑战宗族权威的行为,宗族采取"控告在案"和"削除谱籍"的方式,处理这些违规破戒之人,以儆效尤。故宗族采取推行教化和惩恶扬善并举的手段,以软硬兼施的方式,实施对宗族族群的管理与控制。即宗族的上层统治者,通过其在宗族社会中的权利地位,实现其对下层族众的管控,来保证其社会优势地位。同时,宗族利用家谱编修,保留并传播其族规家训。

(三)满足祠堂、祖茔等族产管理的需要

家谱所承载的强大功能,也在于族谱收录的内容反映了能满足宗族稳定与不断延续的现实要求,即明清时期徽州家谱文本的选择与创造满足了宗族社会的情景需要。乾隆《绩溪县志·序》中记载:"绩溪固江左岩邑也。其土瘠,其民劳,不足比于东南沃壤之伦。然深山大谷中人,皆聚族而居,奉先有千年之墓,会祭有万丁之祠,宗祐有百世之谱。秀者入校,朴者归农。"②徽州"土瘠"的自然地理条件,需要"其民劳"去弥补,故在徽州社会发展变迁的过程中,宗族内部能自觉地作出相应的调整,以应对社会问题的挑战,是宗族维系其社会秩序的内在因素。徽州宗族之所以有"千年之墓""万丁之祠",因宗族用"百世之谱"来维系宗族的"聚族而居"。徽州普遍存在"每一村落,聚族而居,不杂他姓",进而"宗有祠,支派有谱",故徽州宗族这一有序不紊的社会现象才得以不断维系。

祠堂之建"以妥先灵,而隆享祀,非徒为聚族人、议族事,排解劝惩之所也",乃"尽尊祖敬宗之心,报本反始之意;实有家名分之首,务开业传世之本也,可不重乎"? 故对祠堂的有序建设与管理,事关宗族社会群体活动的有序

---

① 张海鹏、唐力行等编:《明清徽商资料选编》,合肥:黄山书社,1985年,第32页。
② (清)校陈锡:《绩溪县志·序》,乾隆二十一年(1756)刻本。

开展,对于宗族来说意义重大。在祠堂建设中如何"妥先灵,隆享祀",即祖先排位摆放的顺序,所体现的世系关系,是祠堂建设的首务。黟县环山余氏宗族在其家谱之中就谈道:"祖祠从祀主位关系序齿,似宜仍因旧制编表,载于谱中。否则年远难稽,错杂失序,甚非所以妥先灵也。爰本其意编而表之,以世次为大纲,以年齿为次序,谱名之上,冠以支派,其下书行几庶,考证不患无资。其因旧谱散佚,无支派可分,及失其系属者,附载于后,以俟考。"①为了避免祠堂的祖先从祀主位关系因"年远难稽"而"错杂失序",家谱保存繁杂的祖先世系,确定祖先之间的关系,祠堂在祭祀中明确祖先世次昭穆的重要依据。宗族对于家谱文本的保存与不断续修,是祠堂建设,以及相关集体性活动有序开展的重要保障。

坟茔乃"祖宗藏魄之所",对于祖宗坟茔的管理与保护,亦是宗族社会关注的重要问题。譬如宗族在其家谱上书其祖先"葬某地某山某向者,使邱墓不至迷失也"②"书葬地,欲后人知其葬所,而省亲之也"。新安毕氏宗族在家谱之中载明故处士宗一公及孺人程氏、王氏墓,与二公孺人潘氏墓的所在之处为:"墓在葛塘中村慈字号地三亩,荷花出水形。酉向东至吴宅地,西至水朙,南至吴基地,北至金家低地。"③徽人还谈道:"圣人出文字兴天下,万事万物莫不借文字以传以状。然天下事务,亦有文字传状所不能尽者,则图画尚焉。是以先民有云,书不尽言,言不尽意,故圣人立象以尽意。画也者,象也。山川之影,千里之观,一展卷而即了然。"④家谱之中不仅有文字性的表述,还绘有大量的邱墓图以及祠宇图。家谱通过图画的表达形式,来弥补文字相比于图画"书不尽言,言不尽意"的缺陷。家谱之中所绘的邱墓图"自始祖以至房祖,皆绘于族谱之中,并附葬可考者,得注焉",祠宇图甚至还附有"环聚于祠宇一带之宫室族居"。故家谱的编修内容与书写形式的多样化发展,满足

---

① (民国)余攀荣:《环山余氏宗谱》卷二《历代行次表》,民国六年(1917)刻本。
② (民国)余攀荣:《环山余氏宗谱》卷四《世系表引》,民国六年(1917)刻本。
③ (明)毕济川:《新安毕氏会通世谱》卷九《墓图》,正德四年(1509)刻本。
④ (民国)余攀荣:《环山余氏宗谱》卷二〇《图画》,民国六年(1917)刻本。

了现实社会的需要。《绩溪城西周氏宗谱》中有记载：

> 墓祭，古礼也。墓祭有田，因人情而为之也。盖礼不虚行。无田则荐人情易涣，有田则萃我曾祖而上，亦既有定处矣。下此可无处乎！我祖西山公墓，在下北山，我双教公墓，在冷坦，所望以传者，将不止今日，则远矣。今为文化兄弟者凡八人，为孙者不下十数人，继此而生聚者，亦不止今日，则众矣。众则转徙不常，贤不肖异心将有，欲祭而不能，能祭而不赴者，远则亲以服尽，情以亲尽，将有弃之而弗顾，顾之弗动其心者，是用仿我曾祖而遗之田，则我周合祭之墓而立之规，盖防其涣、修其礼也。我后嗣子孙，其敬承之，毋忽。①

宗族组织通过"墓祭有田"，来维持其"墓祭之礼"的常规施行。而"墓祭"进行的前提，是知其祖上坟茔之所在，不能因其后嗣子孙的"迁徙无常"，而遗失了关于祖上坟茔所在之处的准确记忆。故家谱中关于宗族坟茔、墓田的准确记载，充分发挥了记忆文本化的工具性作用。万历《祁门志·风俗》中载道："民讼多山木、坟茔、嗣继，然尚气好胜，事起渺怒，讼乃蔓延，乃至单户下民，畏权法不敢一望官府，亦自不少。"由于民畏权法，故自身所在的宗族组织是处理本族民讼事务的主要场所。环山余氏宗族在其家训中就明确指出："家族人众，事繁争辩多所不免，但不可辄兴词讼，烦扰官府。"许承尧也说到："俗多负气，讼起微杪，而蔓延不休。然单户下民，畏权忍气，亦复不少。顾其讼也，非若武断者流，大都坟墓之争，十居其七。比年此风亦稍息矣。"②家谱是处理这种繁杂事务，即追溯坟茔历史源流、判断其具体归属问题的重要参考依据。故宗族在家谱的编修过程中，也比较注重对坟茔墓葬相关信息的详细记载。

族产乃是宗族社会活动得以流动运行的物质基础。族产是宗族社会在建立和发展过程中逐渐积累的结果，其中既有对于先人的继承，又有宗族社

---

① （清）周之屏：《绩溪城西周氏宗谱》卷一七《绩市西周氏下北山冷坦墓祭薄序》，光绪三十一年（1905）刻本。
② 许承尧著，李明回等校点：《歙事闲谭》卷一八《歙风俗礼教考》，合肥：黄山书社，2001年，第605页。

会当下的努力创造。总之,族产是宗族社会祖辈积累的结果。故对于先人族产的遗存及相关信息,必须有清晰明确的记忆,才能确保对宗族财产的准确继承与占有。如果遗忘了祖先遗产,则意味着对这种代际族产继承与占有权的遗失与放弃。黟县环山余氏宗族在其族谱中就明确谈到:

> 宫室、田赋、祀田、学校、仓储、桥路,皆家族所有之事物,其关系之密切,且与祖系相埒,亦谱牒中应载之件。第家族范围较小,分类纪载或不盈幅,似不如汇而纪之之善。因增丛录一门,首载宗室、田赋等项,次及于本族较有关系之事物,以备遗忘,终以历代失其系数之祖,而此失其系属者,实初入丁册时,未注何人之子之故,重以一人数名,亦其讹误之原因。何则今有一人,初入丁册书小名,死后栗主,又书学名或派名,子孙非尽贤智,数传后记一而遗一,其所遗者,遂失其系属矣。①

宗族虽然已经认识到了族产事务的庞杂繁琐,但对于家族来说其"与祖系相埒"。故宗族把族产载入家谱之中,正是看到了家谱对于防止族产记忆遗失的重要作用。故而对于族产信息的稳定继承与留存,即家谱编修与续修能顺利进行,也是宗族建设组织化和有序化的重要体现。

故明清徽州宗族为加强祠堂、祖茔、祖产的管理与建设,以维护社会的稳定,积极开展对族谱的编修与续修,正是对族谱在宗族社会中所发挥的控制功能有了较清晰的认识,这也是家谱编修的内在动力。故"'尊祖'必叙谱牒,'敬宗'当建祠堂、修坟墓,'睦族'需有族产赈济。族谱、祠堂和族产,成为实现尊祖、敬宗和睦族的必不可少的举措"。② 总体来说,家谱作为家族史的文本再现,不但为家族构建了区别于他族身份的谱系记忆,而且是一个家族为维持其向心力,以捍卫家族群体占据社会优势资源与拥有身份地位的文本载体。明清徽州家谱在保存家族史料的同时,还能发挥强大的教化功能,以满

---

① (民国)余攀荣:《环山余氏宗谱》卷二二《丛录引》,民国六年(1917)刻本。
② 唐力行:《徽州宗族社会》,合肥:安徽人民出版社,2005年,第36页。

足家族组织化的现实需要。

总之,明清时期,徽州地区通过编纂族谱,以祠堂、祖茔、族产管理为主的宗族组织化建设不断加强与完善。家谱对家族组织的内部管理与控制、对宗族建设的完善、对宗族统治的巩固,均发挥了强大的作用,这也是徽州宗族历来重视家谱编修的重要原因之一。

二、明清时期徽州地方文化的影响

(一)徽州修谱传统与徽人修谱意识

"以宗族文化而言,徽州宗族制是从中原移植而来的,系正宗传承"。[①]徽州作为中国传统宗族文化的典范之地,继承并发展了中原宗族制度中核心的宗法观念。编修家谱自然也成为明清时期徽州宗族组织实现理想的宗法制度的需要。《新安休宁岭南张氏会通谱》有记载:"按张氏初出于轩辕氏,自秦汉魏晋,迄于五季,散处中华,释老神仙,公卿宰辅,簪缨华腴,独甲于江左。诸族氏自三衢徙居僻地曰岭南,后又甲于新安,同宗为尤胜。"[②]这反映了徽州与中原之间,在血缘关系上的"一脉相承",在地域关系上,实为中原人口的扩散与发展。徽州对于中原修谱传统的继承与发扬,也顺理成章。

徽州宗族通过编修家谱来反映家族子孙繁衍不息、薪火相传的旺盛生命力,契合士人理想中的社会族群状态。如《新安徐氏宗谱》中所云:"徐氏之先为黄帝、颛顼之裔,本嬴姓也。皋益之后,曰若木,受封于徐,故子孙因以国为氏。历三代以至五季,英贤蔚起,代不乏人。梁中大通间,郯城摘公,以太子家令出守新安,惠政沦洽,厥后昶公来刺歙州,遂隶籍焉,而新安始有徐氏。今分处四方者,皆其苗裔也。自陈隋及宋,以及国朝簪缨相组,绳绳不绝。大氏徐之初,如水之一源耳。而分流支派种种蒸蒸,奕叶重光后先济美,猗欤!盛矣。说者曰,源深则流长,今之蕃衍昌炽,是亦先贤积德行义、拊循宣惠之

---

① 唐力行:《徽州宗族社会》,合肥:安徽人民出版社,2005年,第4页。
② (明)张昶:《新安休宁岭南张氏会通谱》卷首《谱序》,嘉靖十二年(1533)刻本。

余庆也,意其然乎。"①新安徐氏宗族"追本溯源",以塑造"水木同源"的一本之体,通过追溯徐氏在血缘与地缘上的根源,以建构徐氏宗族绵延的族群记忆,实现并维系族群的族内认同。通过家谱的编修以营造家族史的延续性,维系家族成员的族群认同,维护族内与族外之间的血缘边界与地域边界。故宗族对自身祖源历史记忆的追溯,以及对自身宗族发展历史的建构,即对自身宗族史的文本化、记忆化,使宗族史得以留存并不断延续,是修谱者自身的追求之所在。

随着徽州宗族人口的不断发展,宗族自然产生不断裂变,并逐渐突破地域的界限,扩大了空间范围。明代万历年间,余氏裔孙余学文在《余氏族谱·谱序》中,就已谈到:"现虽其间千宗万派,而其始实同源星宿也。所虑者,子孙繁衍,或有移居各县者,更有远迁异省者,况前代之宗图久废,近日之系谱不立,将日久风微,杳而无征。五世亲尽且同陌人,以致同宗共脉不相亲识者,往往然也。独不思礼以尊祖为重,书以睦族为先,皆敦一本之谊也。"②或曰:"万物本乎天,人本乎祖。人之有祖,犹水之有源,木之有根也。然人徒知本乎祖,而非为之前者有谱牒以记之,则后人又何以知其所自哉。"③可见,徽人对谱牒在维系"千宗万派"之间"共族同源"的血缘关系,实现地缘上的密切联系方面,已经有了较多的阐述。

在徽州"家之有谱,犹国之有史",其浓厚的"家史观"早已深入人心。休宁《陈氏宗谱·谱序》中则指出:"夫国有史,邑有志,家有家乘,相表里者也。是以古来并重之,隋唐朝谱局隶于翰林,谱事总于宰相,盖尤重焉。海阳多名族,族有谱。余尝欲辑而存之,以备外史之志云。"④徽州人"家乘"与"国史""邑志"并重的强烈态度已可见一斑。朱熹也早就倡导"人家三代不修谱,则为不孝矣"。安徽绩溪双井黄氏宗族在其家谱中也明确载到:"老谱既往,新

---

① (清)徐景京:《新安徐氏宗谱·谱序》,乾隆三年(1738)刻本。
② (清)余宏翱:《余氏族谱·谱序》,光绪七年(1881)刻本。
③ 章尚志:《西关章氏族谱》卷首《谱序》,民国四年(1915)刻本。
④ (清)陈　章:《陈氏宗谱·谱序》,康熙十年(1671)刻本。

谱重刊。三十年一小修,六十年一大修,不拘字派,后代子孙世世相传接修,以免遗漏云。谱牒内,凡有错误颠倒字样,及遗漏祖名,后人阅出更正,收谱人氏小心慎重,不可亵渎,尤不可轻玩。如违,同诣祠堂,以正其罪。"① 宗族重视修谱的传统观念早已根深蒂固,修谱是宗族十分重视的大事,并且已经形成了"三十年一小修,六十年一大修"的修谱定律。徽人不仅在续谱上形成了相对稳定的时间规制,而且尤其重视对新谱信息的不断更新,通过弥补前人错误,填补遗漏,从而尽可能地接近其宗族历史发展的客观实际。《双井黄氏宗谱·续修宗谱祝文》中也明确说明:

> 自明迄今,年代久远。惟谱牒重修,乃彝伦攸叙是用,原原本本溯厥由来,尤宜继继绳绳承其过往。呜呼!慨自兵燹,支谱频遭死存无着,抑且献文不足,征信靡从。或祖卒而葬他乡者,难免稽查;或被匪掳与无碑者,惟恐遗漏。虽责有攸归,而罪应宽恕。想以前裔等汇编,自愧心兹心力。从此后谱师刊订,尚祈显乃威灵,倘得拾遗补缺,悔后可追,如其告竣苟完,憾莫能挽。工祝致告,神明是听。②

不难看出,徽人力求通过端正修谱态度来实现家谱质量的不断提升。并且徽人通过家谱的不断续修,有意识地延续宗族的修谱传统,以此来传递并强化修谱的重要性,从而激发族人不断克服修谱过程中可能存在的困难。

徽州宗族尤其注重激发和强化族人的"家史意识"。徽州人强烈的"家史意识"亦是宗族内部不断进行家谱续修的内在精神动力。正如歙北皇呈徐氏宗族第三十九世孙徐文清在《新安徐氏宗谱》谱序中就谈道:

> 我徐氏谱牒,沿来已久。宋末曾一修辑,后当元季改鼎,强半残缺于兵火,以故因循废弛,靡获编校。龙章凤诰,空韬笈笥。余丁年,已欲修辑,奈何纪录未彻根底,及宦游内邱,始从东海质证其全。归田之日,甫欲有事于此,人事鞅掌,蹉跎过隙,兹大块佚吾老矣。

---

① (民国)黄占魁:《双井黄氏宗谱》卷一《治家十则》,民国九年(1920)刻本。
② (民国)黄占魁:《双井黄氏宗谱》卷首《续修宗谱祝文》,民国九年(1920)刻本。

精神倦于高迈,天真汩于纷纭,吾将须之。将须之何时,惜天不假我年,胡然逝于东流哉。今且预为序而付之季子槐芳,承吾志,竣吾事,不亦可乎。①

由此可见,家谱在编修前的材料搜集绝非易事,需要家族几代人的努力。正如徐文清虽欲修辑,但也是无疾而终,最后"付之季子愧芳",笃其"继志叙事"。新州叶氏宗族第九世孙叶应春在《新州叶氏家谱·重修叶氏家谱后序》中也谈到:

> 且于古人重谱之心,夫何间哉!不幸殁于王事,而是谱遂尘于笥。余从叔用周先生续修之,殆未完也。于是命余类次增补,以成厥志。余窃念先公纂修之勤于前,兹承付托之重于后,必思所以会蓝田、溪头、板树之族,以补成公以上之阙,庶几其责可塞矣。迄于嘉靖辛卯,余因应试道经板树,遂进而访之,及阅其谱系,梦乱散逸,始末不伦,无可究诘,彼谓相传,有族来居而寻复迁去。故惟识其迁徙之因而世数之次,则未之定也。越癸巳恭请有年从伯特往详究之,竟莫之得,可嘅也已。盖历兹兵燹之余,而莫遑谱系之裒集,以致世远而传闻靡悉矣。故今不敢强定,以辱其宗,且厚诬我先人之实,姑录所知以示来裔云尔。兹已装潢成帙,当序末简,然予拳拳以重谱为言,盖欲俾后之继述者,传信阙疑,毋蹈欺伪之愆,以取遥遥华胄之诮,且知族之所以显晦者,存乎其人也。②

因此,徽州宗族在谱序中详述其家族修谱之艰辛,并用先人的这种"重谱之心"、希望后世子孙"以成厥志"的强烈意识,来强化后世子孙视为己任的修谱意识,使其不断克服"修谱之难",实现宗族家谱的不断续修。就此,程敏政深刻地意识到:

---

① (清)徐景京:《新安徐氏宗谱》卷首《旧序六》,乾隆三年(1738)刻本。
② (清)叶为铭:《新州叶氏家谱·重修叶氏家谱后序》,光绪三十三年(1907)刻本。

噫！谱之成难矣！凡预宗盟，有自百里之外者，有自千里之外者。裹粮来会，有一再往返者，有五六往返者。正订异同，有一再易稿者，有三四易稿者。参考稽对，有居月余者，有居数月者。鸠金刻梓，有捐十余两者，有捐数十两者。夫然后乃及其成，以板计之，余七百；以字计之，余三十万；以白金计之，几二十斤。噫！谱成之难如此！岂有所强之而然，有所利之而然，良皆出于一念，尊祖敬宗睦族之心，故有不约而同者。凡各族得谱之后，祀先扫墓之时，宜相觉察，不昧其本，不杂其流，则庶乎祖德不坠，而宗盟可续也。或守奉弗虔而失之，或贪慕势利而鬻之，为族长者声其罪于众，追还原本，乃罚白金二十两，入忠壮行祠、或始迁祖祠。或膳茔公用不服者，声其罪于官，追还原本，付族长收执，而黜其名于谱，生不得入先祠，殁不得入先墓。有能悔过自新者，族长录其善于众，而迁之。呜呼！立法之严者，立爱之深也。凡我族人敬听，毋忽。①

家谱在编修的过程中，不管是"正订异同""参考稽对"，还是"鸠金刻梓"，均须有族人的积极参与，并须花费大量的时间、金钱与精力。如果中间哪一个环节出了问题，就会影响到家谱的编修进度与质量。正是深知谱之成如此之难，宗族对于族中"守奉弗虔""贪慕势利"之人，进行"罚金""声其罪于官"或"黜其名于谱"的处罚，以引起族众对家谱编修的重视。

由此可见，徽州在明清时期已经形成了较为稳定且成熟的修谱理念，通过家谱的文本功能不断强化族众的修谱意识，实现宗族家谱的不断续修。即宗族注重对家族史料的搜集与整理，并有选择地编入家谱之中，从而有意识地保存家族史料。修谱者在参考旧谱的同时，又能在不断搜集与考证的过程中得到丰富与信息的更正。故而徽州修谱的传统以及徽人的修谱意识，是家谱实现不断编修的强大内在动因之一。

---

① （明）程敏政：《篁墩文集》卷三六《书程氏统宗谱后》，见《景印文渊阁四库全书》第1252册，台北：台湾商务印书馆，1986年，第635页。

(二)"崇文重教"的文化传统

"徽州宗族的始祖大都来自'中原衣冠',重教崇文是徽州宗族的传统"。① 故徽州宗族继承了中原"崇儒尚教"的文化传统。自"取士不问家世"之后,名门望族为了维护大族地位,便在本族中大力扩散"崇文重教"思想,以应对科举制度的社会现实需要。同时,也体现出了强烈的"官本位"价值观,通过显亲扬名,来满足亢族的需要。明清时期的徽州,已经强烈地受到此种价值观念的影响。通过宗族组织在宗族内部的扩散与深化,"崇文重教"思想及"官本位"的价值取向早已根深蒂固于宗族内部的族众之中。如《绩溪北门张氏宗谱·谱序》中就记载到:"况为邑望族,自先世以来,以儒业进者,前后相望,绵绵延延,不绝如缕,岂天之降善于儒门如是,其久且远乎,抑儒之业,可以衷延后嗣衍而蕃耶!"②而《新安徐氏宗谱·谱序》则指出:"源深则流长,今之蕃衍昌炽,是亦先贤积德行义、拊循宣惠之余庆也,意其然乎。"这说明了徽州宗族"以贤为贵"的强烈意识,正所谓"嗣续贤,则能可厥家亢厥宗",明确指出圣贤之士对宗族发展的推动作用,这也是徽州"崇文重教"的重要原因之一。徽州"东南邹鲁""文献之邦""十家之村,不废诵读"等美誉,正是徽州崇文重教意识的重要体现,也是其重视宗族教育的结果。

安徽绩溪《双井黄氏宗谱》在《治家十则》中就明确指出:"读书为起家之本,至乐莫如教子,教子莫如读书。事理本无穷,书皆一一包括,身心以治,人人细细参详。为孝子为忠臣,多从诵读悟得;或干名或犯义,半由道理未明。虽或家积千金,门楣寡色,何妨书读万卷,儒雅可风。昼不息,夜亦不息,自能培植人材,业加修,德更加修,殊可增辉门第。贤父兄固当遵行斯语,佳子弟尤宜体贴亲心,如其自欺,终属自害。"③由此,双井黄氏宗族在读书与治家的重要关系上作出了明确的论述。环山余氏宗族家规中也明确规定到:"凡子弟年十六以上,许行冠礼。须能谙记四书一经,通晓大义,方许行之。否则直

---

① 赵华富:《徽州宗族研究》,合肥:安徽大学出版社,2004年,第425页。
② (清)张沛泽:《绩溪北门张氏宗谱·谱序》,光绪十三年(1887)刻本。
③ (民国)黄占魁:《双井黄氏宗谱》卷一《治家十则》,民国九年(1920)刻本。

至二十一岁,弟若先能,则先冠,以愧之。"①"纲常伦理之道,冠婚丧祭之礼,未易行也。必须择其有学识、有德行者,以为家相。讲明其道,练习其事,使一族之人昭然知而行之,可也。夫如是,则仁厚之风行于族,由此而推之,国家天下也何有!"②徽州宗族比较注重对宗族子弟的教育,把是否"谙记四书一经,通晓大义"作为宗族子弟是否具备加冠的资格。宗族的"重教意识"则与宗族子弟的日常社会活动联系在一起,以培养宗族子弟的"崇文意识"。徽州宗族为其自身培养了"有学识、有德行者",来维护并践行延续宗族社会稳定发展的"纲常伦理之道""婚冠丧祭之礼"。

徽州大族中"科第蝉联"者比比皆是,也为徽州宗族的发展提供了可观的人才需求,最重要的是巩固并提升了本族的社会地位。明代的汪道昆在《太函集·黄氏建友于堂序》中则曰:"新安自昔礼义之国,习于人伦,即布衣编氓,途巷相遇,无论期功强近、尊卑少长以齿。此其遗俗醇厚,而揖让之风行,故以久特闻贤于四方。"③"尊卑有序"而"遗俗醇厚"的徽州早已"闻贤于四方",其原因在于徽州文人墨客代不乏人,并注重自身道德品格的修养,且极力利用自己渊博的学识推行教化。贤士君子历来都重视对"不偶于时而高洁自守"文人精神的阐发与传承,故徽州文人群体在不断壮大与发展的同时,徽州文风昌盛的良好风气得到不断传承。宗族把其历代选举科第者载入家谱之中,以显示其族人才昌盛,以"策励子孙"。

总之,徽州"崇文重教"的传统文化意识,促使宗族教育繁荣发展,为宗族培养了蔚然可观且德才兼备的精英知识分子,致使有"师儒之贤者"代不乏人。正所谓"有师儒之贤,而后有教育之功,有教育之功,而后有人材之盛,有人材之盛,夫然后风俗之美"。宗族精英分子又尤其注重家族史的文本构建与留存,以"昭先贻后"。文人通过家谱这一文本载体来传递并实现其自身内在的历史思

---

① 余攀荣:《环山余氏宗谱》卷首《余氏家规》,民国六年(1917)刻本。
② (民国)黄占魁:《双井黄氏宗谱》卷一《家规》,民国九年(1920)刻本。
③ (明)汪道昆:《太函集》卷一《黄氏建友于堂序》,见《四库全书存目丛书》集部第117册,济南:齐鲁书社,1997年,第71页。

想意识与理想的精神世界,这也是家谱编修的内在动因之一。

(三)徽商与宗族社会的良性互动

明清时期,徽商的发展与兴盛是宗族社会中的一个重要特征。如万历《休宁县志·重修休宁县志序》中载到:"(休宁)从来无兵戈燹略之惨,生息繁夥,民则聚于有余,而财则争于不足。往往挟轻赀以贾四方,贸平而取廉,多获赢利,老乃倦息,势所使然也。"①许承尧在《歙事闲谭》中也说到:"盖新安居万山之中,土少人稠,非经营四方,绝无治生之策矣。"②徽州因地处"万山之中"和"土少人稠"的人地关系,使得徽人多通过"经营四方"的方式来解决"治生"问题,这也是为何"商居四民之末,徽俗殊不然"。③ 或曰:"天下之民寄命于农,徽民寄命于商。"故徽商群体成为徽州社会中的一个显性存在,虽徽商多"远游在外",但其与宗族社会的良性互动也非常明显。如岩镇的佘文义虽少贫困,却操奇赢,性不好华靡,"置义田以养族之不给者、义屋以屋之无庐者、义塾以教族之知学者。又市隙地数十亩为义冢,以安乡人之不克葬者,所费不啻万缗……"④又如明代祁门胡村人胡天禄的义行之举,在康熙《徽州府志》中载到:"幼贫而孝,后操奇赢,家遂丰。先是族人失火焚居,天禄概为新之。又捐金定址建第于城中,与其同祖者居焉。又输田三百亩为义田,使蒸尝无缺,塾教有赖,学成有资,族之婚、嫁、丧、葬与嫠妇无依、穷而无告者,一一赈给。曾孙征献,又输田三十亩益之。"⑤

像佘文义、胡天禄这种致力于促进宗族社会的良性发展,以造福于宗族社会大众的徽商比比皆是。当然徽商的此种义行会记载在本族家谱之中,甚

---

① (明)李乔岱:《休宁县志·重修休宁县志序》,万历三十五年(1607)刻本。
② 许承尧著,李明回等校点:《歙事闲谭》卷二六《〈知新录〉记徽俗两则》,合肥:黄山书社,2001年,第930页。
③ 许承尧著,李明回等校点:《歙事闲谭》卷一八《歙风俗礼教考》,合肥:黄山书社,2001年,第603页。
④ (清)佘华瑞:《岩镇志草》,《中国地方志集成·乡镇志专辑》第27辑,南京:江苏古籍出版社,第160页。
⑤ (清)赵吉士:《徽州府志》卷一五《尚义》,见《中国方志丛书》,台北:成文出版社有限公司,1975年,第2039~2040页。

至县志、府志之中也会大肆宣扬此种被社会授予荣誉的典范行为。徽商因此种义举而被广泛称颂,起到了对社会行为的引导作用,促进了宗族社会群体的良性发展。宗族通过家谱使慷慨解囊的徽商彪炳史册,以示荣光,此时家谱成为维系徽商与宗族社会良好关系的重要载体,故此也是徽商广泛参与宗族编修家谱的重要原因之一。

徽州的崇文重教与行商之风,是徽州地方文化中并存的两个重要因素。虽然徽州的重商之风广泛盛行,给宗族良好社会风气的延续带来了一定的冲击,但徽商群体是从徽州宗族社会中成长而来,徽州宗族社会中深厚的传统文化底蕴让其耳濡目染,从而产生了持久且深远的影响,故徽商具有"贾而好儒"的群体文化特征。明代的汪道昆就说到:"新都三贾一儒,要之文献国也。夫贾为厚利,儒为名高。夫人毕事儒不效,则弛儒而张贾;既则身飨其利矣,及为子孙计,宁弛贾而张儒。一弛一张,迭相为用,不万钟则千驷,犹之转毂相巡,岂其单厚然乎哉,择术审矣。"①清代的戴震也指出:"吾郡(徽州)少平原旷野,依山为居,商贾东西行营于外以就口食……虽为贾者,咸近士风。"徽州虽"少平原旷野,依山为居",则有"三贾一儒""不儒则贾"的社会现状,但徽人对于"贾儒"二者之间的关系,已经有了较为清晰的认识,即"一弛一张,迭相为用"。故徽商"虽为贾者,却咸近士风"。徽商在"厚利"的同时,也注重对儒学精神文化的追求,故徽商群体因携带了深厚的文化因子,得以形成独特的精神风貌,集物质与文化于一体,是对宗族社会具有广泛影响力的社会群体。

据《汪氏统宗谱·弘号南山行状》②中载,弘治、嘉靖年间的汪弘,"幼失恃,承父多艰,弗造百状,孤苦伶俜,崛有卓志,恢拓祖父之屯。尝自策曰:'生不能扬名显亲,亦当丰财裕后,虽终日营营,于公私有济,岂不犹愈十虚舟悠荡,蜉蝣楚羽者哉!'"后汪弘"弃儒就商,力行千盅之业。其服贾蹉卤于淮扬吴越之间,资金积累数十年之久才有余蓄"。汪弘"晚归桑梓,乃构

---

① (明)汪道昆:《太函集》卷五二《海阳处士金仲翁戴氏合葬墓志铭》,见《四库全书存目丛书》集部第117册,济南:齐鲁书社,1997年,第627页。
② (明)汪廷俸:《汪氏统宗谱》卷一一六《弘号南山行状》,嘉靖年间刻本。

堂室,乃辟沃壤,祖考之志于是为烈。然能散而施之,无所顾靳。尝输金造文峰,以资学校。复输白金航梓宫,以济王事。用财于此,义莫大焉……空同子曰:'士商异术而同志,以雍行之艺,而崇士君子之行,又悉必于缝章而后为士也。'"像汪弘这样因生计所迫而"弃儒从商"的不在少数,纵横商场数十年积累足够的财富之后,往往"晚归桑梓"而"乐善好施",大力支持本族的教育等公共事业,以促进宗族社会的良性发展。汪弘的事迹在徽商群体中具有一定的代表性。

又如清代休宁和村人吴国锦,"业盐策,资日以饶。念两兄资皆折阅,以己财分与诸从子,使治生;又择其俊秀者,助以束脩膏火之费,使竟其学。并倡立孝友支祠以祀其先。凡姻族邻里之缓急不能婚葬者,皆力为周济,六十年如一日"。[①] 因此,虽以"商名",却有"儒行"之人,在徽商群体之中广泛存在,"士商"两者虽为"异术",但同时又能相得益彰。在两者的交互作用下,明清时期徽州的宗族社会保持了相对稳定的状态。徽商"贾而好儒"并集丰厚的物质财富于一身,为家谱的编修提供了源源不断的物质支持,故徽商与徽州宗族的密切联系,使家谱的续修成为可能,这也是徽州家谱得以编修的重要原因之一。

---

① (明)陈有守:《休宁县志》卷一四《人物·孝友》,嘉靖二十七年(1548)刻本。

第五章　明清时期徽州家谱的内容与特点

明清时期徽州区域内出现了相当数量、种类众多的家谱,其遗存数量在两朝府一级单位中首屈一指。在规模增长的同时,家谱内容也有着显著的增加,除继承宋元时期徽州家谱基本内容外,明清时期徽州家谱还新增了目录、像赞、姓氏源流、族规家训、村图、墓图等内容,俨然已是记录宗族历史与现状的"百科全书"。完善的体例和丰富的内容乃是明清时期徽州家谱的重要特征,长期持续性则是其在编修方面的显著特点,而此时期徽州家谱重视理论总结应是它们在谱学方面的主要特色。此外,明清时期徽州家谱还与其他乡邦文献有着密切关联,这同样也是此时期徽州家谱的重要特点。

第一节　明清时期徽州家谱的概况

徽州地区是现今馆藏明清徽州家谱遗存最为丰富的地区之一,是谱学发达的典型地区。因徽州"有佳山水而鲜兵革,居民多土著"[①],故自秦汉后,每逢战乱,北方世家大族纷纷逃往交通闭塞的徽州地区避难,徽州成为历史上的高移民区。北方世家大族带来的先进生产技术和灿烂文化为落后的徽州

---

① (清)许大定:《新安孚潭许氏世谱》卷首《叙》,康熙六十一年(1722)刻本。

地区注入了新鲜的血液,经过千百年的融合发展,形成了独树一帜的"徽文化"。谱学是徽文化的重要一脉,家谱是谱学的载体。唐宋以来,尤其是明清时期,各族聚族而居,宗族异常繁荣,徽州成为宗族制度高度发达的地区。各宗族对编修家谱尤为重视,如《婺源查氏族谱》记载:"昔人之严戒其子孙者,曰三世不读书,三世不修谱,则流为小人。"①可见族中子弟的文化教育和宗族的家谱纂修是徽人心中并重的头等大事,尤其是在程朱理学的发祥地被儒家知识分子奉为金科玉律。徽人对此解释道:"家之有谱,犹国之有史。"对于一宗一族而言,家谱地位不啻于史书,具体来说就是"家而非谱,则得姓之源流、枝派之分别、昭穆之次序、生卒之时月、嫁娶之姓氏、出处之显晦无以为见"。②因而,除却少数因极度贫寒而无物力、人力修谱的家族无法修谱外,几乎各族皆有谱书流传。世家大族更是聚族之人、财,每隔一个时期便续修、重修,他们对此解释道:"谱之重辑何为也,乃继往而开来尔。"③并谆谆教诲后人:"汝可取旧谱,厘而新之,以贻后世,此尊祖敬宗收族之第一事也。"④自唐迄清,逾千百年,宗族繁衍生息,枝繁叶茂,谱牒编修,世代为继。家谱作为记录一宗一族历史发展的图集,蕴含着十分丰富的社会史、生活史、人口史等方面的资料,不仅能够生动反映一个宗族的发展史,而且能较为真实、全面地还原徽州地区的社会风貌。

一、馆藏明清徽州家谱遗存概况

(一)遗存类目

徽州地区修谱历史悠久,遗存颇丰,且品种十分丰富。自唐宋至明清,历朝皆有纂修之举,徽人向谓:"自唐宋以来,数百年世系比比皆是。重宗义,讲世好,上下六亲之施,无不秩然有序。"⑤至宋元,修谱之风已蔚为可观,现可

---

① (清)查荫元:《婺源查氏族谱》卷首《序》,光绪十九年(1892)刻本。
② (明)吴元满:《新安歙西溪南吴氏世谱》卷首《叙》,万历三十年(1602)刻本。
③ (清)查荫元:《婺源查氏族谱》卷首《序》,光绪十九年(1893)刻本。
④ (清)查荫元:《婺源查氏族谱》卷首《序》,光绪十九年(1893)刻本。
⑤ (明)何东序修,汪尚宁纂:《徽州府志》卷二《风俗》,第67页。

第五章 明清时期徽州家谱的内容与特点

从前人著述中循迹可知,如咸淳七年(1271)刻宋孙吴会主修休宁《孙氏统宗源流族谱》①不分卷,旧抄佚名纂修徽州《新安潘氏源流族谱》不分卷②,旧抄纂修者不详全国《方氏宗谱》③不分卷等皆为宋代所作。民国间抄、元休宁程氏修、书名页题"金华宋濂纂"的《程氏抄谱》④,元刻、佚名纂修徽州《新安胡氏历代报功图》⑤一卷,正统十三年(1488)刻、元至治(1321—1323)间世居休宁县汪松寿纂修徽州《汪氏渊源录》⑥十卷等为元代谱书。

至明清时期,徽州府已成为全国重要的修谱和印制中心。这一时期,徽州谱牒纂修已十分成熟,不仅局限于本地本姓本族的家谱编修,还尽力组织同邑、同地区及全国其他地区有同宗之联的族人共襄修谱盛举。这使得徽州家谱名目繁多,内容丰富。主要品种有家谱、族谱、家乘、房谱、支谱、世谱、统谱、宗谱、家传、世乘、本宗谱、正宗谱、正宗谱派系、大成信谱、本宗信谱、谱书、谱传、典、略、家典、族谱正宗、世系、世系考、思本录、敦本录、具征录、流芳谱、统宗志、统宗列派迁徙注脚、会通谱、会通世谱、茔谱、墓祀图、祠谱、祠典、徙谱之属。以徽州大姓歙县程氏为例,修谱名目繁多,如《程典》⑦《新安程氏家谱》⑧《新安富溪程氏族谱》⑨《歙西岩镇百忍程氏本宗信谱》⑩《槐塘程氏宗

---

① 王鹤鸣:《中国家谱总目》,上海:上海古籍出版社,2008年,第2629页著录,慈溪市环城南路励双杰藏经折装1册本。
② 朱振华:《中国家谱综合目录》,北京:中华书局,1997年,第647页著录,该谱记事至南宋末。
③ 王鹤鸣:《中国家谱总目》,上海:上海古籍出版社,2008年,第331页著录,安徽省图书馆藏1册本。记事至宋嘉定间,应为宋谱。
④ 国家图书馆普通古籍组:《国家图书馆普通古籍总目·传记门·氏族谱·程氏》,北京:北京图书馆出版社,2008年,第453页,国家图书馆藏1册本。
⑤ 朱振华:《中国家谱综合目录》,北京:中华书局,1997年,第251页著录,上海博物馆藏。
⑥ (元)汪松寿:《汪氏渊源录》,安徽省图书馆藏1册本。
⑦ (明)程一枝:《程典》,万历二十七年(1599)刻本。
⑧ (明)程克荣:《新安程氏家谱》,成化七年(1471)刻本。
⑨ 作者不详:《新安富溪程氏族谱》,成化(1465—1487)刻本。
⑩ (明)程弘宾:《歙西岩镇百忍程氏本宗信谱》,嘉靖三十四年(1555)刻本。

谱》①《程氏祖茔疆理图》②《新安襃嘉里程氏世谱》③《新安郡北门程氏溯源录》④《程氏墓考图》⑤《新安岑山渡程氏支谱》⑥《程氏统宗补正图纂》⑦《程氏忠壮公墓辟伪录》⑧《程氏世系歌》⑨等十余种几十部。又如徽州著姓休宁黄氏纂有《休邑黄氏思本图》⑩《黄氏会通谱》⑪《新安休宁约山黄氏开国宗谱》⑫《黄氏世谱》⑬《古林黄氏重修族谱》⑭《新安休邑由潭黄氏支谱》⑮《休宁商山黄氏清芬录》⑯《古林黄氏诚正堂伯房祖宗世系》⑰《五城镇和祥门摘枝谱》⑱《栢林痞书》⑲《居安黄氏家谱》⑳等。尤其值得指出的是程氏、黄氏等著姓流传下来的明代家谱不乏卷数庞大、编修严谨、印制精美的善谱、名谱。

(二)遗存数量

一地一姓之谱数量已如此之众，由此可推测徽州整个地区谱书数量之巨。以上海图书馆所藏可见的明清至民国时期徽州及周边地区家谱数目为例：歙县224部，休宁125部，婺源96部，祁门61部，绩溪59部，黟县22部，

---

① (明)程嗣功：《槐塘程氏宗谱》，万历十四年(1586)刻本。
② (明)程梦稷：《程氏祖茔疆理图》，万历三十六年(1608)抄本。
③ (清)程善述：《新安襃嘉里程氏世谱》，康熙十一年(1672)刻本。
④ (清)程茂祯：《新安郡北门程氏溯源录》，康熙二十三年(1684)刻本。
⑤ 作者不详：《程氏墓考图》，康熙年间刻本。
⑥ (清)程梦星：《新安岑山渡程氏支谱》，乾隆六年(1741)刻本。
⑦ (清)程霆：《程氏统宗补正图纂》，康熙三十二年(1693)刻本。
⑧ 作者不详：《程氏忠壮公墓辟伪录》，雍正九年(1731)刻本。
⑨ 作者不详：《程氏世系歌》，乾隆二十三年(1758)抄本。
⑩ (明)黄显仁：《休邑黄氏思本图》，洪武二十二年(1389)刻本。
⑪ (明)黄岩岦：《黄氏会通谱》，弘治四年(1491)刻本。
⑫ (明)黄铨：《新安休宁约山黄氏开国宗谱》，嘉靖二十八年(1549)刻本。
⑬ (明)游轮、黄显：《黄氏世谱》，嘉靖年间刻本。
⑭ (明)黄文明：《古林黄氏重修族谱》，崇祯十六年(1643)刻本。
⑮ 作者不详：《新安休邑由潭黄氏支谱》，嘉靖三十四年(1555)。
⑯ (明)吴光木：《休宁商山黄氏清芬录》，明刻本。
⑰ (清)黄孝烷：《古林黄氏诚正堂伯房祖宗世系》，清抄本。
⑱ (清)黄世培：《五城镇和祥门摘枝谱》，光绪二十三年(1897)抄本。
⑲ (清)黄士簏：《栢林痞书》，康熙年间抄本。
⑳ (清)黄肇荣：《居安黄氏家谱》，康熙年间抄本。

苏州 75 部,杭州 56 部,扬州 26 部,南昌 11 部,上海 467 部。以上海为谱籍地的 467 部谱中,民国时期与现代所编修的家谱近 200 部,余下为清代所修。又以中华寻根网所显示的数据为佐证:歙县 339 部,休宁 258 部,绩溪 104 部,祁门 83 部,黟县 43 部,婺源 15 部,上海 467 部,苏州 75 部,杭州 56 部,扬州 26 部,南京 15 部,南昌 11 部。从这些数据我们可以管窥,徽州家谱遗存数目名列前茅。正由于徽州家谱传世数量庞大,品种多,统计工作异常艰巨,近年还未有专家、学者进行具体、完整的统计①。本书以现今馆藏明清徽州家谱为主,对有具体修谱年代的明清徽州家谱遗存(不含徙谱)作了初步统计,现今馆藏明清徽州家谱共有 1928 部,其中明代家谱为 730 部,清代家谱为 1198 部。明清徽州一府六县家谱遗存具体数目参见下表:

表 5-1　馆藏明清徽州家谱遗存数目统计表

朝代\地区	综合及待考	歙县	休宁	黟县	祁门	绩溪	婺源	合计
明	167	202	199	5	50	16	91	730
清	199	347	211	34	102	95	210	1198
合计	366	549	410	39	152	111	301	1928

注:表中所列综合及待考一栏主要统计对象为馆藏明清徽州家谱中涉及多县的,及少数家谱因未见到具体内容而不易归并属县的。

歙县、休宁向为修谱大县,明清时期更是成为全国重要的家谱编修中心。由表 5-1 可知,整个徽州地区明代家谱遗存 730 部,馆藏明代歙县、休宁家谱遗存已超过 400 部,几乎占馆藏明清徽州家谱数目的一半。笔者统计的仅以中华书局《中国家谱综合目录》、安徽教育出版社《徽州刻书史长编》第八卷、上海古籍出版社《上海图书馆馆藏家谱提要》及《中国家谱总目》所收录的信息为主。另外,还有很多地方性公藏单位如安徽省图书馆、博物馆、档物馆等都藏有诸多名谱,如安徽省图书馆就是收藏各类谱牒的大户。不过,许多单位对家谱的整理与保护工作尚在进行中,不能轻易得见。若对各个公藏单位

---

① 徐学林编著的《徽州刻书史长编》第 8 卷对徽州家谱及地方志作了详细列举,本书亦主要根据本书及王鹤鸣所编《中国家谱总目》对馆藏徽州家谱进行详细摘录与整理。

进行完全的统计,预计徽州家谱数目又会增加许多。徽州民间家谱私藏更是未知不可数,几乎家家有谱。如绩溪县民间便藏有丰富的家谱资料,经过对绩溪县内十一个乡镇三十多个村庄的走访调查,获悉绩溪民间约有胡、汪、程、章、王、许、方、周、冯、曹、邵、张、姚、洪、葛、俞、倪、舒、高、钱、陈、戴、何、包、黄、吴、丁、叶、石、穆等30个姓氏,101部家谱。显而易见,徽州民间收藏的家谱亦是数量大、品种多,是亟待我们探索发掘的一座"富矿"。

二、馆藏明清徽州家谱姓氏概略

(一)姓氏分布

徽州氏族大姓历史悠久,可追溯到秦、汉、魏、晋。如西汉时"汉司马长史方鈜就因王莽篡汉,为避祸而迁居歙县东乡,成为以后徽州方氏的祖先"[①]。"汉末汪姓就是汉末建安(196—220)年间,王文和为孙策表授会稽令时迁居歙县蕃衍而成"[②]。西晋时,徽州名族俞氏、余氏在永嘉年间迁入徽州,"徽州的头等望族程氏也是东晋初年迁徙于此的"[③]。另还有舒氏、鲍氏、谢氏、詹氏、姚氏、戴氏、任氏、闵氏、祝氏、郑氏、马氏、杜氏等几十姓都是西汉至元代迁往徽州的。至明人戴廷明、程尚宽等撰《新安名族志》时,又增加了徽州名族大姓近30姓,共列有92姓。笔者统计馆藏明清徽州家谱遗存共涉及歙县67姓,休宁44姓,婺源50姓,祁门30姓,黟县22姓,绩溪33姓,综合及待考40姓。

表 5-2　馆藏明清徽州家谱姓氏表

地区	姓氏
歙县	方、吴、汪、胡、徐、陈、朱、王、叶、洪、李、江、程、冯、黄、曹、余、许、张、戴、萧江、宋、姚、唐、凌、项、杨、郑、刘、潘、鲍、谢、罗、任、马、倪、蔡、仇、吕、仰、韩、丰、蒋、鲁、诸葛、殷、钱、葛、喻、舒、童、闵、詹、何、余、范、周、俞、施、祝、秦、庄、陆、孙、盛、章、苏
休宁	方、吴、汪、胡、徐、陈、朱、王、叶、洪、李、江、程、冯、黄、曹、余、许、张、戴、宋、邵、范、金、查、俞、凌、孙、杨、詹、刘、苏、钱、潘、姚、舒、何、秦、夏、马、毕、芮、谭

[①] 叶显恩:《明清徽州农村社会与佃仆制度》,合肥:安徽人民出版社,1983年,第10页。
[②] 叶显恩:《明清徽州农村社会与佃仆制度》,合肥:安徽人民出版社,1983年,第11页。
[③] 叶显恩:《明清徽州农村社会与佃仆制度》,合肥:安徽人民出版社,1983年,第12页。

续表

地区	姓氏
婺源	方、吴、汪、胡、徐、陈、朱、王、叶、洪、李、江(含萧江)、程、曹、余、许、张、戴、宋、吕、俞、詹、欧阳、孙、潘、后、查、项、尹、鲍、韩、应、齐、郑、刘、单、汤、游、疏束、何、沈、周、施、姜、祝、姚、夏、马、毕、金
黟县	方、吴、汪、胡、徐、朱、叶、李、江、余、孙、裴、倪、尤、卢、韩、欧阳、万、舒、查、范、史
祁门	方、吴、汪、胡、徐、陈、王、叶、洪、李、江、程、冯、黄、曹、许、张、戴、金、倪、荤、郑、谢、周、薛、莫、光、潘、章、苏
绩溪	方、吴、汪、胡、徐、陈、王、洪、程、冯、黄、曹、余、许、张、戴、包、周、何、耿、章、葛、廖、钱、邵、舒、柯、姜、姚、高、唐、丁、郭
综合及待考	方、吴、汪、胡、徐、朱、陈、王、叶、洪、李、江、程、黄、余、许、章、戴、周、俞、姚、何、詹、郑、潘、萧江、巴、丁、鲍、严、刘、谈、沈、金、姜、殷、席、凌、洪、韩

从表 5-2 徽州姓氏分布可统计出,除却重复姓氏外共有 103 姓。通过与《新安名族志》所列 92 姓比对,《新安名族志》中所记载的臧、孔、邓、桂、梅、阮、康、奚、顾、董、饶、赵、庐、滕、杜、田等 16 姓未见遗存。其中,方、吴、汪、胡、徐、陈、朱、王、叶、洪、李、江、程、冯、黄、曹、余、许、张、戴等 20 余姓因迁入徽州时间较早,枝脉藩衍,几乎遍布整个徽州地区。

(二)大姓修谱

宋人罗愿在《新安志》中说道:"黄巢之乱,中原衣冠避地保于此,后或去或留,俗亦尚文雅。宋兴,则名臣辈出。"[①]北方世家大族因避战乱而渡江南迁,将中原发达的经济文化带入徽州,使得徽州地区不断发展。这些世家也逐渐成为徽州地区的名门望族。徽州名族大姓对纂修家谱极为重视,"新安多望族,族各有谱"[②],崇尚并坚持认为编修家谱是一宗一族尊祖、敬宗的重要体现。明人王舜臣在《王氏统宗世谱》中说道:"谱何为而作也,纪载一宗之姓原、郡望、世系、名讳、生卒、迁葬、出处、履历,别昭后、序长幼、明亲疏,使百世后可按籍而知。"[③]明人程嗣功认为:"家之有谱犹国之有籍乎,其为大小繁

---

① (宋)罗愿:《新安志》卷一《风俗》,第 16 页。
② (清)胡陆秀:《考川明经胡氏统宗谱》卷首《序》,道光九年(1829)刻本。
③ (明)王宠:《王氏统宗世谱》卷末《书王氏统宗世谱后》,正德十年(1515)刻本。

简虽殊,以纪人数一也。"①清人汪怀清在《方氏宗谱》序中说道:"且人生天地之间祖为尊,而尊祖之修谱为重。"②王、程、汪皆为徽州著姓,胡、黄、吴、李、朱、方、余、张、戴、江、徐、郑、鲍等亦为徽州大姓。因各宗族支脉繁衍,故并非每个姓都是同一个始祖,而且存在派系纷纭的情况。因而,各宗派除了编修本宗族谱外,各支派也编修自己本支的支谱,有一定条件的宗族还会联合族人编修联宗、统宗谱,并且每隔一段时间进行重修、续修,以厘定世系,溯源追本。正因世家大族十分重视编修族谱,且具有相应的人力、物力、财力来支持修谱之业,故现根据《新安名族志》前卷记载程、鲍、方、柯、俞、余、黄、汪、邵、任、闵、谢、查、夏、仇、宋、陆、詹、胡、臧、张等 21 个名族大姓中列举明清时期部分姓氏修谱遗存数目及地域分布③,列表如下。

表 5-3 馆藏明清徽州程氏家谱遗存表

地区 朝代	歙县	休宁	婺源	绩溪	黟县	祁门	综合及待考	合计
明	23	71	3	1	0	4	33	135
清	32	32	12	13	0	15	47	151
总计	55	103	15	14	0	19	80	286

---

① (明)程嗣功:《槐塘程氏宗谱》卷首《续槐塘宗谱序》,万历十四年(1586)家刻本。
② (清)方煌远:《方氏宗谱》卷一《方氏合修宗谱序》,同治十三年(1874)刻本。
③ 因部分姓氏明清时期家谱遗存较少,故选取遗存数多者列表。查阅出的其他姓氏留存情形:
柯氏:(民国)柯立功总理,(民国)胡祥木:《柯氏宗谱》,民国二十五年(1936)刻本。
邵氏:(明)佚名:《休宁邵氏宗谱》,万历(1573-1620)刻本。
闵氏:(清)佚名:《新安歙西岩镇闵氏家谱》,清抄本。
夏氏:(清)夏刚:《夏氏家乘》,雍正二年(1724)刻本。
　　(清)夏守瀛等:《休宁夏氏族谱》。
　　(清)夏烈光等:《新安夏氏族谱》,乾隆三十六年(1771)抄本。
　　(清)夏昌铭:《义井夏氏宗谱》,嘉庆十八年(1813)刻本。
仇氏:(清)佚名:《旧写本仇氏家乘》,清抄本。
陆氏:(清)佚名:《锦沙陆氏宗谱》,光绪三十三年(1907)刻本。
任氏、臧氏:查阅暂未有结果。

表 5-4　馆藏明清徽州鲍氏家谱遗存表

朝代\地区	歙县	休宁	婺源	绩溪	黟县	祁门	综合及待考	合计
明	3	0	0	0	0	0	0	3
清	7	0	0	0	0	0	0	7
总计	10	0	0	0	0	0	0	10

表 5-5　馆藏明清徽州方氏家谱遗存表

朝代\地区	歙县	休宁	婺源	绩溪	黟县	祁门	综合及待考	合计
明	11	1	2	0	1	2	8	25
清	15	4	0	2	1	10	4	36
总计	16	5	2	2	2	12	12	61

表 5-6　馆藏明清徽州俞氏家谱遗存表

朝代\地区	歙县	休宁	婺源	绩溪	黟县	祁门	综合及待考	合计
明	7	1	6	0	0	0	2	16
清	1	0	12	0	0	0	1	14
总计	8	1	18	0	0	0	3	30

表 5-7　馆藏明清徽州余氏家谱遗存表

朝代\地区	歙县	休宁	婺源	绩溪	黟县	祁门	综合及待考	合计
明	3	4	4	0	0	0	0	11
清	5	3	6	0	0	0	2	16
总计	8	7	10	0	0	0	2	27

表 5-8　馆藏明清徽州黄氏家谱遗存表

朝代\地区	歙县	休宁	婺源	绩溪	黟县	祁门	综合及待考	合计
明	1	7	0	1	0	4	7	20
清	13	20	0	3	0	1	7	44
总计	14	27	0	4	0	5	14	64

表 5-9　馆藏明清徽州汪氏家谱遗存表

朝代\地区	歙县	休宁	婺源	绩溪	黟县	祁门	综合及待考	合计
明	25	20	4	2	1	2	42	96
清	65	25	9	11	1	10	61	182
总计	90	45	13	13	2	12	103	278

表 5-10　馆藏明清徽州谢氏家谱遗存表

朝代\地区	歙县	休宁	婺源	绩溪	黟县	祁门	综合及待考	合计
明	12	0	0	0	0	11	0	23
清	1	0	0	0	0	3	0	4
总计	13	0	0	0	0	14	0	27

表 5-11　馆藏明清徽州查氏家谱遗存表

朝代\地区	歙县	休宁	婺源	绩溪	黟县	祁门	综合及待考	合计
明	0	3	0	0	0	0	0	3
清	0	2	4	0	0	0	0	6
总计	0	5	4	0	0	0	0	9

表 5-12　馆藏明清徽州宋氏家谱遗存表

朝代\地区	歙县	休宁	婺源	绩溪	黟县	祁门	综合及待考	合计
明	1	4	0	0	0	0	0	5
清	7	1	0	0	0	0	0	8
总计	8	5	0	0	0	0	0	13

表 5-13　馆藏明清徽州张氏家谱遗存表

朝代\地区	歙县	休宁	婺源	绩溪	黟县	祁门	综合及待考	合计
明	2	4	0	0	0	4	16	26
清	2	6	8	1	0	1	8	26
总计	4	10	8	1	0	5	24	52

表 5-14　馆藏明清徽州胡氏家谱遗存表

朝代\地区	歙县	休宁	婺源	绩溪	黟县	祁门	综合及待考	合计
明	0	0	25	0	0	4	0	29
清	3	2	33	15	5	5	5	68
总计	3	2	58	15	5	9	5	97

表 5-15　馆藏明清徽州詹氏家谱遗存表

朝代\地区	歙县	休宁	婺源	绩溪	黟县	祁门	综合及待考	合计
明	1	1	4	0	0	0	0	6
清	0	1	7	0	0	0	0	8
总计	1	2	11	0	0	0	0	14

表 5-16　馆藏明清徽州朱氏家谱遗存表

地区 朝代	歙县	休宁	婺源	绩溪	黟县	祁门	综合及待考	合计
明	5	3	12	0	0	0	9	29
清	4	9	10	0	1	0	2	26
总计	9	12	22	0	1	0	11	55

表 5-17　馆藏明清徽州王氏家谱遗存表

地区 朝代	歙县	休宁	婺源	绩溪	黟县	祁门	综合及待考	合计
明	12	1	6	2	0	5	5	31
清	9	1	23	2	0	13	4	52
总计	21	2	29	4	0	18	9	83

表 5-18　馆藏明清徽州吴氏家谱遗存表

地区 朝代	歙县	休宁	婺源	绩溪	黟县	祁门	综合及待考	合计
明	19	3	1	1	0	0	4	28
清	47	40	5	0	1	4	9	106
总计	66	43	6	1	1	4	13	134

表 5-19　馆藏明清徽州江氏家谱遗存表

地区 朝代	歙县	休宁	婺源	绩溪	黟县	祁门	综合及待考	合计
明	10	0	2	0	0	0	2	14
清	17	0	9	0	5	2	5	38
总计	27	0	11	0	5	2	7	52

表 5-20　馆藏明清徽州李氏家谱遗存表

地区 朝代	歙县	休宁	婺源	绩溪	黟县	祁门	综合及待考	合计
明	0	2	9	0	0	2	9	22
清	5	2	17	0	0	0	14	38
总计	5	4	26	0	0	2	23	60

上面所列18姓皆为徽州世家大族，由于这些名门望族家世显赫、人才辈出、财力丰厚，因而他们从很早就开始修撰家谱，且将修谱传统世代沿袭下来。根据笔者目前统计的馆藏明清时期徽州部分姓氏的家谱遗存表来看，程氏家谱遗存数量比其余17姓家谱遗存数量要多出许多。据《新安名族志》记载："程出黄帝重黎之后，自周大司马曰休父，佐宣王中兴，封程伯，子孙因以国氏，望安定。其后曰婴，仕晋平公，有立赵孤之德，封忠诚君，再望广平。汉

末曰普者,从孙氏定江东,破曹操,赐第于建业,为都亭侯。普之后曰元谭,当永嘉之乱,佐琅琊王起建业,为新安太守,有善政,民请留之,赐第于郡西之黄墩,遂世居焉。"①元谭公因而被视为新安程姓始祖。其后十一世察公仕梁,为秘书少监;十三世灵洗公于侯景之乱时起兵保卫州里,受封重安县公,卒后赠镇西将军,开府仪同三司,谥号"忠壮公"。当地人感其德,为其立庙祭祀于黄墩,宋时称之为"世忠庙"。十四世、十五世、十六世、十七世、十九世、二十一世、二十七世、二十八世、二十九世、三十世等皆人才辈出,世代簪缨。三十世宗楚公为检校刑部尚书,"因讨黄巢有功,赠检校司徒。自后子姓蔓延郡邑,号'篁墩程氏'"。②黄墩位于歙县,最早被称为姚家墩,是徽州大姓黄氏的发祥地,同时也是朱、江、罗、王、施等徽州大姓的始迁地。后各姓或留居黄墩,或迁往徽州其他地区,成为徽州本姓的始祖。因黄姓支脉迁徙不一,逐渐涣散,而程氏逐渐取而代之,黄墩遂成为程氏世居之地,后明大学士程敏政复改黄墩为篁墩。程氏名人辈出,如宋时官至相位的程元凤、南宋政治家程大昌、明代著名文献学家程敏政、商人及珠算发明家程大位、清代著名学者程瑶田等。程姓是徽州的世家望族,也是徽州最早修谱的姓氏之一。据明初家谱学者程孟在《新安程氏诸谱会通·累代编修总谱人名》中考证,西汉时程玄为程氏修谱鼻祖。清人程梦星言:"吾程氏自东晋迁新安,二十八传至唐淘公始为谱。"③历宋元明,徽州程氏各支修谱成风。但明人程孟认为"各派自续,事例不同,多有讹误",于是决定纂修《新安程氏诸谱会通》。程孟于宣德三年(1428)始往来于绩溪、休宁、婺源、祁门和江西浮梁兴田、锦里等地,广泛搜集程氏各支派家谱,访问程氏支脉,追溯源流,厘清正误。至景泰元年(1450)8月开始上版,次年初步成书,最终于景泰三年(1452)竣工,成谱十四卷附录,分作《新安程氏诸谱会通》六卷,《程氏世谱》八卷,历时25年之久。程氏族人

---

① (明)戴廷明等撰,朱万曙等点校:《新安名族志》前卷《程》,合肥:黄山书社,2007年,第18页。

② (明)戴廷明等撰,朱万曙等点校:《新安名族志》前卷《程》,合肥:黄山书社,2007年,第19页。

③ (清)程梦星:《新安岑山渡程氏支谱》,乾隆六年(1741)刻本。

不畏艰辛,耗费心神修谱,体现了徽人编纂族谱的目的是"尊祖、敬宗、收族"。如明人程敏政希望通过编修统宗谱而兴教化、笃宗族,他认为,"凡我宗人,其因是而毋忘水木本原之思,笃尊祖敬宗睦族之义,守其世业,诵其遗书,保其体魄之藏而不失,谨其名分之称而不紊,宗法既立,则彝伦益明,风教益兴,可话者虽久而弗晦也,可齐者虽多而弗离也。若然,又岂独一宗之幸而已,骇者安,疑者释,天下后世之有家者,将不取法于程氏也哉,奉斯谱者其共渤之"。① 程氏家族纂修家谱十分频繁,且既有各支派为本脉所修支谱,又有程氏集合族之力纂修的宗谱、会通谱、世谱等,综观现存馆藏明清两代徽州程氏家谱数量可见一斑。

据馆藏明清徽州汪氏家谱遗存表中统计,汪氏家谱遗存数量为 278 部,仅次于程氏。据《歙县志》记载:"邑中各姓以程、汪为最古族,亦最繁,忠壮、越国之遗泽长矣。其余各大族半皆由北迁南,略举其时,则晋宋两南渡及唐末避黄巢之乱,此三期为最盛;又半皆官于此土,爱其山水清淑,遂久居之,以长子孙焉。"② 汪姓实为徽州著姓。并且徽州汪氏是较早修谱的家族,最早可追溯到迁徽始祖汉末汪和五世孙晋淮安侯汪旭第一次修谱。许承尧在《歙事闲谭》中曾提到明嘉靖(1522—1566)间刻行、明汪椿辑的歙县唐模《汪氏流芳集》记载,晋成帝咸康二年(336)三月淮安侯汪旭上《颍川晋初陈郡阳夏县西乡靖仁里汪氏大宗血脉谱》为汪氏宗谱的祖谱。至唐太宗贞观十二年(638)汪华上谱表"臣上奉明诏,责臣家状姓谱,齐贵贱之由来,品源流之优劣,德懋懋官,功懋懋赏。臣伏阅旧谱,分封创于姬旦,得姓始于汪侯,枝叶相乘,代缨簪绂,或腾芳周室,或著义秦朝,冠冕蝉联,悉称良最。暨汉建安之岁,臣十三代祖文和荣膺墨绶,治任会稽,遂居江左,牧守建抚之荣,含香握兰之望,源流不惑,代次无疑。如臣何功,蒙恩再锡信圭,授左卫翊白渠府统军,以备宿卫。臣今谨缮写一通,具婚姻、职状,进奏以闻"。③ 这说明徽州汪氏谱早在唐贞

---

① (明)程敏政:《新安程氏统宗世谱·序》,成化十八年(1482)刻本。
② 许承尧:《歙县志》卷一《舆地志·风俗》。
③ (清)汪国佑:《汪氏宗谱》,乾隆二十七年(1762)刻本。

观年前就有修撰。而唐开元年间唐玄宗诏柳冲、薛南金等人在《氏族志》的基础上重新加刊纂修的《姓族系录》中重新考定族望敕:"先奉敕旨:四海望姓家,永徽六年考定二十六姓与诸姓不同,各得出远近;其乾封元年君羡考定,至今伊令:武阳李、荥阳郑、陇西牛、上党陈、并州郭、河西汪、安定皇甫、中山鲍、河间刘、雁门夏,右间十姓为国之柱。武阳贾、白水张、扶风马、京南叶、陈留叶、冯翊赵、扶风水、冀兆苏、京兆杜、河南荀、梁山姬、南山河、岭南庞、安定胡、高阳许、南阳侯,右间十姓为国之梁。敕旨天下诸州,不同者纳价,不依诏处分者,准敕合徒两年。诸余可结为婚者一百五十,改之主者施行。唐开元五年四月八日下。"在这道敕旨中,汪姓被排在一等"国之柱"的第六位。然而唐朝一直实行科举取士的制度,门阀制逐步削弱,政府不再编修谱牒。但世家大族的宗族思想和修谱观念依然有影响,官修谱牒变转为私修谱牒,到了宋代,民间编纂家谱的风气渐渐兴盛,编修家谱的目的也从政治生活需要转为"尊祖、敬宗、收族"的宗族自治需要,谱牒记载的内容亦变为以宗族内部之事为主,这是修谱史上的一个重大转折①。到了元代,徽人修谱行为及数量虽大幅下降,但汪氏还是执着地坚持编修家谱。② 至明代,由于元末战乱,明初实行了大移民政策,由于迁移地较远,又被政府禁止与原迁出地联系,不少汪氏后裔遗失了家谱。不过也有一些家族保留了老谱并坚持修统宗谱,并有一些比较著名的家谱,如:嘉靖二十九年(1550)汪镂纂修《汪氏世纪》,嘉靖四十年(1561)汪子仁纂修《汪氏续修统宗谱》,隆庆三年(1569)汪湘始纂《汪氏统宗谱》后万历三年(1575)年重刻,隆庆四年(1570)汪鸿儒等纂修《汪氏统宗正脉》,万历元年(1573)汪国言纂《新安汪氏迁派宝录提纲》,洪武三年(1370)汪贞一在元谱基础上续修《汪氏家承》,洪武六年(1373)汪福三始修《潜阳汪氏宗谱》,嘉靖十四年(1535)汪尚琳编《新安汪氏重修八公谱》,隆庆二年(1568)休宁富溪修

---

① 唐代谱牒内容参见陈鹏:《中古谱牒的类型、层级与流变》,载《古代文明》,2019年第2期。
② 这一时期汪氏编修的谱牒非常少,著名的有元大德五年(1306)修《汪氏旧谱续编》;休宁人汪松涛于元代至治(1321—1323)纂修《汪氏渊源录》,有明正德十三年(1518)重编重印,木刻活字印本;元泰定元年(1324)汪德馨纂修《鲭溪汪氏家承》,至正十八年(1358)汪斌重修。元泰定元年刊刻的《新安旌城汪氏家录》。

《汪氏宗谱》，万历二十年(1592)汪道昆纂修《汪氏十六族近属家谱》等。

鲍氏是歙县的显姓，"鲍本姒姓，夏禹之后。至周，敬叔仕齐，食彩于鲍，因氏焉。后居尚党，迁青州"。① 棠樾鲍氏尤为著名，民国歙县志载："邑中商业以盐典茶木为最著，在昔盐业尤兴盛焉。两淮八总商，邑人恒占其四，各姓代兴，如江村之江、丰溪、澄塘之吴、潭渡之黄，岑山之程，稠墅、潜口之汪，傅溪之徐，郑村之郑，唐模之许，雄村之曹，上丰之宋，棠樾之鲍，蓝田之叶，皆是也。彼时盐业集中淮扬，全国金融几可操纵，致富较易，故多以此起家。"名扬天下、辉煌一时的徽商中棠樾鲍氏占有一席之地。棠樾鲍氏始祖为东晋咸和(326—334)年间丹阳人、新安太守鲍宏，因喜爱山水秀美的新安而筑别墅于丰乐河畔的金龟坦，后人称此为鲍屯，卒葬歙县西岩溪。宏公后裔在城西15里牌营建别墅，形成棠樾鲍氏，为鲍氏最大分支。而后棠樾鲍氏又析为棠樾、蜀源、岩镇三派，据《棠樾鲍氏三族宗谱》记载，棠樾鲍氏"始自西晋伸公来镇兹土，江左子姓咸出其后，乃支分派别，世远年湮，云仍繁衍至不可稽，明贤谧斋先生之有续谱也。必据其信而有征，断自宋荣公为始祖，嗣后迁棠樾，迁蜀源，迁岩镇，三族井然，世系历历乃自明之"。② 三派人丁繁衍，遍布徽州一府六县，并有大量外迁。鲍氏同样代有俊彦，世有闻人，民国《歙县志》中就收录了鲍氏名人一百多位，其中清代盐商鲍志道的声名较为突出。鲍志道早年读过私塾，后家道不济，弃学从商。曾任清代两淮盐务总商，赠通奉大夫，封山西道监察御史、通正使司运政使。其子鲍漱芳（约 1763—1807）为清代著名徽商，字席芬，一字惜分，因自幼随父经商，耳濡目染，颇具经商头脑，后经营两淮盐业积累百万家资。鲍氏父子不仅精于商道，于乡里亦多施善行，兴里社，筑水坝，置义学，修道路，周济贫困、婚葬，并遗命其子捐资建府学，建"忠义祠"，歙县现存明代嘉庆皇帝为旌表鲍氏父子而立的"乐善好施"牌坊。据统计，现存馆藏明清徽州鲍氏家谱中，仅存于歙县 10 部。

---

① (明)程尚宽：《新安名族志》前卷《程》，合肥：黄山书社，2007年，第88页。
② (清)鲍光纯：《棠樾鲍氏三族宗谱》卷首《重编鲍氏三族宗谱序》，乾隆二十五年(1760)刻本。

由于篇幅有限,仅列徽州最具代表性的汪氏、程氏、鲍氏三大族。通过对馆藏明清徽州家谱遗存情况的整理分析,可发现"徽州族谱以现存族谱时间最早、明代族谱数量最多、族谱体例多样等独特性,在中国谱牒学(族谱学)上占据重要地位"。[①] 并且,徽州地区有不少由学者主持编修的精谱、名谱,多具宝贵的史料价值。随着徽州家谱编修的动态发展,至明代,因体例逐渐定型,内容愈加丰富,且统宗谱、联宗谱、会通谱等合族纂修家谱的规模扩大,家谱卷数已十分宏大,少则十几卷,多则上百卷,装订至二三十册甚至百来册都为常事,清代更甚。上海图书馆谱牒部收藏的徽州地区名谱十分丰硕,如《安徽汪氏通宗世谱》34 册、《新安汪氏义门校正世谱》7 册、《歙淳方氏柳山真应庙会宗统谱》4 册、《绩邑北门张氏宗谱》10 册、《休宁金氏族谱》3 册、《新安徐氏宗谱》6 册等。安徽省图书馆、档案馆、博物馆亦收藏不少历代徽州名谱。如安徽省图书馆藏明范涞纂修的《休宁范氏族谱》不分卷、清张习孔纂修的《新安张氏宗谱》三十卷等,这些都是由学者纂修的典型范本。安徽省博物馆收藏的元泰定元年(1324)刻《新安旌城汪氏家录》七卷,是徽州早期的名刻本之一,更是宋元时期少有的存世家谱。在徽州的公藏单位通常会很注意收藏保存早期品相好、资料多、研究价值高的徽州名谱。然而,因徽州宗族新谱稿刻印成后,通常会将旧谱及新谱刻板烧毁,加之时间久远,故早期的徽州旧谱已十分难遇了。

第二节　明清时期徽州家谱的内容

早在宋代私修家谱兴起之时,徽州地域内就已有家谱编修之情况。此时的徽州家谱如前所述,体例较为简单,其内容主要有谱名、谱序、凡例、世系、传记等。明清两代,修谱之风大盛,在宋元家谱编修的基础上,体例渐臻成熟,内容多有创新与扩展。这种内容的扩充有着多样的表现,不仅有文字的增加,还有图画的编列,使得此时徽州家谱篇幅大增,几成卷帙浩繁之势。

[①] 常建华:《谱牒学与徽学离不开徽州族谱(主持语)》,载《安徽大学学报(哲学社会科学版)》,2015 年第 6 期。

一、明清徽州家谱继承的内容

(一)谱名

家谱的谱名,是一家谱区别于另一家谱最明显的标志。一般均称为家谱、族谱、宗谱、族谱、家乘、世谱、统谱、支谱、祖谱、合谱、联宗谱、大成谱、房谱等,也有的称为谱传、真谱、渊源录、源流考、清芬录、世典、世牒、世恩录、故谱、族谱图、族系、族讲、石谱、世家、私谱、本书、大同谱、乡贤录、传芳集、家传簿、先德传、系谱、谱志略、家谱族谱汇编、家模汇编等,可谓名目繁多,不一而足。

有的家谱谱名,较模糊笼统,仅注明姓氏。如《戴氏家谱》《汪氏小宗谱》等,这类家谱给阅读带来一定困难,需要仔细研读,一一查明,才能知晓完整的谱名。有些家谱将本家族历史上所属堂号、郡望标在谱名里。如《绩溪县南关许氏惇叙堂宗谱》《绩溪仁里程继序堂专续世系谱》《昳煌郡洪氏家谱》《平阳郡汪氏宗谱》等。惇叙堂、继序堂、昳煌郡、平阳郡等都是历史上有名的堂号、郡望,除表明本家族所属地域外,还借此光耀门楣。还有的家谱谱名中,可以看到先祖的名,特别是始迁祖的名字。如休宁《西门汪氏大公房挥金公支谱》:"接公由婺源回岭迁休宁西门,汪氏自此肇,传次至二十世为南昌指挥使松峰公。"[①]

在谱名中,尽管有家谱、宗谱、族谱等名称区别,但大多为记述一姓一宗一房一支的家谱,也有少数为通谱、统谱,就是统贯分布于各地各宗支于一的大型家谱。[②] 通谱是明中叶以后,随着商品经济的繁荣和家族人口的迅速繁衍而流行起来的一种规模宏大的家谱。如《新安黄氏会通谱》就是一部将散在祁门、歙县、绩溪、黟县、绩溪、婺源、鄱阳、盱眙等地的黄氏各宗支统贯于一的大统谱,又如《新安汪氏宗祠通谱》将分属多派散居各地的汪氏世系,主要是彭泽汪氏、歙县汪氏、余杭汪氏等派系统贯于一谱,计4卷,6册,成为一部较完整齐全的汪氏家谱。

---

① (清)汪立正:《西门汪氏大公房挥金公支谱》,乾隆三年(1738)刻本。
② 王鹤鸣:《家谱体例概说一》,载《寻根》,2009年第2期。

（二）谱序

谱序是一部家谱必不可少的部分，是家谱中开明宗义的内容，用来说明族谱档案纂修的姓氏渊源、家族迁徙、宗旨、历代修谱情况、修谱缘由和经过的前导性部分，是贯通、探询、研究家谱的直接切入点，是家族世系源流的重要史料。谱序的数量并不一致，因家谱的篇幅一般有一篇至数篇不等，囊括旧序、新序、寿序等多种序文。新序主要是本次修谱时所作，而旧序则是老谱遗留下来的。一般情况下，新修的家谱都会以老谱为蓝本，将老谱的旧序保留下来。从撰序者的身份来看，有本族人写的序，亦有外族人写的序，而外族人主要是一些社会名流。这其中拥有一定权势的人有之，具有较高社会地位的人亦有之。谱序的撰写者大多是由本族有名望者或与本族有渊源关系的著名学者、政界人士。谱序的内容多为论述族谱的重要意义、本族修谱的历史、本族姓氏的渊源等。按谱序所撰家族的范围大小分类，可以分为族谱序和支谱序。

谱序的构成是研究谱学理论的重要内容之一，一篇完整的谱序一般由谱序题目、正文及落款三个部分构成。

在明清徽州家谱中，"谱序"还可以称作"引""谱说""谱铭""谱券"等。谱序的题目则有《重修谱序》《族谱前序》《续谱说》等，这是常见的题目形式，除此之外，谱序的题目一般还有两种，一种是根据为其写序的家谱的名字命名；另一种是根据撰写者的名字命名。如：景泰三年（1452），程孟为《新安岑山渡程氏支谱》所写的《岑三渡程氏续谱序》；嘉靖二十八年（1549），程炌为《十万程氏会谱》所写的《十万程氏会谱叙》；隆庆三年（1569），程大宾为《休宁率口程氏续编本宗谱》所写的《率口程氏续编本宗谱序》；万历十一年（1602），戴蓉为《蒋溪戴氏族谱》所写的《重修蒋溪戴氏族谱序》；崇祯五年（1632），何如宠为《休宁戴氏族谱》所写的《序休宁戴氏族谱》等都是根据为其写序的家谱的名字命名的。再如：光绪十八年（1892），婺源查氏族人重新校订了其族谱，其中收录了 7 篇明代的谱序，这 7 篇谱序在《婺源查氏族谱》中，是以撰写者的名字命名的：洪武十三年（1380）的《明处士裔孙熙序》，成化十三年（1477）的《明户部主事程广序》和《明珰溪居士金晓序》，成化十九年（1483）的《明左春坊程敏政序》《明儒学教谕陈简序》和《明处士裔孙文锦序》,嘉靖十九年(1540)的《明处士裔孙德良序》等。

总之,明代徽州家谱编修频繁,家谱每重修、续修一次,除了产生一篇新的谱序外,在撰写新谱序的同时,族人还会将前代所修的谱序也都收录在新的家谱中,因而一部家谱中往往包含了许多篇谱序。而不同的命名方式有助于子孙后代在一定程度上对历代所修的谱序进行区分,亦有助于他们了解家族编修家谱的不易,从而更好地保护并珍惜家谱。

谱序的正文,即谱序的主要内容,主要记述修谱意义、修谱缘起、修谱目的、家族历史渊源及迁徙经历、修谱人员构成、历次修谱情况、谱学理论等内容,作用是宣扬本谱主旨,颂扬祖宗德行,使后代子孙读后能积极向善。

以嘉靖三十六年(1557)汪鸿儒为南源汪氏支谱写的《祁门南源汪氏支谱序》为例。该谱序开篇介绍了南源汪氏的始祖及迁徙经历,"南源之汪,由婺之大阪迁于休之西岸,由西岸迁于祁之南源。有惟风公者,生宋祥符戊申、天圣己巳,设教于南源,因遂家焉,实南源之始祖也"。接着又叙述了明代南源汪氏两次修谱的概况以及历次修谱的人员,"宏(弘)治癸亥春,有邑庠弟子廪员曰文亮者,偕厥从子辈携旧谱诣祖居,谒先茔,大会吾宗于阪上,维时宗先达都宪□轩公为之序其谱,以属其宗,复为文以嘉其志,而族之能言者,率为诗以壮其行,皆所以重宗义也。嘉靖甲申,大司徒东峰公客属宗老义泉翁为通宗之谱而未成,遗命敕其嗣子子仁嗣其事。今子仁复与义泉之子惟正共成先志,四会吾宗而通于一,而南源之族有曰瑆、曰球、曰琪、曰柏者,亦重本源之思,详述南源,分合之世次,并录文亮公旋归之诗文以付诸梓,而通宗之谱成矣"。在该谱序最后,汪鸿儒道出了修谱的意义,"嗟夫,由婺而休而祁,等而下之,愈远而愈疏,虽谓之千万人可也。祁原于休,休原于婺,等而上之,愈近而愈亲,虽谓之一人可也,千万人之人由于一人之人,而一人之人分而为千万人之人,则宗谊之当讲也,亦明矣,而旧谱之当作也,亦审矣"①,夸赞了南源汪氏后

---

① (清)敬敷堂:《南源汪氏支谱·序》,道光二十九年(1849)刻本。

人为修撰家谱所作出的努力,"然非子仁、惟正之善述,何以倡其始,而非诸族群贤之好义,亦何以成其终哉。余于斯谱之作重有感焉,而不容于无言也已"。

当然,谱序的内容有长、有短,并不是所有的谱序都写出了以上提到的内容,但其共同点是叙述家族的历史渊源及迁徙经历,提出对家族后世的殷切希望与教诲,指出家谱的重要性。

谱序构成的最后一部分是"落款"。在家谱谱序的最后,作者会写下作谱序的时间、地点、自己的名字等内容,落款在谱序的撰写中是很重要的。因为谱序的内容并不是各个方面都包括在内,通过谱序的落款内容,可以了解谱序的写作时间、地点、谱序作者的身份和姓名等信息,从而帮助后世子孙对家谱的编修有更好的了解,对家族的历史产生崇敬之情。如《安徽韩溪程氏梅山支谱》中《歙大程村程氏续谱序》的落款是"洪武十三年三月望日,应奉翰林文字承事郎、同知制诰兼国史院编修官,程氏甥淳安徐尊生敬书于归来舍"。由此可知,这篇谱序是洪武十三年(1380)农历三月十五日,翰林文字承事郎、同知制诰兼国史院编修官,程氏的外甥淳安人徐尊生在归来舍所写。家谱的编修需要得到社会和官方的认可,徐尊生虽是外族人,但其是韩溪程氏的外甥,与程氏有亲戚关系,又身居高位,是为韩溪程氏作谱序的不二人选。又如《安徽休宁率口程氏续编本宗谱》中《族谱前序》的落款是"大明正统三年,岁次戊午孟秋之月有二日甲申,直隶徽州府儒学教授,纯公十二世孙程蕃书于郡庠,时年八十二也"。从中可知,这篇谱序的写作时间是明正统三年(1438)农历七月二日,作者是时年八十二岁的纯公十二世孙程蕃,是程氏本宗人,其当时的官职为直隶徽州府儒学教授,写作地点是徽州府的府学。程蕃虽年已高龄,但仍为家族作序,足见其对家谱的重视。再如《蒋溪戴氏》的《戴氏宗谱序》的落款为"嘉靖丙申岁七月吉旦,蒋溪十一世孙棠顿首百拜书"。该谱序是嘉靖十五年(1536)农历七月初一,蒋溪十一世孙戴棠所作。戴棠虽然在落款时这样简单地介绍自己,但他能为家族谱作序,从侧面反映了戴棠是家族中有声望之人。

此外,由于家谱中不断编修撰写的原因,一部家谱可能包含多篇谱序,而为谱序所取的题目也可能会出现重复,如《休宁西门汪氏大公房挥金公支谱》

中就含有六篇以《西门宗谱序》命名的家谱序,《安徽绩溪城西周氏宗谱》中包含了五篇以《绩溪周氏前修宗谱序》命名的家谱序,所以单凭谱序题目很难分辨新旧谱序,因此除了查看谱序内容这种方法外,最简单的方法就是通过查看"落款"来进一步区分各篇谱序,以便更清晰地了解历代家谱的编修情况。

(三)凡例

"凡例"一词较早出现于晋代杜预的《春秋经传集解序》一文,文中有言:"其发凡以言例,皆经国之常制,周公之垂法,史书之旧章。仲尼从而修之,以成一经之通体。"随着"凡例"的发展演化,志书的编纂也逐渐使用"凡例"。志书的凡例是指对方志内容、宗旨、体裁等问题的一些基本规定,用来阐明方志的编纂体例和框架结构。后"凡例"又被用于其他种类图书的编纂,其中包括民间家谱的编修。

家谱凡例主要阐述编修家谱的主要体例、原则、内容等,凡例少则数条,多则数十条,在谱序前后均可,是修谱时必须遵循的圭臬,对家谱编修起着提纲挈领的作用,因此凡例在家谱中占据重要地位。先秦至汉魏时期是家谱凡例的萌芽阶段,到了魏晋南北朝时期,家谱的内容变得丰富起来,这一时期是中国家谱发展的繁荣时期。中国家谱凡例发展到隋唐时期已经基本形成,家谱凡例成为家谱内容中最基本的组成要素。家谱凡例经过长期的演变,至宋代时,已经成为独立的家谱体例组成部分。家谱凡例虽然也是说明家谱内容及编纂体例的文字,但与史书、方志不同的是,家谱凡例打上了家谱编纂的特殊烙印与特征,是用来为家谱编纂服务的。家谱是记录宗族生活事迹、家族血缘世系脉络的文献资料,因此,家谱凡例是家谱纂修的纲领性文字,说明了家谱的基本内容和具体原则。简言之,家谱凡例就是用来说明家谱写了什么和如何写的问题,是具有总结性的文字论述。

明清家谱凡例是从宋元家谱继承而来的,相比于宋元家谱凡例,明清家谱凡例内容更加丰富,尤其是烈女节妇、家谱编修时以实写谱、修传情况、领谱字号、墓图及村图等相关内容都出现在了明清家谱凡例上。明清徽州家谱凡例明确表达修谱宗旨,宋代之后,官修家谱向私修家谱转变,普通民众开始编修家谱,家谱纂修不再是官府垄断,到明清,私修家谱成了中国家谱发展的主流。私修家谱的政治性逐渐减弱,民间性逐渐增强,虽然私修家谱的体例内容丰富程度不同,但其修谱宗旨基本上都是一致的,即"尊祖、敬宗、收族"的基本思想。同时,这一时期的家谱凡例强调家谱文献的选择,从明清时期徽州家谱中的凡例内容可以看出,家族对家谱资料来源的选择比较慎重。家谱纂修资料来源较为广泛,有的来源于地方文献,如县志;有的来源于旧谱。并且,明清时期徽州家谱凡例确定了对家谱纂修体例的规定、对维护血缘纯洁性的规定、对女性入谱的规定、对领谱保管的规定、对家法祠规的规定以及对家族经济事务管理的规定。宋元以来,随着理学思想的不断禅变以及贞节观念的不断深入,就明清时期徽州家谱而言,即可见理学所强调的贞烈与名节意识于地方彰显,而其在家谱编纂方面,则表现在明清以来于徽州家谱之中新显的"烈女"项。如《双杉王氏宗谱》:"注书行第以别序次,生庚以稽年寿,书宦迹、行实以彰有德,书烈女、节孝以励风化。"①再如《槐塘程氏宗谱》:"妇之守志有终,众所共推者,当表扬数语,以励风化。"②

长期以来,中国人对自己的祖先一直充满着崇敬之情,提起祖先,子孙们想到的多是赞美之语,而对不利于其祖先之言语,多有隐讳,对其祖先可谓是扬之过高,隐之过深。因而,扬善隐恶成为徽州家谱纂修的一般准则,无论是宋元还是明清,纂修家谱时都遵循此圭臬。如《歙西汪氏重辑支谱》强调:"国史所以垂训后世,必善恶并书,以为法戒。家乘不过昭示子孙,义当隐恶而扬善。故前代之嘉言懿行,纤悉必书,其湮没不传,则不能录。"③对家谱与国史之殊途同归关系进行阐述。国史是供后人观阅和借鉴的,其编修必遵循善恶并书的原则,以示其真实性,这俨然成为一种楷式和鉴戒。家谱不过是为后世子孙观阅,令其对祖先充满认同及自豪感,必把有利于祖先的事迹一一书写记载,不出纰漏;不利于祖先的言语需删除,稍有书写,必锱铢必较。不过,

---

① (清)王启魁:《双杉王氏宗谱》卷首《凡例》,光绪十九年(1893)刻本。
② (明)程嗣功:《槐塘程氏宗谱》卷首《凡例》,万历十四年(1586)刻本。
③ 汪宗海:《歙西汪氏重辑支谱》卷首《凡例》,民国八年(1919)刻本。

在明清家谱凡例中并非皆遵循扬善隐恶的准则,有些家谱就提出要善恶备载,这无疑为家谱内容的真实性和可靠性提供了重要的依据。

(四)世系

世系又被称作世传、世系表、世系图等,指一姓家族男性子孙世代相传的系统,主要是记载始迁祖时期至纂修该家谱时期,家族历代族人的姓名、生卒、官职、婚娶、子女、生卒等内容的图表,是家谱的重要组成部分,亦是家谱区别于史书、方志、家传等的主要特点。世系图表在家谱中占主体部分,往往一部家谱中有四分之三的篇幅是记载家族世系。由明清徽州家谱世系图可以看出,大多数情况下,图右面为世系人名,上下序辈分,左右分嫡庶。图左面为人名小传,简介人物字号、简历、生卒年月、婚配、坟茔及子女情况。

自宋代以来,家谱世系的编写与欧阳修和苏洵有着密切的关系,他们创立的"五世一提""两图九世"的世系编修规范成为后世修谱的圭臬,产生了深远的影响。世系图表的编写往往是家谱纂修者在编修家谱时最为重视的内容,这不仅关涉家族的历史,亦关涉家族的血缘传统。明清时期在修谱时攀附名人、牵强附会的现象屡见不鲜,这种修谱混乱和伪冒一旦出现,对以血缘关系为纽带的宗族就会是一个沉重的打击,因此,历代的家谱纂修者对世系图表的编纂都是十分谨慎的,也形成了一些成熟的理性认识。如《大阜吕氏宗谱》有言:"叙曰,亲疏以代著,因代以分系,系分而理续,续而弗绝,绳绳衮衮,各有条贯而弗紊也。因其条贯可以究其本末、亲疏之故,是以谱学莫辨乎世系。世系明备而一本万殊之理见矣。故究予族世系非不明且备也,但世变古今,抄誊讹缪,苟不订证,族胡以明。乃取先人旧笔,序其世次而图之。在前代者信以信,疑以疑,不敢略为之增损,至近世者独加详焉,庶几亲疏远近百世之下皆按图而可考矣。作世系图表。"① 这段文字不仅将谱图的名称正式定为世系图表,而且详细阐述了世系图表在家谱中的作用,即"谱学莫辨乎世系",突出了世系图表在谱学中的核心地位。并且,这段文字还确立了世系

---

① 吕龙光等:《新安大阜吕氏宗谱·世系图表》,万历五年(1577)修,民国二十四年(1935)重刻本。

图表编写的一些原则,即"在前代者信以信,疑以疑,不敢略为之增损,至近世者独加详焉,庶几亲疏远近百世之下皆按图而可考矣",针对前代和近代的情况作了不同的规定和要求。这段对世系图表的叙述,反映了中国历代家谱纂修者对世系图表的认识和编修家谱的思想倾向。

(五)传记

明代以来,徽州家谱不仅存世数量众多,而且在体例上不断创新,在内容上更加丰富。人物传记作为徽州家谱内容的必要组成部分,在家谱中占有较大比重,其中所涉及的人物多为下层民众,记录的内容也多为正史所不及,涵盖了徽州普通民众的生存状况和生活方式,是研究明代徽州人物和宗族的重要史料。家谱中的传记从形态上可以分为传、小传、行状、行实、志略、神道碑、墓志铭等,在这些形态中,最常见的是小传,小传常与世系图表一道,是在世系图表之后附注的内容,较为简短。传、行状、行实、志略单篇篇幅大致相近,在宋明家谱中出现的频率低于小传,小传是绝大部分家谱的必备内容。

小传相较于其他传记类别,有其独特之处,小传往往被描述为"简而朴",这说的正是其简明扼要的特点,也是小传不同于其他类别传记的最大特点。在家谱之中,多有关于要求小传书写时"文从简也"[①]的规定,"间有举其一二行事者,亦直道之所存耳"[②]。较为细致的规定则可见于《休宁陪郭叶氏世谱》之中,"婚姻姓氏,如娶某人之女,用访其字书之,不曰某公,删虚文也。如女适某人,不曰某人之子,从简便也"。[③]

家谱中关于入谱人物的规定极其严格,在欧苏体例之中,不书女、不书继娶、不书妾已经成为了定例。到了明代,徽州家谱在修纂之时打破了这个规定。在明代徽州家谱之中存在着一定数量的关于女性的记载。将家族中的女性也纳入记述内容之中,在明代徽州家谱中有较多的节妇烈女传,在记述中,有的家谱会将本族外嫁之女载入其中,并且在编修的时候不仅记录节烈

---

① (明)程景珍等:《休宁率口程氏续编本字谱·凡例》,隆庆四年(1570)刻本。
② (明)吴元孝等:《临溪吴氏族谱·凡例》,崇祯十三年(1640)刻本。
③ (明)叶志道等:《休宁陪郭叶氏世谱·凡例》,弘治十一年(1498)刻本。

妇女,还书妻妾。冯尔康认为,女性记载入谱需要审查以下三条:一是否贞节,二是否传宗接代,三是否婚姻失类。①

明代徽州家谱对入谱人物作了进一步的限制,大多数家谱之中的子孙无问隐显,但凡有恶行,则不可被载入族谱之中。不过,也存在着善恶皆书的情况,只是在书写恶行的时候较为隐晦,多使用一些特定的用词,如"征"、用小字书写名字等。"谱书与史无异,史录一国之事,善恶俱见;谱录一家之事,书善不书恶,为亲者讳也"②"苟事无大害而过小可讳者,姑讳之"。③ 在有明一代,大多数家谱对家族中人物的记载正是如此,扬善隐恶是较为常见的做法,而这一点一直以来也为许多学者所诟病。

家谱在明代徽州宗族中具有极高的地位,明代徽州家谱中的传记极力效仿正史进行修撰,以信史为原则,注重记载的真实性,从文学类传记转向史学类传记;将家谱内容由单纯的记载世系兼较少的仕宦等人物传拓展为记载家族的方方面面,包括家族中各行各业的人物,学习正史,力图保存较为全面的家族全景;不仅如此,更注重史学的功用性,通过对于人物事迹的记载等内容,赋予家谱更多的史学功用价值。

明代徽州家谱中人物传记的修撰者大多本身便是史学家、文学家,其中汪道昆、吴元孝、程敏政等人自身皆为著名史学家或文学家。此外,为家谱中撰写传记之人有不少是著名的史学家,传记本身便具有史学家的史学思想。如王世贞就与徽州地区联系紧密,为许多徽州人撰写了传记;程敏政作为徽州人,更是撰写了大量的传记,在其文集中亦有大量的收录;汪道昆作为修撰了两部家谱的徽州人,除了为本族人撰写传记外,还为外族人撰写了大量的传记,其中虽不乏应酬文,但是不可否认的是文中所体现的史学素养。

有明一代,家谱在关于人物的记述上更加全面,力图保留家族的全景,极大地拓展了家谱记载的范围,所载人物从事的行业不再仅仅局限于仕宦,如

---

① 冯尔康:《18世纪以来中国家族的现代转向》,上海:上海人民出版社,2005年,第149页。
② (明)葛文简等:《绩溪积庆坊葛氏族谱·凡例》,嘉靖四十四年(1565)刻本。
③ (明)张敦仁等:《张氏统宗世谱·凡例》,万历四十三年(1615)刻本。

明正德四年(1509)撰修的《新安毕氏族谱》之中就记载了仕宦、隐德、文士、贞节、寿考等方面的人物传。这些体现了明代徽州人物传编写旨趣上的"凡人之言垂训,贵能明善以彰劝,明不善以示戒"①及"有一嘉言善行备书之,不敢没其善也"②的意识。也正是这样的意识,使得明代徽州家谱所记载的内容更为详备,且更具有研究价值。由此可见,明代徽州家谱传记编写中表现出的家谱纂修者意图全面保留宗族内容的主观意识,与正史备载国家之事在一定程度上是相仿的。

二、明清徽州家谱创新的内容

(一)目录

看家谱目录是短时间内了解一部家谱内容最简单明了的方式。目录的作用在于统其后所载概况,同时也备分类查阅。目录是每部家谱必不可少的内容,通过目录能知晓家谱的大概内容及排列次序,可以在短时间内迅速找到自己所需的材料。自古以来,所有的典籍都是归纳并按照一定的内容分类编排次序,总括而成目录。至于家谱,虽也属史类,但其涵盖的内容与史有所差异。明代家谱目录中有新旧谱序、凡例、姓原、世系、墓图、诰敕、传记、诗文、像赞、家训、领谱字号等内容;清代及民国时期的家谱目录基本上也是类似内容,只是次序和名称略有变化。这反映了中国家谱发展到明代已经成熟、完善、定型,中国家谱的基本格局在明代已经奠定。清代以及民国时期的家谱在内容体例上是明代的延续,并无多大的发展与创新。

(二)祖先像赞

自古像赞,一是先祖肖像,二是赞语。赞语是传主一生的精简概括。肖像加赞语称为像赞。一般放在各姓氏宗谱的卷首,现代称为人物简介。明清两代,商品经济的空前繁荣和儒家思想的平民化为修谱提供了人力、物力及

---

① (明)程文绣、张冲等:《泾川张氏宗谱·凡例》,万历四十六年(1618)刻本,王强主编:《中国珍稀家谱丛刊·明代家谱》第25~26册,南京:凤凰出版社,2013年。
② (明)程嗣功著:《槐塘程氏宗谱》卷首《凡例》,万历十四年(1586)刻本。

思想支持，诸多家族修谱时开始将祖先肖像和赞语写进家谱。

家谱中的祖先肖像，少则几幅，多则数十幅，大体分三类：一是本家谱的始祖。以列本族始迁祖的遗像，加深本氏族人对祖先的印象，增强族人对本族的认同感，从而增强族人的凝聚力和向心力。二是五服之内先祖，宋以后祭祖，除祭本家族的始祖、始迁祖，五服之内的高、曾、祖、祢四代祖先亦是要祭拜的。与此相应，近世祖先的图像在家谱中也经常出现。三是本族名人。始祖、始迁祖与近世先祖之间，往往中间所隔数百年乃至上千年，这中间的历代祖先诸多，不可能将每位祖先一一记录在谱，于是各家族就选择期间的名人，加以绘图。赞语一般置于先祖肖像之后。撰写赞语者，大都也是当世或者后世的名儒、文士，内容是对人物的内在特质和外在质行进行精准的描述，词简而意赅，崇敬之情溢然。作为特殊的传记素材，像赞对人物相貌的描述，亦是对行状的补充。如婺源《清华胡氏文敏公宗谱》像赞列举该族自宋迄清嘉庆年间的数十位祖先，选择将宋代光禄大夫瞳公绘成图像，并放在像赞的第一位，谱中记录赞语书写者为宋丞相赵普，赞曰："威振华夷，功揭天地。一代英雄，千载庙祀。有像斯存，凛然生气。"清华胡氏期望通过将本族历史名人写进家谱，达到睦族和增强后代子孙自豪感的目的，这种自豪感成为后代子孙奋斗强大的精神动力。

又如《官源洪氏总谱》第一幅肖像是"唐观察使经纶公像"，其赞语在家谱里是唐汾阳王郭子仪题，赞曰："圣贤德量，经济才猷，时当靡蛊，心怀隐忧，生民休戚，周爱访求，邈绵瓜瓞，祀享千年。"家谱中所作赞语的名人诸多，其中规格最高的当属皇帝，如《朱氏正宗谱》刊有宋文公朱熹像"婺阙里徽国文公之像"，其赞语为宋代皇帝御题，赞曰："德盛仁熟，理明义精，布诸方策，启我后人。"后又有陈亮的赞："体备阳刚之纯，气合喜怒之正。晬面盎背，吾不知其何乐；端居深念，吾不知其何病。置之钧台捺不住，写之云台捉不定，天下之生久矣，以听上帝之正令。"①

---

① （清）朱世熊等：《朱氏正宗谱》卷首《像赞》，乾隆三十四年（1769）刻本。

(三)姓氏源流

姓氏由来问题,自古就受到中华民族的重视。最初姓、氏是两个不同的概念,我国姓氏的起源可追溯到夏、商、周三代,"姓所以别婚姻,故有同姓、异姓、庶姓之别。氏同姓不同者,婚姻可通;姓同氏不同者,婚姻不可通。三代之后,姓氏合而为一,皆所以别婚姻,而以地望明贵贱。"①三代之前,姓、氏有别,女性地位低称姓,男性称氏,"姓则统祖考之所自出,百世而不变。氏则别子孙之所由分,数世而或更合而曰族,宗派有主,分而为氏,婚姻避宗,此中古圣人之定制也。故族之为言簇也,尚夫聚而有别也。姓之为言生也,本其所自出也,氏之为言示也,明其所自分也。自姓统氏分之制更,而支派日紊,大宗小宗之法坏,而族属日疏,于是一姓不变者,累数千百年而子孙动且万计"。②秦朝,郡县制取代分封制,取消了裂土分封,氏失去了存在的土壤,只剩下与姓相同区别婚姻的意义。至汉,姓、氏合一。

姓氏源流就是指姓氏的来源,流就是指姓氏的分流,亦指姓氏的迁徙地。中华民族姓氏众多,"按姓氏之称,有自来矣。邃古之初,悠邈难追。黄帝以来姓氏方著,三代而下宗派愈详,天子则因生赐姓,胙土命氏,诸侯命字为谥,因以为族。是故世之姓氏,有因德者、有因国者、有因居地者、有因食采者、有因官者、因爵者、因事业者,又有因王父名字者、因先世谥号者"。③ 姓氏源流是明清家谱中一项重要的内容,关于姓氏的来源,几乎每部家谱都有专门章节进行介绍。以下试选几部家谱,对姓氏源流进行介绍。

《昌溪吴氏太湖支谱序》明确指出吴氏以国为氏:"吴氏本长沙王吴芮。自黄帝之后姬姓,姬周之隆,始于后稷至于公刘,传绪于古公亶父,追尊为太王,长子泰伯让德封于吴,子孙以国为氏。"④

《汝南项氏宗谱》:"项有二出,皆以国为氏,其先姬姓,国于陈蔡之间为

---

① (宋)郑樵:《通志》卷二五《氏族略第一》,见《景印文渊阁四库全书》第373册,台北:台湾商务印书馆,1986年,第254页。
② (清)徐景京、徐礼等:《新安徐氏宗谱》卷一《旧序五》,乾隆三年(1738)刻本。
③ (清)徐景京、徐礼等:《新安徐氏宗谱》卷一《旧序五》,乾隆三年(1738)刻本。
④ (清)吴如彬:《昌溪太湖吴氏宗谱》卷一《左台公谱序》,乾隆三十年(1765)刻本。

项,今陈州项城县是也。春秋时为鲁所并,子孙遂为项氏或曰齐,非鲁也。"①

《太原双杉王氏宗谱》:"人生天地以得姓为贵,吾族之得姓,自周子晋子司徒敬公也,居太原而为太原派者。"②

《冯氏宗谱》:"余宗自周文王之子,毕公高之后,毕万之文孙,食采冯城,为氏焉。"③

《绩溪三都梧川汪氏宗谱》论述了汪姓源自古代神话传说:"吾族始祖汪公,鲁成公之子,襄公之介弟,太夫人姒氏相传怀孕期年而生,生而有文在手,左水右王,因名曰汪。少而颖慧,长而敦敏,有功于鲁,食采颍川,至三世都司马诵公,始以王父名为氏。"④

家谱的姓氏源流不仅对得姓来源有介绍,对家族的迁徙及迁徙之后的分流情况亦有详细的介绍,如《汝南项氏宗谱》:

> 得姓之由,始自项橐,其后世为楚将,至羽而特盛,曰伯、曰仲,并显一时。伯因鸿门翼蔽功高赐姓刘,未闻其卒复也。而其衍派以至于今者,其皆仲之后乎? 递传至斯,斯生行,行讨巢寇有功,光启中,迁新安黄墩。至明远官丹徒尉,始迁婺西龙源,四世至伯鲁,咸咸平名进士,嗣后科甲联登,名贤辈出,遂为簪缨之望族。伯振子文英自龙源迁德兴绩溪,文焕子仁右、孙士荣迁浮梁长山,士廉迁浮梁鸦滩,士显迁本县姜源新溪,士昌迁土桥头鲍家段,六五迁霍溪,绍迁朱口,寿迁深度,仲荣迁枫林,佛受迁新庄,良庆迁德兴黄岗。虽支分派别而参互考订,勒成一编,祖其所自,始大宗也。⑤

又如《碧山李氏宗派谱》:

---

① (清)项茂棋:《汝南项氏宗谱·汝南项氏宗谱旧序》,康熙四十九年(1710)年刻本。
② (清)王启魁:《太原双彬王氏宗谱》卷首《凡例》,光绪十九年(1893)刻本。
③ (清)冯景铭:《冯氏宗谱》卷一《冯氏宗谱引》,光绪二十六年(1900)刻本。
④ (清)汪宗瀚:《梧传汪氏宗谱》卷一《汪氏得姓受氏及本支迁居纪略》,光绪二十一年(1895)刻本。
⑤ (清)项茂棋等:《汝南项氏宗谱》不分卷《项氏重修宗谱序》,康熙四十九年(1710)年刻本。

推原先世，自皇帝颛顼高阳氏姬侄生大业，大业生华，华生咎
繇，字延坚，为尧大理官，生益，益生思诚，思诚子孙，历虞、夏、商之
世，龙其职以官，命族为理氏。至商纣时，裔孙理征，字德虚，职翼颖
中，吴伯以直不容于纣，其子利贞逃难于亳伊侯之墟，食李全生，改
理为李，传十一世，历周之末而有老君名耳，字伯阳，谥曰聃，道德尊
荣，为周守藏史官。孔子适周，而问礼焉，著《道德经》以授。官伊
子，自号蟠根仙李。厥后李克、李牧，迄秦迨汉，而有信、广，自是递
晋魏，而文武英杰，代有其人。传至陇西郡武昭王暠，初仕于周，为
上柱国，封唐公至孙渊，仕隋，封唐王。隋恭帝义宁二年，受隋禅，改
元武德，国号大唐，是为高祖。次子太宗，定天下，至太平传至十四
年，至宣宗第九子讳洞，封昭王，生三子，长豊，次佑，饶州刺史。季
伴，季僖宗，唐子逆贼黄巢，作乱扰长安，辛丑中和元年，车驾出，自
兴元幸蜀，皇弟昭王奉诏镇江南，居金陵。王之元妃，即前歙守陶雅
之女也。王命季子伴易名京，往饶治丧，转歙作谢。值黄巢大乱，道
阻暂依外氏，又闻巢遇黄不杀之号，遂徙黄墩隐居焉。京公生三子，
长仲皋，次仲安，三仲亨，生三子，长德鹏，次德鸾，次德鸿。时逆贼
巢平息，京公遣子仲皋仝孙德鸿往饶，问兄安，径涉星邑，见山水秀
丽，谓必可族乎斯。始有迁居之意，因卜遇田即吉，于是德鹏公迁祁
之孚溪新田，德鸾公迁婺源之严田，德鸿公同祖公迁浮梁之界田，是
为三田。李氏自后，枝分派衍，星罗于各州府者，愈蕃愈硕，猗欤盛
哉。先世自五帝三王时，为大理得姓，下逮秦汉、三国、六朝极矣。
所谓贤李蟠根，柯条中外者也，即今子孙散居天下者，不可胜数，而
吾族自唐昭王季子伴易名京公者，始隐于歙，继迁于昌。①

(四)族规家训

族规，在家谱中又称家约、家法、家典、族约等，是家族自己制定的约束族

---

① 作者不详：《碧山李氏宗派谱·李氏本源序》，民国抄本。

人、教化后嗣的一种家族性质的规定和要求,一般可以分为强制性的规定和诱导性的说教两种类型,而其内容主要集中在价值观方面,特别是忠、孝、节、义上,同时也包含着宗族生活的方方面面,与族人的生活息息相关,主要包括财产的继承、婚姻、职业的选择、买卖租赁、祭祀祖先、孝敬长上、家庭教育等。对于一个宗族来说,族规家训就相当于国之法典,关系宗族风气的优劣及族人行为的好坏。如《仙源东溪项氏族谱·祠规引》指出:"家之有规,犹国之有典也。国有典,则赏罚以饬臣民;家有规,寓劝惩以训子弟。其事殊,其理一也。"①故各大宗族对族规家法均十分重视,在族谱中用很大的篇幅来记载。此外,族规家法也对族人违反族规家法制定了严厉的惩戒措施,轻者训诫、责打、罚跪、罚银,重者从族谱中削名、黜出宗族。如《绩溪仙石周氏宗谱》中记载:"家法治轻不治重,家法所以济国法之所不及,极重至革出祠堂,永不归宗而止。"②可以说,正是通过这种严厉的惩戒措施,达到对宗族成员的教育和警示作用,而这些也都反映了宗族对于族规家法的重视和维护。

家训也称为祖训、家教、遗训等,其主要内容是"其善之所当勉,与不善之所当戒者"。与族规不同的是,家训的主要作用是教化族人、劝恶扬善。如祁门《周氏宗谱·宗训》中所说:"仲弘公作宗训十四条,恺切详明,劝善惩恶,士君子修身齐家以及立朝处世之道,罔不备载,诚老成之典型,后生之砭石,勖后人念之毋忽。"③其家训"恺切详明,劝善惩恶,士君子修身齐家以及立朝处世之道",对宗族的后生有直接的教育作用。

"族之有谱,犹国之有史,国无史不立,族无谱不传"④。家谱的历史源远流长,从简单到复杂,不断发展完善,直至明代中期达到了其发展的新高度。类型多样的谱序、系统完善的目录、丰富多彩的艺文、独树一帜的年谱、保存完整的契约以及内容丰富多彩的族规家训,等等,一起构成了独具特色且内

---

① (清)项哲人等:《仙源东溪项氏族谱·祠规引》,光绪十一年(1885)刻本。
② (清)周赟等:《绩溪仙石周氏宗谱》卷二《周氏宗谱家法》,宣统三年(1911)刻本。
③ (清)周善达等:《周氏宗谱·宗训》,康熙五十五年(1716)刻本。
④ 王德藩:《盘川王姓宗谱》,民国十年(1921)刻本。

容丰富的徽州家谱。族规家训作为徽州家谱的有机组成部分,明代以后发展到巅峰,其内容丰富、形式完整,构成较为完整的族规家训体系。其之所以发展,主要得益于徽州人重视修谱,这一时期徽州地区修谱之风盛行,名家大族花费巨额的财力物力修谱,使家谱的内容更完善、形式更多样。而作为重要内容的族规家训也日趋完善。这时徽州族规家训主要由尊祖敬宗、忠孝节义、严肃闺门、平息争诉、养正于蒙、各治其业、品行端正、勤俭持家、早纳赋税、慎结好友等内容组成。

族规家训作为家谱的重要组成部分之一,非常重视对尊祖敬宗观念的宣传,而对祖墓的修理和保护更是尊祖敬宗观念的直接体现。徽州人重视墓地,不仅体现在要选好墓地,还要有墓产,立碑铭,清明需祭扫,不得使墓地荒废。如洪氏家族就有关于祖墓的记载:"敬祖宗,人本乎祖,祖固有墓。宜修理立碑铭,置墓产,每逢清明必须祭扫,务使世世相传。则曰:某公某妣之墓业,向高疏言,南北仕官不得一登先人之丘垅。荒茔颓废,每一念及痛心刺骨,心切乎墓,所以重先茔也。"① 可以看出,徽州人非常重视墓地,并且认为重视祖墓就是尊祖,尊祖不仅仅是敬重在世的前辈,更要对祖宗先代的祖墓坟地进行打理和祭奠。再如《绩溪县梁安高氏宗谱》② 罗列的十条祖训:

> 孝父母:天地生人,父母生子,是天地乃众人之父母,父母即一身之天地。人安可不敬天地,子安可不孝父母?乃世有下愚,每谓我不读书,不知孝道。殊不知孝乃生来本性,不虑而知,不学而能,故孩提之童无不知爱其亲,而况羊知跪乳、乌能反哺?禽兽且有孝心,人而不孝,不如禽兽!真天地所不容,鬼神所忿怒,人人得而诛之矣。试观古来孝子,如王祥卧冰、孟宗哭竹,皆能感格天心而得厚报,可见孝为百行之原。欲行善,必从孝始也。至以家贫为不能行孝,其说更悖,人但竭力以事其亲,何必富贵?况孝止是"爱""敬"两

---

① (清)作者不详:《洪氏族继修族谱》,光绪间刻本。
② (清)高富浩等:《绩溪县梁安高氏宗谱》卷一一《祖训》,光绪三年(1877)刻本。

字,人虽至贫,未有不爱妻子、不敬鬼神者。苟能移爱妻子之心以爱父母,移敬神之心以敬父母,安在不为孝子哉!

敬祖宗:维木有本,维水有源,敬祖宗即是从"孝"字推上去。常存善心、行善事,恐辱先人,此敬祖宗之心也;修祠堂,省坟墓,奉祭祀,重谱牒,此敬祖宗之事也。

正婚姻:男女居室,人伦之始,要门户相当,家风清白。男婚不宜过早,女嫁不可太迟。娶妻求淑女,不要美色,不图厚奁;嫁女择佳婿,莫结势豪,莫贪厚聘。至同姓不婚,我高氏曾以胡姓入继,故高、胡永不为婚,后有入继者,当永以为法,不可隐匿,违悖祖训。

睦宗族:人在世上,要一团和气,四海之内皆兄弟也,而况宗族一脉,安可不睦?所当敬老慈幼,怜孤恤寡,劝善戒恶,排难解纷。万一有不平,只宜凭长辈理论。至于结讼争斗与他姓且不可,而况同族?尤当切戒。

守正业:人家子弟,无论贫富智愚,皆不可无业,无业便是废人。又不可不严正业,不守正业便是莠民。正业不外士农工商,因材而笃,皆可成家立业。安可自甘污贱,为娼优、隶卒,以玷辱门庭?至于医卜、星象,虽非邪术,亦不可轻学,盖其术不精,因而误人惑人,则亦非正道矣。

兴文教:四民皆是正业。然不读书则不知礼义,故凡为农、为工,皆当读书。虽不望成名,亦使粗知礼义,不至为非。至于子弟佳者,则为之读书,使家贫无力,宗族宜加意培植。盖族内有读书人,则能明伦理、厚风俗,光前而裕后,其关系非浅,又不但科第仕宦为宗族光已也。

严闺阃:人伦有五:曰父子、君臣、夫妇、兄弟、朋友。人而无伦,何异禽兽?故五伦以君臣为首,而夫妇在先。欲正人伦,先别男女,男女虽同胞,自八岁以上,即使有别,所以远嫌辨疑而防微杜渐也。男子不得入内室,男女不得同坐,不得笑谑;妇女不得入寺观烧香,三姑六婆不许入门。闺风正则风俗隆，而家门昌大矣。

畏王法：王法者，朝廷所设以治吾民者也。无王法，则天下乱。苟平日不畏王法，恐一旦犯法而不自知。及遭刑戮，悔之晚矣，此君子所以怀刑也。故为绅，为士，为民，皆当畏法。畏法则敬官府，早完粮。苟非万不得已，不可轻与人结讼，自能远耻辱而保身家矣。

积功德：世人算命、看相、做风水，皆欲富贵昌盛。然命相已定，算之、看之不能变好。风水即能发人，而阴地由于心地，心不好，亦不能得地。可见欲富贵昌盛，惟有广积阴功。家道富厚者，赈饥寒，恤孤寡，施棺椁，修桥路，皆功德也。至于贫人，安有此力？不知贫人积德，其功倍于富人，但终身存好心，量力做好事，而且与父言慈，与子言孝，与夫言义，与妇言贞，劝人为善，戒人为恶，处处可积功德，正不必富贵而后能积功德。

禁溺女：上帝有好生之德。人之善事，莫大于救人命；人之恶事，即莫大于杀人命。然有心杀人，罪更深于无心杀人；有心杀无怨之人，罪更甚于杀有怨之人；杀无怨而为至亲之人，尤甚于杀疏远之人。世俗之溺女者，父子至亲，婴孩何怨？乃竟立意杀之，而不肯宥，其恶极矣！夫物之凶狠者，莫过豺狼虎豹，然皆不食子，乃至人而自杀婴女，是凶狠过于豺狼虎豹。彼呱呱者，方待乳待衣，而忽投之于水，此事能下手，亦何事不能下手？恶至于此，天理岂容！若谓恐分子乳，故杀女以育子，是爱子而先为子杀一人命，其子亦必不昌；若谓家贫不能育，彼婴女所食者乳，并不食膏粱。既生女，必有乳，即乳或不足，米汤粉糊亦可助乳。试观乞丐之徒，亦能襁负儿女，安在贫不能育？至谓免他日出嫁赔妆奁，此说更是可恶！既不忍薄其妆奁，何独忍其性命？天道昭昭，无恶不报。凶狠至此，言之酸心。故宗族中有溺女者，其罪通天，虽别人戒杀放生，皆是无益。盖在他处有育婴堂，尚免载溷，吾乡无之，惟赖宗族设法禁止，随时告诫，功德无量。

族规家训作为"一家之私法",在宗族内部扮演着相当重要的角色,其内容繁多,凡是族规家训所列禁止之事,必有相应的惩戒条例。惩戒条例有着预测、警示和教育的作用,族规家训中惩戒条例制定的目的在于通过这些惩戒措施恢复被破坏的社会关系,惩戒并教育触犯族规家训的宗族子弟,缓和宗族成员之间的关系并预防出现新的矛盾。由此看来,家规家训中惩戒条例的制定,也是维护宗族社会稳定所必需的。诚然,族规家训并非都是正确的,族规家训作为中华传统文化的重要组成部分,也有其局限性及不当之处,对于族规家训要取其精华,去其糟粕,推陈出新,不断地将中华优秀传统文化发扬广大。

(五)村图、墓图

明清徽州宗族在修纂家谱之时,会对家产进行记录并将其制作成图像,直接记录宗族认同的空间边界。一是对宗族的祖墓进行绘制,对歙西金山宋村宋氏所言是为了"子孙按图而知发祥所自,庶几慎守松楸无贻"。① 之后的鱼川耿氏则直言这种制作是为了确定自身宗族所有祖墓的存在,以划定墓地的边界,区别他族,"尝考周礼冢人掌公墓之地,辨其兆域而为之图,则墓之有图,自古有之。孔子少孤,不知父墓,及葬其母曰丘也。东西南北之人也,不可以弗识也,则墓之有识亦自古有之。盖弗为之识则传世久远,不为异姓所侵夺,或将为同姓所冒认;弗为之图则支分派别,蔓衍迁徙者归祀无所凭;附近豪强侵占无所辨。是故既图其墓之形,又详注其所在地,某山某向某形及字号、四至、税额,或合葬或同墓,不厌其详,妥先魄防后患,具列于后,爰警来裔"。② 在这一精神指导下,明清徽州宗族绘制出了以祖墓为核心的呈同心圆式的宗族祖墓俯视图,见图 5-1。

---

① (清)宋德泽:《歙西金山宋村宋氏族谱》卷二《丘墓》,康熙五十九年(1720)刻本。
② 耿全等:《鱼川耿氏宗谱》卷六《墓图小引》,民国八年(1919)刻本。

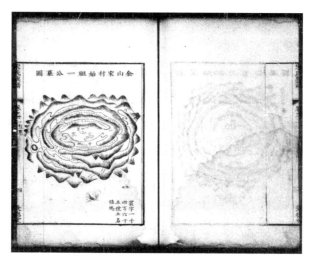

图 5-1　歙西金山宋村始祖一公墓图

二是在绘制完墓图之后,记录墓地的位置和税业,以证明所有权,这一点也是宗族所要求的,"先人丘墓理宜世守,恐年湮代远,失其所在,尤惧被人侵占,故凡墓所可望之处,俱得图形,并将山向、土名、字号、税亩、界址等类详细载明"。① 如歙西王充东源洪氏,其十二世东源六派始祖墓地后就有相关记载,"万历原丈凤字二千二百八十号,山税三亩二分九厘六毫三,系土名柽林后,清顺治丈驹字二千二百七十七号,山税三亩三分八厘五毫九"。② 实际上,墓图的存在确实能够起到确定本族与他族边界的作用:

> 康熙丁酉,门昭售北闱,庚子归里省墓。凡历代坟茔,有侵占者鸣之,公私悉为清理,复其旧规。独公墓去村五里许,与土人胡氏居址相近,诈认为家墓。每岁时拜扫,两姓俱来标挂,几不辨其为谁氏祖矣。余叔祖钟眉公为余叹息言之,乃与门昭偕往亲奠,携谱图以论胡氏,胡氏乃悦服。③

三是宗族还绘制自身宗祠图像,在绘制宗祠图像时,宗族往往是以宗祠

---

① 毕琢之:《巨川毕氏宗谱》卷一《凡例》,民国三十三年(1944)刻本。
② (清)洪定渭:《歙西王充东源洪氏宗谱》,乾隆二十一年(1756)刻本。
③ (清)金门诏:《休宁金氏宗谱》卷二〇《家传二》,乾隆十三年(1748)刻本。

建筑本身作为对象进行绘制的,将边界绘制进入者较少,不过宗族大多会将宗祠的边界用文字阐述清楚,如绩溪南关许氏:

计开祠基

祠堂以明洪武年裕民公讳德仁,建在绩溪城南门外,坐西朝东,辛山乙向,其基前至大街,后与故容县知县胡士俊公墓门交界,左前为本祠旁屋,外与章姓基地毗连,后亦本祠旁屋,屋外方塘及余地皆本祠业,右巷与章姓基地毗连。四至之内计东西十一丈八尺,南北前八丈九尺,连店屋后七丈九尺余。地塘在外,其税于许余宗户完纳,其步额另载祀产内。①

实际上,宗族的家产边界往往是与所有权相联系的,其直接以官府的或是地方社会所认可的产权边界作为自身的边界。宗族往往也有意识地利用这一边界,直接将这一边界内的所有作为自身家产权力的践行空间。典型如歙西王充东源洪氏宗族,其族不仅以税业的方式记录了宗族的所有权,还以官方认可的"弓口"形式将其绘制成图,使之边界一目了然。潜川惇本堂汪氏同样绘制出了这种弓口图,并对这种制作作出了解释,"弓口纪:治鄙经野,辨其广(东西输南北),一览周知,明晰浍分,侵者以正,匿者以明,此疆彼界,有眷有伦,按图而索,考覆维精,祗承先业,万古如新,作弓口纪"。② 显然,对于宗族来说,模仿政府土地产业调查时所运用的方式对宗族家产进行治理,其意图就是为了确定边界,以区分他族。

另外,明清徽州宗族并非以绘制自身家产空间作为区分与他族边界的唯一方式,有些宗族还绘制出整体的村落图像,这些图像除了绘制宗族居住村落的地形情况外,还着墨于对自身家产在村落中位置的描绘,以作为自身在村落中所有权力空间的证明。这一点在绩溪涧州许氏村图中表现得最为明显。其图以宗祠为中心,四周以民居环绕,外层再绘以墓地,最外层则是宗族

---

① (清)许文源等:《南关惇叙堂许氏宗谱》卷九《祠堂图附祠堂记》,光绪十五年(1889)刻本。
② (清)汪士钛:《潜川汪氏惇祠溯源家谱》卷八《弓口记》,清刻本。

的田产,见图 5-2。

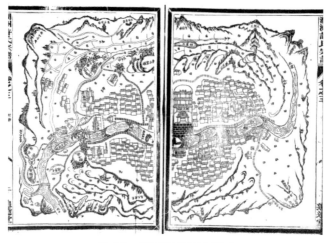

图 5-2 绩溪涧州许氏村图

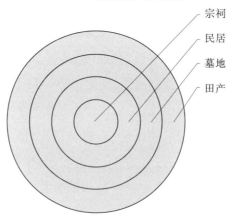

图 5-3 宗族村落空间俯视图

如图 5-3,这种同心圆式的俯视图自然使得涧州许氏族人能够清晰地认识到自身宗族权力空间,其宗族的空间认同边界也就自然是这一同心圆的最外层。对于这种控制整个村落的宗族来说,若以官府划定的地界作为其族认同的空间边界较为困难,这是因为明清时期徽州宗族财产权是处于一种分散状态的,族人很难产生一种整体性的认同,在这种情况下,宗族还会通过阐述村落的地理和宗族定居的"历史"作为图像的补充,以固化对村落整体空间的认同,如黟县西递胡氏家谱中就有言:

西递离城十五里,居邑之东乡,自石山至幕虞,数十里之中为一大村落。其东为杨梅岭,其南为陆公山,其西为奢公山,其北为松树山,山皆环拱,高不抗云。水二派,前仓之水发源于邦坞,后库之水发源于稣祥坞,涧澜双引皆向西流入夸山,水之钟灵,堪称桃源之胜壤也。自北宋皇祐间,五世祖士良公由婺来黟,遗荣访道,占形望势,爰筑室于仁山,燕子贻孙遂移家于福地,是以树联蕃衍,瓜瓞联延,建祠宇于村中,曰敬爱堂,奉支祖仕亨公神像,祠乙辛向,对汉瓦之峰,收西流之水。①

绘制出西递村的宗族权力空间图即可清晰看出这种认同的边界,见图5-4。

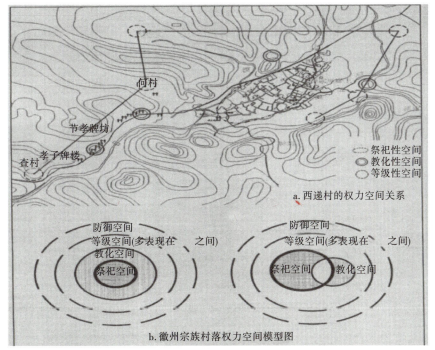

图 5-4　西递村宗族权力空间图②

---

① (清)胡叔咸等:《西递明经胡氏壬派宗谱》卷一《村图跋》,道光六年(1826)刻本。
② 王韡:《徽州传统聚落生成环境研究》第三章《徽州聚落的空间解析》,同济大学2005年博士论文。

不过，对于宗族混居的村落来说，其族村落图像有所不同，宗族需要明确自身的空间边界。这样一来，虽然仍然采用俯视图的形式，但宗族并不能简单地以同心圆的方式进行绘制了，宗族需要明确绘制出界标性家产，这一点在婺源城源汪氏宗族中表现得十分明显，其族以汪王祠即敦伦堂、慎徽祠、统公祠、香泉井、荫宅塘、蓄福塘、培元碣、石牛潭、养生潭、龙山石笋、桃木岭石洞、来龙山岚山路鹏完书屋、水口石狮①等宗族家产为地标绘制出了自身的村落住基图，见图5-5。

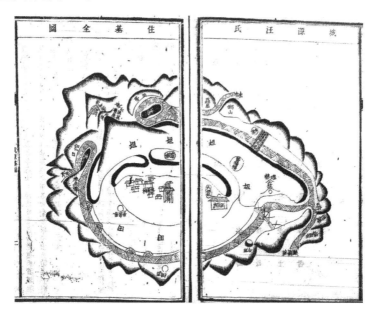

图 5-5　婺源城源汪氏村落住基图

这种村落之中有多个宗族，其情况就较为复杂，为确保边界内空间不被侵犯，宗族多利用政权承认的族产边界来说明村图中边界的正确性，大多数宗族利用税业边界，如祁门营前方氏宗族，其村图后即有其族在村中完整税业的记载，其中其与村中郑氏宗族"埋石为界，以凭此据"②。显然方氏认为这种直接将边界记载入谱的方式能够为宗族的空间认同提供有力的补充。

---

① （清）汪炳章等：《磻溪汪氏家谱》卷一《城源事录》，同治三年（1864）刻本。
② （清）方盛昱：《方氏宗谱》卷二《基图》，光绪三十四年（1908）刻本。

第三节　明清时期徽州家谱的特点

明清徽州地区素以"文献之邦"著称,保存有"数以万计的文书,数以千计的家谱和数以百计的方志"。徽州家谱经历从宋元到明代的转型,清代时期徽州家谱的内容与体例已趋于完备,家谱中所记载的丰富内容是研究清代徽州地区宗法思想、宗族演变和人口迁移、历史人物、宗族教育、社会风俗等问题进一步走向深化的文献资料。其中,文书更是推动徽学兴起的重要支撑材料。明清徽州家谱日益受到研究者的关注,这是由其独特性和重要价值所决定的。

一、明清徽州家谱体例完善、内容丰富

徽州家谱的体例在明代已逐渐走向成熟,形成了包含新旧谱序、编修凡例、先祖像赞、世系图表、村图、祠墓图、人物传记、家族文献等内容的基本编修体例。许多家谱在此基础上还不断丰富其形式,明代万历年间范涞修《休宁范氏族谱》即是这方面的代表。该谱含谱叙、谱原、谱序、谱居、谱茔、谱祠、谱表、谱传和谱考九章,章下再分为旧谱目录、旧谱序文、旧考、新考、附考等共 37 个细目。[①] 全谱"洒洒数千万言,上自陶唐……纤悉不遗,彬彬乎齐家睦族之典型云"[②],全方位地反映了范氏宗族的情况。

(一)明清徽州家谱体例在不断发展中完善

关于体例的重要性,《方氏重修宗谱》中有较为完整的论述,"例也者,酌理义之中而为之条约,所以示一定不可移之则也,岂惟是哉?在上亦然,谓之法,岂惟上哉?在下亦然,谓之乡例是也。推而至于一云一为之间、一动一作之际,无不皆然者矣,何也?不知是则,己意不白于人,人将安措手足哉?此例所以为之纲领,而凡所行者殆不可少者也,况谱书云乎?昭穆何如而定,亲疏何如而别,是非何如而分,详有详之义存,略有略之意在,苟无以的之于心

---

① (明)范涞:《休宁范氏族谱·目录》,万历二十一年(1593)刻本。
② (明)范涞:《休宁范氏族谱·范守己序》,万历二十一年(1593)刻本。

而例之于前,则着笔叙事之际,所谓足将进而趑趄,口欲言而嗫嚅。其患有不可免也,岂惟后之人展卷而阅,诵而有不知头绪者哉？故曰例所以为之纲领,而凡有所行者殆不可少者也,况谱书云乎"。① 从方氏宗谱凡例的内容来看,谱例是斟酌理义而作出的规条,以规范家谱编纂为目的,对于家谱叙昭穆、别亲疏、分是非、详其所详、略其所略具有提纲挈领的意义。所以谱例之作是完成家谱编纂的重要保证。

早期家谱编修没有统一的体例,直到宋代欧阳修和苏洵以"小宗之法"编纂家谱,为后世修谱者所效仿,成为家谱编纂的指南。"按家谱之作,欧苏最著,苏氏则寓宗法于谱法之中,自高祖而上,高祖之义遂迁,凡五世以降,族人则又别自为谱,而未免略。欧氏寻源见流,采史记表、郑氏诗谱之例,其图始高祖迄元孙为五世,而上五世之元孙即为下五世之高祖,蝉联而下,谱世增而不世变,九族之亲备焉"。②

汪道昆在《溪南江氏族谱序》中对家谱的各个部分作了具体的评价。在该谱的序中,就以答客问的形式作了详细阐述。他说：

> 于是与之观谱例,叹曰:"善哉！简而核,婉而廉,疏而有则,法之良也。"与之观世系,叹曰:"邈哉！林林乎历世二十有五,历年七百,存殁无虑八百有奇。若字、若官、若昭穆、若婚姻、若丘墓、若妇、若不妇、若为人后、若后人,指诸掌矣。"与之观撰述,曰:"万全之烈,巨卿之勋,国士也。民茔而在山林,其有兴乎！君子以是知江氏之多材也。"与之观制,曰:"王章也,其有家之华与！"与之观训,掩卷而叹曰:"洋洋乎大哉！有道者之言,宗之庇也。力是数者,可以亢宗矣。"③

从这段话中,可以看出汪道昆对家谱体例发展的贡献是巨大的,不仅提出体例的标准"简而核,婉而廉,疏而有则",还对构成体例的各个部分都作了

---

① (清)方金声等:《方氏宗谱》卷一《凡例》,同治八年(1869)刻本。
② (清)胡祥木等:《上川明经胡氏宗谱》下卷之中《存旧》,宣统三年(1911)刻本。
③ (明)汪道昆:《太函集》卷二一《溪南江氏族谱序》,见《四库全书存目丛书》集部第117册,济南:齐鲁书社,1997年,第285页。

评价,对以后家谱的编纂都有重要的作用。在家谱的不断编修中,家谱记载的内容日渐丰富,家谱编纂的体例也不断完善。

(二)明清徽州家谱内容丰富

明清徽州家谱中包含大量特色文献,尤以保存地契及明代以来鱼鳞图册信息而知名。

这一特点从《潭渡孝里黄氏族谱》即可管窥,该谱有数十篇上述资料,正如该谱序文所言:"新安之异于邻郡县者有三,其一为田土黄册,册定于明洪武初,迄今完好藏长史廨宇中……守令增修黄册,或遭受豪猾改窜,非征信于谱不得也"①,这表明家谱也是记载当时社会经济活动的重要档案。

另外,在契约方面,《绩溪积庆坊葛氏族谱》载有"市西葛以昭,同侄彦臣、彦高、彦信、葛相、葛岩等严立规约"。② 其目的在于"以齐人心,以传不朽,事本家清明,报本祀恩祖,春秋二社皆礼制,得为子孙百世所当遵守"。③ 具体内容如下:

> 其礼仪费用,议将承祖田地山塘租草银,男女出银两并续置田产,开垦成田俱入堂众社户,轮流生放利息以供祭祀无穷之费。惟恐子孙繁衍,各挟私见以分均,人数寡者要夺照分该得物件以分均,人数多者要夺照人该得物件,破坏门户,贻辱祖宗。故于苍空之下,洗心祷告,誓以无私立此文约,其承祖田产银两、栽种木植,毋得怀私,照人分散;其续置田产银两,看守木植,毋得怀私,照分分散,务宜和同,各守定分。缺文亦不津贴,又各处坟茔山地前后左右,毋得盗葬盗卖,及所买相连罩占各处田产租息,务宜和同召种收贮,毋得私召私种私取,其该领社银者,每人必得保人,方可给与,其交纳要依定期,不许推推,其备项银两照旧入众,子子孙孙遵守。如违前项等约,事情只系不孝不义之人,许族诸人以家法惩之。仍许赍此文约,经公以子孙败墓罪论,甘罚白银五十两入官公用,仍以此约为

---

① (清)黄臣槐:《潭渡孝里黄氏族谱》卷首《潭渡考里黄氏族谱序》,雍正九年(1731)刻本。
② (明)葛文简:《绩溪积庆坊葛氏族谱》卷八《祖产叙》,嘉靖四十四年(1565)刻本。
③ (明)葛文简:《绩溪积庆坊葛氏族谱》卷八《祖产叙》,嘉靖四十四年(1565)刻本。

处。凭立此合同文约,永远为照。嘉靖二十年二月十五日立文约合同人葛以昭、葛彦臣、葛彦高、葛彦明等立。①

一般而言,经济型契约如有违背,须以罚银作为惩治措施,合同永远生效。契约收录于家谱中,可以说是请整个家族作见证,无形中提高了契约的强制力,也体现了家谱的法律价值。不仅有经济型契约,还有事务性契约。《休宁陪郭叶氏世谱》载:"我陪郭叶氏自南唐以下诸处坟墓,前宋元以来,后置立祭田,俱有规约,窃恐子孙众多,贤愚难保愿置拜扫文薄开载或有损失,今立合同与诸房子孙收执。"②这就是为保证祭田机制,而对家族成员的权利和义务进行约束的事务性契约。"子孙如有将各处坟茔地山,毋许侵葬损害,有犯许众告官,历时亩正,各处膳茔田土坟山,毋许盗买,及众钱本侵欺执匿,如有此者,众执告官追给,仍将本人坐以不孝之律,不许入会,戒之,戒之。"③一般来说,事务性契约是对家法的一种补充,适合对具体事务作出规范,并用强制力加以保护。

二、明清徽州家谱具有编修上的连续性特点

明清徽州有重视修谱的传统,在"三世不修谱,则为不孝"观念的影响下,各家族大致确立了"十年小修,三十年大修"的原则,较好地保证了家谱编修的连续性。与朱熹观点有异曲同工之效的是苏洵的"人家三世不修谱,则同于小人"。康熙十二年(1673),歙县槐塘程氏续修本支谱时就说道:"程之先有'三世不修谱,更为小人'之戒"④,程氏历代族人都把"三世修谱"奉为规条世代传承,而因程氏族谱未修已"逾两世矣",所以族人都深感不安。朱熹和苏洵"三世一修谱"的家谱观对徽州家谱编修产生重要影响,清代徽州家谱中就有大量续修家谱的论述。

---

① (明)葛文简:《绩溪积庆坊葛氏族谱》卷八《祖产叙》,嘉靖四十四年(1565)刻本。
② (明)叶志道:《休宁陪郭叶氏世谱》附录下《社会膳茔山定议》,弘治四年(1491)刻本。
③ (明)叶志道:《休宁陪郭叶氏世谱》附录下《社会膳茔山定议》,弘治四年(1491)刻本。
④ (清)程启东等:《槐塘程氏重续宗谱·槐塘程氏显承堂重续宗谱序》,康熙十二年(1673)刻本。

(一)明清徽州家谱内容上的连续性

道光十二年(1832),程文渊说道:"从来敦本睦族莫贵乎有谱,谱其可不勤修哉!顾谱不修则无以敦本睦族,而不敦本睦族亦有难于修谱者。"①他认为家谱是实现敦本睦族最重要的途径,家谱不仅要修,而且要勤加编修,这也有助于后世修谱者继续编纂家谱。

光绪三十四年(1908),戴济修在《续修宗谱序》中说道:"自咸同间兵燹相乘,我族之散处四方者固不知凡几也。况济生也晚,距当年重修宗谱之时将七十载,迟之又久,而宗谱失修者又念余载,迁延愈久,放佚愈甚,即凡所以为继祖于上、合族于下之谋者亦因之愈迫。倘祖宗纂修于前而子孙不续修于后,势必昭穆无序、谱牒无存,不至无亲无本而不止。此虽非一二人之咎,而要之有承先启后之责者皆不得辞其咎也。"②他认为因为不及时续修家谱使"昭穆无序、谱牒无存",有"承先启后之责者"都难辞其咎。

另外,清代的统治者一脉相承地施行"以仁孝治天下"的统治政策,这也对徽州家谱在编修上的连续性起到了促进作用。顺治九年(1652),清世祖钦定《六谕卧碑文》,碑文内容与朱元璋的《圣谕六言》相同,实际上是对明初"孝顺父母、尊敬上长、和睦乡里、教训子孙、各安生理、毋作非为"政策的重申和推广。康熙九年(1670),清圣祖在《圣谕六言》的基础上制定了十六条圣谕,内容的前两条强调:"敦孝弟以重人伦""笃宗族以昭雍睦"。雍正二年(1724),清世宗对《上谕十六条》进行解说,作成字逾万言的《圣谕广训》,并明确提出"修族谱以联疏远"。可以看出,从顺治时期的《六谕卧碑文》到雍正时期的《圣谕广训》都以"孝"为中心,而"仁孝"正是家谱纂修的指导思想。雍正八年(1730),休宁默林人汪应铨在为《江村洪氏家谱》作序时说道:"今上治隆化洽,正以孝友雍睦教天下。伏读圣训有曰:修族谱以联疏远,大哉!圣言诚视天下犹一家,中国犹一人之心也。"③文中"修族谱以联疏远"强调家谱统宗

---

① (清)程鉴冰等:《程氏族谱·续修谱序》,道光十二年(1832)刻本。
② (清)戴国忠等:《礼村戴氏统宗谱》卷首《济序》,光绪三十四年(1908)刻本。
③ (清)洪昌:《江村洪氏家谱》卷首《序》,雍正八年(1730)刻本。

收族的作用,天子尚且以修族谱为家训,何况士庶人家？"坐令宗族之谱乘迷芜荒略、不克一为修葺,岂非盛世士大夫家一阙事乎？"①

从家族内部看,不同时期家谱之间有继承相因性,在扬弃中延续。如明成化年间程敏政修成《新安程氏统宗世谱》后,对其批评者有之,肯定者亦有之。持批评态度的如嘉靖年间程项因"学士篁墩先生之笔削者,不无遗逸讹谬"而作《新安程氏统宗迁徙注脚》；至康熙年间程士培又因"篁墩先生统宗谱之系讹支遗"作《新安程氏统宗补正图纂》。对其持肯定态度而继承的,如弘治年间程祖瑷认为"克勤先生因两公所编,复在会诸派宗人及各族所藏新旧谱牒,理淯伐舛……而睦族之义、尊祖之心诚为全且备矣",并"依谱抽绎画为总图,著其说于下方",形成《新安程氏统宗世谱图》。在批评与肯定之间,程氏家谱得到续修,保持着有机的联系。

而修于光绪三十四年(1908)的《礼村戴氏统宗谱》将嘉庆修谱议字和新修谱议字都记录其中,内容如下：

嘉庆己巳年续修宗谱议字

立议合戴氏子姓人等,今因合族谱牒自康熙丙戌岁重修,迄今百有余年,其自丙戌以后各派支流并未纂入,诚恐年久世远查核维艰,用仝公议,设立条规,定于嘉庆十三年,各分子姓举出勤慎者以充执事,重新修订,其一切事件,悉照条规办理,毋得徇己怀私,致负公项,如有故拗作难者,合族秉公治以不孝,欲后有凭,立此议合存照。

新修谱议字

立议合字戴传经祠裔孙人等,今因合族宗谱自嘉庆辛未年重修迄今已近百年,其自辛未以后各分支派并未纂入,年久世远,已属查考维难,况又遭咸丰年间兵乱,几于查无可查,考无可考,若再捱延不修,同宗之亲必至视若路人,用是公议重新纂修,以绍前烈、以贻后谋,凡一切条规开列于左,欲后有凭,立此议合字存照。②

---

① (清)洪昌:《江村洪氏家谱》卷首《序》,雍正八年(1730)刻本。
② (清)戴国忠等:《礼村戴氏统宗谱》卷一〇《修谱议字》,光绪三十四年(1908)刻本。

以上两篇修"谱议"都是礼村戴氏重修族谱时所立,时间分别为嘉庆十四年(1809)和光绪三十二年(1906),两篇修谱议字内容没有太大差异,体现了家谱内容上的连续性。

(二)明清徽州家谱数量上的连续性

从整个徽州地区看,自明洪武至清宣统,不同时期均有家谱存世。据《中国家谱总目》统计,徽州明代家谱有确切年代的238部,其中洪武时家谱存3部,为明代最少,万历时家谱存78部,为明代最多;清代有明确年代的家谱571部,最少的是顺治时期的9部,最多的是光绪时期的157部。虽然各个时期家谱数量多少不等,但是这种连续性为考察徽州社会变迁提供了重要依据。

现存明代徽州家谱以数量大、分布广、质量高著称。涉及的姓氏繁多,包括张、黄、程、毕、曹、戴、杨、章、罗、潘、金、郑、谢、叶、卢、吴、朱、陈、汪、范、葛、李、胡、方等。在这些存世的明代徽州家谱中,有的是抄本,有的是刻本。一个家族的发达程度往往可以通过其家谱的刊刻状况判断出来。刻本所需人力、物力巨大,一般是望族、大姓才拥有的,有单卷(不分卷)与多卷之分。徽州的程、吴、王、汪、黄、胡、方等望姓,其家谱大多以刻本为主,而抄本一般是在普通家族中流行。

明清徽州家谱涉及姓氏数量多,据所整理的徽州家谱目录统计,存世清代徽州家谱涵盖的姓氏数约有70个之多。其中家谱数在10种以上的姓氏有19个。

19个姓氏存世家谱数量共有576种,占所统计的清代徽州家谱数量的79%。需要特别指出的是所统计的江氏19种家谱中有6种是江氏与萧氏合修谱,江氏独自编纂家谱是13种。以休宁程姓家族修谱为例,明朝时期,除洪武和天启年间无家谱编修,其余皆有所修,嘉靖年间最多,有16部,正统年间最少,仅1部,加上年代不详的家谱,共有71部;而到了清朝时期,程姓修谱数量虽不及明朝,加上年代不详的家谱有32部,但仅同治年间未修谱,这也从数量上体现了修谱的连续性。

三、明清徽州家谱注重理论性的总结

明清徽州家谱在长期发展中形成了重视家谱编修理论总结的传统。

(一)明清徽州家谱编修规范性的总结

万历年间的《临溪吴氏族谱》专作"编略"一卷,以"家史氏"的名义撰写了《谱则略》《谱例略》《谱议略》《谱考论》,集中论述了家谱编修应该遵循的理论规范,论义例则有"家氏史曰:先王之世辨之氏族、统之世系而家教以兴,迨其后姓氏不命于上,于是族自为谱,谱虽一家之书哉,实以补国书之所不逮。其义例体裁盖不可以不谨焉";论取舍则有"家史氏曰:谱以彰既往而励将来,传其所信,斯足征也。故时之先后异代,事之显晦异迹,因以考证焉,而去取详略乃可得而断矣,是以定新例而谱为八集",反映出修撰者对家谱编修理论的思考与总结。由于这类文字在谱学中并不多见,下面全文照录:

谱则略

家史氏曰:先王之世辨之氏族、统之世系而家教以兴,迨其后姓氏不命于上,于是族自为谱,谱虽一家之书哉,实以补国书之所不逮。其义例体裁盖不可以不谨焉。是故支派各分而统绪相接,惟散而能收,详而不乱,斯一展卷而昭然。谱系牒第一,牒具矣,举其人之行事以实之,及于生卒婚葬备书,故足术也。谱系传第二,贤者率德践猷以悬作求,而念尔祖而笋帏著节,亦足维风。谱行业第三、贞淑第四,一命而上皆冗宗,显融《诗》《礼》之传,式籍衣冠之彦。谱仕进第五、文儒第六,尊祖敬宗乃可收族,则严祀是先,若翰墨撰述,族盛事纪焉。非以侈纷华,特以征有信也。谱祠墓第七、哀文第八。虽然集有八也,而本之则在敦睦世讲,庶几无忝于先德,借令乡邻功缌途人,祖免树敌干盟而不知其非,则后之视谱,亦犹越人之视章甫耳。语曰:"勇可以夺三军而不可以加九族,节可以抗万乘而不可以施周亲。凡我族之人尚其谨于名分之等,而兴仁与让,笃于休戚之谊而相恤相收,则彝伦益序,风教益端,家之谱信可以佐国之史也哉,此作谱者之所深望也,此观谱者之所务守也。"①

---

① (明)吴元孝:《临溪吴氏族谱·谱则略》,崇祯十三年(1640)刻本。

谱例略

家史氏曰:谱以彰既往而励方来,传其所信,斯足征也。故时之先后异代,事之显晦异迹,因以考证焉,而去取详略,乃可得而断矣。是以订旧章定新例而谱为八集。一集系牒,卷凡二,自得姓以迄本支,源流可溯也;二集系传,卷凡七,断自迁新安始,实迹可考也;三集行业,卷凡二,断自迁临溪始,闻见可逮也;四集贞淑,断自国朝始,令甲可信也;五集仕进,断自迁新安始,纪载可据也;六集文儒,断自国朝始,学较可按也;七集祠墓,断自迁临溪始,世守可凭也;八集哀文,断自迁临溪以及于兹,掌故可稽也。是皆无轻去无轻取,凡以略当略,而详其不可不详耳。略者譬诸河源之难纪,详者如自龙门抵大陆,有至有过,有播有同,禹贡无不悉书焉。盖不敢如马杨二家之务博,亦无庸窃附欧苏二氏之惩羹,吹齑而太狭焉者也,所以彰先代之实录,而足为后人之文献者,或在兹乎,是则窃取之微意云。①

谱议略

家史氏曰:余闻荆州骠骑有三世不修谱之戒,而窃叹谱之为要也。吾族之谱,作者凡几见,仁福公谱于熙宁佚而不传,靡德而纪云。盘谷学谕,宋末文人也,当恭帝德祐时,国事倥偬犹修谱是亟,虽有讹误,待后来之反正。然更胡元兵燹之余而宗绪昭然可溯,则谱之所系重矣哉。厥孙希贤公之在至元,相去仅四十载,稍变其体式而订之,如考定五公第大公父子之相承,确乎其有据哉。信于谱牒为功臣,而于学谕不失为顺孙也。及我明万清公以文学事帙括而犹究心谱学,会考饶谱以正章穆,平之世次,其所载或有遗漏,然自序云,全聚公派一时不能历考,而全兴公派不知者,亦不敢臆说,固犹阙文之遗意也。即或有讹之者,适见其谱之瑕瑜不相掩矣。嘉靖中时斋公承诸谱之后而折衷之,以接九十年未修之绪,体式义例自

---

① (明)吴元孝:《临溪吴氏族谱·谱例略》,崇祯十三年(1640)刻本。

成一家,据年促世远辩第十四之非本支而另注六七两公于旁,非卓识定见而能若是乎?即质稍胜华,然谱政难于质耳。诸谱外闻爵房传铢公尝辑谱系,铢公老于学究,穷年搜讨第私笔私藏,杀青未竟,族之人罕见其稿,其是非公私无可得据,乃亦不必据之矣。自嘉靖壬寅迫今百有余年,谱之修亟矣。而谱大宗则难也。篁墩宗伯谱程,鲭溪司徒谱汪,尚滋多言,矧后之作者乎?是以宁狭毋广,宁核毋文,惟谱我临溪一族以备后之贤而显者,谱大宗之考征云尔。①

《谱则略》中将家谱分为八个部分:系牒,系传,行业,贞淑,仕进,文儒,祠墓和哀文,并对这些部分的功能和作用一一阐述。如阐述系牒功能时说"谱系牒第一,牒具矣,举其人之行事以实之,及于生卒婚葬备书,故足术也"。这是一种对体例的规范,使家谱编修有章可循、有方可依,从而达到"支派各分而统绪相接,惟散而能收,详而不乱,斯一展卷而昭然"的目的。这样的家谱更加严谨、更加权威,从某种程度而言相当于一种史料文献。《临溪吴氏族谱序》中也有言"系牒而支派世次奠,次系传而生卒娶葬详,行业、贞淑所以表内外之芳轨,仕进、文儒所以标缨绅之世阀,祠墓有志则嗣服可守,哀文有纪则文献之征"。②吴道宗在《临溪吴氏族谱序》中提出"故实辑而谱之,有图、有纪、有牒、有传、有赞"③来明确家谱内容的分类。而明代徽州家谱更是对各部分内容均有明确的断限,《谱例略》中就有"源流可遡"的系牒,"实迹可考"的系传,"闻见可逮"的行业,"令甲可信"的贞淑,"记载可据"的仕进,"学较可按"的文儒,"世守可凭"的祠墓,"掌故可稽"的哀文。这些对断限的详细阐述,使后代学者可以据此研究明代徽州家谱的体例特点。

从文中可以看出,吴元孝所说的"谱则略"实指家谱结构,即家谱由哪几部分组成。从记述来看,临溪吴氏宗谱共由系牒、系传、行业、贞淑、仕进、文儒、祠墓和哀文八个部分组成。吴元孝的贡献在于提纲挈领地对家谱每一部

---

① (明)吴元孝:《临溪吴氏族谱·谱议略》,崇祯十三年(1640)刻本。
② (明)吴元孝:《临溪吴氏族谱·临溪吴氏族谱序》,崇祯十三年(1640)刻本。
③ (明)吴元孝:《临溪吴氏族谱·临溪吴氏族谱序》,崇祯十三年(1640)刻本。

分的不同作用与功能作了较为宏观的说明,如"谱系牒第一,牒具矣,举其人之行事以实之,及于生卒婚葬备书,故足术也"①,是对系牒功能的阐述。如此系统且完备地对家谱结构作出说明的文章在中国家谱史上是罕见的。通过这篇文章,我们可以看出,在明代中后期的徽州,世家大族对于家谱编修已经有了一整套完备的认识,对于家谱编修的法则、体例也十分了解,从而形成了影响徽州地区两三百年的修谱范式,成为清代及民国时期徽州宗族修谱的圭臬。

至清代光绪年间,《绩溪县南关惇叙堂宗谱》仅"谱例"就有 4000 余字,系统论述了家谱编修中世系、小传、书法、笔削、遗像、祠墓、传序、殇灵、编次、续稿等十个方面的体例问题。对于"书法"颇有讲究,如记迁徙,"凡迁居,由本宗市南迁往则书迁某处;由某处再迁则书转迁或书分迁;至于兵难后或因避难流寓至今未归故土,或随贸易侨居眷属羁旅异乡,但书今居某处,不列分迁图内,其未定迁也"②,对宗族人员流动作了细致区分,亦反映出编修者对家谱编修方法的深入思考。

(二)明清徽州家谱体例的理性思考

王鹤鸣认为:"宋代欧阳修、苏洵创立的五世图式体例,构成了徽州谱牒的基本框架。"③欧阳修和苏洵开创的五世图式体例,对后世的修谱行为产生了极为深远的影响,在绩溪存世家谱中表现得尤为突出。明清以后,绩溪地区的家谱编修大多遵照前代谱例,同时在其基础上有所创新。如《绩溪西关章氏族谱》辑录的《绩溪章氏西山续修族谱序》载:"欧阳公修《新唐书》,撰《宰相世系表》,特创分房之说,于是为谱学者宗之……表式一本班书,格式一从欧谱家传……依维烈公(章维烈)编辑旧例,尺寸不敢移,伦次不得失,是又孟坚袭子长之书,曹参守萧何之法者。"④谱序引用了"班固承袭司马迁的写史原则""曹参固守萧何的执政法则"两个典故来说明此谱的纂修严格继承了旧谱的体例与编撰方法。

---

① (明)吴元孝:《临溪吴氏宗谱·谱则略》,崇祯十三年(1640)刻本。
② (清)许振纲:《绩溪县南关惇叙堂宗谱·谱例》,光绪十五年(1889)刻本。
③ 王鹤鸣:《试论徽州谱牒的体与魂》,载《复旦学报(社会科学版)》,2006 年第 1 期。
④ 章尚志等:《绩溪西关章氏族谱·绩溪章氏西山续修族谱序》,民国四年(1915)刻本。

徽州家谱编纂体例首先是沿袭"欧苏谱例",在其基础上有所发展。"欧苏谱例"其实是欧阳修和苏洵二人家谱书法的合称,欧阳修作谱注重将五世以来的家族名号、婚丧和迁徙等以图表挂线的方式作成图表,而苏洵则以序、表、录的结构叙述六世以来的事迹。二者各有优劣,清代徽州家谱编纂多兼采二者之长。

许登瀛在《重修古歙东门许氏宗谱》中说道:"国不可以无史,家不可以无乘,乘与史相为表里者也。自庐陵欧氏、眉山苏氏仿史例以作家谱,综核详明,后之撰谱者咸取则焉。"①胡元熙也有言:"欧阳氏用直谱,古之所谓图也;苏氏用横谱,古之所谓牒也,其大旨主于简明。故自明以来,凡为谱者,类皆取法于欧阳氏、苏氏二家也。"②《绩溪璜上程承启堂世系谱》也规定"谱例法兼欧苏图传合一,庶世系事实开卷了然,其篇帙浩繁者另载艺文集"。③ 值得注意的是,徽州家谱中也有很多只取其中一种体例。礼村戴氏编纂统宗谱就是采取欧阳修"五世一图"的方法,"谱式照旧仿欧阳公谱例五世一图,每图列纲领条目,次序联贯,纲书名讳,目注爵号、生殁葬娶、享年、生子,讹者正之,无者缺之,务据所知不敢妄撰"。④

为使世系清晰明了、便于查阅,徽州家谱在实际编纂中采用灵活的书法方式。"谱以横墨为纲,行也,直墨为纪,系也。五代一系,六世再起,本欧苏谱式,而参以活法也,格外上书父讳,使前后联属,名下不用五服一图之式者,此取直截,易于观览"⑤"宗谱老本横格无线,图书合序,每苦检阅难稽,今易以左书右图,图编五世,昭穆挂线,六世即起前首五世之祖上提为一世,鹤膝承接,贯下四世仍合五世之式,不另增于五世之上,致图参差不齐,亦不以后首五

---

① (清)许登瀛:《重修古歙东门许氏宗谱》卷首《重修宗谱自序》,乾隆十年(1745)刻本。
② (清)查荫元等:《婺源查氏宗谱》卷首上《黟邑珠川元常公支谱序》,光绪十八年(1892)刻本。
③ (清)程步云:《绩溪璜上程承启堂世系谱·纂修家谱凡例》,宣统三年(1911)刻本。
④ (清)戴国忠:《礼村戴氏统宗谱》卷首《凡例》,光绪三十四年(1908)刻本。
⑤ (清)查荫元等:《婺源查氏族谱》卷首上《凡例》,光绪十八年(1892)刻本。

世祖宗单接而令阅者炫目,其间有分接另图者,事实之下详注图书编后"。①

明代徽州家谱的体例创新最突出的一点就是把家谱的内容与徽州社会特质结合起来,使体例更具灵动性和人文性,也使明代的徽州家谱更具活力。《珰溪金氏族谱》中金瑶设有专门的风俗篇,记载了当地的风土人情。其曰:

> 族必有俗,族之大小惟视其俗之何如。俗美矣,即有小族,亦可以言大。俗不美,即有大族,乃所以为小。小大之分,不系乎人力之众寡厚薄,而系乎其俗。世之人以族大自矜,族小自愧,失其义矣。予宗之在吾邑不可谓不大,然而迩年以来,风俗之薄固有小族之所不为而为之者,为子弟者不知以是自愧,顾犹訑訑然以右族自多,或以侈诸人,或以加诸其邻,使不蚤为之图,将不知其所极矣。予因述古者化民成俗之义,叙于篇端以为据,复以旧俗与今俗之不同者,条缀于后,以见予家之俗旧如是,如是,今如是而为美,如是而为不美,使为父兄者,知以是诲其子弟;为子弟者,知以是自诲,早夜以思去其不美者,以就其美者,或者亦变今还古之一机也。岂惟于薄俗有补,而大族之名庶其无愧云?②

该篇表现出金氏家族注重风俗影响这一特点,每个家族自然有其个性风俗,家族的大小和风俗有关,且旧俗要改变,新俗要出现。

明清徽州家谱注重吸收正史和方志体例来补充家谱内容。清代徽州家谱中有很多将家谱与国史和方志类比的论述,认为家谱即一家之史,在家谱体例拟定上也当注重借鉴史志的体例。"其谱之美且备……虽旧帙已失,遗献无征,而统系、本系、分系各表,若本若支、若昭若穆,灿若列眉,又有诰敕、遗像、列传、仕宦、学林、善行、列女、文苑、宅墓、规训、存旧、拾遗各门,义例周密,谱也而固为胡氏之史矣"。③ 从《上川明经胡氏宗谱》的体例来看,胡氏直

---

① (清)洪定渭:《歙西王充东源洪氏宗谱·凡例》,乾隆二十一年(1756)刻本。
② (明)金瑶:《珰溪金氏族谱》卷一八《陈俗》,隆庆二年(1568)刻本。
③ (清)胡祥木等:《上川明经胡氏宗谱·序》,宣统三年(1911)刻本。

接借鉴了史志的体例来编修家谱,认为"谱也而固为胡氏之史矣"。《婺源查氏宗谱·凡例》也指出:"谱式高阔,照本县志书,既便于检阅,亦易于收庋,此前人良法,今如其旧云。"①

清代徽州家谱吸收史志体例还表现为欧苏谱例与史志体例的结合运用,即在谱系的书法上采用欧苏谱例,而仿史志体例撰写人物传记。"谱系仿欧苏体式,参而兼用之……仿《史记》年表暨唐宋以来碑铭之法,先书名,次书字,有别名者次书别名,有爵秩者次书爵秩,此以一身而为之经也"。②《休宁金氏族谱》指出:"门诏谨按,旧谱以墓祠碑记及行状等篇与记序杂文同载文翰之内,不知谱与史同例,所载者皆生平嘉言懿行,而文翰则不暇及也,即先人之文翰亦不胜记,况他人赠答之篇乎?今谱系之外先以家传仿列传之例,次以事略仿杂传之例,又次以墓碑,大抵墓碑与传所载多同,必其为一代名臣或百世伟望者,载之墓碑以补传之未备,至行述、行状则已载之传略,不必重见,墓碑所系其严矣哉。"③可以看出该谱在内容和体例上都吸取了正史体例进行编纂。范涞《休宁范氏族谱自序》载:"明年辛卯,余以驿传抗疏山居,遂杜门考求先今世系,收括逸亡……合之为《休宁范氏族谱》。"④范涞邀请族中有识之士,将原本藏于各家的文献资料进行搜集整理,由范涞亲自考订典制新的家谱体例,最后家谱体例确定为九章,即"一曰谱叙,二曰谱原,三曰谱系,四曰谱居,五曰谱茔,六曰谱祠,七曰谱表,八曰谱传,九曰谱考"⑤,在家谱体例确定之后,纂修工作加快,最终于万历二十一年(1593)范涞受诏起复时纂修完成,"辛卯家居,编索家藏遗帙及平日搜索名家谱例,裁定属草,又二季,诏起田而谱始成"⑥。

---

① (清)查荫元等:《婺源查氏族谱》卷首上《凡例》,光绪十八年(1892)刻本。
② (清)程鉴冰等:《安徽程氏族谱》卷首《凡例》,道光十二年(1832)刻本。
③ (清)金门诏:《休宁金氏族谱》卷二五《陵墓碑记》,乾隆二十一年(1755)刻本。
④ (明)范涞等:《休宁范氏族谱·自序》,万历二十一年(1593)刻本。
⑤ (明)范涞等:《休宁范氏族谱·凡例》,万历二十一年(1593)刻本。
⑥ (明)范涞等:《休宁范氏族谱·自序》,万历二十一年(1593)刻本。

四、明清徽州家谱与其他徽州地方文献具有高度关联性

明清徽州作为"文献之邦",除以大量文书、家谱和方志为特色外,还有丰富的文集,这些资料林林总总,共同成为重现徽州基层社会实态的资料。其中,家谱与其他各类材料关联度最高。徽州文书的一个重要特征是"归户性",即可归入具体的家族或宗族,这恰与该族的家谱相联系,从而提高了其文献价值。明清徽州家谱中的许多人物,在对应的方志中均有相关记载,可实现家史与官方文献的结合。另外,许多与家谱相关的信息保存在徽人文集之中,两者互为补充。如万历年间汪道昆修《灵山院汪氏十六族谱》,许多明代歙县汪氏文书均与之相关,谱中所记人物、事件又与《歙县志》《岩镇志草》有联系,谱中的许多内容在汪道昆《太函集》中亦有记载。这种关联性不仅扩大了家谱的信息量,也能相互验证资料的真实性,从而提高其可信度。

汪道昆,明代著名的文学家、戏曲家,代表作《太函集》。汪道昆因名气出众而被很多望族邀请作序。在《珰溪金氏族谱》中就有汪道昆作的序,载:"金自秅侯受姓,遂以门户甲长安。其后避地吾郡中,五徙而得珰溪,乃益昌阜。宋主簿以进士发迹,施用未究。元末,治中父子以用武显,多捍御功。我成祖初,御史操法凛凛,庶几乎骨鲠之臣,则皆珰溪产也。无论世有显者,即二三君子倜傥大节,视昔珥貂七叶,又何让焉!参军得谢东归,作珰溪谱。其目凡十,其义则参军所取材。"① 徐渭,明代著名的文学家、军事家、书法家、历史学家,"明朝三大才子"之一。他也曾为《珰溪金氏族谱》作过序,在《珰溪金氏族谱后序》中,载:"盖古人始创业者,意不欲使后人坠其家声,厚先德故宁割所甚爱而不恤,至于乱宗支、蔑典训、遗弃其所以为人后之道。所谓士庶人不仁不保四体,而况于有宗庙社稷者哉!其自杀也宜矣。海内之有金氏,其上世可考而见者,自秅侯始迁而著者不一,而其在休宁者则珰溪为最。"② 汪道昆、徐渭皆为当时名家,他们撰写的金氏家族谱序不仅体现了权威性,亦与明代相关文献产生了关联性。

---

① (明)金瑶:《珰溪金氏族谱》卷首《珰溪金氏族谱序》,隆庆二年(1568)刻本。
② (明)金瑶:《珰溪金氏族谱》卷首《珰溪金氏族谱后序》,隆庆二年(1568)刻本。

第六章　明清徽州典型家谱

明清时期,随着社会的稳定、经济的发展,徽州地区修谱风气更胜之前,各家族把纂修家谱当作宗族管理和教化的主要方式,涌现出许多编修精详、体例完备、部头巨大的家谱。这些家谱因时代的发展和修撰者的不同,各有自己的特色和创新之处,而又因他们秉承共同的理念、仿造欧苏谱体而有许多共通之处,具有典型之意义。以下对明清时期徽州地区具有代表性的家谱作概述,以期对明清时期徽州地区家谱有更为直观且具体的了解。

第一节　明代徽州典型家谱

一、《新安程氏统宗世谱》

《新安程氏统宗世谱》是明成化十八年(1482)程敏政所修。该谱在明清徽州地区影响巨大。程敏政修撰此谱时,是奉训大夫、左春坊、左谕德、同修国史、经延官兼太子讲读官,这一身份无疑扩大了该谱的影响力。不过,该谱的巨大影响,其实还是由其特点所决定的。

(一)是明代中期较全面的统宗谱

徽州宗族进入明代中期后,虽有长足的发展,但反映宗族变化、发展、壮大的统宗谱并不多见。修统宗谱既无相应的理论,也缺少具体的实践,正如程敏政所言:"封建之制不行,大小宗法不立,天下无世家久矣。然小宗之法有非令甲所禁者,衣冠之胄、诗礼之族往往忽而不之讲焉。何哉？今有人焉,订千百年之异同于一书,合千百人之昭穆于一家,见者必骇,闻者必疑,彼诚以为事有所不可诘,势有所不可齐,而安于久俗之不可骤变也。"①在这样的历史前提之下,程敏政所从事的统宗谱编修无疑具有开风气之先的作用。他指出,"盖尝有志于是积之二十年,颇尽得诸谱异同之故,因定著为谱辨三十七条、凡例十条,犹未敢自足也。成化壬寅春,先公之服既除,乃发书以告诸宗从,诸宗人是之,各以其谱来会,理淆伐舛,将六逾月始克成,编为卷凡二十有畸,会者四十四支,名之登于谱者逾万人,先墓之可以共业者五十三世",其最终的结果是"骇者安,疑者释,天下后世之有家者将不取法于程氏也哉"。②其中既说出了他的自豪之情,也道出了他引领风气的自信之心。

程敏政还通过收录谱序体现统宗谱的广泛性。具体来说,唐代有程淘的《程氏世谱序》;宋代有程祁的《程氏世谱序》、程俱的《序开化北源程氏谱》、程森的《黟南山程氏谱序》、程大昌的《休宁会里程氏谱序》、程明远的《休宁会里程氏续谱序》、程龙斗的《德兴新建程氏世谱序》、程德的《婺源长径程氏谱跋》、程复的《祁门善和程氏续谱序》、程达可的《德兴南溪程氏谱系图序》、程崧的《德兴泸口程氏谱序》;元代有程厚德的《德兴泸口程氏续谱序》、程巨夫的《题程氏谱系》、吴澄的《题河南程氏谱》、程龙的《书婺源龙陂程氏谱》、程时登的《题乐平长城程氏续谱》、程巨夫的《跋程氏世谱》、程文的《书程氏宜振录后》、汪泽民的《婺源環溪程氏续谱序》、胡南华的《婺源龙山程氏谱序》、朱公迁的《婺源彰睦程氏续谱序》、程斗的《书休宁率口程氏族谱后》、程岘的《休宁陪郭程氏谱序》、金伯明的《休宁陪郭程氏续谱跋》、韩廉的《婺源凤岭程氏世宝书序》;明代有徐尊生的《歙大程村程氏续谱序》、金仲玉的《跋浮梁景德镇

---

① (明)程敏政:《篁墩文集》卷二三《新安程氏统宗世谱序》,见《景印文渊阁四库全书》第1252册,台北:台湾商务印书馆,1986年,第406页。
② (明)程敏政:《新安程氏统宗世谱·序》,成化十八年(1482)刻本。

程氏宗谱》、朱同的《绩溪程里程氏谱序》、程仁的《乐平石城程氏谱序》、董彝的《乐平梅严程氏续谱序》、傅颜的《歙槐塘程氏谱序》、黄淮的《旴江程氏谱序》、程晦如的《休宁汊口程氏续谱序》、程思温的《休宁山斗程氏续谱序》、程孟的《程氏会通谱后序》、程敏政的《绩溪坊市程氏族谱序》《跋绩溪仁里程氏谱》、高明的《贵溪程源程氏族谱序》、胡德盛的《德兴凤凰程氏族谱后序》。以上共39篇谱序均被程敏政列为"旧序",这些序实际上不仅代表了统宗谱的广泛性,而且更是反映了这些宗支的合法性,这种形式后来也成为统宗谱编修的一种基本模式。

(二)在体例上具有创新性

创新性主要体现在《凡例》十条为统宗谱确立了规范。一是确立收录统宗谱的标准,"新安程氏多称太守忠壮之后,本无可别,今定著凡家有唐宋以来旧谱及共业唐宋以来先墓者方敢入会",①有"旧谱"和"共业先墓"是统宗谱编修的两个基本条件,这对保证宗支血缘的合法性具有重要意义。因此,虽然后来许多程氏宗支对程敏政的《新安程氏统宗世谱》提出了批评意见,但多是世系错乱问题,对其入谱标准从未提出疑义。二是确立了书写标准,特别是在如何体现宗法思想上,"旧谱六世为图,失小宗之义,小传各系本支图后,失统宗之义,今图五世准欧谱例,下注事实准《史记》年表、《唐书》世系表例,旁注世次,明传也。朱注迁居,朱书派名,谨所自出也",进一步明确了如何进行谱图编写的要求及依据。这种标准对徽州地区的家谱也产生了直接的影响,比如方信在《许氏世谱序》中说:"古今修谱之例有三变,始如道统图体者,中如欧、苏谱体者,至程篁墩谓欧苏谱体,一图一传,不见统宗之义,乃变为《汉书》年表、《唐书》相表体。"②三是创立了独立记载家族文献的模式。即"各派凡所得制命、公移及赠、颂、哀挽、史传、金石、诗文别为《贻范集》,辅谱以传"。③

---

① (明)程敏政:《新安程氏统宗世谱·凡例》,成化十八年(1482)刻本。
② (明)方信:《新安许氏世谱·序》,康熙年间抄本。
③ (明)程敏政:《新安程氏统宗世谱·凡例》,成化十八年(1482)刻本。

(三)创立记载家族文献新范式

程敏政在修《新安程氏统宗世谱》时,针对程氏家族文献丰富的特点,编集了三十卷的《贻范集》专门记载程氏家族文献资料。根据程敏政自己描述,"《贻范集》三十卷,敏政之所编也。甲集第一至第七卷,为王言及公移,间附以识跋之文,则以事相联属,势不可分也。乙集第一至第二十卷,为行实、传志、碑表之类,亦间以记序等作附焉。丙集一卷,为像赞,有未备者以奠章、挽词之类补之。丁集一卷,为谱辨,订其异也。戊集一卷,为谱号,要其同也。初敏政最究心谱学,尝请于先襄毅公,会诸宗族,积之二十年。理泾伐舛,得可会者四十四房,定为统宗世谱二十卷。刻梓以传,又尝见文简公所序世录,有贻范集之名,窃意当宋盛时,此集为程门大备之书,更代以来亡矣,心诚惜之。因广收博采,追成《贻范集》一百卷,顾其篇帙浩繁,事力弗及。乃先掇其要,且益以诸房所藏者为五集如右。集各为卷目,而虚其尾者,以俟后贤之有续,未敢取足于此也。行实如传志碑表,多互见,惟旧阙而新有所得、旧误而新有所订者录之。礼以讳事神,而于王言则名,尊君也;史传公移则名,示不敢私也。凡订误出于不肖,一得之见,以按字别之,其在先正文字下者分书,示不敢专也。缮写成,奉以告诸先庙,嗣刻之以辅世谱而传焉。呜呼,家之有范,犹国之有典乎。臣人于国而能守其典则忠,子孙于家而能守其范则孝,舍是皆世之所大弃也。惟我程氏其先,仁义之德,文武之功,性命道德之言,所以贻后者甚远,殊方异姓,且诵法之,而况气体之所传,祠墓之所在,家乘谱牒之足征者如是乎。凡我后人,奉前烈之余炬,其必上思所绍,下思所述,以求不失乎文献之传,庶几此集此名为无负已。《诗》云:永言孝思,孝思维则,可不勉与"。① 通过编集,将大量家族文献独立成册,这在之前的家谱编修中是不多见的。

这些文献的汇集,不仅有效地保存了家族的文献资料,也使程氏族人在了解家族历史的同时,进一步增强了对程氏宗族的认同感。这些文献资料也

---

① (明)程敏政:《篁墩文集》卷一四《程氏贻范集目录后记》,见《景印文渊阁四库全书》第1252册,台北:台湾商务印书馆,1986年,第251~252页。

是程敏政编修《新安程氏统宗世谱》最有力的支撑材料,他自己最为看重的实际上是三十七条谱辨,这从他将谱辨同时收录在《新安程氏统宗世谱》《篁墩文集》和《贻范集》中就可以看出。但是后来,程氏宗族对其进行质疑之处也集中在谱辨部分,不过对家谱资料进行细致的考证,并以谱辨的形式予以呈现,程敏政的设想和贡献还是十分巨大的。

二、《珰溪金氏族谱》

《珰溪金氏族谱》,明代金瑶纂修,隆庆二年(1568)歙县黄氏刻本。金瑶博学多才,范涞称他"其初集有《传习录》《雍听录》,其集之大者有《周礼述注》《六爻原意》《十七史摘奇》《珰溪金氏族谱》,其考究经传异同有深造而自得者,则杂著《书疑》二卷,多发明宋儒所未发而洙泗之渊源将可默识乎。盖先生以躬行心得之学,因质而为文,故有是根本,自有是枝叶"[①]。其中,范涞所称的《珰溪金氏族谱》是他于嘉靖三十四年(1555)在原有家谱基础之上修撰的。这次修谱行为,金瑶自称:"嘉靖甲寅,予自庐陵转官归省,以母老辞牒,得处林下。一日族人语及谱事,予弟四川断事璜语予曰:此事非伯氏任之不可。"此后,金瑶与族人一起共同致力于族谱编修,"且十四阅岁,而是谱始克成编"[②],终于隆庆二年(1568)完成。

(一)体例完备,多有新意

《珰溪金氏族谱》共计十八卷,由十个部分组成,金瑶称其为"十款""予素未谙谱法,因默想其义,画为十款",十分独特。这"十款"的顺序自有深意,"十款之义,已具各款之引,兹不复及。然而位置先后则亦有序,人本乎天,而地载以生之,居所当先也,故首之以著居;不有迁者,夫孰得是居而居之也,故溯迁次之;既迁,而子孙生焉,上自高祖以下以至今日,旁自吾身以往以迄亲

[①] (明)范涞:《明新安金栗斋先生文集序》,见《四库全书存目丛书补编》第78册,济南:齐鲁书社,2001年,第133页。

[②] (明)金瑶:《金栗斋先生文集》卷一《珰溪金氏族谱序》,见《四库全书存目丛书补编》第78册,济南:齐鲁书社,2001年,第139页。

尽,皆于是乎在,故序族次之;有族而后有宗,故明宗次之;族聚而宗立,贤贤之义所当急也,故征贤次之;贵贵贤贤其义一也,故录仕次之;节者,女之贤者也,故纪节次之;凡此皆义之大者也,既有其大,于是祖宗有遗述焉,搜而存之,以示不忘,亦宜也,故存述次之;文翰者,述之大者也,且有先朝之宸翰,先儒之名笔在焉,所宜特加崇重,故裒翰次之;所赖以维持乎族者,俗焉,俗不美,虽有子孙千亿之繁,仪文三千三百之美,皆虚焉而已,何足以为族? 故以陈俗终焉。著居、溯迁,谱所从有也,谱之根也;序族,谱之干也,明宗、征贤、录仕、纪节、存述、裒翰,谱之千枝万叶也;至于陈俗,则所以斡旋乎人心以归于厚。谱之生生之理,而根干枝叶所由以不死者也,而谱于是乎有成矣"。①金瑶较为清晰地阐明了所修家谱十个部分的主要侧重点及其内在的逻辑关系,特别是从伦理层面进行的阐释进一步强调了家谱发展的内在动力。

(二)收录宗族文献丰富

金瑶在《珰溪金氏族谱》中专列《裒翰》一款记载其家族文献,其称"文以载道,亦以纪事;文以述言,亦以著行。行与事,非文不彰,亦非文不传,而文非名笔则亦不能自彰以传。予宗自六十府君以下,世有令德,所得先儒诸名笔甲于一郡。旧尝集为若干卷,正德己巳烬于一炬,仅存谱后数篇。近因搜采,复成卷帙,然而所遗者犹多。嗟夫名笔岂易得哉? 不易得则得者当惜,得而复有遗则存者犹当惜矣。予因大加校正,取其有干于名教者若干篇,增入旧谱所载之后,盖将以是为后人进修之助,不徒以征文献为也"。② 从这段小序中不难看出,金瑶特别专注并强调文献的作用,既有从文献的功用上论述其对"载道""纪事""述言""著行"的价值,更强调"名笔"的文献对家族地位的重要意义。而通过这些文章可以对家族历史演变作更全面的考察。这些文献包括《三朝敕制诰制及历世入官政绩文檄》,这是旧谱未载而新增的。而"序"更是多有名篇,如陈定宇的《送赫翁学正北上序》、郑师生的《赠金童子

---

① (明)金瑶:《金栗斋先生文集》卷一《珰溪金氏族谱序》,见《四库全书存目丛书补编》第 78 册,济南:齐鲁书社,2001 年,第 139 页。
② (明)金瑶:《珰溪金氏族谱》卷一二《裒翰序》,隆庆二年(1568)刻本。

序》、金彦瑾的《醉乡癯仙自叙》(附年谱)、朱凤林的《赠金先生德基归新安序》等,这些名篇反映了金氏家族的地位。其中给金瑶的序就有商明渊的《送栗斋少尹之任序》、张石洲的《贺栗斋寅长宪台移奖》、胡前冈的《表贤赠栗斋君荣奖》《自得纪赠别栗斋君》,这些序为了解金瑶及其家族的历史提供了直接的证据。"记"这一部分也有诸如胡双湖的《一经堂记》、陈定宇的《朝阳楼记》、金瑶的《重建著存观珰溪金氏世宦祠记》《余力家塾记》、吴茗山《松涧记》等名篇。"传""行状""墓志""墓表"是文献的重点内容,如吴茗山的《金处士传》、金瑶的《东圃公传》《族妇程氏传》《张氏妇传》《东泉金处士传》、郑师山的《元承事郎江陵路把都儿民户总管府副总管宣封开略将军江浙等处行中书省副都镇抚飞骑尉休宁县男金公行状》、金瑶的《明故迪功郎息县县丞致仕梅轩金公行状》《明故南山金处士行状》、曹弘斋的《宋进士成忠郎武冈军新宁县主簿金公墓志铭》、陈定宇的《宋待补太学生桐冈先生金公墓志铭》、吴茗山的《明故处士敦五金公墓志铭》、罗念庵的《宋荣王府学谕休宁金公墓表》等,均能反映金氏家族人物的事迹。此外,诸如"字说""颂""赞""跋""铭""祭文""书""笥""启""赋""诗"等内容也从不同侧面反映了金氏宗族的生活。

总之,《哀翰》六卷"除三朝诰敕外,文诗赋共计三百九十有九",这些文献有力地支撑着金氏宗族的历史,正如谱中所言"谱非赖于文,而文则不得不托于谱。盖曰:是文也,非今之文也,先祖之遗也,先祖有是遗而吾不能存,不可以言孝。是文也,非予之文也,先儒之作也,先儒有是作而吾不能述,不可以言敬也。文以载道,善观文者因文以见道,则不外文而世教存焉。文以明心,善用文者不求之口耳,而求之身心,则不外文而世德存焉。以文视文则文不必有,以道德视文则文不可无,神而明之,存乎其人"。① 由此而言,金氏宗族文献保存的价值,已经超出其宗族自身的意义,在一定程度上具有对社会道德的导向性作用了。

(三)强调风俗与宗族建设的关系

金瑶对宗族秩序的构建有自己独特的思考,那就是要充分发挥宗族"美

---

① (明)金瑶:《珰溪金氏族谱》卷一七《哀翰跋》,隆庆二年(1568)刻本。

俗"的作用。他指出,"族必有俗,族之大小,惟视其俗之何如。俗美矣,即有小族亦可以言大,俗不美,即有大族乃所以为小。小大之分,不系乎人力之众寡厚薄,而系乎其俗。世之人以族大自矜,族小自愧,失其义矣。予宗之在吾邑不可谓不大,然而迩年以来,风俗之薄固有小族之所不为而为之者,为子弟者不知以是自愧,顾犹诜诜然以右族自多,或以侈诸人,或以加诸其邻,使不早为图,将不知其所极矣。予因述古者化民成俗之义叙于篇端以为据,复以旧俗与今俗之不同者,条缀于后"①,而作此目的,就是希望其族中子弟"知以是自悔,早夜以思去其不美者,以就其美者,或者亦变今还古之一机也,岂惟于薄俗有补而大族之名庶其无愧",从而实现对宗族的净化与治理。

具体而言,"古俗论"主要是引用经典言论,诸如《王制》中"天子岁二月东巡狩,至于岱宗,命大师陈诗以观民风",《周礼》"诵训掌道方志以诏,观事以知地俗",金瑶对此条特意注释说"此言古者之治以辨风审俗为先",实际上是强调了风俗在国家治理中的重要作用。

此部分的重点内容是"旧俗与今俗不同",包括"伦义"六条,"族义"四条、"族相见礼"五条、"士劝"一条、"吏约"一条、"官常"一条、"庶民之职"一条、"祀制"一条、"丧礼"二条、"昏义"一条、"继义"三条、"子弟浇习"五条、"子弟诡习"二条、"子弟恶习"四条、"子弟逆习"二条、"女子浇习"二条、"女子恶习"一条、"女子逆习"一条、"男女愚习"二条、"御节妇"一条、"待塾师"一条、"御著存观"一条、"御中户"一条、"御仆"一条、"御众仆"一条、"保近山"一条、"惜古木"一条,总计收录金氏宗族"今俗与旧俗不同者五十三条",这些风俗的变迁,不仅反映了该族在社会历史发展中的变化,同时也反映了徽州社会,特别是基层民众的观念与行为的变化。以"吏约"条为例,该条载"吾闻先君云祖来有遗言,子孙不得为吏。夫吏,士之次也,其不欲人为之者何?厌乎吏之习,而吾徽之吏习尤可厌故也。迩来朝廷行有权诏吏道,许入赀免考,一时富家、士大夫家子弟多以是为发身捷径,争奔走之,吏之盛于今为最,然终非有

---

① (明)金瑶:《珰溪金氏族谱》卷一八《陈俗序》,隆庆二年(1568)刻本。

志者之所乐。吾宗住两村,吾珰溪一村向守祖宗遗言未尝违。吾惧夫风靡波荡之中难于特立,特申言之"①,此条中把徽州地区社会风气因朝廷政策变化的情形说得十分清楚,亦将自己宗族的坚守表述得十分确切。总之,将这些风俗进行仔细比对,即可发现社会发展带来的变化,以及宗族建设在这种变化面前所作的努力。

三、《休宁范氏族谱》

《休宁范氏族谱》因范涞于明神宗万历十九年(1591)辞官归乡而始修之,前后历时三年之久,于万历二十一年(1593)初稿遂成,"辛卯家居,编索家藏遗帙及平日搜索名家谱例,裁定属草,又二季,诏起田而谱始成"。②后范涞虽受诏起复,但其在初稿的基础之上还不断加以考订增辑,故于万历三十一年(1603)才得以刊刻而成。

(一)编修准备充分

《休宁范氏族谱》得以修成,主要得益于范涞以编修本族家谱为己任。正如其在《休宁范氏族谱·自序》中所说:"涞为童子时,见先大父松林府君校录先世生殁遗迹二卷,又手书累纸间,窃窥之,府君曰,冀吾儿有知识,当付此。及长,府君遂出手书《谱系源流记》一篇示涞……欲成先大父之志。"③可见,范涞立志以纂修本族家谱为己任,其中一个重要原因便是受其祖父、父亲的影响。另一个重要原因则在于范涞对族内成员疏远、家谱典籍散亡的忧虑,因此其在做官任上便留心谱学,搜集文献资料,寻访老人故旧。其"每访文献、故家谱例,书而藏之笥,遇耆儒绩学,必加咨询……几二十年"④,等到其于万历十九年(1591)辞官回乡时,遂召集族人共商纂修族谱大事,并在族人的积极响应下,于万历十九年(1591)正式拉开了纂修《休宁范氏族谱》的序

---

① (明)金瑶:《珰溪金氏族谱》卷一八《陈俗·吏约》,隆庆二年(1568)刻本。
② (明)范涞:《休宁范氏族谱·自序》,万历二十一年(1593)刻本。
③ (明)范涞:《休宁范氏族谱·自序》,万历二十一年(1593)刻本。
④ (明)范涞:《休宁范氏族谱·自序》,万历二十一年(1593)刻本。

幕。据范涞《休宁范氏族谱·自序》载："明年辛卯，余以驿传抗疏山居，遂杜门考求先今世系，收括逸亡……合之为《休宁范氏族谱》。"①范涞邀请族中有识之士，在搜集原本藏于各家之中文献资料的基础上，进行整理并加以考订。由范涞亲自考订典制新的家谱体例，最后家谱体例确定为九章："一曰谱叙；二曰谱原；三曰谱系；四曰谱居；五曰谱茔；六曰谱祠；七曰谱表；八曰谱传；九曰谱考。"②在家谱体例确定之后，纂修工作得以加快，最终于万历二十一年范涞受诏起复时，初稿纂修完成。

综上所知，《休宁范氏族谱》的纂修工作可谓浩大，其初稿在范涞进行二十余年家族史料搜集的基础之上，又历经三年时间的考订增辑才得以修成。同时，这也在于范涞在族谱纂修中所起到的主导性作用。由此可见，纂修族谱绝非易事，范涞自身所具备的"秉德不回"的道德修养、"不畏艰大"的勤奋精神、"身列缙绅"的官宦权位、"世传谱学"的家学传统，是其能够"成先大父之志"，即将族谱纂修成功的重要原因，从而扩大范氏宗族的影响力。

然《休宁范氏族谱》初稿虽于万历二十一年（1593）纂修完成，随后范涞受诏起复，便将家谱携入官署，继续进行修订。正如《休宁范氏族谱·谱考》中载："此谱搜葺二十余年，草就于万历十九年辛卯一阳月，初脱稿于二十一年癸巳，再脱稿于二十四年丙申，三脱稿于二十五年丁酉；谱之简袠，初携入浙西杭严巡署，再携入川西守署，复携入四明海署，又携入武林紫薇右署；创刊于二十六年戊戌之五月，大刊于三十年壬寅之三月，历夏迄冬杪，至癸卯仲秋，补刊于乙巳季春，至初夏工毕。总计谱书凡八百七板，每一部凡八本，以金、石、丝、竹、匏、土、革、木为序。告祠给谱于万历乙巳年孟夏月初六日。所给部数恰与二十八宿之数相当，遂以为号。"③再结合谱中的文献记载可知，《休宁范氏族谱·谱表》中记载的文献资料最晚是在万历三十年（1602），而谱中所载的公文，例如《大明诰敕符命制词》和《大明公移》最晚均是在明神宗万

---

① （明）范涞：《休宁范氏族谱·自序》，万历二十一年（1593）刻本。
② （明）范涞：《休宁范氏族谱·自序》，万历二十一年（1593）刻本。
③ （明）范涞：《休宁范氏族谱·谱考》，万历二十一年（1593）刻本。

历三十年(1602)八月,因此可推断,族谱最终应当在万历三十一年(1603)初夏,范涞六十五岁时宣告刊刻完成。

(二)宗族史记载精细且详实

《休宁范氏族谱》内容十分全面,全谱共分为九章,卷首载万历年间内阁首辅沈一贯的序文和万历二十四年(1596)陕西布政司左参议范守己的序文以及万历二十一年(1593)范涞的自序,卷一为谱叙,共收录休宁范氏宗族历代修谱旧序跋29篇以及源流志1篇,时间跨度从宋高宗绍兴年间一直到明世宗嘉靖二十年(1541);卷二为谱原,记载范涞所撰原姓1篇和原宗1篇,主要内容是范氏得姓始祖和范氏宗族迁至新安的状况;卷三为谱系,记载休宁范氏迁居新安之后的三支七族的世系情况;卷四为谱居,主要记载范氏宗族自迁新安之后族人的迁居状况,有迁居图2篇,迁居外地的范氏宗族世系图1篇,同邑范氏宗族聚居各村总图1幅,各村分图7幅,七族村居图说7篇,即范氏宗族聚居的7个村落的主要情况;卷五为谱茔,主要记载范氏宗族的祖墓情况,收有84幅墓图,其中7幅墓图有题无图,并且在每幅墓图后注明祭田的位置、佃户姓名、赋税情况等,同时将墓表、墓志铭等文章附于墓图之后,此外还有茔禁、墓祭诸仪,包括《大明会典》《大明律》中有关墓地祭祀和保护的规定,范氏宗族关于墓地、墓田的禁约7篇,祭祀仪节1篇,附墓田记1篇;卷六为谱祠,主要包括宗祠碑文1篇,统宗祠规16条,家礼分为冠、婚、丧、祭、元旦贺礼5部分,此外还附有家礼图7幅,祭文7篇,家法22条,范氏宗祠序文2篇,家训3章;卷七为谱表,分为《宗图名位表》和《世图名位表》,记载族人仕途及朝廷、地方和家族大事,此外还包括从唐肃宗乾元二年至明万历三十年的诰敕、奏议、公文等61篇,其中大部分是范涞向朝廷的奏议和朝廷封赏范涞、范涞父母的诰命和圣旨;卷八为谱传,谱传部分只编写先人行传,不录在世宗人,共载宗图传、世系总支传、世图分支传、世系小传,将范氏宗族的人物按照所属的支派进行综合,此外还包括节烈传、侧室节烈传、宗女节烈传诸传,传文共计513篇,传文之后还有附录,主要记载传主的像赞、遗诗、遗文、墓志、墓表等,共计102篇;卷九为谱考,范涞花费大量心血,立言慎重,考订求真,务使逐字有据,谱考分为旧考4条,新考17条,附考4条,此外有领谱字号1篇,跋1篇。尽管全谱只有9章,但其包含的家族资料是十分丰富的。徽州休宁地区的范氏先祖虽在宋代即对本族先祖开始溯源编谱收族,但由于宋代末年异族入侵,战乱连年,故范氏宗族的家谱文献等资料散失殆尽,使得范氏宗族稍远一点的世系即不可考。这种现象一直持续到明代初年,即明代洪武、永乐年间,范氏先祖在重新搜求的先世残谱的基础之上开始编修本族族谱,不过并不完整,只是草草完成。之后在明中期的宪宗成化年间和世宗嘉靖年间,随着社会的稳定和经济的发展,范氏宗族不断繁衍、宗族人口逐渐增多,故将明初洪武年间编修的草谱不断加以续修和复修。而神宗万历年间的这次编修族谱活动,是范涞在收集宋元明历代范氏先祖编修的族谱,又加上自己花费二十年时间前后不断搜寻、辑录到先世文献、旧谱的基础上,集合范氏宗族设立谱局正式编纂了十四年,最终形成了这部《休宁范氏族谱》。《休宁范氏族谱》记载精细、详实,对范氏宗族的方方面面都作了大量详细的介绍,如在《休宁范氏族谱·谱原》中将范氏宗族的来源、迁徙、分派、郡望、以及始迁徽州的情况都介绍得清清楚楚、有根有据。在《休宁范氏族谱·谱居》中用文字和图画的形式对范氏宗族在徽州地区的居住和迁徙情况都作了极为详实的考证,特别是用图画的形式将范氏宗族祖居的村落、祠堂及周边的山川地势等都作了详细的描画。根据《休宁范氏族谱》记载,范氏宗族的始祖范传正是在唐宪宗元和末年移住徽州休宁地区的博村。自宋代一直到明代初年,范氏宗族不断繁衍生息,人口逐渐增多,族人也不断迁居,光是徽州休宁境内范氏宗族就从祖居的博村分迁出汊口、林塘、油潭、合干、闵口和瑶关6村,这6村均是以祖居的博村为宗主,并制定规定,不允许其他姓氏的人员迁居其中。《休宁范氏族谱》资料详尽的特点着重体现在《休宁范氏族谱·谱祠》部分。据其记载,范氏宗族的第一座统宗祠始建于明世宗嘉靖四十五年(1566),与此同时,范氏宗族在统宗祠中制定了十分严格且细致的《统宗祠规》,《统宗祠规》中第一条就是"圣谕当遵",说"今于七族会祭统宗祠时,特加此宣圣谕仪节,各宜遵听理会,共成美俗"。①"祠墓当展"条中还说重视祠墓是"圣谕孝顺内一件急务,族人所宜首讲者"②。此类资料对于研究宗族组织、乡约制度、祭祀规仪、民间教育等方面均具有较高的参考价值。

(三)体例兼顾继承与创新

《休宁范氏族谱》在编修过程中尤其重视体例的继承与创新。构成《休宁范氏族谱》体例的一个重要部分就是对正史体例的模仿,这与徽州地区宗族社会对于家谱的认识是分不开的。徽州宗族普遍认为"天下之谱即史,一家之史即谱""家史犹国史也"。同时,他们还认为司马迁、班固开宗谱之先河,如崇祯时,徽人吴士鹏说:"昔龙门氏之业开于谈,而成于迁固,后世家谱之宗也。"③因此,徽州宗族在修谱过程中有意识地仿照正史体例,最典型的就是《休宁范氏族谱》。

宋代所创立的欧苏谱例为后世所继承,但是明代编修的徽州家谱并不拘泥于欧苏谱法,而是在以欧苏谱法为宗的基础上兼采史志之例,这一方面是为了使家谱体例完备、无阙载漏载之处;另一方面也是编修家谱的知识分子试图将家史的体例上升到正史的高度,拟借用正史的权威性来提升本族家谱的权威性,以达到获得国家和地方认同、强化宗族认同、扩大宗族势力的目的,从而在地方上获得强宗名族的地位,光耀于地方社会。范涞在编修《休宁范氏族谱》时有意识地仿照正史的体例。如在谱中设立谱表一章,其中包括《宗图名位表》和《世图名位表》,用以记载族人仕途及朝廷、地方和家族大事,谱表这一体例的设立直接模仿了《史记》里面的"表",而谱表中《宗图名位表》和《世图名位表》的设立则直接模仿了《新唐书》中《宰相世系表》的体例,正如范涞在《休宁范氏族谱·谱表叙》中所言,"叙曰:表,明也,明先世之名位以示后也。名寄乎人、位寄乎天,皆古今砺世之权,非可幸致者。引祖宗之名位,

---

① (明)范涞:《休宁范氏族谱·统宗祠规》,万历二十一年(1593)刻本。
② (明)范涞:《休宁范氏族谱·统宗祠规》,万历二十一年(1593)刻本。
③ (明)吴元孝:《临溪吴氏宗谱·序》,崇祯十三年(1640)刻本。

乃世胄之家声明之,曷容已乎。然以表,明者何?谱,家乘也,因乘而仿史也"①"表有经有纬,纬者何?年月可序也;经者何?世次一也",从而使全谱各个部分详略得当、结构紧凑且结合成一个有机的整体。此外,值得我们注意的是,虽然《休宁范氏宗谱》继承并遵循了正史和欧苏谱法两种体例,但是在体例上并不拘泥于此,在前人的基础上有所创新。其一,在每篇总传前立有"叙"一篇,一是为解释设立此传的原因,二也是起到提纲挈领的作用,同时表明他是实实在在地履行了纂修职责,并非虚言或挂虚名,这也使得我们能够窥得修谱者的本意,对于我们了解徽州地区修谱者的修谱思想有着很大的意义。其二,全谱以"章"为单位将全谱分为谱叙、谱原、谱系、谱居、谱茔、谱祠、谱表、谱传和谱考九章,而在大多数徽州家谱中,都是用"卷"作为划分家谱内容的单位,而《休宁范氏族谱》以"章"作为划分家谱内容的单位,极为少见。而儒家经典《论语》《孟子》开始是按正文段落分"章"的,这也表明了范涞在修谱时对儒家思想的借鉴和对程朱理学思想的继承,这也是《休宁范氏族谱》在体例上独特的创新之处。以史例和儒家经典来纂修家谱,这也和范涞的学术素养密切关联,其年少时就有"慨然有必为圣人之志",博览群书,后又登进士,为官之余又"性嗜学""好观书""讲求名理",实为治学之良才,范涞对"程朱理学"颇有研究,著有《休宁理学先贤传》《朱子语录纂述》等。从所纂修的族谱体例来看,其明显受到了正史和儒家经典的影响,也正因为范涞"学宗程朱",才可能以史例、儒家经典的体例来纂修家谱,这些都和范涞作为新安理学名家有很大关系。

号称"程朱阙里,东南邹鲁"的徽州地区,修谱思想深入人心,修谱次数增多,而《休宁范氏族谱》作为徽州地区家谱的典型代表,其在编修上具有体例完备、资料丰富、功能明确的特点,具有很高的史料价值,因此了解该谱、进一步发掘并整理其中许多有价值的史料,对于我们研究徽州地区的基层社会,研究徽州宗族内部结构,以及徽州士绅阶层都有着十分重要的意义。

---

① (明)范涞:《休宁范氏族谱·谱表叙》,万历二十一年(1593)刻本。

四、《临溪吴氏宗谱》

吴元孝,字远卿,徽州休宁人,生卒年不详,天启四年(1624)由贡举入仕,"授广州通判,清屯田,招抚有功,升云南路南州知州"①。吴元孝受到家学的影响,对吴氏宗族的宗谱问题十分关注,在辞官回乡后,他秉承先祖龙田公的遗志,以吴氏宗谱为念,在《临溪吴氏宗谱·自序》中,他说"元孝不慧,幼侍先大人龙田公,见其留心谱学……崇祯戊寅请还乡里,视简编散佚而使先德弗彰……是搜辑谱牒而加以编集……"②,因此,吴元孝在回乡之后会聚族人,经过两年时间编纂成了《临溪吴氏宗谱》。该谱自崇祯十一年(1638)开始修纂,直至崇祯十三年(1640)方告付梓。

(一)内容多样且注重史料考证

《临溪吴氏宗谱》全谱共八卷,分为系牒、系传、行业、贞淑、仕进、文儒、祠墓、哀文八个部分,此外还附《宗约》一卷,除正文外,篇首有户部左侍郎、应天府尹毕懋良所作的《临溪吴氏宗谱·序》1篇、吴文班、吴维启、吴道宗所作的序文3篇以及吴元孝自作的《临溪吴氏宗谱·自序》1篇,篇末有吴士鹏、吴元让、吴继伊等人作的跋文3篇。该谱的显著特点是记载详实,保存了吴氏宗族历代修谱的相关资料。谱中还保存了大量的珍贵史料,文献资料体裁多样,如吴氏族人所作的优秀诗文、吴氏宗族贤达的传记以及宗祠建设、宗族祭祀方面的祭文等。该谱中诸如谱规、传记、诗文等大量史料的留存,对于研究徽州宗族社会有着重要的参考价值。

在徽州众多家谱中,由于受到编修者自身原因、资料收集不全、时间跨度大等因素的影响,家谱中记载的史料和宗族事迹有许多不实和矛盾之处,甚至在一部家谱中都有出现前后矛盾的现象。面对这种情况,《临溪吴氏宗谱》特别重视对本宗族史实的考证,在《临溪吴氏宗谱·凡例》中有这样一条:"谱称家史,史载善恶而谱惟载善,为亲者讳也,然概以誉言则失真矣,故行业卓著者特

---

① 何应松等:《休宁县志》,上海:上海书店,1990年。
② (明)吴元孝等:《临溪吴氏宗谱·自序》,崇祯十三年(1640)刻本。

传以表之,其系传止书生卒娶葬,间有举其一二行事者亦直道之……"①此外,吴元孝在《临溪吴氏宗谱》自创的六略中特别添加了《谱考略》和《谱议略》,对吴氏宗族的迁徙情况和修谱情况均作了详实而精确的考证,摒弃了有些宗族乱攀附名人以图提升自身地位的行为,同时通过对吴氏宗族修谱情况的考证,防止了伪谱的出现和伪冒现象的产生。由此可见,吴元孝对于宗族史料和文献的严谨程度,其不妄作、疑者阙之、信者书之的修谱态度和考证精神与同时期徽州地区"以讹传讹"的家谱编修者相比而言,是非常可贵的。

(二)重视发挥教化功能

徽州地区士绅阶层在修谱过程中普遍重视家谱的教化功能,通过宣传"尊祖、敬宗、收族"的修谱理念和"忠孝节义"的儒学正统思想,并且以"朱子家礼"的祭祀仪式为载体,通过家谱来教化、激励族人,提高家族的凝聚力。

《临溪吴氏宗谱》十分重视家谱的教化和激励作用,例如在《临溪吴氏宗谱·征行实引》中明确提出家谱的激励功能,即"尊祖敬宗,务先收族,族谱之义,从来重矣……"②吴元孝希望自己的后人能够继承这种"尊祖、敬宗、收族"的修谱精神,继续保持吴氏宗族的凝聚力。同时,对宗族中的一些陋习和不法之人,士绅们也希望通过家谱能够教化他们,从而消除宗族内部的不稳定因素,《临溪吴氏宗谱》在宗谱正文后附《宗约》一卷,制定了16条家法来约束族人,除了严厉的惩罚之外,《临溪吴氏宗谱》还以"惩恶劝善"的原则来杜绝宗族内部的不稳定因素,从而提高宗族凝聚力。《临溪吴氏宗谱》中通过对宗族贤达"行业""贞淑""仕进"等事迹的辑录,目的在于使族人效仿祖先的忠孝精神,传承先祖登科入仕的荣耀。由此不难看出,《临溪吴氏宗谱》中对于祖先事迹的宣传,体现了"谱为一家之史"的家谱特征,实践了"明昭穆,别尊卑,追本溯源,敬祖收族,聚宗睦族"的家谱编修宗旨。《临溪吴氏宗谱》中对宗族贤达事迹的辑录,一方面为后人保留了珍贵的宗族史料,另一方面也起到了"尊祖、敬宗、收族"的作用,对于宗族结构的维系有着重要的意义。

---

① (明)吴元孝等:《临溪吴氏宗谱·凡例》,崇祯十三年(1640)刻本。
② (明)吴元孝:《临溪吴氏宗谱·徵行实引》,崇祯十三年(1640)刻本。

(三)谱学体例理论论述系统且全面

明代徽州地区家谱编修的体例一方面继承了欧阳修、苏洵开创的修谱体例,另一方面也吸取了史学、方志学的发展成果,对家谱体例进行了创新。所以,明代在中国家谱史上属于一个承上启下、承前启后的时期,明代这些新的修谱体例在时间上对清代、民国时期的家谱编修产生了重要的影响;在地域上对徽州地区乃至徽州以外地区的家谱编修产生了重要的影响。

在家谱体例方面论述最系统、最全面的无疑是《临溪吴氏宗谱》。临溪吴氏谱有专门的《谱编略》,其中有《谱则略》《谱例略》《谱议略》和《谱考略》,以"略"作为专篇文章名,在族谱并不多见,估计是受郑樵《通志·略》的影响。通过对这四略的研读,我们可以发现,编修者吴元孝对编修家谱有自己独特的认识,他认为家谱的功能就是"谱虽一家之书,实以补国史之所不逮""家谱所以彰先代之实录,而足为后人之文献者"①,至于如何实现家谱的这一功能,在他看来就是从家谱体例入手,即他所说的:"其义例体裁盖不可以不谨焉。"他认为家谱体例的功能最终要达到"支派各分而统绪相接,惟散而能收,详而不乱,斯一展卷而昭然"②,从而对家谱的体例提出了较深入的探讨。

在《临溪吴氏族谱》中,吴元孝针对家谱结构创新作了专门的探讨,即《临溪吴氏族谱编略》中的《谱则略》,这篇文章全面体现了其对家谱结构创新的认识,吴元孝通过对家谱每部分的功能和意义进行探讨,从而表达自己对于如何编纂一套完备家谱的认识。吴元孝的贡献在于提纲挈领地对家谱每一部分的不同作用与功能作了较为宏观的说明,如"谱系牒第一,牒具矣,举其人之行事以实之,及于生卒婚葬备书,故足术也"③,是对系牒功能的阐述。如此系统且全面的说明家谱结构的文章在中国家谱史上是罕见的。通过这篇文章,我们可以看出,在明代中后期的徽州,世家大族对于家谱编修已经有了一整套完备的认识,对于家谱编修的法则、体例也十分了解,从而形成了影响徽州地

---

① (明)吴元孝:《临溪吴氏宗谱·谱则略》,崇祯十三年(1640)刻本。
② (明)吴元孝:《临溪吴氏宗谱·谱则略》,崇祯十三年(1640)刻本。
③ (明)吴元孝:《临溪吴氏宗谱·谱则略》,崇祯十三年(1640)刻本。

区两三百年的修谱范式,成为清代以及民国时期徽州宗族修谱的圭臬。

"断限"即是说断于何时、限于何代,是家谱中所记谱系、小传的起讫年代。在家谱中,"断限"问题作为修谱中的一个重要的问题,为历代修谱者所关注。由于修谱时往先世追溯的时间较长,为了保证家谱的可信程度和权威程度,徽州宗族十分关注家谱中各部分的"断限"。在《临溪吴氏族谱》中吴元孝针对不同的情况对每一部分断限的理由均进行了说明。在此尤其值得肯定的是,他对每一部分断限所使用的理由是不同的,系牒是"源流可溯"、系传是"实迹可考"、行业是"闻见可逮"、贞淑是"令甲可信"、仕进是"纪载可据"、文儒是"学校可按"、祠墓是"世守可凭"、哀文是"掌故可稽",尽管八个部分表达的意思大致相同,即要真实可信、确凿可考,但在表达上却不重复,反映了他对这一问题认识的深入,也表明了他对谱学中一些基本问题理解的丰富多彩,同时也说明了当时谱学家们对家谱本身的反省达到了较自觉的程度。吴元孝对谱学体例的认识,特别是对断限问题的重视与研究,在当时是不多见的。

第二节 清代徽州典型家谱

一、《潭渡孝里黄氏族谱》

《潭渡孝里黄氏族谱》几经修纂,于雍正九年(1731)由黄克吕、黄中、黄尔玑、黄臣槐等40人完成族谱的刊刻。黄臣槐在雍正八年(1730)的序中道出此次开局修谱的缘由:"隐南公之谱则举族之事迹系之,书成到今一百九十余年,又经景琯公论定之确,苟不及时开雕,窃恐渐至散逸,徒负作者毕生之苦心。"于是,族中诸尊长在隐南公重编族谱的基础上,详细考证,绘图补注,"既为之寻源溯流,详考证注,而其为谱也,则又采欧苏二家之所长而去其所短,凡山川、村落、梵宇、祠茔皆绘图方幅,如指诸掌"。明嘉靖、隆庆年间,黄玄豹(字惟文,别号心斋,晚号隐南),"平生诗书尚礼,好贤乐善,引诱后人,与物无竞,有孝亲友弟之德,轻财重义之风",①因感慨"自弘治以底于嘉靖,中更数十载,老者殁而未书其卒葬,生者众而未录其名字,是诚有待于继述之者,但业儒者志功名而未暇,为商者勤服贾而未能,甚至浮靡狷薄之徒又貌之为迂阔而诋訾焉,则斯族之谱难乎其望复举矣"②"慨然有志于谱牒也,而思振绝继废,不惮寒暑,旁搜遐访,获旧泯古图于族人,伪讹以辨,近世可征矣"。③黄玄豹编修完成的族谱并未付之刊刻,是为写本。后来雍正九年(1731)刊刻的本子便是在黄玄豹本子的基础上增订修改而成。黄景琯(1622—1699),诸生,字扶苏,号白山,清初著名朴学家,著述颇丰,主要代表著作有《一木堂诗稿》十二卷、《杜诗说》十卷、《字诂》一卷、《义府》二卷等,"《清史列传》等皆有传。《四库全书总目提要》称其致力汉学,而于六书训诂尤为专长。《清儒学案》为之立白山学案曰:徽州学派,开自江戴,白山生二公前,不假师承,犹能钩深致远,发明新义"。④ 在黄玄豹和黄景琯等人的努力下,《潭渡孝里黄氏族谱》最终于雍正九年(1731)正式刊刻。

(一)体例完备,内容丰富

《潭渡孝里黄氏族谱》共十卷,另有首一卷、末一卷,为明隆庆间重编,清雍正九年(1731)校补刻本。该谱目录如下:卷一《新安各派迁支执掌图》《执掌图注》;卷二《江夏新安各祖世系》《潭渡村全图》《潭渡村全图》《潭渡世系古图》《潭渡世系古图辩》《总图辩证》;卷三《潭渡各祖生殁表》《潭渡各支生殁表》;卷四《家训》,包括孝敬、正爱、亲睦、修齐、教养、跋家业遗训二则、敦睦堂家规引、讲乡约建言、示子修等读书之道、自警语等方面;卷五《祖墓》,保存了潭渡黄氏祖墓信息,万历清丈及与周边宗族诉讼的史料;卷六《祠祀》,保存了大量祭祀方面的史料;卷七《家传》,记载了孝友、厚德、高义、质行、方正、狷介、智略、宦迹、理学、雅尚、艺事诸传共73篇,是研究明至清初潭渡黄氏家族

---

① (清)黄臣槐:《潭渡孝里黄氏族谱》卷末《附玄豹公状略》,雍正九年(1731)刻本。
② (清)黄臣槐:《潭渡孝里黄氏族谱》卷三《生殁表·沐公引》,雍正九年(1731)刻本。
③ (清)黄臣槐:《潭渡孝里黄氏族谱》卷三《生殁表·沐公引》,雍正九年(1731)刻本。
④ 黄生著,诸伟奇主编:《黄生全集》,合肥:安徽大学出版社,2009年。

中文人、仕宦、商贾等重要人物的史料;卷八《闺范》,载有孝妇、贤妇、节妇、烈妇、贞女、孝女、烈女传记共63则,保存了潭渡黄氏家族中妇女相夫教子、持家、家庭教育等史料,《潭渡享姒专祠记略》《潭渡黄氏享姒专祠记》记载了徽州专设妇女祠堂的史实;卷九、卷十《文献录》128篇,分别为诰敕10篇、传28篇、行状11篇、墓志铭11篇、铭3篇、赞13篇、辞2篇、记29篇、序21篇,尤其是传、行状、墓志铭等丰富的传记资料,是这个家族商业经营、科举仕宦、文人士大夫社会生活的重要史料。卷首有雍正八年(1730)及雍正九年(1731)时由黄氏裔孙撰写的新序7篇,明时旧序6篇,修谱随记1则,谱局校对裔孙名目1则;卷末还有书后6篇,书事3则,附纪8则,新、旧跋各1则。该谱体例完备、内容丰富,是研究明清徽州宗族社会的重要资料。

(二)记载详细,注重考辨,可信度高

潭渡黄氏溯源江夏,祖自东汉黄香,家族的迁徙大致经历了从黄墩到郡西黄屯再到潭渡的历程。潭渡黄氏自十一世以来,渐分为八门,"族聚而支分,其聚为一则曰孝行里,其分有八,则曰八门,门以堂署,曰思养、曰永思、曰敦睦、曰贻安、曰存诚、曰春晖、曰思诚、曰蓼莪",①民国画家黄宾虹对此曾评价:"以一族统八门,每门统每分,以及于每家,莫不皆然。故风俗淳美,人民富足,其根本然也。"②八个支派分别统领至每家每户,从而保证潭渡黄氏宗族井然有序的生活。关于这八大堂③,《潭渡孝里黄氏族谱》卷十中的《思养堂记》《永思堂记》《敦睦堂记》《贻安堂记》《存诚堂记》《春晖堂记》《思诚堂记》《蓼莪堂记》中保存了详细的史料。除此之外,还有许多科举名人和文人,黄绹,明"正德癸酉,以诗经中乡试会榜,登乙科,弗就。嘉靖丙戌,以拣选为知

---

① (清)黄臣槐:《潭渡孝里黄氏族谱》卷一〇《文献录下·贻安堂记》,雍正九年(1731)刻本。
② 上海书画出版社、浙江省博物馆编:《黄宾虹文集·书信编》,上海:上海书画出版社,1999年,第253页。
③ 关于潭渡黄氏八大堂具体情况,可参阅《潭渡黄氏宗族的个案透视》,载林济:《长江流域的宗族与宗族生活》,武汉:湖北教育出版社,2004年,第313~330页。

县,宰靖安"。① 黄绹同祖昆弟黄约,嘉靖"戊戌,就拣铨部,得广信府推官,矢廉矢慎"。② 黄绹和黄约的高祖兄弟黄湛,"以衢州府学生援例入监,嘉靖丁未赴吏部铨授宛平县丞"。③ 黄湛从子黄正秋"少入国学,后官山东布政司经历……历官三载,调陕西都司经历"。④ 其兄黄夏,"为河南按察司经历"⑤。弟黄冬,"为湖广布政司都司事"⑥;黄玺,"嘉靖壬午,选陈州判"⑦,在任期间,勤政廉洁,"治效过陈州,民大称颂"⑧。还有其他术业专供的其他人才,黄子立,"善音律,工镌刻,书翎毛、花卉、人物、佛像俱妙"⑨;黄子静"尝从陆文裕游,故学其书,圆秀端媚,正肖太平人物气象"⑩。

族谱虽然记载详细,但是族枝众多,枝繁叶茂,很多事情时日长久自然有所脱漏或是错误,这虽是不可避免的问题,但《潭渡孝里黄氏族谱》尽力减少了这些失误,"吾歙并未入五代版图,而旧谱生殁表皆用梁、唐、晋、汉、周年号,名实殊觉未副,今录谱时详考,佑主将当日吾歙所奉之唐天祐及淮南、吴、南唐各年号与五代年号双行并列,予以核实也"。⑪ 雍正九年(1731)的修谱者黄臣槐无法确定事实,遂在书中作按语,"按,会里、万安、官塘三派,据迁派图注,俱系出五城,且现在轮司黄墩标挂,而旧图皆失载,固未见彼谱牒,无由知其转徙世数及迁祖名讳,不敢擅改,留以俟后之续谱者增"。⑫ 对无法确定的事实采取疑同兼有的方式对后世来说也是一个解决事情的途径。如因虽祖墓面积和所交税额记载有异,故"按,老赡茔簿载,庐墓所弓口税额与今所

---

① (清)黄臣槐:《潭渡孝里黄氏族谱》卷七《家传·仕宦》,雍正九年(1731)刻本。
② (清)黄臣槐:《潭渡孝里黄氏族谱》卷七《家传·仕宦》,雍正九年(1731)刻本。
③ (清)黄臣槐:《潭渡孝里黄氏族谱》卷七《家传·仕宦》,雍正九年(1731)刻本。
④ (清)黄臣槐:《潭渡孝里黄氏族谱》卷七《家传·仕宦》,雍正九年(1731)刻本。
⑤ (清)黄臣槐:《潭渡孝里黄氏族谱》卷七《家传·仕宦》,雍正九年(1731)刻本。
⑥ (清)黄臣槐:《潭渡孝里黄氏族谱》卷七《家传·仕宦》,雍正九年(1731)刻本。
⑦ (清)黄臣槐:《潭渡孝里黄氏族谱》卷七《家传·仕宦》,雍正九年(1731)刻本。
⑧ (清)黄臣槐:《潭渡孝里黄氏族谱》卷七《家传·仕宦》,雍正九年(1731)刻本。
⑨ 石国柱等修,许承尧纂:《歙县志》卷一〇《人物志·方技》,台北:成文出版社,第1704页。
⑩ (清)黄臣槐:《潭渡里黄孝氏族谱》卷七《家传·艺事》,雍正九年(1731)刻本。
⑪ (清)黄臣槐:《潭渡孝里黄氏族谱》卷首《凡例》,雍正九年(1731)刻本。
⑫ (清)黄臣槐:《潭渡孝里黄氏族谱》卷一《黄墩各派迁支指掌图》,雍正九年(1731)刻本。

绘之图多弓口一步三分六厘二毫,多税九厘零八忽,谨录附刊,以备后贤稽考。……字号略……以上系嘉靖元年所收黄才等五户税额,入黄赡茔户,共税五分一厘三毫二丝,积步一百一十九步六分四厘,今图作税四分一厘二毫,积步一百一十八步二分七厘八毫,与老簿不同"。① 黄玄豹云:"盖经宋元兵火,去土以避难,既不能返乡间,又不能通音问,世代渐远,彼此两不相识,迁者犹传其本于此,今焉知其何派乎? 故兹谱,凡旧注无传故绝迁徙者,照旧书之,无注者以未考无查字样填其下,盖慎之也。"② 黄景瑄云:"如新安太守元集公碑,系取东汉夏承碑、蔡中郎八分书,窜易而成,自少参公以来无人觉其为伪,今原碑既觏,岂容赝鼎复陈! ……又如思诚堂约公以举人选授广信府推官,后升黄州府通判致仕,今乃仅书为黄州府推官,以两任并为一任,不大失事实乎? 其他有事于考订者尚不可枚举。"③ 多方考证,信正存疑,使《潭渡孝里黄氏族谱》可信度极高。

二、《歙西金山宋村宋氏族谱》

《歙西金山宋村宋氏族谱》为清康熙五十九年(1720)由宋德泽主持纂修而成。该谱在明清徽州地区影响巨大,宋氏族人修撰此谱时,经过严谨考核、勘订,并对族内未刊支谱、散佚谱作了十分认真的校订工作,这无疑扩大了该谱的影响力。但其影响所及,其实是由其独特的内容所决定,主要体现在此谱成谱过程、编纂方式以及具备较高的史料价值方面,尤其是谱中记载有宋氏族人经商的情况,可作为进一步考察徽州社会的时代特点及地域特色的重要史料。

(一)内容丰富翔实

此谱由宋氏族人公修,"家兄州佐德清,及族兄州佐学仁,念本族支谱历久未修,世远人遥,不无遗舛,与泽计议开局重修。泽虽妄承纂述之任,殊愧弗克报称。然敬慎勤苦,历三四寒暑,始克成编,不敢一字之苟。其搜讨参订

---

① (清)黄臣槐:《潭渡孝里黄氏族谱》卷五《祖墓》,雍正九年(1731)刻本。
② (清)黄臣槐:《潭渡孝里黄氏族谱》卷二《生殁表例言》,雍正九年(1731)刻本。
③ (清)黄臣槐:《潭渡孝里黄氏族谱》卷首《修谱随记》,雍正九年(1731)刻本。

则从侄国学振忠之力居多,刻资纸价则泽犹子贡生仕业独任,其协赞则族老州佐之馨德,道士元其缮写,校阅则从弟庠生麟、从侄国学仕鼎琦,庠生珩绘图,延锡、咸乐相与有成云"。① 全程参与撰谱者分别为:修职郎宋德泽编辑、邑庠生宋麟、邑增生宋珩校阅、太学生宋振忠参订及贡生宋仕业校梓,族人协力,经历三载终得成谱。

《歙西金山宋村宋氏族谱》内容十分全面,全谱共十二卷。其谱卷首撰有"家传至宝"四个大字,落款为"岳飞书",且刊印有印章。卷首为谱序10篇和谱跋1篇,谱序又分为新撰序文《宋氏族谱序》《金山宋村宋氏修谱序》2篇,及宋元以将的宋氏老序,有《宋氏族谱引》《题宋氏族谱》《宋氏族谱》《新安宋氏谱序》等7篇。卷一为《像图》;卷二为《墓图》;卷三为《世系总图》;卷四为《珠川世系(西分)》;卷五为《珠川世系(东分)》;卷六为《梅岭世系》;卷七为《梅岭世系》;卷八为《名贤》;卷九为《名贤》;卷十为《遗文》;卷十一为《世德》;卷十二为《世德》《附纪》两篇,其中《附纪》中又分有书稿、祭草、行列、祭产、祠规、辨赝诸部分。该谱的显著特点是记述详备,系统完善,内容翔实,保存了历代宋氏族人所撰的重要家族史料,在清代家谱中极为突出。例如:在宗族名贤事迹、宗族祭葬、传文、族诗等方面大量家族史料的留存,反映了歙西金山宋村宗族的溯源、繁衍、迁居等方面的具体内容,折射出明清社会转型时期徽州社会的历史变迁历程。

(二)编修特色鲜明

1. 重视体例继承和创新

明清时期,徽州家谱已日趋完善、成熟,体例完整,内容也极为丰富。以《歙西金山宋村宋氏族谱》为例:"自始迁金山宋村以来,纂为族谱计卷凡十有二,首像图则触目而美墙如见也,次墓图则松楸一望而可稽也,次世系则昭穆若星罗而棋布也,次名贤则国宝无非家驹也,次遗文则载籍焕乎其有章也,次世德则为箕为裘勿替引之也"。

---

① (清)宋德泽:《歙西金山宋村宋氏族谱》卷首《凡例》,康熙五十九年(1720)刻本。

徽州家谱数以千计,善本众多,其原因是多方面的,其中家谱自身编修理论的不断发展无疑是一个重要的原因。①《歙西金山宋村宋氏族谱》在编纂过程中尤为重视体例的继承和发展,其遵循的重视信史纂谱原则即是对正史编修体例的借鉴与模仿。正如《新安大阜吕氏宗谱》中说:"国有史,所以纪一国之事也;族有谱,所以纪一族之实也。"②亦如《泾北汪氏宗谱》所载:"尝思家之有谱,犹国之有史也。国无史,何以知兴衰治乱之由;家无谱,何以知世系源流之远。斯二者,大小有殊,而其不可无则一也。"③

《歙西金山宋村宋氏族谱·谱序》有言:"余尝受其书而读焉,见其搜罗广博,考核精详,既不以远而遗,亦不以疏而略,而所载名贤必符经传……余向辑信史,存真一书,谓国之有史,犹家之有谱,里党宗族目见耳闻,凡记载毫不容伪,是以谱而证史也。今观惠远所谱,其立例之严,登载之慎,隐寓劝惩,若朝廷然。"④即可见此谱修订严整,作了严格的考证、勘正工作,以保证谱载精确不苟。对此,宋氏族人骄傲道:"谱牒之修,远者无论矣,即远者或数十年或百数十年,其间时会之盛衰……是书为信谱矣!"⑤

此外,《歙西金山宋村宋氏族谱·凡例》有言:"吾族文人学士多占外籍,一时莫得通闻,然亦以司谱事者急于告竣,故本支世系未获详书。夫以吾族而且从略其他文献无征,以仓卒而见遗者,可胜道哉,故兹急订支谱,以待宗谱之修。"⑥由此可见,歙县上丰宋氏族派对宋村族人记载为"出赘西路",故此,宋村族人皆怀有愤懑之感,因被忽略于上丰派族人一派,故对修谱时"不敢一字之苟"格外求真,"今搜辑各家写本及家庙神主及历世坟墓,参互考订,

---

① 徐彬:《论徽州家谱的评价理论》,载《安徽师范大学学报(人文社会科学版)》,2009年第2期。
② (明)吕仕道:《新安大阜吕氏宗谱》卷一《书法凡例引》,万历五年(1577)修,民国二十四年(1935)重刻本。
③ 汪源:安徽泾县《泾北汪氏宗谱》卷一《三修支谱序》,宣统元年(1909)刻本。
④ (清)宋德泽:《歙西金山宋村宋氏族谱》卷末《后序》,康熙五十九年(1720)刻本。
⑤ (清)宋德泽:《歙西金山宋村宋氏族谱》卷末《重修本族谱系跋言》,康熙五十九年(1720)刻本。
⑥ (清)宋德泽:《歙西金山宋村宋氏族谱》卷首《凡例》,康熙五十九年(1720)刻本。

历三寒暑始定,画一之书无遗无紊,精确不苟,殊废苦心"①,堪称明清徽州家谱之信史。

2. 重视宗族史料的收集和整理

徽州乡绅士衿修谱除为"尊祖敬宗""统宗收族"之外,还有一个极其重要目的即为保存并传承家族文献资料,使后世子孙可从谱牒卷册中查核、检阅并缅怀祖先的德行与功业,进而起到激发族人、劝诫后人的作用。然而,徽州家谱纂修年代久远、资料繁杂,许多家族都面临"值兵乱逃避,谱尽散逸,难以稽考,故不敢妄援"②的情况。针对这种局面,《歙西金山宋村宋氏族谱》就十分注重家族文献资料的整合与汇编,以此达到"追本溯源,敬宗收族,延续辉煌"的宗旨及目标。《新安名族志》载:"宋出周武王封微子于宋,因氏焉"③,《歙西金山宋村宋氏族谱》更是对宗派溯源情况详尽载述,如下:"迁祖一公,自赘西路金山程氏,生五子,遂奠居焉。至明洪武、永乐年间丈量均里,已成本都本图八、九、十三甲,旋充本图里长以及黄册公正。当时最重册里,宋氏兼之,可见丁赋之盛,迥非他甲可比。追嘉隆时,人文蔚起,卓然成巨族矣,而上丰宗谱载吾一公,仅书'出赘西路'四字,其一公以下支孙概未详书。"④

对于宗派族源的记载,一方面是为后裔子孙保留弥足珍贵的宗族史料;另一方面也可起到"敬祖敬宗"的重要作用。此外,对族派墓地、宗祠、祭拜仪式等亦详尽记载,"祖墓弗亲由来久矣,道远会疏振兴不易,虽有仁孝徒切怀思。康熙甲午上丰应试宗人与吾族之赴试者,会于邑治同拜白莲原祖墓……所当为讵可推诿,乃毅然肩任其重,而诸父老又克佐之,由是祠祭有田,墓祭有费,奕叶子孙永笃敦睦,所有来往事宜附载于谱,庶使后贤慎守不致废坠云尔"⑤。明晰祖宗墓葬之地,延续祭拜之礼对宋氏宗族的维系和延续有着重

---

① (清)宋德泽:《歙西金山宋村宋氏族谱》卷首《凡例》,康熙五十九年(1720)刻本。
② (清)舒安仁:《华阳舒氏统宗谱》卷一《舒容序》,同治九年(1870)刻本。
③ (明)程尚宽等:《新安名族志》,合肥:黄山书社,2007年,第274页。
④ (清)宋德泽:《歙西金山宋村宋氏族谱》卷首《凡例》,康熙五十九年(1720)刻本。
⑤ (清)宋德泽:《歙西金山宋村宋氏族谱》附纪《宗祠罔谒》,康熙五十九年(1720)刻本。

要的积极意义。

《歙西金山宋村宋氏族谱·附纪》载有清康熙甲午歙西宋村宋氏置办祭祀、重修墓祠等宗族活动的详尽内容：

> 尚书公为吾宋氏发祥之始，故墓旁有祠，所以世其祀也。定光佛为吾继世诞降所自，故祠前有寺，所以永其报也。岁久，祠既倾颓，寺亦朽坏，不早修理，势莫能支。上巳诸宗展墓，倡议重修，吾一公以下支孙自当量力乐输，共襄盛举，务宜订期齐付，庶几不日而成，将见佛力无边，人赐石麟而发族，祖灵有感，气钟天马以腾辉矣。①

另外，为进一步考察宋氏宗族的内部结合，《歙西金山宋村宋氏族谱》收录了上述关于歙西宋村派与歙北上丰派等诸派间的往来批据、税亩字号、信件书扎等家族史料，是为难得的一手文献材料，整理如下：

> 派分各族，谊属一家，溯流穷源，其先则兄弟，又其先则仝祖也。寒家自鼻祖觃公十二世孙一公始迁敝里，揆厥所由台宅实为发源之地，父老相传，先世常随诸宗长后，岁至白莲原展墓，笃厚往来。嗣后人心涣散，司事不常，偶一因循，寖成懈弛，所赖台宅松楸世守，踵事增华，凡属子孙均叨荣庇，而回念本支，尊祖敬宗之谊得无多抱愧耶。今月上巳幸在邑中得晤诸老宗长，磒石龙门，水融一气，大宗礼俗之隆、风教之美于斯睹一班矣。②

书信的存留对于祭祖活动的有效进行、宗族活动的统合聚合有着积极的引导作用，正是源于其重视家族史料的收集与编纂存世，极大程度地还原了宋氏宗族活动的真实状态。

---

① （清）宋德泽：《歙西金山宋村宋氏族谱》附记《墓图·重修尚书公墓祠暨定光佛寺本族批输小引》，康熙五十九年（1720）刻本。
② （清）宋德泽：《歙西金山宋村宋氏族谱》附记《墓图·裔孙邑庠生珩初致上丰诸老宗台书》，康熙五十九年（1720）刻本。

3. 重视徽商修谱与商业发展的关系

明清时期,徽商雄踞天下,明人谢肇淛曾感慨徽州商业繁盛之景:"富室之称雄者,江南则推新安,江北则推山右。新安大贾,鱼盐为业,藏镪有至百万者,其它二三十万,则中贾耳。"①此言正反映了众多徽州商人,其商业资本以百万甚至以千万计,可见其商业资本的雄厚。徽州宗族商人都是生活、成长在宗族之中,深受朱熹思想的熏陶,宗族观念十分强烈且深厚,即使是富比王侯,若不能致力于宗族谱牒编纂活动、明晰世系,自然会在人伦道义上被乡人所歧视。明人何棐认为"睍富诸君,方跋涉江湖,贸迁有无,倥偬若不暇给者,乃有役志于此(笔者注:编修谱牒),以不忽人之所忽焉,其亦可谓贤矣"②。《歙西金山宋村宋氏族谱·书重修族谱后》载:"行商迁徙他郡邑,遂占籍为土著者,代有其人。谱不急修,将历久而讹舛更甚,其为患可胜言哉。"③经商族人对纂谱之事的"德功事迹",兹枚举数例作分析:"常随兄汝器经理盐务,因修辑万历戊戌家谱,族人赖之"④"冶铁起家,业著于闽,重修家乘大费苦心"。⑤可见,歙西金山宋氏族商对宗族活动的支持与资助,尤其体现在编修家谱活动之中。为此,保留、存世有众多族商资料,名垂家族,利用谱牒使自己在宗族内广为传颂是现实可行的。正如明人汪道昆所言:"服贾而仁义存焉,贾何负也。"⑥这也清楚地表明了其既与徽州地区特殊的地理环境、人口构成密切关联,也与其宗法观念的不可分割,因此,对于宗法文本代

---

① (明)谢肇淛撰,郭熙途点校:《五杂俎》,沈阳:辽宁教育出版社,2001年,第37页。
② (清)方善祖:《歙淳方氏柳山真应庙会宗统谱》卷一《方氏族谱序》,乾隆十八年(1753)刊刻本。
③ (清)宋德泽:《歙西金山宋村宋氏族谱》卷末《书重修族谱后》,康熙五十九年(1720)刻本。
④ (清)宋德泽:《歙西金山宋村宋氏族谱》卷一一《世德·良洪公传》,康熙五十九年(1720)刻本。
⑤ (清)宋德泽:《歙西金山宋村宋氏族谱》卷一二《世德·尚文公传》,康熙五十九年(1720)刻本。
⑥ (明)汪道昆:《太函集》卷二九《范长君传》,见《四库全书存目丛书》集部第117册,济南:齐鲁书社,1997年,第386页。

表性质的家谱所起到的宣扬及教化作用是不言而喻的。

三、《绩溪金紫胡氏家谱》

《绩溪金紫胡氏家谱》，清代胡广植等纂修，为清光绪三十三年（1907）刻本，共二十八卷，另有首三卷、末二卷共十五册。始祖宓，唐末避乱自青州濮阳板桥村迁至歙州乌聊山下，卒葬绩邑西门外。宓七世孙舜陟，南宋初封绩溪开国男、新安伯、金紫光禄大夫，故而得名"金紫胡"。胡舜陟为宋代名臣，与名将岳飞是好友，岳飞也曾经前往绩溪拜访过他，二人交往甚密。后来岳飞因"莫须有"罪下狱，胡舜陟明知不可为而为之，替岳飞叫屈鸣冤，多次弹劾秦桧，最终被秦桧所害。绩溪金紫胡氏人才辈出，南宋仔公，号苕溪渔翁，著有《苕溪渔隐丛话》一书。金紫胡氏，一向崇尚礼学，礼学亦为徽学的重要组成部分。金紫胡氏在清朝的三位名人胡匡衷、胡秉虔、胡培翚，被称为"礼学三胡"。

金紫胡氏家谱自明成化以下三百年而未修，至康熙年间始得统而修之，在家谱编修过程中历经曲折。"二十世景润公，即祖生征仕郎与弟汝庆同侄以升等，于大明成化甲辰岁，重修阖族家谱，派于本族。公葬一都济坑宅上，寒字五百六十七等号。嗣后翰林晓公，都督思伸公皆坚志修家谱各分下，谱牒未修明，二公逝世。我分谱稿，系贡士永伸公收藏，授献忠公。是时，公授承务郎兼军门等务，王事甚迫，未暇修焉。临终时，公因子幼，谱稿失传。是言，予幼时曾记我祖炎公备细之语也，故书。切思常侍祖任徽，沼公迁绩，相传二十九世，科甲联绵，仕宦显荣，可为盛族已。……己巳岁谱成后，族有贤良能修统宗家谱，我分下执斯谱合焉，不负前人之遗意。嗣后或五年一查，十年一修，述古之式，世世相传，知祖支分，如水之有源也，可谓追远矣。"[①]胡广植正是在此基础之上，于光绪三十三年（1907）完成《绩溪金紫胡氏家谱》的修撰。

《绩溪金紫胡氏家谱》共计二十八卷，另有首三卷、末二卷，共十五册。卷首包括新旧谱序、凡例、修谱名目、遗像、诰敕、传志、仕宦、科第、岁贡、荐辟、

---

① （清）胡毓麒等：《绩溪金紫胡氏家谱》卷首下《重修景润公支谱记》，光绪三十三年（1907）刻本。

封赠、节烈、艺文等,卷一至卷三为古系、本系、统系世表,卷四至卷二十八分系世表,卷末墓图、墓址、存旧。其中,艺文载胡氏著述书目、奏疏、揭、书、序、记、杂著、诗、词等。体例较为完备,内容十分丰富。

(一)收录文献丰富

《绩溪金紫胡氏家谱》谱中艺文一类囊括了本族自宋以来的各类家族文献,包括诗、词、史学考辨及谱学等多种著作。同时,本谱收入方回的《渔隐丛话考》,《渔隐丛话考》主要记述了《苕溪渔隐丛话》的编排体例、版本信息及对胡仔父亲胡舜陟死因的考证,这尤其反映了本谱编修过程的严谨,以及编修者的考辨精神。谱中还录有汪士铎、胡承珙、姚文田、王引之、曾国藩、朱右曾、俞樾等人的文章,这无疑增加了该谱的价值。

《绩溪金紫胡氏家谱》中还专列"奏疏"一门记载先祖事迹。舜陟公《乞令监察御史言事疏》《乞择任人才疏》《奏请措画边备疏》《又奏请诏举文武官才堪将帅疏》《奏请诸赵良嗣疏》《乞裁省阁门员额疏》《论殿班疏》《请读孟子疏》《奏请微谯定疏》《奏请训练保甲疏》《论反正六事疏》《请身守江北之地以护行在疏》《乞却高丽贡使疏》《论措画中原疏》《乞敕中山疏》,明代思伸公《开复屯田疏》。舜陟公和思伸公等人奏疏,涵盖政治、军事教育等多个方面,为我们研究胡氏宗族及当时的制度和社会状况提供了丰富的资料。

《绩溪金紫胡氏家谱》还高度重视书籍的作用,清代的培犟公认为,"人之所以为人者,恃有书而已矣。有书而天地万物之理可识也,有书而古今事变之状可考也,有书而孝悌、忠信治身之道可讲而习也,有书而农桑、礼乐治世之法可仿而行也,而且医卜、星相、杂技九流之术,金石、图画旁通博览之资,罔不具载于书。苟无书以供人之传法,则是人之生斯世者,懵然一无知晓,与物同耳。所谓天地之性,人为贵者,安在哉?培犟病此久矣,故虽居贫力薄,而遇书未尝不竭赀以求"。[①] 故而该谱在编撰之时,一是设置"书目"一门,收入大量书目,并注明由何人所著,是否遗失等情况,既方便了本族后人了解先

---

① (清)胡毓麒等:《绩溪金紫胡氏家谱》卷首下《特祭祠世泽楼藏书碑记》,光绪三十三年(1907)刻本。

人成就,也为我们研究金紫胡氏家族提供了大量资料。二是记载了大量的书序,其中有许多是关于经学和礼学的研究,展现了胡氏家族优良浑厚的家风。如:舜陟公的《孔子编年续》,培翚公的《又序》《跋》,等等,都对孔子进行了详细的研究。尤其是在《跋》中,培翚公对孔子生平及事迹都有相关考证和说明,对我们研究孔子有着重要的作用。三是该谱还记载了许多本族名士以及其他贤达对四书五经的研究。如:培翚公的《四书拾义序》《周易小识序》,秉虔公的《卦本图考自序》,匡衷公的《论语古本证异自序》,清熙公的《四书注说参证自序》《春秋两端自序》《诗经积疑自序》《尚书存真自序》,匡定公的《周易臆见补义自序》,廷玑公的《周易臆见自叙》,休宁赵继序的《五经解随笔序》,瑞临公的《春秋约读自序》等,都深刻地体现了这一点,也体现了金紫胡氏对四书五经的重视和家学传承。

在"记"这一部分,如:舜申公的《夹溪地记》,思伸公的《大宁渠记》《区邑侯碑记》,清熙公的《翠眉亭记》,匡衷公的《大屏山庙记》,匡裁公的《游苍龙洞记》,张敬斋的《桐坑墓记》,均从多个方面反映了胡氏家族的发展概况。并且,该谱中收录大量的"祠记",如:舒顿的《重建乳溪道院记》,方元成的《乳溪道院后记》,吕中的《乳溪道院记跋》《重修城北祠堂记》,懋襄公的《续修祠堂记》,培翚公的《特祭祠世泽楼藏书碑记》,晋文的《续修祠堂记》,均详细地反映了金紫胡氏家族祠堂修建的过程和规模。伯炯公的《明德堂记》、培翚公的《丰芑堂记》(即《五童公祠》)和饶绚公的《亶然堂记》,对支祠的建设均有详细的介绍。这些均是我们了解金紫胡氏祠堂建设的重要资料来源。另外,该谱中还收录了一些著名的文集"序",如:南宋仔公的《渔隐丛话前集自序》《渔隐丛话后集自序》,汤显忠的《鹤州逸叟漱芳集序》,朱琦的《研六室文钞序》《少师公总集序》等。该谱收录资料来源较广、种类繁多、资料翔实,体现了文献收录的丰富性。

(二)强调仪礼的重要作用,重视家学传承

仪礼制度是整个中国古代封建社会的规范体制,徽州作为朱熹的故里,深受理学的影响,自然对仪礼十分重视。绩溪位于徽州,金紫胡氏又位于绩溪,作为绩溪当地的名门望族,自然受到仪礼制度的规范,同时也对仪礼制度有着自己的贡献。通过观察《绩溪金紫胡氏家谱》,不难发现,在谱序部分有大量关于仪礼的记载。

胡氏先祖匡衷公作《仪礼释官》,并在《仪礼释官·自序》中说明自己作《仪礼释官》的原因:"仪礼释官何为作也,所以明侯国之官制也。自太古辅有三名,厥后云鸟之纪代垂其号,唐虞官百,夏商官倍,其详不可得闻。至于周官三百六十,详且备矣。然皆纪天子之官,而诸侯之官弗传。春秋列国之官莫详,左氏传而往往出东迁后所僭设,不尽可据,惟《仪礼》制自周公燕射聘食,诸篇皆诸侯之礼,而其官名与《周礼》或异或同。因而考之,侯国之制略具于斯。"①通过《仪礼释官·自序》,可以发现胡匡衷对于仪礼的贡献。这一点胡承珙和王引之均有论述,胡承珙认为:《仪礼》一经详于节文度数,而官名官制即错出其间,其称谓纠纷猝不可理。细释之,则分职联事,井然有条,且中多侯国官制,尤足补《周礼》所未及顾。治此经者,往往忽而不讲,则于行礼之人,尚未能辨其等秩职掌"。② 在这种情况下,"而于礼之节文度数,又何由以明?吾家朴斋先生研覃经术,著书满家,尝刺取十七篇中所陈各官,条举件系,一准《周礼》为差次,明其所以分职联事之意,成书六卷。又取《左传》《国语》《戴记》诸官名,为《仪礼》所未有而有合于《周礼》者,别辑为《侯国官制考》二卷,《侯国职官表》一卷,总名曰,《仪礼释官》"。③ 王引之也在《仪礼释官·又序》中说到:"古今治《仪礼》者,讨论节文至详且密,而于官名则略而弗究。绩溪胡朴斋先生独研综而探索之,备录十七篇之官名及郑注所释,而参检经传,订其是非,为《仪礼释官》六卷,并附侯国官制补考拾遗,补执其辩明也。"④这些都能说明匡衷公对《仪礼》的贡献。汪莱认为"此书以《周礼》《礼记》《左传》《国语》官制与《仪礼》相参证,断据精确,足补注疏所未及,诚古来

---

① (清)胡毓麒等:《绩溪金紫胡氏家谱》卷首下《仪礼释官自序》,光绪三十三年(1907)刻本。
② (清)胡毓麒等:《绩溪金紫胡氏家谱》卷首下《胡承珙又序》,光绪三十三年(1907)刻本。
③ (清)胡毓麒等:《绩溪金紫胡氏家谱》卷首下《胡承珙又序》,光绪三十三年(1907)刻本。
④ (清)胡毓麒等:《绩溪金紫胡氏家谱》卷首下《王引云序》,光绪三十三年(1907)刻本。

治《仪礼》者,未有之作,而实不可少之作也"。

除胡匡衷著《仪礼释官》一书外,胡培翚还著有《仪礼正义》一部,其作用也十分重要。胡肇智在《仪礼正义·跋》中介绍了《仪礼正义》的产生,"先叔父幼受先曾祖父朴斋公庭训,讲求《礼经》。朴斋公撰有《仪礼释官》九卷,嘉庆间已刊行。先叔父复病,《仪礼》贾疏多疏舛,乃博征众说,参以己见,撰为《仪礼正义》"。① 后来,胡培翚虽深受病痛折磨,但仍坚持完成了《仪礼正义》。胡培翚对于《仪礼正义》也有着自己的看法,这一点罗惇衍在谱序中有相关论述:"绩溪户部胡先生夙承家学,邃精三礼,以《仪礼》经为周公作而有残缺,而无伪托。郑注而后,惟唐贾氏公彦疏盛行,而贾疏或解经而违经旨,或申注而失注意。因参稽众说,覃精研思积四十余年,成《正义》若干卷。先生自述其义有四,曰补注,补郑君注所未备也;曰申注,申郑君注义也;曰附注,近儒所说虽异郑旨,义可旁通,附而存之,广异闻祛专己也;曰订注,郑君注义偶有违失,详为辨正,别是非,明折衷也。"② 陆建瀛也对《仪礼正义》作出肯定:"《仪礼》经文古与世所罕习,郑氏以前无注本,其后自贾疏外传者甚鲜,盖墨守者多涉穿凿师心者,复病无陋,古典所存几成绝学。绩溪胡农部撰《正义》以郑注为宗,而萃辑群言,辨析精密,洵足辅翼郑氏,嘉惠来学。因属陈君详校授梓,仍依原帙分四十卷,《士昏礼》及《乡饮酒礼》《乡射礼》《燕礼》《大射仪》五篇十二卷,则其门人杨君大堉所补也。"③ 胡氏后人在重刻《仪礼释官》之时,将书稿寄给曾国藩,曾国藩作《仪礼释官·书后》一文,在文中对金紫胡氏在仪礼方面的贡献称赞有加,对匡衷公和培翚公也表达了赞美。曾国藩认为,"《仪礼》一经,前明以来几成绝学,我朝巨儒辈出,精诣鸿编迭相映蔚,而徽州一郡尤盛,自婺源江氏永崛起,为《礼经》大师,而同邑汪氏绂、休宁戴氏震,亦皆博洽为世所宗。其后歙县金氏榜、凌氏廷堪并有纂述无惭前修。先生世居绩溪,与诸儒地相比、时相接,其人国史《儒林传》,列于江氏、汪氏之

---

① (清)胡毓麒等:《绩溪金紫胡氏家谱》卷首下《肇智公跋》,光绪三十三年(1907)刻本。
② (清)胡毓麒等:《绩溪金紫胡氏家谱》卷首下《仪礼正义序》,光绪三十三年(1907)刻本。
③ (清)胡毓麒等:《绩溪金紫胡氏家谱》卷首下《又序》,光绪三十三年(1907)刻本。

次,而喆孙培翚又能绍其家学,著《仪礼正义》,苍萃群言,衷于至当"。① 正是由于此,曾国藩作出了"徽州为朱子父母之邦,典章文物固宜非他郡所敢望,而胡氏世传礼教,故家文献绵延无替,亦足使笃古之士,低回而兴慕也"②的重要论述。

观察整个胡氏家族的发展史,重礼重教。从胡氏先祖胡舜陟和胡仔等始,胡氏家族一直都有着浓厚的家学传承,正是有着一代又一代胡氏子孙的不懈努力和追求,才有着"礼学三胡"局面的产生。通过《绩溪金紫胡氏家谱》,可以发现胡氏家族浓厚的学风,以及他们对儒家学术的不懈追求。

四、《绩溪城西周氏宗谱》

《绩溪城西周氏宗谱》是由周之屏等人于清光绪二十四年(1898)重修,历时八年之久,至光绪三十一年(1905)而成之。

(一)收录家族史料时间跨度大

《绩溪城西周氏宗谱》内容全面,据卷首《梁安城西周氏宗谱目录》载,卷首载光绪三十一年(1905)徽州府教授周赟序文1篇,宗谱目录1篇,历代修谱序,凡例32条,诰敕13道,公文6则,重建宗祠记1篇,刻祠谱记1篇,祠图2幅,分别为濂溪书院图和周氏宗祠图附联匾文,绩城周氏十景诗,先人事迹题名总额1份,春冬祭礼文1篇,祠规43条,宗支执掌图一幅,卷一载"统宗世系图,国公派一至派三,长分德善公派一至派五";卷二载"二分德茂公派一至派五";卷三至卷十一载"三分德文公派一至派五";卷十二载"四分德祥公派一至派五";卷十三至卷十六载"五分德浩公派一至派五";卷十七载"传、家传、赞、序、记、行状、墓表、志铭、对、说、引、后、铭",其中:传记44篇,赞文32篇,杂序、叙10篇,记23篇,行状、述、墓表7篇,记、对、说等杂文16篇;卷十八载"诗",诗、文共百

---

① (清)胡毓麒等:《绩溪金紫胡氏家谱》卷首下《仪礼释官书后》,光绪三十三年(1907)刻本。
② (清)胡毓麒等:《绩溪金紫胡氏家谱》卷首下《仪礼释官书后》,光绪三十三年(1907)刻本。

余篇之多;卷十九载"履历、诔、祭文、挽诗、前修祖墓序、禁碑、前修祖茔祭文、修祖墓捐钱名目、置义冢捐钱名目",其中:祭文 13 篇,寄书 1 篇,履历 1 篇,诔 1 篇,挽诗 10 首,墓序 1 篇,禁止盗葬和砍伐祖坟林木碑文 1 篇,祖茔修葺祭文 1 篇,义冢鳞册图形及捐资名录 1 份;卷二十载"墓图、祠址、祠各户田产、排行",其中:墓图 61 幅,嘉靖修谱跋文 8 篇,领谱字号 1 份;卷末载"历代修谱人名、各分领谱人名、绩溪周氏前修族谱跋、新跋、勘误记"。该谱共二十卷,首一卷,末一卷,分二十一册。平均每册百页左右,总计约两千页,在徽州谱牒中属于一部鸿篇巨制。该谱的显著特点是文字比重较大,记录了历代所修族谱的文字资料,在同时期的徽州家谱中是比较突出的。谱中保存了大量的珍贵史料,文献体裁多样,如记载了历代的优秀诗文、明代政府公文、宗族贤达事迹以及宗祠建设、宗族祭祀方面的祭文等,这对于研究历史上的徽州基层社会的生活原貌有着重要的参考价值。该谱中诸如族规、家训、祠堂、墓葬、辈行、传记、诗文等大量史料的留存,反映出绩溪城西周氏宗族的源流、繁衍、迁徙,由此折射出社会转型时期徽州社会的变迁历程。

(二)体例严考核精

王鹤鸣认为,"中国家谱发展到明清时代,已趋成熟、完善,体例完整,内容丰富"[①]"宋代欧阳修、苏洵创立的五世图式体例,构成了徽州谱牒的基本框架,可谓之徽州谱牒之体"[②]。据《绩溪城西周氏宗谱·凡例》载:"统宗旧谱图,世系次五世一提,准欧阳谱例,取五世亲尽之义,尽则复提大书小注,亦准列史年表及世系,今遵之""五世再提,分房列派,由大宗以及小宗。首书某公支下某公派,长房系明,则续提二房,二房系明,则续提三四房,其各房分支义例办然,旧谱如是,今遵之"[③]。由此可见,《绩溪城西周氏宗谱》的纂修严格继承了前代修谱的体例与编撰方法。不过,该谱虽继承了前代族谱中"书善隐恶"的传统,但对族人的生平事迹并无夸大其实,如谱载:"行实前谱不书

---

① 王鹤鸣:《中国家谱体例该说(一)》,载《寻根》,2009 年第 1 期。
② 王鹤鸣:《试论徽州家谱的体与魂》,载《复旦学报(社会科学版)》,2006 年第 1 期。
③ (清)周之屏:《绩溪城西周氏宗谱》卷首《凡例》,光绪三十一年(1905)刻本。

恶而书善,然书当以实不可浮词溢美,令亡者有愧地下且受他人唾斥。"①又如该谱载:"图系各人分注,自名字,而别号,而行实,而生娶,而殁葬,而子女,此旧谱凡例之序也。然分注,间有凌乱,今厘正之。"②由上可见,该谱的体例不仅继承了前代谱例,而且在其基础之上,有所改进与创新,对前世修谱的"凌乱"进行了"厘正"。该谱以始迁祖周垚为一世祖,不录周垚以上各派世系,杜绝了为追源溯始而胡乱攀附的修谱流弊,世系前有谱图提纲统领,后分五支详细述说,且每支世系连贯,分则为支谱,合则为宗谱,便于族人查找检索。

在徽州众多的家谱中,由于受时间跨度大、年代久远、资料不完整、抄录中以讹传讹、当朝政治压力、编修者自身知识面不够宽广、文字功底不够深厚、责任心不强、性格存在偏执等因素的影响,谱与谱之间记载的史实材料常有相互矛盾的地方,甚至在一部谱中,前后记载都有无法自圆其说之处。《绩溪城西周氏宗谱》在编修过程中,尤其注重文献资料的考证,其实证精神在同期徽州家谱中首屈一指。如谱中辑录的一篇嘉靖二十年(1541)汪仲成为周氏宗谱所撰写的《绩溪周氏前修族谱叙》载:"故纪自始祖刺史公始,据其墓也。始祖以上非略也,阙其疑也;于绩为独详焉,耳目所逮也;迁徙必录,取起家之始也;亲尽而犹得书者,著其族之所自出也。"③又如胡宗周所撰《绩溪周氏前修族谱序》载:"其较精核实,伪妄不淆,见其智焉。世表其德,所以作孝,恶为亲讳,所以作厚;笔权惟公,所以示直;锓梓印给,所以示信,一举而众善集,诚无愧于家史矣。"④由此可见,该谱编修者对史料考证的严谨态度,其"有疑必阙""精核实伪"的考证精神与同时期徽州"以讹传讹"的家谱编修者相比,实在难能可贵。

---

① (清)周之屏:《绩溪城西周氏宗谱》卷首《凡例》,光绪三十一年(1905)刻本。
② (清)周之屏:《绩溪城西周氏宗谱》卷首《凡例》,光绪三十一年(1905)刻本。
③ (清)周之屏:《绩溪城西周氏宗谱》卷首《绩溪周氏前修族谱叙》,光绪三十一年(1905)刻本。
④ (清)周之屏:《绩溪城西周氏宗谱》卷首《绩溪周氏前修族谱序》,光绪三十一年(1905)刻本。

(三)宗族史料采辑多样

纂修家谱中的材料选择一方面是为了光耀自己的宗族,激励族中后人不断进取;另一方面是由于客观上族谱编修的篇幅有限,不能将族人资料一一载入,故而选取有历史价值的文献资料及对后世族人有教育意义的宗族贤达事迹辑录就显得尤为重要。重视体裁多样的文献辑录,亦是该谱编修的一大特色。《绩溪城西周氏宗谱》对于文献资料的甄选,秉承了"追本溯源,敬祖收族,弘扬祖德,延续辉煌"的宗旨与目的。该谱中对于政府公文、宗族贤达事迹、宗祠建设和宗族祭祀方面文献资料的辑录,充分体现了"贤能典籍,在所必载,所以传一族之文献也"①的优良传统。

1. 对官府公文的辑录

《绩溪城西周氏宗谱》卷首"公文",保存了明代官府公文的格式,其中蕴含了大量的史实信息,具有珍贵的研究价值。如谱中《玉音》一篇详细记载了永乐元年(1403)的一篇文告,主要内容是明成祖迁都北京后,拣选地方上有一定实力的"殷实大户"随之迁徙至京都,以充实京都民籍的史实。绩溪城西周氏因富而成为被拣选的对象,周氏家族十七世祖周德文因之牵涉其中,最终"以富户敕徙,卒北京宛平县"②。明成祖拣选殷实富户迁至京师,充实京师民籍,一方面巩固了当朝政治,另一方面也反映出封建政治高压下世家大族人口迁徙流动的情况。

2. 对宗族贤达事迹的辑录

《绩溪城西周氏宗谱》中除了辑录重要的史实文献外,尤详于对宗族贤达事迹的辑录。如卷首"题名总额"中分"义勇、忠义、孝友、尚义、隐逸、文苑、科贡、生员、仕宦、职官、杂职职衔、耆英、乡善、节烈、节孝"等条目,详细记载了元明清三朝数百位周氏宗族贤达的生平事迹,其中对于"义勇、忠义、孝友、尚义"四个条目中的贤达事迹记载得尤为详细,对明清徽州宗族的生活进行了

---

① (清)周之屏:《绩溪城西周氏宗谱》卷首《绩溪周氏前修族谱叙》,光绪三十一年(1905)刻本。

② (清)周之屏:《绩溪城西周氏宗谱》卷一《统宗世系图》,光绪三十一年(1905)刻本。

全方位的记述,充分体现了"谱为一家之史"的家谱特征①。如"忠义"中载周国栋曰:"一讳懋绩,字子惠,国学生,性敏笃学,见义勇为,粤匪窜绩,率众守十三都……贼飞石如雨,奋身击退,杀贼甚多,避难者赖以保全,后以贼蜂拥而前,寡不能敌,舍身殉义,入忠义祠。"②《绩溪城西周氏宗谱》中对宗族贤达事迹的辑录,一方面为后人保留了珍贵的宗族史料,另一方面也起到了"尊祖、敬宗、收族、睦族"的作用,有助于宗族结构的维系。

3. 对宗祠建设、宗族祭祀文献资料的辑录

《绩溪城西周氏宗谱》中对宗祠建设、宗族祭祀活动都进行了详细的记载,如卷首的"重建宗祠记""刻祠谱记""祠图""祭礼""祠规"等条目中,详实记录了宗祠的重建、新旧置产的编入、祠堂原貌的呈现、祭祀活动的仪式、宗族的典章规范等情况。徽州宗族历来重视祠、墓祭祀活动,该谱卷首"祭礼"篇完整地记录了祠祭活动的仪式,生动描绘了具体的祭祀步骤及祭祀用品陈设等细节问题,这对于深入认识并还原历史上徽州宗族的祭祀活动具有重要意义。这些文献的辑录对于研究古徽州宗族社会具有重要的参考价值,尤其是其中有关祠堂祭祀的资料颇为珍贵。

4. 重视家谱功能宣扬

家谱是宗族精神的体现,徽州家谱编修的过程是一种民间文化逐渐形成、成熟的过程,是宗法制度生存与发展的需要,顺应了中原名门望族光宗耀祖的心理。家谱不是正史,却如同正史记载国家兴衰更替一样,记载着一个家族的起起伏伏。如卷首"题名总额"中通过对宗族贤达"忠义""孝友""尚义""科贡"等事迹的辑录,目的在于教育族人要秉承先祖的忠孝精神,传承先祖登科入仕的荣耀。由此不难看出,《绩溪城西周氏宗谱》中对祖先事迹的宣传,正是践行了"明昭穆,别尊卑,追本溯源,敬祖收族,聚宗睦族"的家谱编修宗旨。重视家谱功能的宣扬,对于家族伦理道德的形成有着至关重要的作用。

---

① 徐彬:《明清徽州家谱与徽商文化》,载《光明日报》,2010年6月22日,第12版。
② (清)周之屏:《绩溪城西周氏宗谱》卷首《忠义》,光绪三十一年(1905)刻本。

下编 宋元明清徽州家谱编纂理论

第七章　徽州家谱的性质辨析

就中国谱牒的发展历程而言,从长时段看,受到社会变迁的影响,谱牒文本一直处于变化之中,自唐以降,历代儒士对此都有所阐述①,以清代史学家邵晋涵的阐述为例:"自奠系牒之官废,而后有专门之学;专门之学衰,而后有私家之谱,自古迄今,凡三变焉。"②一般认为,自宋代起,谱牒由官修转变为私修,自此以后,庶民修谱兴起,谱牒成为家族必不可少的文献。事实上,这种谱牒编修主体的转变是文本功能转化驱动下的结果,对谱牒产生了深远的影响,促使文本的性质发生了根本性的改变,使得谱牒逐渐具备家族史籍与组织档案的双重性质。综观宋元明清徽州家谱,这种性质表现得最为明显。

史籍与档案③这两种文本,从产出过程的角度看,两者有着很大的区别,

---

① 几乎各朝均有对谱牒进行讨论的儒士,比较典型的有唐代柳芳、宋代郑樵、明代宋濂、清代邵晋涵等。(宋)欧阳修:《新唐书》卷一九九《儒学中·柳冲传》,北京:中华书局,1975年,第5676~5677页;(宋)郑樵著,王树明点校:《通志二十略·氏族略·氏族序》,北京:中华书局,1995年,第1页;(明)宋濂著,罗月霞主编:《宋濂全集》余集辑补《〈陈氏家乘〉序》,杭州:浙江古籍出版社,1999年,第2243页。

② (清)邵晋涵:《南江文钞》卷六《议余姚史氏宗谱序》,见《续修四库全书》第1496册,上海:上海古籍出版社,2002年,第435页。

③ 本书所指的档案是狭义范围内的,为"国家机构、社会组织或个人在社会活动中直接形成的有价值的各种形式的历史记录"(参见冯惠玲,张辑哲:《档案学概论》,北京:中国人民大学出版社,2001年,第5页),其中直接形成为区别史籍的主要特征。

其中最关键的是史籍的产生过程中存在撰述者。撰述者与其所编撰的事件之间有着距离(时间、空间和心理),受这种距离的影响,撰述者通过编排的方式对事件的表达产生了巨大的影响。而档案则是活动(事件、实践等)参与者的直接记录,其中虽然也有着记录员角色的存在,但他们大都参与这些活动,所能施加的影响较小。事实上,大部分中国古代史书的产生离不开后者的支撑[①],但档案文献却鲜少直接在史书中出现,现今我国档案学界也不将诸如二十四史类史书视为档案的一种。而家谱文献则是另一种情形,自古代起,家谱就被认为是史籍的一种,同时,现今我国档案学界也普遍认为家谱属于档案的范畴[②]。清代史学家章学诚对家谱的评价是:"且有天下之史,有一国之史,有一家之史,有一人之史。传状志述,一人之史也;家乘谱牒,一家之史也;部府县志,一国之史也;综纪一朝,天下之史也。比人而后有家,比家而后有国,比国而后有天下。惟分者极其详,然后合者能择善而无憾也。"[③]显然,章氏赋予了家谱两层涵义,一是家族的史籍,一是国史的选材。从后者角度看,家谱无疑与官方律令、文书档案等在国史编修上有着相同角色,只是重要程度不同,已然具备了档案属性。由是观之,从文本的角度看,家谱的属性是双重的,即史籍属性与档案属性,它们以一定界限的共生状态存在。

---

① 清代史学家赵翼在论及《史记》时认为"盖本分封时所据功册,而迁料简存之也"。(清)赵翼著,王树明校证:《廿二史劄记校证》,北京:中华书局,2013年,第11页。唐代史学家刘知几也认为,"书事记言,出自当时之简;勒成删定,归于后来之笔"。(唐)刘知几撰,(清)浦起龙通释:《史通通释》,上海:上海古籍出版社,1978年,第325页。

② 如焦艳婷:《从家谱发展史看家谱档案属性的演变》,载《图书馆工作与研究》,2005年第2期;汪兵:《谱牒:最具中国特色的历史档案》,载《天津师范大学学报(社会科学版)》,2012年第1期;李素娟:《关于谱牒与档案关系的探析》,载《兰台世界》,2014年第11期。

③ (清)章学诚撰,吕思勉评,李永圻、张耕华整理:《文史通义》,上海:上海古籍出版社,2008年,第189页。

第一节 史籍性质

一、史籍性质的表达对象

明代以来的徽州家谱,对前代家谱既有继承,又有创新,这种继承就表现在家谱中的史籍属性上,即对宗族历史的相关撰述上,这一点是受中国家谱发展历史所决定的。家谱的史籍属性包括回溯家族源流、记录血脉延续和辨明昭穆情形三者。从上述徽州家谱内容上看,其中的谱序、世系图表、谱传、墓志铭、艺文就属于对这三方面的阐述。具体来说,谱序的覆盖面很广,核心是表达和确定修谱意义、家族渊源及迁徙经历,兼有记述修谱缘起、修谱目的、修谱人员、历次修谱概况、谱学理论等内容;世系图表则主要记载本宗族始祖到纂修家谱时家族历代族人的姓名、生卒、官职、婚娶、子女等内容的图表;谱传是对部分族人生平的记述;墓志铭与谱传类似,只是格式略有不同;艺文则主要包含部分族人所作或外人为族人所作的寿文、贺序、祭文、诗文等,包含种类较多。这些内容的产生是宗族谱系编制后的产品,故而家谱中史籍属性所表达的对象就是宗族的谱系。由凡例定下了谱系的具体编制标准,据此直接产出了世系图表,后又选择性地针对部分族人撰写与辑录相关谱传、墓志铭和艺文。在这些家谱主体形成过程结束后,再延请族人和外人撰述肯定族谱的谱序。从上述产出过程的分析中可以看出,这些内容显然都是在家谱纂修者的直接影响下产出的,有着明确的溯源和断限,不仅有着浓厚的主观意图,同时也有着史书编写的基本性质,故而将之认定为史籍属性的组成部分。

二、史籍性质的表达思维

家族源流、血脉和昭穆这三者是中国传统社会宗族得以存在的核心,其虽然在记述时段上为宗族起源至编谱时,属于历史撰述的断限,但在表达思维上却不完全是史书的编写思维,更多的是礼制思维影响下的产物,具体来说,即为宗法思想和历史意识指导下徽州家谱史籍属性的表达①。家谱作为宗族发展的产物,宗法思想必然会贯穿其中,但史学思想同样规范和约束着家谱的编修,因此史学思想中的历史传承意识、求真思想自然影响着家谱的表达思维。可以通过考察家谱凡例来达到这一点,凡例虽被认为是家谱书写方式的总体描述,但其主要阐明的是诸如收录范围、谱籍②的标准、各种著录规则、结构特点、谱中各类目的设立缘由及如何避讳等。以明黟县卢氏族谱为例:

一、谱书与国史无异,史录一国之事,褒忠良,贬奸逆,善恶俱见;谱载一族之事,明支派,别亲疏,书善而不书恶,为亲者讳也。善有可记,片言不遗,其湮没不存者,则不能录。

一、原其本始,一依旧簿牒为图,自同姓以来,传继图后,所存志铭等文,又著传后。

一、卢氏之原,则为姜太公受封于齐。得姓之祖,则为文公支子高之后。世居范阳,自周至唐,世次失传,迁徙亦莫纪载。唐末,易公自丹阳来宰宣城,因家于斯。迁太平郭村之祖,则为易公之子振公;迁居黟邑卢村之祖,则为玄三公;迁居睦州之祖,则为一进、义、敏公兄弟三人。自易公而上,不能考存,但依旧谱抄录,而易公以下,备详支派而录之也。

一、欧阳文忠公谱、苏氏老泉翁谱,皆以五世为图,二图而九服之亲备。兹效其法式,布图绪以遍览者。

一、世系图传,既终本支,然后谱旁近支,所谓由亲以及疏,出近而周远,理则然也。

一、自易公以下,书"讳某",其余例书名。谱自作者传录、生殁、

---

① 徐彬:《历史意识与历史编撰理论对明清徽州家谱的影响》,载《安徽史学》,2010年第3期。

② 即何人入谱与何人削出谱外的证明。

葬娶不得不详,其旁近支善可录者亦书。远支言行事实,事关世教者则书,余不能详,非略之也,理势然也。

一、书先世名行,例称"某公",尊之也,贵贱等耳,字与号及某官细注于旁。至于己身代次,则例不书"公",所以尊先代也。

一、后代子孙繁多,其根源可寻者,虽贫贱必书;原无根据,不可稽考者,虽富显亦不可书。迁他处,于其支绪下注"居某处",俾知耶。往百世之远,犹同一家,亦祖宗之遗意也。①

这一凡例虽属徽州家谱凡例中较为简略者,但从中仍可看出礼制对家谱书写的指导性作用。一是在家族源流的撰述上,明代以后徽州宗族多以本族内部固有的认识为本,少有以求真精神进行的相关考证②。上述卢氏就直言"自易公而上,不能考存,但依旧谱抄录",显然放弃了对家族源流的考证。实际上,这种考证也已超出家谱纂修者的能力范围。早在唐代,中国宗族的源流就已然不可考证,"风教又薄,谱录都废,公靡常产之拘,士亡旧德之传,言李悉出陇西,言刘悉出彭城,悠悠世祚,讫无考按,冠冕皂隶,混为一区"。③这样一来,明代以来的徽州宗族放弃实际的考证,改以继承宗族内部相关集体记忆,以姓原、始祖、始迁祖、显祖为媒介,完成宗族源流的书写,这种书写的原则就是礼制中的"一本",其结果就是构成了家族谱系的原点④。这种书写的结果就是与卢氏一样,出现攀附唐代前期著名世家大族的情形。二是血脉和昭穆,关于这两者,礼制思维表现得更为明显。对于血脉而言,卢氏在其

---

① (明)卢乾纂修:《黟北卢氏族谱·凡例》,清抄本,年代不详。
② 明代以降徽州家谱中虽有出现谱辨的相关撰述,如《西关章氏族谱》《新安程氏世谱正宗》《绩溪璜上程承启堂世系谱》《绩溪积庆坊葛氏族谱》《王源谢氏孟宗谱》《文堂陈氏宗谱》《新安黄氏大宗谱》《周氏续修族谱正宗》《汝南项氏宗谱》《南源汪氏支谱》,但这些撰述的方式是先有固定的祖先传承,然后进行论证,其目的不在于求证其真实性,而在于论证其已存家谱谱系的正确性。虽然明程敏政所修《新安程氏统宗世谱》中有考据的成分,但这毕竟只是个案。
③ (宋)欧阳修等:《新唐书》,北京:中华书局,1975年,第3843~3844页。
④ 如黄国信、温春来:《新安程氏统宗谱重构祖先谱系现象考》,载《史学月刊》,2006年第7期;林济:《徽州祖先谱系的构造与祖、宗、族观念》,载《安徽史学》,2011年第3期;《宋元宗族谱系的构造——以徽州程氏为例》,载《安徽史学》,2014年第4期。

家谱中所分的,"谱自作者、其旁近支、远支",带有着明确的差序格局色彩,这一点在程一枝所撰《程典》中表述得更为明显:

> 先宗者何?先我泰塘而宗,宗黄墩也,从都官世谱也。系自太守公始,始新安也。系以五世,宗五世也。宗五世,五世之宗也。
>
> 本宗者何?本我泰塘之宗也,从泰塘本谱也,系自军谋公始,始泰塘也。军谋公为先宗世三十四,为本家世一者何,一泰塘也。
>
> 曷为同宗?同我泰塘之宗,宗临溪也。从率众会谱也。临溪迁自黄墩,异其地不异其世者何?自新安以来,宗以百世,宗不迁,世亦不迁也。
>
> 宗曷为别?由我泰塘而别,从黄村支谱也。别为宗,不别为世,何彼属之我也,名别而实不别也。①

对于昭穆而言,其是家族礼制的直接表现,有着清晰的礼法等级,明代徽州张氏在其家谱中就有言,"行序,实彝伦之重,昭穆所系,不容或紊。本氏族属之众,长幼之列,不以行序编之,无所称述。统谱以留侯为一世,始取《千字文》为行序,使知某字为祖行,某字为父行,某字为兄弟行,某字为子侄行,则彝伦叙而百世之昭穆定矣"。② 除此之外,更为典型的是家谱中载有的辈分排行。如许登瀛就曾在其所修家谱中有言"故昭与昭齿,昆季不得紊其列;穆与穆齿,先后不得乱其宗",并定下了"祖宗积德智仁,睿义忠和,子姓传芳,易直慈良,敦厚燕翼,贻谋咸沐,千秋庆泽,光前裕后,攸绵万禩,祥麟"③的世辈分名列。同样的情况在歙西溪南吴氏中亦有出现,其族在纂修族谱时,定下了"山泽修长,本宗秀良,绳先萃美,万纪名扬"的十六字排行,并规定"以上十六字无论里居远近,务要遵依"④。这种血缘与昭穆相结合,将家族个人按照礼法等级体系记载进家谱谱系中,成为谱系的枝干。

---

① (明)程一枝纂修:《程典·叙例》,万历二十七年(1599)刻本。
② (明)张宪、张阳辉:《张氏统宗世谱》卷首《编谱凡例》,嘉靖十四年(1535)刻本。
③ (清)许登瀛:《重修古歙东门许氏宗谱》卷八《昭穆字序》,乾隆十年(1745)刻本。
④ (清)吴起凤:《新安歙西溪南吴氏统宗志·凡例》,乾隆十二年(1747)刻本。

第二节　档案性质

一、档案性质的表达对象

明代以后的徽州家谱创新之处较多,其中最大的一点就是出现了档案属性。档案属性的出现使得徽州家谱在撰述内容上超越一般史籍和欧苏谱法的范畴,将具有相当程度共时性的家族活动记录收入家谱,表现为族规家训、祠图、祠产、墓图、墓产、家礼、文书、领谱字号等内容。这些内容虽然仍与族中个人有关,但实际上的参与主体却是宗族组织。如族规家训,虽以不同的方式表现出来,但一般认为其是宗族组织内部所共有的条规性文字。又如祠图、祠产,其是宗族祠堂的景观和产业直接描述。墓图和墓产亦是如此,仅仅是将对象由祠堂换成墓地罢了。家礼的涉及范围较广,主要是描述家族所举行的祭祀活动;文书的情形也较为类似,主要是记录家族活动所遗留的各种契约、图册等。领谱字号较为特殊,它是宗族在谱成之后,向宗支发放和防止作伪的记录。从这些内容出发,可以明显看到,与史籍属性不同,档案属性的表达对象是当下宗族的整体。表达时间是现在,描述的是宗族的生产、生活和族产。具体探究这些文本,可以简单地分为活动描述与产业记录两种,前者有族规家训、家礼、领谱字号和部分文书,后者则是祠图、祠产、墓图、墓产和部分文书。虽然墓地和祠堂的建设并非是修谱之时,但其记载进家谱即是那一时刻家族产业的记录。这些文本的产出与家谱编修者主观意志关系不大,只是选入进家谱时与编修者产生了联系。不过这种联系不能改变这些内容所反映的事件本身,家谱编修者此时的作用只体现在编上,仅仅是将其编排罢了。正是如此,这些内容才属于徽州家谱中档案属性的范畴,这一点正是明代徽州家谱编修者最大的创新。

二、档案性质的表达思维

宗族活动是族人在宗族组织的名义下进行的相关活动,这些活动有些是宗族组织有意识举行的,如宗族祭祀;有的虽是族人个体进行,但却和宗族组织相关联的活动,如土地买卖,而这些活动所产生的文本本身还具备独立存在的可能①。如前所述,家谱编修者对于这些活动的描述并不具备多少控制力,也就不存在如何书写的问题,只剩下如何选择和编排,这一点在凡例中也有所体现。如程敏政在其所修的《新安程氏统宗世谱·凡例》中就有言:"先墓、先祠之显者,赐葬者,别为图,置编后,附以经理方向及修复之事,重遗体也。"②涉及产业者有清雍正时潭渡黄氏所作凡例,"旧谱祀产,附入大小膳茔内……俱附于祖墓之内""免征地及礼堂社……兹俱附绘于祠祀之后"③。从这些凡例中可以看出,家谱编修者只是作为一种记录员的形式存在,只有决定如何辑录这些文本的权力。由于这些文本是宗族活动的直接产物,故而它们的话语表达思维受当时社会表达语境的支配,并不完全受固有的家谱表达思维所控制。所以,档案属性的表达思维的控制权在于社会整体,而非家谱编修者个体。

若社会表达语境发生变化,家谱中档案属性的表达思维自然就发生变化。如近代徽州教育理念发生了变化,则在族规家训文本中就有所表现。族规家训文本是宗族组织内部的行为规范,多为宣扬传统道德的文字表述。如:"凡我子姓,果能洗心涤虑,饬躬励行,敦读书,明礼义,士农工商,各执一艺;忠孝节义,惟务自尽……是为训。"④但进入近代,家谱内容出现了一定的变化⑤,"钦定之学堂程度详备,选谨而申其宗旨。资费由社会族裔捐筹办,经管由通族默然推投……得十有一年,则男女分入正学堂……师期五年,满

---

① 实际上单独存在这些文本,如《茗洲吴氏家典》即是家族家礼的单独文本,《黄氏光禄家庙续修遗据录》即是宗族宗祠与祠产记录的单独文本,契据等文本则是文书文本的单行形式等。
② (明)程敏政:《新安程氏统宗世谱》卷首《凡例》,成化十八年(1482)刻本。
③ (清)黄臣槐:《潭渡孝里黄氏族谱》卷首《凡例》,雍正九年(1731)刻本。
④ (明)叶榟盛等:《沙堤叶氏家谱》卷一《松岩公家训》,万历七年(1579)刻本。
⑤ 徐国利:《民国时期基层社会传统职业观的革新与保守——以民国徽州家谱的族规家训所见职业观为例》,载《民国档案》,2012年第1期。

毕业,乃辨志。各从专门定业,为士仕、商贾、农牧、工艺、军兵,各务精进"①。同样,若相关活动的社会表达语境较为稳固,则家谱中的相关表述也会呈现稳定之态。如明代以后徽州社会对于家族祭祀和家族财产方面的表达语境一直较为稳定,在家谱中表述前者的家礼,表述后者的祠图、祠产、墓图、墓产、家礼、文书、领谱字号,它们的表达思维就没有太大变化。家礼的表达思维是朱熹的《家礼》所定下的,进入民国时都少有改变,"所有牲牢并庶诺一切仪节,谨遵朱子《家礼》"②。祠图、祠产等则是由法条或习惯准则所控制的,情况同样鲜有改变,都是以官方土地记录为底本,归纳汇编而成,如:笙山周氏兆四派"宗产:克诚公祭户坐十九都四图,师字三百三十号,田一亩零柒厘,坐落本山后坂,土名湖泥络"③……遵义胡氏"祠产:一都六甲胡惇庸户,天字等号,旧祠基地二百九十二步,六分四厘折田一亩四毫,申条一钱三厘八毫,土名城东朝塘上"④……宋村宋氏"珠川祠产业:宾字一千二百四号,田一亩二分陆厘九毫,土名吴田叚"⑤……从宗族土地买卖文书还可看出,其表达思维在时间变化的情况下,依然如旧⑥,如:

> 立卖田契人刘文明,今因缺少银用,自愿将到父分众业,坐落地各鱼龙庙背张家龙里湾田,连二丘计税一亩一分正,将来出卖,请中送至与马头下,余文富名下出价承买,当日对中言定,得受时值价花银兑重一十四两三钱一分正,就日银契两交并无短少分厘。其田出卖之后任凭买者管耕发佃,卖者不得异言阻挡。今欲有凭,立买契

---

① (清)汪衍桎等:《韩楚二溪汪氏家乘》卷首《宗训》,宣统二年(1910)刻本。
② 汪立中:《余川越国汪氏族谱》卷一八《祠规》,民国五年(1916)刻本。
③ (清)周炜:《笙山周氏兆四派宗谱》卷末《宗产》,道光二十八年(1848)刻本。
④ 胡位咸等:《遵义胡氏宗谱》卷一七《祠产》,民国二十四年(1935)铅印本。
⑤ (清)宋德泽:《歙西金山宋村宋氏族谱》卷二《祠产》,康熙五十九年(1720)刻本。
⑥ 这种文书在家谱中大量出现,就笔者现今所见安徽师范大学所复印上海图书馆所藏徽州家谱的一部分(近300部)中就有近50部,占到总数的六分之一。因其中所载文书内容丰富,时间跨度长,笔者无法一一摘录以展现全貌,只得举近代,特别是清代民国交替时期的文书为例,若有不尽之处,还请见谅。

永远存照,其粮自愿留回自交自纳,不干买者之事。此批亲字。

在场中族侄孙美发、永良仝知

其契二纸,孙衍薪名收检

咸丰二年壬子岁二月二十二日立①

立自情愿断骨绝卖基地

契人胡元祝原承祖遗有祠前基地一局,字号税亩兵变遗失,其地东至华锽屋,南至神道巷路,西至祠前官路,北至与从愿父基地毗连,各半有墙脚石为界,右件四至分明。今因正用,自情愿央中立契出卖与世贤祠众为业,当面议定时值价英洋十二元四角,其洋当即是身亲手收领足讫。其基地自今出卖之后,任听祠众监造。未卖之先与本宗内外人等并无重张,交易不明等情不干祠众之事,所是税粮与众声明无从扒付,恐口无凭,立此断骨绝卖契为据。再批基地经众丈量,自东至西凡二丈五尺,自南至北凡一丈六尺。批此。

民国四年岁次乙卯孟秋月吉巳立,自情愿断骨绝卖契人胡元祝

中见　　华锽
华镜
依口代笔　　华镜②

这种文书就是在买卖发生当时产生的,与同一时期土地买卖契据在文本上没有太多的不同,只是家谱纂修人将其直录进家谱中罢了。这种土地买卖契约文本的形成,其表达思维是官方土地买卖法令渗透下的民间土地交易范式,这种范式是受商品社会发展而形成的,其中的核心在于对买卖双方契约精神的认定。这种表达思维是独立于契约所有者主观意志之外的,更是先于家谱文本的存在。

---

① (清)余济世等:《余氏族谱·鱼龙庙记》,光绪七年(1881)刻本。
② 胡联玑等:《清华东园胡氏勋贤总谱·杂录》,民国五年(1916)刻本。

第三节　史籍性质与档案性质统一于家谱的原因分析

从上述情况来看,明代以后徽州家谱在话语上呈现出两种不同的体系,其中,史籍话语体系面向宗族的过去,其表达对象是宗族的谱系;档案话语体系面向宗族的当下,其表达对象是宗族主体的活动。史籍话语体系是由明代以前家谱编修者所创造的,以人为系,历时编排,主要是在宗族自身集体记忆的基础上构建出来的。档案话语体系则不同,家谱编修者将记录宗族及族众活动的多种独立文本整合进家谱而成,先于家谱编修活动而创造,是文本所反映内容发生时的直录,选编是这一话语体系在家谱中的表现。这种情形出现在明代以后,既是当时社会发展的产物,也受到了历代以来谱学演进的影响。

一、明代以后徽州基层社会的影响

家谱的撰述模式虽然早有定论,在前代基础上宋儒所创制的欧苏谱法,即为徽州家谱编修者所信奉的圭臬,但家谱自身所特有的断限,即自源头书写至当下,和以人为主线的撰述模式必然使家谱编修受到当时社会环境的影响。明代中后期特别是嘉靖、隆庆、万历时期,人口的大量增长与商品经济的发展自然带来了不同的社会情境,表现在徽州,一是契约关系广泛渗透,二是庶民宗族[①]的裂变与组织化。正是如此,徽州家谱中才出现了档案属性,并且与史籍属性在同一文本中和谐共生。

(一)明代以后徽州基层社会中的契约关系

据前文所述,徽州家谱档案属性的产出前提,一是独立于家谱之外的档案文本的产生,二是家谱编修者收录这些档案的意识。实际上,这两者来源

---

① [英]莫里斯·弗里德曼著,刘晓春译:《中国东南的宗族组织》,上海:上海人民出版社,2000年;郑振满:《明清福建宗族组织与社会变迁》,北京:中国人民大学出版社,2009年;常建华:《宋以后宗族的形成及地域比较》,北京:人民出版社,2013年。

于同种意识,即社会对这些档案文本的认同。对于面向宗族活动的这些档案,其内容背后所支撑的意识是明代以后徽州基层社会中的契约关系。契约关系可以从档案文本的比重中看出,在族规家训、祠图、祠产、墓图、墓产、家礼、文书、领谱字号等内容中,祠图、祠产、墓图、墓产、文书占据了非常大的比重,其后才是族规家训、家礼和领谱字号。契约关系还可以从档案文本自身的表达思维看出,如前所述,祠图、祠产、墓图、墓产、文书这些都浸润着契约精神,家礼在实践中也有契约关系的存在,如:在参与宗祠建设中,以合约形式规定,"不遵者照丁派费……不得过期。内有丁工不出者,削出境外,永不入祠",[①]还出现了有关祭祀仪节的文书[②]。族规家训的情况也不例外,同样有着相关契约以为保证[③]。这种以契约为依据的社会秩序,其产生背景是在当时的徽州基层社会中,民间事无巨细,人们动辄央中为凭,形诸白纸黑字,使得契约发生的领域广泛而深入[④]。宗族活动自然也不例外,也受到契约秩序的控制,这种控制不仅表现在撰述内容上,而且更多表现在内容的实践上。因而,应该看到这种契约秩序所产出的文本,其内容必须是真实的,且应具备相关的法律或习惯效力,唯有这样才能证明这一行为的有效性。如果家谱所有者想要保证这些行为的实现或是证明相关产业的所有,必然需要直接将这些内容辑录进去。事实上,自明代后期以来,编修家谱行为本身就受到契约秩序的控制,它不仅在编修行为上要有契约作保障[⑤],在领谱时也会产出相关契约[⑥]。正是在这种奉行契约秩序的基层社会环境下,家谱中的档案属性才有产生的土壤。

---

① 王国键:《徽州宗族立祠修谱活动及其文书》,载《中国典籍与文化》,2004年第3期。
② 刘道胜:《明清徽州宗族文书研究》,合肥:安徽人民出版社,2008年。
③ (清)汪炳章:《磻溪汪氏家谱》卷末《一申前人家规合同》,同治三年(1864)刻本。
④ 刘道胜:《明清徽州民间契约关系的维系》,载《安徽师范大学学报(人文社会科学版)》,2007年第2期。
⑤ (清)程德鉴等:《韩溪程氏梅山支谱·附录·巳酉年议修宗谱议墨》,宣统元年(1909)刻本。
⑥ 叶希明:《新州叶氏家乘附录·附录·乾隆五十六年领藏驹字号谱契约》,民国十四年(1925)铅印本。

(二)明代以后徽州宗族的裂变与组织化

明代以后的徽州地区内部人口呈现流动的状态,宗族族人逐渐超越原有的村落,散居于徽州一府六县,更随着徽商与徽州官宦而迁徙定居各地。这些外出族众原本属于当地宗族,一旦其人在定居地繁衍生息,甚至有能力在其地新建祠堂、新修家谱,原有宗族便裂变出一个新的宗支。这种裂变成为明代以后徽州宗族的一个明显的发展趋势。在这种自然裂变的同时,宗族之间的血缘关系,特别是根植于这种血缘之上的情感联系逐渐减少,以至于时人有言,"入其里而不识其为吾之族,遇于途而不识其为吾之宗者,比比皆尔也"。① 这种相遇而不识的情形首先是因为缺少家谱,更为重要的是没有稳定的联系存在。正因如此,族内精英开始有意识地进行宗族的建设,其目的是让宗族不至于因裂变而变虚无,这种建设过程的形态是组织化,手段是建设宗祠、编修家谱和举行各种祭祀活动②。实际上,可以看出,这种宗族组织化的基础是祖先的存在,除了提供宗族信仰崇拜的标的物外,更重要的是,"遥远的祖先在祠堂中接受周期性的仪式,以及在坟墓举行的一年一次或者两次的仪式"③"只要祭祀绵延不断,这祭祀本身就创造出机会,让祭祀者意识到自己是同一集体的成员"④。这种宗族组织化的不断发展,使得与祭祀仪式相关的宗族财产不断壮大,形成了延续不断的"众存产业"⑤。这样一来,徽州家谱编修者在为宗族组织记录宗祠、墓地形式和祭祀仪式的同时,还需要将宗族产业和相关来源的契约记录进家谱之中,以成延续。

---

① (明)程尚芳:《古城程氏重修宗谱》卷首《休宁古城程氏重修宗谱序》,隆庆四年(1570)刻本。
② 林济:《明代徽州宗族精英与祠堂制度的形成》,载《安徽史学》,2012 年第 6 期;[日]臼井佐知子:《明代徽州族谱的编纂——宗族扩大组织化的样态》,载《徽学》,2004 年;陈瑞:《明清时期徽州宗族祖茔的控制功能》,载《徽学》,2008 年。
③ [英]莫里斯·弗里德曼著,刘晓春译:《中国东南的宗族组织》,上海:上海人民出版社,2000 年,第 109 页。
④ 科大卫著,卜永坚译:《皇帝与祖宗——华南的国家与宗族》,南京:江苏人民出版社,2010 年,第 259 页。
⑤ 刘道胜:《众存产业与明清徽州宗族社会》,载《安徽史学》,2010 年第 4 期。

二、宋以后谱学发展的影响

正如邵晋涵所言,家谱编纂的本身有着一定的规律,这种规律的表现就是谱学。宋以后官府不再直接参与修谱,这使得家谱修纂具有很大的自由度,也为谱学的发展提供了一定的空间。明代以后徽州家谱编修中的新景象正是受到宋以后谱学发展的影响。这种影响的表现有两点:一是对于家谱功能性的转换,即宋儒所强调的家谱应该具备"尊祖、敬宗、收族"的社会功能,这种社会功能使家谱的修纂面向当下,为档案属性的出现提供了理论支持;二是家谱内容的扩充,这一点在是通过明代徽州家谱纂修者的实践表现出来的。正因程敏政等徽州谱学家对前人的超越,故而使得徽州家谱中具有容纳档案属性的空间。

(一)宋代儒士的理论创建

一般认为,宋儒特别是欧阳修和苏洵,对谱学的贡献在于定下家谱书写之体例与应有的功能①,并且两者对于明以后徽州家谱影响极深②。事实上,明代以后家谱一直奉行的是宋儒所定下的家谱应有"尊祖、敬宗、收族"的社会功能,正是这种社会功能为家谱中档案属性的出现提供了理论支持。苏洵直言,"自秦汉以来,仕者不世,然其贤人君子犹能识其先人,或至百世而不绝。无庙无宗,而祖宗不忘,宗族不散,其势宜亡而独存,则由有谱之力也"。③ 这种功能使得家谱既要面对过去以达到"尊祖、敬宗",又要指导现在以达到"收族",唯有两者兼顾才可以"祖宗不忘,宗族不散"。正是在这种社会功能的要求下,徽州家谱编修者才会认为,"万物本乎天,人本乎祖,继祖为宗,宗者为先祖主而纪理族人者也"④,即宗族事实上是一个管理族人的主体,而将这个主体的活动记录入家谱就是合理的了。更重要的是朱熹的作

---

① 连心豪:《宋代儒士对谱牒学的贡献》,载《宋代文化研究》,2009年。
② 王鹤鸣:《试论徽州谱牒的体与魂》,载《复旦学报(社会科学版)》,2006年第1期。
③ (宋)苏洵著,曾枣庄、金成礼笺注:《嘉祐集笺注》,上海:上海古籍出版社,1993年,第371页。
④ (清)周赟:《绩溪仙石周氏宗谱》卷首《周寄寿序》,宣统三年(1911)刻本。

用,其人在《家礼》中为宗族组织化提供了两个重要的支撑:一是祠堂的兴修,"尊祖敬宗之意……故特以祠堂名之,而其制度亦多用俗礼云";二是祭田、墓田的设置,"置祭田。初立祠堂,则计见田。每龛取其二十之一以为祭田,亲尽则以为墓田"①。自此之后,徽州宗族在实践中多奉行《家礼》②,普遍设置祠堂、祭田、墓田。在这种情况下,为实现"尊祖、敬宗、收族"的目的,家谱编纂者理应在家谱中收入修谱宗族的建设情形。以祠堂祭田为例:

> 宗祀之所赖以久远者惟田……吾家宗祠既建,钟鼓既具,则春秋禋祀所恃以备羊豕洁粢,盛立百年不敝之贮者,非田不可。……有祠内新置者共计田四十二砠,予将己田伍拾九砠助入,总共一百零一砠,永存祠内以为常贮。夫瘠壤易求,而膏腴难得,今祠内之田皆沃土也。况此田为宗祀攸关,尤非寻常可比者。③

显然,徽州家谱纂修者正是在"尊祖、敬宗、收族"社会功能的指导下,有意识地将修谱时祠产的详细情况记录入家谱中的。

(二)明代家谱修纂者的实践

宋儒在确定家谱社会功能的同时,也进行了相关族谱编修,所形成的家谱由简单的序、图、传三部分构成。入元之后,家谱撰述内容虽有所扩展,但实际上还是以世系的记载为主④。入明之后,徽州家谱编修者就在编纂中开始扩展撰述范围了,如:明正统年间郑从善所修《郑氏宗谱》就包括谱序、像赞、历代修谱名录、修谱书目、郑国国君名录、凡例、世系、墓图等,开始将墓地及相关产业纳入家谱。到明中后期,家谱的撰述空间就更为广泛了,如:明万历二十一年(1593)范涞纂修的《休宁范氏族谱》就在前人的基础上纳入了谱居(迁居图、村图)、谱茔(墓图、祭仪)、谱祠(祠制、祠产、祭仪、宗规、图式)这

---

① (宋)朱熹:《朱子家礼》卷二,(明)胡广:《性理大全书》,见《景印文渊阁四库全书》第710册,台北:台湾商务印书馆,1986年,第416,418页。
② 王鹤鸣:《试论徽州谱牒的体与魂》,载《复旦学报(社会科学版)》,2006年第1期。
③ (清)洪昌纂修:《江村洪氏家谱》卷一四《宗祠祀田》,雍正八年(1730)刻本。
④ 常建华:《元代族谱研究》,载《谱牒学研究》,1991年。

些当时范氏宗族的具体情况。范涞认为:"四曰谱居……以迁居者不一,各志其村之都里、庐舍、道途……五曰谱茔……故于各先茔图,厥局势瞻茔,产田附之,旧籍所未悉者兼载之……次六曰谱祠……因制以立规,尊尊亲亲,移风易俗,胥此焉出?"①明崇祯十四年(1641)吴元孝纂修的《临溪吴氏族谱》同样增加了行业、贞淑、仕进、文儒、祠墓、艺文相关内容,其在所撰的《谱则略》中有言:

> 行业第三、贞淑第四,一命而上,皆可亢宗,显融《诗》《礼》之传,式籍衣冠之彦,谱仕进第五、文儒第六;尊祖敬宗乃可收族,则严祀是先。若翰墨撰述,族盛事纪焉,非以侈纷华,特以征有信也,谱祠墓第七、哀文第八。虽然集有八也,而本之则在敦睦世讲,庶几无忝于先德,籍令乡邻功缌途人、袒免树敌干盟,而不知其非,则后之视谱亦犹越人之视章甫耳。②

从范涞、吴元孝,乃至早期程敏政等人的家谱编修实践来看,这些家谱修纂者在"尊祖、敬宗、收族"的指导下,有意识地将宗族组织的活动和产业记录入家谱,甚至开始附录相关的契约文书以为证明。正是明代徽州家谱编纂者所提供的撰述空间,使得此后清代、民国家谱中大量载有与宗族生产、生活有关的文书等档案纳入家谱。可以说,明代徽州家谱修纂者的这种做法为家谱中的档案属性提供了阐述的空间。

在传统社会被认为属于史书的家谱,在真实性上一直饱受攻击,清代史学家钱大昕就有言"家谱不可信"③,这种不可信是针对家谱中的史籍属性即谱系而言,认为其妄相假托、牵强附会,故而不足为信。从特定角度来看,这种不可信是家谱修纂者有意为之,是宗族内部集体记忆的固化,也是宗族文化认同的资源。可以说,正因这种谱系,宗族才可能凝聚,特别是当它进入家

---

① (明)范涞:《休宁范氏族谱·休宁范氏族谱自序》,万历二十一年(1593)刻本。
② (明)吴元孝:《临溪吴氏族谱·谱则略》,崇祯十三年(1640)刻本。
③ 钱大昕撰:《十驾斋养新录》卷一〇《家谱不可信》,上海:上海书店,1983年,第227页。

谱之后,以至成为族内经典,不可挑战①。如此一来,即便家谱编纂者有所疑问,也难有所作为。在新史学兴起之后,由史学家群体开始,人文科学和社会科学研究者们逐渐认识到家谱的新价值,即档案价值②,这种价值的缘由即是家谱中的档案属性。档案属性不是随着家谱的产生而出现的,更多的是宗族社会发展到一定程度的产物,是宗族对家谱的新认识和新利用的结果。本书将家谱的这两种属性分开阐述,其目的是力图解释家谱文本的复杂产出过程,为的是像英国社会学家莫里斯·弗里德曼(Maurice Freedman)所认识③的那样,超越史籍与档案,从整体上看待家谱的存在。

---

① 林济:《程敏政"冒祖附族"说考辨》,载《安徽史学》,2007年第2期。
② 栾成显:《谱牒:记录中华历史文化的又一宝藏》,载《安徽师范大学学报(人文社会科版)》,2012年第1期。
③ 钱杭:《莫里斯·弗利德曼与〈中国东南部的宗族组织〉》,载《史林》,2000年第3期。

第八章 徽州家谱的基本理论

尽管在由宋至清的历史长河中,徽州家谱的编修方式和体例内容多有变化,但其中仍有一些相沿不变的基本理论,它们从属于不同时期家谱编修者在处理家谱文献与宗族事务上的统一认识。这些理论主要涉及中央与地方关系、古今关系,以及家谱功能三个方面,其中前两个方面是家谱史籍特性的要求,第三个方面则是家谱作为宗族档案的体现。

第一节 中央与地方关系的理性思考

一、从宗旨上看:以国为尊,以族为重

"有国才有家",这是深入每一个中国人心中的家国观念,徽州家谱亦十分关注中央与地方的关系问题,而这一问题往往具体表现在中央政权与地方宗族的关系上。在家谱中,表现出了编撰者甚至是家族所秉持的中央与地方的关系理论。

其一,徽州家谱的编撰者多具有官方身份,能贯彻中央的治理理念。他们往往是官员、参加过科举的士绅,甚至有一部分是国史、地方志的修撰者。

以家谱编修者同时参与正史修撰为例,有程昌、程敏政、罗愿、程一枝等人。这反映出家族在修谱之时首先考虑到的是参与过地方志等修撰之人。思想是一个人较为深刻的认识,其改变需要一定的时间和过程,因此我们常常可以认为思想是具有长期性的认识。史学思想是修撰者史学认识素养的体现,同一个史学家若无发生巨大变故或者重大事件,则其史学思想往往具有一贯性。不仅如此,徽州家谱之中内容的书写者往往是当地官员或士绅,或者是本族在外的官员。

其二,在内容的编排上,增加对中央政权与家族相关事务记述的篇幅。大凡家谱编修,都离不开对于恩荣录①的记载,而恩荣录存在的意义之一便是表达宗族对皇权的敬畏及对政权统治的忠心。关于诰敕的记载亦是如此,在《张氏统宗谱·凡例》之中有如下记述:"有存者,俱录冠于家乘之端,尊君命也。"②另外,在极少数家谱中,会增添一些别的内容以示族人对皇权的效忠。如:在《绩溪瑝上程承启堂世系谱》③中,将圣谕广训列在卷首之前;在《冯氏家谱十四卷》中,设有"帝王制作"一篇,其在凡例中对其解释为:"修谱必以帝王制作为先,示有尊也。"④

其三,在具体的内容上,各部分亦有所涉及,甚至少数家谱直接在谱名中运用了最能代表效忠国家的"忠"字,如《安徽新安世忠程氏原录琼公支谱十卷》等。在谱序中,多有关于对中央权力敬重的内容。以明代谱序为例,在笔者整理的徽州地区65篇明代谱序中,明确提及"忠"的多达58篇,对宗法思想进行论述的亦超过半数。在凡例中,多有类似于"凡历代诰敕及当事表状

---

① 恩荣录在家谱中又常称为恩纶、诰敕、告身等,主要记载敕书、诰命、赐匾等情况。分类参考自王鹤鸣《中国家谱体例概说》(一)至(六),以下诸如谱序、家法、凡例等体例分类均参考自该系列文章。凡例含谱例、规条、例言等,家法含家训、族规、家约、家戒、家规、家典、家范、条规、家议、祠规等。
② (明)程文绣:《泾川张氏宗谱·凡例》,万历四十六年(1618)刻本。
③ (清)程步云等:《绩溪瑝上程承启堂世系谱》,宣统三年(1911)刻本。
④ (清)冯景铭:《冯氏家谱》,光绪二十八年(1902)抄本。

典礼綦重,编入小传后,未免亵越。谨按前代纪元先后记载卷一,所以尊王事也"①的言论。如:在光绪庚子年编撰的《冯氏宗谱》中,单有《帝王制作》与《历朝甲子》两篇。

在以国为尊的基础上,家谱修撰时,要秉持以族为重的理念。家谱作为以家族为单位进行修撰的谱牒,其主要修撰思想中必不可少的就是以族为重的思想理念。以明代65部家谱之中的谱序为统计单位,其中提到"族"的有1666次,平均一篇4.4次。此外,在徽州家谱中有颇多关于家训、家规、家法的记述。这些记述本身便是徽州家谱撰修者对宗族的重视。以族为重,意在增加家族成员对家族的责任意识,从而增强家族凝聚力,进而增强家族在当地的话语权和势力。

二、从方法上看:宗法思想的运用

宗法思想是基于西周宗法制度产生的一种思想,该思想最早见于《周礼》。自分封制不复存在,旧有的宗法制失去其存在的土壤,宋代之前,学者论述并不多见;进入宋代以后,在理学家张载、朱熹、程颢、程颐等人的带动下方不断被学者提起,并不断与理学思想相融合,作为理学思想存在的重要表现形式,受到了理学家的极大推崇。

家谱撰写的最主要原则是"以国为尊,以族为重",为了达到这样的目的,在宗族内构建了以宗法制为主体的族内约束体系。当一个地方家族兴起之时,为了扩大其势力,需要进行两点思考:一是对其内部而言,需要加强家族凝聚力,使家族成员"以族为重";二是对外部而言,一个家族需要在当地有一定的影响力,需要加强家族的势力,单纯通过经商成为富贾是不够的,这往往就需要借国家之势,即通过科举获得一定的功名,为官为宦,如此方能在地方获得一定的尊重,具有一定的话语权。

一个家族在发展之初,人少言轻,只有全体族人一起才可以和当地居民

---

① (清)程廷谔:《新安岩镇程氏家谱》卷首《凡例》,雍正四年(1726)刻本。

相抗衡,因此,在家族发展壮大的过程中,需要形成全体成员对于家族的认同。在家族后续发展壮大的过程中,也需要保持各个族内成员对宗族权威的敬重,如此,方能以族为单位在地方开展一系列活动,从而保证家族的正常运作与发展,这一系列活动最为普遍的就是举办祭祀大典和修缮祠堂。举办祭祀大典意在让后世子孙不忘祖先、不忘本,增加族人间的亲近感;其中修缮祠堂成为一种固定的义务,使族人从心理上认同这种对宗族事物的投入,将族内事物转变成每一个族人的义务。无论是让后世子孙不忘祖先、不忘本,还是将族内事物转变成每一个族人的义务,都可增强族内子弟对宗族的认同感。

与此同时,宗族自迁徙起,由一个人少言轻的小族(在徽州往往称之为小姓)成长为拥有一定势力的大家族,除了需要与迁徙前大家族有所联系以谋求在总谱上的地位,还需更多地参与地方事务。据此又可按迁徙原因分为两类:第一类是因在当地做官或者经商需要而进行的迁徙,在这一类情况下,其参与地方事务的途径较为便捷,有更多的机会或出钱或出力地参与地方事务;第二类是因为入赘或者做工而进行的迁徙,这一类迁徙繁衍一般较为缓慢,且在一般情况下,往往需要经历多代人的努力才可在当地占据一定的势力,需要人数增加、有子弟为官为宦或成为豪门富户,方可说在当地有一定势力。由于徽州地区聚族而居的特点,宗族或多或少地承担着一定地方基础建设的责任,如在家谱中广泛被记载的修建道路、桥梁等,甚至在部分家族内部设有义仓、族学等。此外,往往还涉及族内纠纷的处理,一般要求限定于宗族内部,运用一系列参照国家礼法建立的条例对族内成员进行约束、管教。一旦纠纷的另一方是他族成员,则采取先沟通再上诉的方式。在徽州家谱之中,记录着许多诉讼案例,有的是争山林地产,有的是争祖坟墓地。这里,家族往往是诉讼的直接参与者,代替个人与其他家族进行交涉。

正是在这样的需求之下,家谱编修者开始将宗法思想与家谱进行结合讨论,早在北宋时期,张载就认识到了宗法制度在宗族、在家谱之中的作用,他指出:

> 宗法:管摄天下人心,收宗族,厚风俗,使人不忘本。须是明谱系世族与立宗子法。宗法不立,则人不知统系来处。古人亦鲜有不

知来处者。宗子法废,后世尚谱牒,犹有遗风。谱牒又废,人家不知来处,无百年之家,骨肉无统,虽至亲恩亦薄。

宗子之法不立则朝廷无世臣,且如公卿一日崛起于贫贱之中以至公相,宗法不立,既死遂族散,其家不传。宗法若立,则人人各知来处,朝廷大有所益。或问朝廷何所益?公卿各保其家,忠义岂有不立?忠义既立,朝廷之本岂有不固?今骤得富贵者,止能为三四十年之计,造宅一区及其所有,既死则众子分裂,未几荡尽,则家遂不存,如此则家且不能保,又安能保国家?①

在这则材料中,张载论述了宗法的作用,并由此对谱牒与宗法的关系进行了讨论。

一是宗法之作用,关于此意由两方面的内容构成,其一是在个人、宗族层面上,"宗法管摄天下人心,收宗族,厚风俗,使人不忘本""明谱系"就能使人"知其来处",就可以"公卿各保其家",这就是上文所说提高宗族内部团结稳定的作用。其二是于国家统治而言,若"公卿各保其家",则"忠义"必立,如此"朝廷之本岂有不固",统治稳定,安家保国。张载由己及宗,由宗及朝廷,由朝廷及国家表明了宗法的巨大作用。但其落脚点在于国家统治的稳定,且张载未能回答"宗子法废"与现行立宗的矛盾。

二是家谱的作用是"人人各知来处,朝廷大有所益"。"人人各知来处"的目的是什么,张载说:"公卿一日崛起于贫贱之中以至公相,宗法不立,既死遂族散,其家不传",而"骤得富贵者,止能为三四十年之计,造宅一区及其所有,既死则众子分裂,未几荡尽,则家遂不存",这实际上是说家谱的作用在于保护富贵者的利益,这也是家谱得以发展的深层次的物质原因。

三是宗法与谱牒之间的关系。"宗子法废,后世尚谱牒,犹有遗风",何以如此,宗子法的功能在于"使人知统系来处",这与谱牒载家族之世系、血缘之

---

① (宋)张载:《张子全书》卷四《宗法》,见《景印文渊阁四库全书》第697册,台北:台湾商务印书馆,1986年,第153~154页。

亲疏功用相一致。因此，在"宗子法废"的大背景下，在宋代当时的客观情况下，"立宗法"也就是"修谱牒"，或者至少可以说"修谱牒"是立宗法的主要内容。宗法与谱牒之间的这层关系，可以说是谱牒在宋代以后得以发展的重要理论基础。谱牒与宗法的关系为后来家谱编纂理论的发展提供了合理的伦理基础，而谱学的功能则是其合理存在的物质基础。张载在此的一大贡献在于论述了家谱的现实功能。

张载虽未具体阐述如何在宗法思想指导下进行谱牒的修撰，但他的论述使后世之人更多地将家谱修撰与宗法制度联系在一起，这也使后世学者开始更多地注意到容宗法于谱牒修撰的实践，为谱牒的修撰提供了理论依据和现实基础。

而深究其中的原因，宗法制恰成为转型之后的徽州家谱修撰时的重要方式。这是历史选择的结果，具有一定的历史必然性。

第二节　古今观的深层思考

一、尊古而不盲从的史源观

在家谱修撰中，如何修撰以及依据什么来进行修撰成为整个家谱编修这个浩大工程中必须面对的问题。在家谱编修的史源上，常见的有参考旧谱、实地走访等方式；在内容的择定上，一般参考正史、地方志以及一些名人文集的记载。在家谱编纂过程中，对史源的态度往往完整地保留在凡例之中。如：《泾川张氏宗谱·凡例》中"谱例"条就有相关规定："先之以皇王之纪载，次之以圣贤之经传，次之以诸子之辨论，次之以史纲之事迹，次之以群志之采摘，次之以野史之补遗。"[①]

[①] （明）程文绣：《泾川张氏宗谱·凡例》，万历四十六年（1618）刻本。

其中,在家谱修撰过程中第一要参考的是代表官方意志写者的记载,如正史、实录、诰敕奏章等官方记载;第二便是圣人的记载;第三是各学派之间所作之文献记载;第四是非官方修撰的史书的记载;第五是方志、家谱等记述;第六是部分采录野史之中的记载进行补充,以免遗漏。而在这之中,第二和第三可以归为一类,即文学类记述中的记载。此外,第四与第五之间,二者虽有一致性,可归为一类,但因家谱大多在旧谱的基础上进行续修,因此大多数家谱中的内容有相当一部分摘录自旧谱,而在实际操作中,尚另有实地走访之法,此法与最后一种采录野史一种有异曲同工之处,二者皆需要进行审慎对待,因此将这两种方法归于一种。即有以下五种来源:一是采录中央官方文献;二是采录文集之中的记述;三是摘录非中央官方文献;四是摘录旧谱中的记述;五是考录野史与实地走访资料。

在此基础上,在该谱之中,紧接着有实征八条,进一步加以说明。

> 诰敕膺宠命之光　状牒发委任之由
> 传赞概生平之节　碑文记功绩之大
> 祝颂见德寿之高　别号标志趣之雅
> 状志定履历之素　祭挽尽死生之情

> 夫稽古证今,无征不信,而征则褒封旌赠光膺宠命者,维诰与敕也。专司分职,给发委任者,维状与牒也。传赞节概而纪生平功绩之大者,有丰碑也。祝颂尊高其德寿而标志趣之雅,有别号也。然人事是非必盖棺而后定,交情厚薄因死生而乃见,是故采之志状履历,素定而莫移矣。陈之祭挽,情谊交尽而无歉矣。夫人生寿也,死归也。显令闻于生前,验悲悼于身后,有荣有哀,而始终之实征矣。

在中国史学发展历程中,史学家们大多对考证与辨伪相当重视,甚至在清代考据学大盛,这也使得徽州家谱在编修之时,持有"尊古而不盲从"的史源观。程敏政曾说"谱系有异同者,有舛误者,悉以历代诸谱参校,不专主旧",①这之中就提出了各个材料在运用的过程中要进行交叉比对、互相佐证。事实上也是如此,在家谱之中往往还有关于以往阙误,如今进行更改的说明。如:在吴元孝编修的《临溪吴氏族谱》之中,有《谱考略》一篇,其中共有关于此类考证的七条记述。有关于年代时间上的考证,如:

> 按谱系,泰伯游荆蛮,在商高宗五十六祀壬子也。时斋谱载:自祖甲三十三祀乙未,相差四十有四年。及考泰伯生于高宗二十二祀戊寅四月,则时斋谱与诸谱皆同。若乙未则年七十八,几大耋矣!太王之薨,王季之立,固当已久,何谓知其欲立而游也?仍以壬子为始。②

在这段材料之中,吴元孝详细地介绍了在数部家谱内容不同之时,如何进行材料的选择。在这之中,将时斋版的家谱与其他版本的谱牒相参佐,进行考证。吴元孝也有运用逻辑常理,结合其他文献资料进行推理进行的考证,如:

> 按吴氏迁新安传自少微公始,诸族皆以迁祖祖之。考唐贞观十四年下诏大征天下名儒,于是义方公自豫章讲学于新安,是时遂迁居休宁石舌山。子少微公第进士,为左台御史,与武功富嘉谟并以文章著名,称吴富体。《新安文献志》名宦祠所以首崇之也。若迁徙之自,则不当以其赫赫而为义方公掩矣。③

在修撰者编修之时,旧谱作为参照资料也有可能有非明显的讹误,就如记述的一样,以前的各个旧谱都认为迁徙到新安的始迁祖是少微公,然而修撰者在修撰之时,并没有直接照抄,而是进行思考,并广泛地联系其他文献资料中的相关内容,进而将其与《新安文献志》名宦祠中的内容进行联系,再运用逻辑,推理出吴氏迁徙至新安的始祖并非是一开始所说的少微公,而是少微公的父亲。这就是对于材料的进一步挖掘和运用,充分体现出撰修者"尊古而不盲从"的史源观。

---

① (明)程敏政:《新安程氏统宗世谱·凡例》,成化十八年(1482)刻本。
② (明)吴元孝:《临溪吴氏族谱·谱考略》,崇祯十三年(1640)刻本。
③ (明)吴元孝:《临溪吴氏族谱·谱考略》,崇祯十三年(1640)刻本。

二、师古以求效今的古今观

"学史以鉴当世"是中国史学家们所注重的,这也是史学之功用。徽州家谱属于家史,较多的修撰者们也秉持这一观点。

(一)"谱以稽先世,以贻将来"

永乐七年(1409)赵文在所作的《环溪朱氏谱序》中提出,"甚矣,谱之不可不作也。谱不作则支派无自而明,孝敬无自而崇,族无自而睦。谱其可以无作乎?古之君子所以甚重也,若宋欧阳公、苏老泉咸作谱以稽先世,以贻将来,良可尚也",①明确了谱学联系先世与将来的意识,这与司马迁"述往事,思来者"的历史意识是有共通之处的。

"稽先世"在徽州谱学中主要的表现形式是将祖先的世系表达清楚。这是徽州谱学所要面对的主要任务之一,这方面的论述在徽州谱学中十分丰富。

如明嘉靖年间李乔说:"夫家之有谱犹国之有史也,国无史则千古之治迹不昭,家无谱则一宗彝伦攸散。问其源则不明也,问其派则莫别也,虽有追远之诚,无由以俟;虽有睦族之志,无由以遂,此谱之作所当切也。然国史易运而不编,则纪阙而事疑;家谱再世而不修,则遗略而冒乱,修谱之举不尤所当切乎?"②万历时舒孔昭也有这样的论述,他说:"家之谱牒犹国之史书,国无史书则帝王历数莫考,家无谱牒则宗族源流莫辨,即爱敬之心无由而生,然则族谱可轻乎哉?"③这方面的论述,在崇祯年间的《临溪吴氏族谱序》中同样可以看到。序作者吴氏八十九世裔孙吴文班说:"家之有谱,犹国之有史也,史纪世代兴亡承祚继统,褒贬抑扬以昭来世;谱系姓氏源流序次昭穆,聚宗收族以贻后昆。史非玉堂硕彦弗克纂修,谱非博学隆望不能编辑。故国史则推班马,家史则称欧苏,应斯任者必待其人。"④史学以"昭来世"与谱学之"贻后

---

① (清)汪掬如:《义成朱氏宗谱·环溪朱氏谱序》,宣统二年(1910)刻本。
② (明)李晖:《三田李氏统宗谱·休阳湖续谱序》,万历四十二年(1614)刻本。
③ (清)舒正仪:《华阳舒氏统宗谱》卷首《舒孔昭序》,同治九年(1870)刻本。
④ (明)吴元孝:《临溪吴氏族谱·吴文班序》,崇祯十三年(1640)刻本。

昆"是相一致的,可以说谱学之"以诒将来"的目的是受历史意识影响的。明代徽州学者这方面论述较多,不一一列举。

从以上学者的论述中可以看出,在徽州谱学发展中致力于"以稽先世,以诒将来"的历史意识是始终存在的,并一直激励和指导着谱学不断发展。

(二)"谱之废与兴,人也"的编者论

在徽州家谱修撰的过程中,修撰者们认识到一部谱学作品的好坏与其编者的水平有着直接的关联,编者的主观动机及综合能力无疑都对谱学产生着影响。什么样的人才能够堪当重任呢?这是族谱编纂中一直受到关注的一个问题。"史才"与编修者的德行、地位显然是评价的主要内容。

"史才"是历代史家一向重视的内容,显然是评价一个编修者是否具备编修家谱资格的一个重要标准,也是人们能够普遍接受的标准。除此之外,编修者的德行及地位也十分重要。

康熙二十五年(1686)浮梁景德镇东山程氏裔孙程廷显则说得更具体了。他说:

> 谱以联宗萃涣也,谱本支易,谱统宗难,谱统宗而俾系讹为正,支遗为补,则尤难。盖人情贵贵崇名,古今人尽类然也。非借权位难统宗,非借材名难统宗。借权位材名,昔学士篁墩先生已统宗矣。而或系讹支遗,不能不赖后贤之补正。则补正之人不藉权位材名也,赖有仁孝刚明者起焉。持其坚忍之力,而己见不参,俗情不系,一秉虚公为辨定,而后统宗之系讹可得正,支遗可得补,故曰尤难也。①

文中将修谱人所应具备的素质与条件说得十分明了,大致看来有三个方面:一是"仁孝刚明"与"己见不参、俗情不系"的道德修养,即"德";二是"坚忍之力",也就是毅力;三是权位与材名,虽然程廷显更钦佩"德"与"毅力",但他并没有否认"权位材名"的作用。这三个方面无疑为我们考察徽州学者认为的家谱编修者的素质提供了基础。下面具体来看:

---

① (清)程士培:《新安程氏统宗补正图纂·程廷显序》,康熙二十四年(1685)刻本。

第一，编修家谱者应是有德之士，这一点是徽州学者们的共识。

康熙三十七年（1698），浮梁景德镇南门程氏裔孙程文炳论道，"窃闻家之有谱，犹国之有史也，修史者扶植纲常、荣辱、褒诛，千古莫易，至严且慎。若夫修家之谱，联支派，严真伪，定是非，与修国之史何以异？虽然难言之矣，修谱于一郡一邑，年近而易稽者易；修谱于各省各郡，世远而难考者难，必欲详其是非，续其遗漏，别其真伪，俾一本而统万派，脉胳分明，毫厘不爽。苟非其人，秉德不回，曷克以胜斯任"，①将"德"作为修谱的重要标准提了出来。

"德"在修谱实践中的表现之一就是要有"大道为公之心"，即要公正。道光十九年（1839）张氏裔孙张翼先说：

> 世愈更则时愈久，时愈久则事愈繁……久则易忘，繁则多舛。矧天道有丰啬之异，地势有遐迩之殊，人情有向背之别。故其间有续有不续者，有续而未全续者，有前续而今未续者，有前未续而今始续者，又有前未续、今议续而不能续者，更有前已续、今复续而终未得续者，先后参差难画一。自非有应变之才，具乾父坤母之量，合圣人大道为公之心，讵易肩其责耶？②

文中张翼先详细地分析了续修过程中各种难以处理的情况，得出的结论是，要想修好统宗谱必须具备"应变之才""乾父坤母之量"及"圣人大道为公之心"，尤其是"大道为公之心"，可以说是对修撰人道德水准较高的要求。此后，胡昌丰在光绪十二年（1886）为绩溪张氏宗谱作序时对公正之心也有所论及，他说："修谱之难于作史，国史以纪善恶，善恶不分则无以彰炯戒，而征信于后人；谱以考源流，源流不清则无以别真伪，而留示于子孙，甚矣！其难也。苟不本之以矢慎矢公，乌得而任其责，况值丧乱后哉。"③胡昌丰认为，要"考源流"而"别真伪"，非有"矢慎矢公"之责任不能够达到。两者之间虽表述不

---

① （清）程公惠：《新安程氏统宗补正图纂·程文炳序》，乾隆十二年（1747）刻本。
② （清）张沛泽：《绩溪张氏宗谱·新安甲道张氏统修谱序》，光绪十三年（1887）刻本。
③ （清）张沛泽：《绩溪张氏宗谱·绩溪张氏续修宗谱序》，光绪十三年（1887）刻本。

太一致,但反映的主旨是相同的。

"德"在修谱实践中的另一表现是"贤且达"。嘉庆二十四年(1819),吴庚枚为柳川绩邑胡氏族谱作序时说:"孔子有言:施于有政是亦为政,家政所系莫隆于谱,然而编氓椎鲁不习《诗》《书》,诟谇嚚凌起于庭户,以掺觚干,实所难能,不贤而不可为也。诵书读律,志乘攸资草莽,经生未娴国故,以笃于时,拘于墟之见,孰笔临之而谓无谬于经,无乘于令,其孰信之,不达而不可为也。"①虽然吴庚枚表现出了对缺少教育的民众的轻视,但也可以看出他对修谱人"德"行的看重,"贤且达"无疑是衡量一个家谱编撰者道德修养的重要方面,正因为如此,他评价该谱是"以谱法济宗法之穷,修于家而俾于国者,将于是乎"。

第二,勤奋精神也是徽州学者认为的家谱编修者十分重要的考量标准。

编修家谱一件十分繁琐的事情,涉及材料收集、支派考证等多方面事务,需要耗费大量的精力。若不具勤奋精神,是很难坚持下去的。正是如此,一个编修者是否足够勤奋、是否能够兢兢,也就成为编修者的一个基本的评价标准。

从徽州家谱的编修来看,很多家谱都是耗费了编修者多年的心血才完成的。明人程敏政在编修《新安程氏统宗世谱》时,虽然具体的编修时间只有六个月,但他着手进行准备、广泛收集材料和考证的时间却长达二十年之久。他自称:"余不佞,尝有志大会新安诸程,发其所藏,参互考订,以为一族之定谱。顾宗法之废已久,势不能合,盖每有望洋不及之叹。"②面对这种困难,他没有退缩,而是"积之二十年,颇尽得诸谱异同之故,因定著为《谱辨》三十七条,《凡例》十条,犹未敢自足也"。③ 虽然程敏政并没有说二十年来他是如何勤于谱事,但从他所编写的三十七条《谱辨》来看,他是付出了辛勤的劳动的。

程敏政还对程氏家族的程孟勤于谱事大加赞叹。他说:"由宋至今居歙之槐塘者,曰元凤起进士相理度两宗,号吉国文清公,公六世孙曰槐濒先生讳

---

① 曹诚谨:《柳川绩邑胡氏宗谱序》卷首《吴庚枚序》,民国三十五年(1946)刊本。
② (明)程敏政:《篁墩文集》卷二三《绩溪坊市程氏族谱序》,见《景印文渊阁四库全书》第1252册,台北:台湾商务印书馆,1986年,第399页。
③ (明)程敏政:《篁墩文集》卷二三《绩溪坊市程氏族谱序》,见《景印文渊阁四库全书》第1252册,台北:台湾商务印书馆,1986年,第399页。

孟,以诸程自唐以来谱牒沦委莫能相通,乃远者走书,近者亲会,尽发我宗人之藏,手自批校,穷二十余年,为程氏诸谱会通五十卷,外谱二卷。忠诚、太守、忠壮三祖遗迹及褒典,经元季之乱荡无存焉。先生又搜辑而类次之为《世忠事实源流录》十卷。文清公手泽及理宗御书多沦于异姓,先生不惜重购以归,为《明良庆会录》三卷,于是新安之程凡数百年文献之传赖以弗坠。"①程敏政对程孟的赞叹不仅是他为徽州程氏家族文献的收集作出了贡献,同时也为他"远者走书,近者亲会……手自批校,穷二十余年"的勤奋精神所折服,或者说也是对其自己历时二十年修谱的一种认同吧。

  进入清朝后,程氏家族的成员同样保持着勤于谱事的传统。康熙二十四年(1685)程希灏说:"兹婺宗有鸿儒笃生讳士培,研究统宗遗讹,不惮跋涉,不畏艰大,慨然以补正为己任。"②就是说撰修家谱需要有坚强的毅志品质,能够克服各种困难,才能有所成。程世培又命他的儿子"爰合蒙君晋侯偕黄墩祠首士昌之两公者,远搜博采,跋涉间关,风雨晦明俱所勿恤,是殆欲襄其力所不逮、识所未周而集统宗于大成者也"。③ 从《新安程氏统宗补正图纂》中记载的内容来看,程士培的儿子程晋侯确实到了许多地方去访问调查,不仅在徽州地区进行了走访,还到了江西景德镇及鄱阳湖等地,可以说是不辞辛劳。正因如此,许多程氏支派都被这种精神所感动,并认为《新安程氏统宗补正图纂》是值得信赖的宗谱。

  从以上的论述可以看出,徽州程氏家族在修谱方面都十分勤奋,在徽州地区不仅程氏家族如此,其他家族也多是这样。程敏政描述的五城黄云苏也是一个典型:"天顺壬午……云苏续作《一览图》,逮弘治辛亥,同其族弟曰禄曰护,大会诸黄为通谱,自江夏而新安而盱眙,自新安而歙之石岭,祁之左田,休宁之五城,婺源之横槎,黟之古城、横冈,浮梁之勒功、石斛,又自横槎而德

---

① (明)程敏政:《篁墩文集》卷四二《槐濑先生程君墓碑铭》,见《景印文渊阁四库全书》第1253册,台北:台湾商务印书馆,1986年,第33页。
② (清)程公惠:《新安程氏统宗补正图纂·程希灏序》,乾隆十二年(1747)刻本。
③ (清)程公惠:《新安程氏统宗补正图纂·程世则序》,乾隆十二年(1747)刻本。

兴、茗园、乐平、监溪、鄱阳、庐山,自五城而溪口、星洲岭、南龙湾、商山、汉口、潜村、陈村、闵口,绩溪羣岭、严城诸派。自天顺以至今兹几三十年,所谓心之仁、志之远、力之健若云苏者,殆非其人欤!"①从程敏政的话中可以看出,黄云苏及其族人编修的《黄氏通谱》涉及派别众多,地域亦十分广阔,而黄云苏在其中付出尤多,从时间上看是"几三十年",程敏政也对其"心之仁、志之远、力之健"发出了感叹。

此外,在徽州地区有些家族是祖孙数代共同致力于宗谱修撰,用力之勤着实让人感动。如:元朝时吴王弼说到《左台吴氏宗谱》编修时说:"绍兴庚辰夏,曾祖与曾伯祖讨论族谱,类萃成轴,富饶派下年甲、行第、名讳、娶氏、葬所无不备纪,昭穆长幼一览周知,尚未详悉先世之源委。岁嘉熙戊戌,先君自庐江迁繁昌,族伯公忠居芜湖,时年七十有二,尝与先君叙及宗盟,是年二月二十六日,遂出所传祖谱,授之。自姬周历秦汉以后,罔有遗逸,其所考皆自有来,非妄认汾阳者比。时王弼侍旁,至今言犹在耳。以后迁居不一,巾箱遗脱,此谱遂失。又不幸先君即世。王弼孤陋寡闻,但执曾祖旧编,惧弗敢坠。然念先君授简遗意,终不克胜是责,常愧负天地间。后数年还新安扫松楸,自杨充后历富饶,问政先陇以下,三复经理,及质诸宗盟先辈,随笔记载。自此族人至建康者,王弼周悉询访,又从而记之。盖四十八年于此矣⋯⋯至至元丙戌⋯⋯虑有未尽。是年五月一日,遂携此谱,再往新安,遍谒族之尊宿,俯首叩请,自上世至是年六月以前,若子若孙罔不毕书,归而刻之。"②从记载中可以看到,吴王弼曾祖和曾伯祖讨论族谱并编成了富饶派支谱,后来其父与族伯吴忠又"叙及宗盟"立志修谱。他本人多方访求,"随笔记载""周悉询访""盖四十八年于此矣",甚至到了"欲命工镂梓"时还"再往新安,遍谒族之尊宿"。由是观之,非有非凡毅力与勤韧不拔之精神确实难以做到。不考虑吴元弼曾祖辈及其父辈的努力,仅他自己兢兢于该谱"四十八年"之坚韧精神,

---

① (明)程敏政:《篁墩文集》卷三四《五城黄氏会通谱序》,见《景印文渊阁四库全书》第1252册,台北:台湾商务印书馆,1986年,第602页。
② 吴絜华:《左台吴氏大宗谱·吴王弼元·谱序》,民国二十三年(1934)刻本。

也已让一般人望尘莫及。

第三,编修者的官职地位对家谱编修者也有一定的影响。

虽然在人们的心目中,道德和勤奋因素是修谱者的重要评价标准,但一个不争的事实是,权位在家谱编修中也起着重要的作用,这对人们的观念产生了重要影响。在徽州人的观念中,"三世不仕宦,三世不修谱,即为庸人矣"。① 这是一种通行的认识,虽然人们没有直接说必须由"仕宦"来修家谱,但将两者并提表明了两者之间是有内在联系的。

在徽州人的许多论述中都说到了这一点,洪武三年(1370)吕绍一说:"于是自侍郎渭公为迁歙始祖,至吾嫡祖学士文仲公派下子孙生殁、婚葬、出处、行实,誊写成帙,为后世修谱者之基耳。至于广求遗编,遍查宗派,大成统宗之举则俟贤而位高者斯可能矣。幸勿以吾草创之初略而弗备为强也,噫!为后为者其谅之哉。"②从他的谱序中可以看出:一方面他是谦虚的表现,另一方面也反映了一个事实,即"贤而位高者"是人们心目中理想的修谱者人选。

这一点康熙年间的张璘也说得很清楚。他说:"或又曰,修谱必身列缙绅而后族众信从,子今尚滞诸生耳。余曰,子之为我虑则善矣……璘虽无似,今敢直述世系以俟吾宗之显者出,兴孝悌之思、敦睦族之谊,庶得以征考而会编之,是则余之志也。后有君子自当谅余之心而不加之罪矣。"③从中不难看出,张璘虽然编修了《甲道张氏统宗谱》,但人们对他缺少"身列缙绅"这一事实还是有看法的,至少可以说是感到遗憾的,包括张璘自己也认为这是自己的不足之处。这段话给我们的一个重要信息是"修谱必身列缙绅而后族众信从",直接将"身列缙绅"与"族众信从"相联系,说明了权位在修谱中的重要作用,甚至是家谱是否具有可信性的重要依据,这清楚地表明了权位在家谱修撰中的重要性。

下面我们通过柳川绩邑胡氏族谱的修撰可以对这个问题有进一步了解。

---

① (明)程时化:《休宁率东程氏家谱·谱序》,嘉靖四十二年(1563)刻本。
② 吕龙光:《新安大阜吕氏宗谱》卷首《吕氏继世谱序》,民国二十四年(1935)刻本。
③ (清)张元洼:《甲道张氏宗谱》卷首《甲道张氏统宗谱序》,乾隆三十年(1765)刻本。

宋高宗绍兴十二年(1142),由"任严州府录事参军擢宣教郎知萧山县事"的胡舜申首次撰写了绩邑胡氏族谱的初稿,其兄"金紫光禄大夫太师明国公前新安伯"胡舜陟还为该谱写了序言。从胡舜陟的序言来看,胡氏家族从祖胡沼迁居绩溪后,直到胡舜陟兄弟,家族都以富甲乡里,胡沼"迁于绩溪东邑,建宅西市为库,其富盛矣",但家族入仕不多,只有其叔父胡宏"皇祐中登科任处州司法参军"。到胡舜陟时兄弟三人皆入仕(二弟胡舜举登建炎二年科第,任德庆军节度判官),因此胡氏既有钱财,又有社会地位,故开始了第一次修谱。①胡舜申修于绍兴年间的族谱没有公开,直到二十五年后的乾道二年(1166),他才正式定稿。十七年后,胡舜申的儿子胡伟又修胡氏族谱,胡伟的功名是"正奉大夫江西宣抚使"。永乐时该族胡信参加了《永乐大典》的"缮录校理"工作,其家族人觉得十分荣耀,永乐十一年(1413)时他的族伯对他说"可为宗族之增荣矣",并希望他能"仿旧而纂修之,以嗣前人之芳躅,裕后裔之宏规",在这种情况下胡信又将胡氏族谱进行了续修。从乾道元年(1165)到永乐十一年(1413),其间经历了二百四十八年时间,胡氏族谱没有续修,这中间一个主要的原因恐怕就是没有有地位、有身份的人来从事修谱的工作。随后,胡信又对他两个侄子胡景润和胡汝庆说:"汝二人进德修业出仕,苟能相与成之,吾虽死亦瞑目矣。"在这样的情况下,胡氏又修了成化谱,胡信说的"进德修业出仕"之后应当修谱,这一点很好地说明了社会地位是一个修谱者应该具备的重要条件之一。

在徽州其他家族中这一方面表现得也较明显。如:崇祯时的吴士鹏在提到吴氏家族修谱时就说,"余忆童年时,族兄龙田公居,恒究心家乘,缕举先代故实为族人陈说。余辄倾听而详询焉。公喜谓余曰,孺子他日宦成,其谱之。余虽久困呫哔未尝不服膺公言。会公之仲嗣远乡君致政之余,辑成族谱,付之剞劂",②其中有两句话反映了官宦在修谱中的作用:一是"孺子他日宦成其谱之",表明了一种美好的愿望,不过这一想法是将修谱与官宦联系在一起

---

① 曹诚谨:《柳川绩邑胡氏宗谱》卷首《宋绍兴间始修原谱序》,民国三十五年(1946)刻本。
② (明)吴元孝:《临溪吴氏宗谱·吴士鹏临溪吴氏族谱跋》,崇祯十三年(1640)刻本。

的;一是"公之仲嗣远乡君致政之余,辑成族谱",意指族谱真正的修撰者"远乡君"是在"致政之余"修成的。

第四,徽州学者认为家谱修撰往往要求修撰者有一定的家学传统。

在历史上,谱学是有家学传统的,如魏晋时期的贾氏、王氏家族就是这样的一个家族,其世传谱学,据柳芳论说,"晋、宋因之,始尚姓已。然其别贵贱,分士庶,不可易也。于时有司选举,必稽谱籍,而考其真伪。故官有世胄,谱有世官,贾氏、王氏谱学出焉……晋太元中,散骑常侍河东贾弼撰《姓氏簿状》,十八州百十六郡,合七百一十二篇,甄析士庶无所遗。宋王弘、刘湛好其书。弘每日对千客,可不犯一人讳。湛为选曹,撰《百家谱》以助铨序,文伤寡省,王俭又广之,王僧孺演益为十八篇,东南诸族自为一篇,不入百家数。弼传子匪之,匪之传子希镜,希镜撰《姓氏要状》十五篇,尤所谙究。希镜传子执,执更作《姓氏英贤》一百篇,又著《百家谱》,广两王所记。执传其孙冠,冠撰《梁国亲皇太子序亲簿》四篇。王氏之学,本于贾氏"。① 这段记述不仅是对魏晋南北朝时期贾、王两大家族谱学专家的记载,也代表了魏晋南北朝时谱学方面的主要成就。对于贾氏家族的谱学介绍更是详细,勾绘出了贾氏世传谱学的脉络:贾弼——贾匪之——贾希镜——贾执——贾冠,除贾执与贾冠是祖孙相传外,其他都是父子相传,可谓家学色彩浓厚。从上述内容还可以看出,王氏家族同贾氏家族一样,也是世传谱学。到唐代柳芳、柳璟祖孙二人依然是世传谱学,史称:"璟祖芳精于谱学,永泰中按宗正谱牒,自武德已来宗枝昭穆相承,撰皇室谱二十卷,号曰《永泰新谱》……璟依芳旧式,续德宗后世,成十卷,以附前谱。"② 以上事实皆可证明,唐以前谱学家多有家学传统。入宋以后,谱学不传,兴起者为诸家士大夫私修谱牒,论者多以欧阳修、苏洵为源头,③ 后之作者多因仍之,至于谱学是否存在家学渊源,论及者廖廖。但

---

① (宋)宋祁、欧阳修:《新唐书》卷一九九《儒学中·柳冲传》,北京:中华书局,1975年。
② (宋)刘昫:《旧唐书》卷一四九《柳登传》,北京:中华书局,1975年。
③ 潘光旦先生称:"先今之言谱者,莫不推崇欧阳修、苏洵为名家……其议论皆甚简陋。然后世莫不仿效之……实则二氏泰半因袭旧说,后世谱皆散亡,惟二氏犹存其全集中,不察者乃谬以一切为二氏创说耳。"参见《中国家谱学略史》,载《东方杂志》卷第26,第1号,1929年。

在徽州谱学发展中,人们对徽州谱学之家学问题还是较为关注的。

在临溪吴氏谱中对谱学的家学问题注意较早,崇祯时吴道宗说:"顾谱非世学未易言也,刘子玄所称以家史名者曰扬雄《家牒》、殷敬《世传》、孙氏《谱记》、陆宗《系历》而已。"①吴道宗提出的"谱非世学未易言也"的观点,显然是对修谱者及论谱者提出了更高的要求,虽然他没有展开论述,但为关于修谱者之家学讨论提供了新的视角。从徽州其他家族对这一问题的阐释,可加深对该问题的了解。

如宣统年间的《绩溪仙石周氏宗谱·凡例》,题为"周山门手订",该凡例共有24条,在徽州家谱中并不多见,表明作者对谱法是有专门研究的。凡例后面的说明更值得注意,说明内容是:"山门先生世传谱学,我族谱例经先生手订,极其精当,乃保族宜家谨身寡过之要道也,世世子孙遵循罔替。"②"世传谱学"这一说法在唐以后并不多见,这一情况表明徽州地区依然存在这一传统。并且从编者的说明来看,人们对世传谱学的人是十分尊重的,认为其"极其精当",并要求"世世子孙遵循罔替"。另外还有一则记载对此问题也有反映,在《明经胡氏续修宗谱·凡例》后有一小段题记,内容是:"嘉靖癸卯十月既望赐进士出身户部郎中致仕眷生龙山程霆校撰",明经胡氏家族是经学世家,有较深的文化积淀,在宗谱凡例后题有"程霆校撰"字样,解释为程霆对谱学有专攻甚或是家传谱学也是有可能的。在明经胡氏宗谱中还收有他的一篇谱序,他的一段论述也显示了他对谱学是有独到见解的,他说:"是故谱者人,而所以谱者天。夫其天也,则岂名行著焉,履历具焉,世系顺焉,支派会焉,而遂谓能谱哉。况乎伪而弗实,弗可以征;乖而弗协,弗可以□。任己逆天,此身之生理已,贼而又保,有于祖,何有于族?是故谱虽盛于魏晋之间,而其义实明于宋儒之后。"③这实际上是将理学之天理观用于对谱学的评价之中,这也是较有思想性的一种认识,反映了程霆对谱学的理解有一定的深度。

---

① (明)吴元孝:《临溪吴氏族谱·吴道宗序》,崇祯十三年(1640)刻本。
② (清)周赟:《绩溪仙石周氏宗谱》卷首《凡例》,宣统三年(1911)刻本。
③ 徐宗勉:《韶铿徐氏宗谱·明经胡氏续修谱序》,民国十三年(1924)刻本。

其他一些徽州家族虽然没直接说有"世传谱学"的情况,但从他们的言论及实践中可以看出,他们许多都是父子相传、祖孙相传的。如崇祯时吴元孝认为,"元孝不慧,幼时侍先大人龙田公,见其留心谱学,每举曾大父家藏旧谱古系,胪指而提命之,时盖有志焉",① 虽然吴元孝并没有说他们父子相传的话,但从其父"留心谱学",到"胪指而命提之",再到他"时盖有志焉",再到后来修成《临溪吴氏族谱》,这均表明了他们父子之间在谱学上的传承。

总之,谱学的修撰确实与编修者密切相关,最后以一位族谱编撰者的切身体会作为本节的结语。乾隆元年(1736)徐裡不无感慨地说:"窃尝论从事家乘者之难其人也,一曰志、二曰识、三曰力、四曰时,时者非名位之谓,盖云暇也,四者缺一即莫能济。彼无志者勿论矣。即有其志而无其识,管何以操?有其志有其识而无其力,费何自出?纵三者备矣,而或劳劳于风尘,或矻矻于帖括,时将焉暇,故称难云。"② 可见修谱对一个人而言是一件十分艰苦的事情,需要志、识、时、力等多种因素共同配合才能完成,难怪当奉直大夫徐景京、朝议大夫徐璟庆"遂委任焉,裡喜出意外",开始了艰苦而神圣的谱学编修任务。从徐裡的经历来看,编修宗谱对每一个人来说都是一次重要的考验。

第三节　功用性的理论与实践

一、史料功用

家谱作为记载家族历史的文献资料,具有保存家族相关文献资料的作用,兼之历代徽州谱学家对家谱保留家族史料的重视,如:洪允温在编撰《重修洪氏统宗谱》之时,便认为:

---

① (明)吴元孝:《临溪吴氏族谱·自叙》,崇祯十三年(1640)刻本。
② 徐宗勉:《韶铿徐氏宗谱·僭定宗谱序》,民国十三年(1924)刻本。

> 小善者,大善之萌也;众善者,一善之积也。君子存心长厚,见人有一善。惟恐其不得闻于后世,安得不亟,书以示劝,苟必求全责备,不几于刻乎。①

其中,凡族内有善行,皆需记录,"恐其不得闻于后世"。正是出于这样的心理,徽州家谱的修撰实质上也是有意识地保存家族相关文献资料的行为。在徽州地区较为突出的是在谱牒中有意识地保存着经济史、教育史及地方社会发展的史料。

宋元明清徽州谱牒中有意识地保存经济史史料,主要记述内容是族产,包含内容有土地、房屋、山林、坟地、山场及水利设施、碾房、水碓等生产生活设施,除族产之外,还有对祠产、祭田及商业活动等的记载。

山林、坟地作为族产在徽州地区表现得格外突出。大凡家谱,都对墓地有特殊的记载,《绩溪积庆坊葛氏重修族谱·凡例》一篇中,对各处墓地的记述有详细的规定:"各处坟墓,先标葬某公或夫妇合葬或别葬,次土名,次形象,次字号,四至亩步,防侵夺,以安遗体也。"②族内各地的坟墓,在载入谱牒之时,需要先写所葬之人,列清所葬何处、墓地的行状样式等,以此来防止墓地被他人夺去、破坏,影响先人安息。除此以外,关于墓地的详细记载往往采用墓图的形式。同样在《绩溪积庆坊葛氏重修族谱》中有《墓图叙》一篇:

> 古者之墓,有封有树志其地,使不忘也。近及后世葬有墓碑、有墓铭而又有墓表,贤哲文翰不徒载之家乘而必勒之山岷,亦仿树封尽之遗意而加密焉耳,否则,易世之后,川谷迁移,漫无所考。尝考程子云,远祖葬处与他人混杂,不复可辨者,则从而卜之,然辨之不得而至于卜亦晚矣。今谨查祖宗所葬之地,先题曰:葬某公,次土名,次形像,次山向,次字号,次亩步,谱之所载者昭然详明,使后世子孙据图而经业焉,庶几先茔免湮没侵占之虑。然葬之有图,自六

---

① (明)洪允温:《重修洪氏统宗谱·凡例》,天启五年(1625)刻本。
② (明)葛文简:《绩溪积庆坊葛氏族谱·凡例》,嘉靖四十四年(1565)刻本。

二公起至以茂公辈止。以其填坟合族之人共之,凡十一世,虑涣而无统也。自以茂公以下不复图者,人众难以悉图,且各有主也。其祖宗所娶无嗣别葬及未嫁诸姑姊妹与绝后之兄弟,在圣祐公以上者悉记载之,广爱思也。凡我来裔必照谱之所图,先茔或有颓坏侵冒,必以时修理,不然桓魋之墓为苏子鼓琴之所,是其明鉴也。嗟乎!长空澹澹,万古消沉,虽汉家陵墓亦有无树秋风之感,况下此者乎!今必详为之计若此者,夫亦仁人孝子不得已之心也。斯谱也,斯图也,亦仿封树之遗意而为之欤!抑亦自世之所为墓碑铭表者而广之欤! 嗣而守之,在我后之人焉。①

在这之中,作者详尽地分析了墓图的作用,认为只有通过详细记载,才可以让后世之人不忘记且能够在想要找寻时能够找寻到墓地所在,"否则,易世之后,川谷迁移,漫无所考"。由此可见,家谱中对于族产类经济史资料有意识地保存一部分是出于为了便于后世之人祭奠先祖而留存的资料。

关于商业活动的记载,在明清家谱中体现尤甚,这一时期,对于家族资产的运作,出现了新的记载方式,如:房屋租赁、放贷、经营集市等一系列行为都成为家族资产获得营利的方式,在《笄山周氏洮四派宗谱》中对田地租赁有如下记载:

师字一千四十六号,田三亩一分陆厘一毫,坐落腰古山,土名高塘;师字一千九十四号,田一亩三分柒厘九毫,坐落腰古山长山,桥南首汇头,土名肚下;翔字四百一十号,田一亩陆分九厘二毫,坐落薛家埭东娄,土名荷花;翔字五百六十二号,田二亩陆分,坐落本村后港坂,土名单天溇。②

在这之中可以看出,族谱对田地鱼鳞州编号进行了详录,有不同的字号,且在不同字号之下又有不同的编号,记载精确,确切到毫厘,并载有地理位置

---

① (明)葛文简:《绩溪积庆坊葛氏族谱·墓图叙》,嘉靖四十四年(1565)刻本。
② (清)周炜:《笄山周氏兆四派宗谱》,道光二十七年(1847)刻本。

和当地人的称法。关于记述的缘由,在《安徽岩镇百忍程氏本宗信谱》中《谱牒义例书法》有如下记述:

> 族内祖茔奉例清丈,新改字号者,各随坟墓形势画为一图,照依万历十年新册开写字号,数目、土名、亩步、税粮若干,以便经营,防人侵占倒卖。惟婺源祖墓,因住居隔县,未及亲诣墓所查理,只照旧谱,存其字号、亩步、税粮、业户,以俟他日,作保茔篇第七。①

在这之中,将墓地进行详细记载,载明其数目、地名、亩数及税粮情况。指明进行详细记述的原因一是为了自己经营管理方便,二是为了防止他人侵占倒卖。当时,在家族内部,难免会有偷卖家族财产的情况,《萧江复七公房支谱》中就有言:"老业分税完粮,族中贤愚不等,难免私行盗卖,本非善法。既据清查归户,亦属杜患未然之意,同族众载谱,以垂后法可也。"②由此可见,上述所说防止他人侵占倒卖是十分必要的,这一点在祠规、家训中也多有记述。

关于家谱中文化史的记载,大多体现在教育与文翰方面。在教育方面,徽州家谱在编撰之时,往往对家规家训和族内办学情况进行收录。在家规家训中有许多关于读书的规条,如《洪氏家谱》规训中就有"读书"这一条:

> 人之性本无不善,因物欲蔽之。读书学问,开心明目,利于行耳。但子弟听命于父兄,间有为父兄者,吝小费不送读,反宽曲养骄佚,陷子弟于不才,此父兄之过也。蒲宗孟戒子孙,寒可无衣、饥可无食,读书不可一日失。故家虽贫窭,学宜勉力。以《诗》《书》之泽被人,良多秀者,因读成名可光前而裕后,即愚者由读而感,亦必稍知礼义矣。③

---

① (明)程弘宾:《歙西岩镇百忍程氏本宗信谱》卷首《谱牒义例书法》,万历十八年(1590)刻本。
② (清)江如松等纂修:《萧江复七公房支谱》卷六《杂记》,乾隆三十七年(1772)刻本。
③ (清)洪尚祁:《洪氏续修家谱·洪氏训规》,光绪七年(1881)刻本。

在这之中详细地对子弟读书一事进行了论述,认为"吝小费不送读,反宽曲养骄佚,陷子弟于不才,此父兄之过也"。意指不可以因为读书需要花费钱财而不读书,即使家庭贫困,也要尽量让子弟读书。这也表明了作者希望通过修撰家谱,将这些理念传递给后人。

在文翰方面,《张氏统宗谱·凡例》之中有如下规定,"凡艺文、传、志、序、记桙名笔,有关家乘者录之,或假借名姓不入,重实录也,如文好,书之""凡诗词歌赋所赠,有出于名儒硕学者所撰,俱录之"。① 这表明修撰者有意识地保留家族中艺文、传、志、序及诗词歌赋等相关文艺史史料,这是史学修撰中十分可贵的一种意识,对研究家族乃至徽州社会文化的发展都有一定的作用。此外,在《绩溪积庆坊葛氏重修族谱·凡例》中认为"文翰凡涉夸张不敢泛录,必其文果核实有关世教者,谨书而备录之"。② 这说明,修撰者在收录文章之时,秉持着治史的严谨态度,将文章相关内容谨慎记录其中。

二、教育功用

家谱作为家族中的重要文献,在家族中具有重要的地位,因此,家谱也就具备了重要的教育功用,通过家谱对族内子弟进行一系列的教育,是否将其子弟列入族谱之中,以及对于家规、家训的记载,对当世以及后代之人进行教育、规劝。

在徽州社会,"入谱"是一个人家族成员身份的象征,也代表着家族归属感。大凡家谱,在修撰之时,都会对何人可以入谱或何人不得入谱作出明确规定。也正是通过这些规定,使家谱对人们行为规范的约束力大大增加,这也是家谱修撰所起的直接教育作用。

程敏政认为,在家谱修撰之时,"子孙无问隐显,有作过者、不睦者、有侵祖墓者、鬻谱牒者、蔑视先祠者、毁弃手泽者、昏不计良贱者,并黜之不书"③。

---

① (明)张宪:《张氏统宗世谱·凡例》,嘉靖九年(1530)刻本。
② (明)葛文简:《绩溪积庆坊葛氏重修族谱·凡例》,嘉靖四十四年(1565)刻本。
③ (明)程敏政:《新安程氏统宗世谱·凡例》,成化十八年(1482)刻本。

关于此,在《泾川张氏宗谱》中则更为详细,专有一部分作了"谱六不书",规定如下:

> 一谱六不书
> 一曰弃祖 弃卖祖墓
> 二曰叛党 叛逆反出
> 三曰犯刑 积恶遭刑
> 四曰败伦 乱伦禽兽
> 五曰背义 无羞
> 六曰杂贱 下贱为婚①

在这之中,对于不得入谱之人作了详细的规定。与此同时,在徽州家谱之中,家规家训也是详细记述,如绩溪南关许氏就对家规家训进行了详细的记述,其中第一段有如下论述:

> 圣贤彝训,备载六经,又何必要家训?家训所以济圣训之所不及也。盖六经惟读书人知之,至愚夫愚妇,不读《诗》《书》,若无家训,则全不知伦理,此风俗所以坏也。故家训必须粗言俗语,妇孺皆知,又必每年春分、冬至祭祖以后,宣讲一次,其有关风俗非浅,后世子孙慎勿视为具文,众男女皆知。向善,而我后克昌矣。②

这之中详细地说明了家规家训的教导作用,说明家训补充了圣训所不能够涉及的范围。一般不读书的人如果没有家训的教导,就会不懂伦理,从而使得风俗败坏。而在之后,撰修者抄录了家训的全文两千余字。

大致来说,家谱中对于子孙的教导约束可分为以下几个方面:

第一,与国家相关。主要是通过对触犯国法,甚至多次犯法而不知悔改的行为进行限制,希望子孙遵纪守法。这类过错有:"犯刑""犯盗""过恶不

---

① (明)程文绣:《泾川张氏宗谱·凡例》,万历四十六年(1618)刻本。
② (清)许文源等:《绩溪县南关许氏惇叙堂宗谱》,光绪十五年(1889)刻本。

悛"①"作过恶三犯不悛"②等。此外,纳税等也属于此范畴,如绩溪县南关许氏就有早完粮的规定:"百姓无君臣之分,只有钱粮是奉君王的。一日完粮,一日太平,一日百姓受福。惟乱世不完粮,苦不忍言。如今太平不完粮,等粮差上门,所费更多,到官受责,甚至破产倾家。每年钱谷务先完粮,而后做别事,好不安耽。假如少有天灾,未经奉免,亦宜完纳。凡有声名者,切不可抗粮,取祸一时好高,后悔迟了。"③

第二,与宗族相关。主要是通过对辱没宗族、卖宗族文献等行为之人进行限制,希望子孙能够以宗族为重。在这之中,辱没宗族包含了直接"破坏门户"④,以及为乞丐等败坏家族名声的行为,如《金吾谢氏》中所说的"丐养拾弃"⑤。宗族文献大多数家谱中所指的盗卖家谱,也存在少量将文章等算入其内的情况,如《新安程氏统宗世谱》中既有"鬻谱牒"又有"毁弃手泽"⑥。

第三,与祖宗、长辈相关。尊祖敬宗是徽州家谱修撰的主要目的之一,在徽州家谱之中,尊敬祖宗既是入谱之人所必备的品质,也是教育子孙后代最主要的内容,不尊敬祖宗、"贻辱祖宗"⑦"蔑视先祠"⑧;买卖祖墓、"侵祖墓"⑨;不事祭祀、"弛祠祭"⑩之人不得入谱。

第四,与道德相关。在徽州社会,极其重视道德教育,认为道德品行是一个人的立身之本,道德败坏之人即"自作不典"⑪之人不得入谱。在这之中,

---

① (明)叶志道:《休宁陪郭叶氏世谱·凡例》,弘治四年(1491)刻本。
② (明)谢镒等:《祁门金吾谢氏族谱·凡例》,嘉靖九年(1530)刻本。
③ (清)许文源:《绩溪县南关许氏惇叙堂宗谱》卷八《宗祠规约》,光绪十五年(1889)刻本。
④ (明)葛文简:《绩溪积庆坊葛氏族谱》卷三《家规》,嘉靖四十四年(1565)刻本。
⑤ (明)谢镒等:《祁门金吾谢氏族谱·凡例》,嘉靖九年(1530)刻本。
⑥ (明)程敏政:《新安程氏统宗世谱·凡例》,成化十八年(1482)刻本。
⑦ (明)葛文简:《绩溪积庆坊葛氏族谱》卷三《家规》,嘉靖四十四年(1565)刻本。
⑧ (明)程敏政:《新安程氏统宗世谱·凡例》,成化十八年(1482)刻本。
⑨ (明)程敏政:《新安程氏统宗世谱·凡例》,成化十八年(1482)刻本。
⑩ (明)程文杰:《休宁率口程氏续编本宗谱·凡例》,正德四年(1509)刻本。
⑪ (明)程文杰:《休宁率口程氏续编本宗谱·凡例》,正德四年(1509)刻本。

又分为"伤悖伦理"①"逆天伦"②;为人不义,即"背义,无羕"③;与人不善,"不睦"④"蔑视同姓"⑤等诸多下设的情况。

第五,与婚配相关。在婚配上,看重个人品行,无关乎财产多寡,"昏不计良贱"⑥。

第六,其他情况。在部分徽州家谱中,存在着其他情况,不过都是个别的情况。如《张氏宗谱》,"为僧道"⑦者不得载入族谱,这就教导族内子弟不得成为僧侣、道士。

---

① (明)叶志道:《休宁陪郭叶氏世谱·凡例》,弘治四年(1491)刻本。
② (明)程文杰:《休宁率口程氏续编本宗谱·凡例》,正德四年(1509)刻本。
③ (明)程文绣:《泾川张氏宗谱·凡例》,万历四十六年(1618)刻本。
④ (明)程敏政:《新安程氏统宗世谱·凡例》,成化十八年(1482)刻本。
⑤ (明)叶志道:《休宁陪郭叶氏世谱·凡例》,弘治四年(1491)刻本。
⑥ (明)程敏政:《新安程氏统宗世谱·凡例》,成化十八年(1482)刻本。
⑦ (明)张宪:《张氏统宗世谱·凡例》,嘉靖九年(1530)刻本。

第九章　徽州家谱编撰理论的沿革

在宋元之前,谱牒学经历了一系列的发展变化,关于家谱发展的分期划分,目前学界主要有以下几种方式:

罗香林在《中国族谱研究》中,将中国家谱发展划分为四个时期:一是周代至汉代的肇始与初创时期;二是魏晋至隋唐的官修主流时期;三是宋明谱学地位虽外表下降,但内容日富的趋向转变期;四是清代谱牒名位已衰而修撰盛兴时期。①

冯尔康在《中国宗族制度与谱牒编纂》中,认为中国谱牒发展经历了六个时期:一是先秦官修谱牒的萌生;二是两汉私家谱书的出现;三是魏晋南北朝官修谱牒的黄金时代;四是隋唐官修谱牒的转型过渡时期;五是宋元时期私修谱牒体例的定型;六是明清私修族谱的发展。②

常建华在《宗族志》中,认为中国家谱发展可分为三个时期:一是谱牒的起源(1.氏族谱系,2.家族谱系,3.周代的谱牒);二是官修姓望合谱与私修家谱的盛行(1.汉代谱牒的兴起,2.魏晋南北朝时期的合谱,3.唐代的姓望氏族谱);三是新型私修家谱的发展(1.宋代出现的新型族谱,2.元代族谱内容的

---

① 冯尔康:《中国宗族制度与谱牒编纂》,天津:天津古籍出版社,2011年,第16页。
② 冯尔康:《中国宗族制度与谱牒编纂》,天津:天津古籍出版社,2011年,第253~276页。

充实,3.明代族谱体例的完善,4.清代族谱的形态)。①

　　王鹤鸣在《中国家谱通论》中,将中国家谱的发展分为七个阶段:一是中国家谱的起源阶段,自母系氏族社会至青铜时期;二是周至汉代中国家谱的诞生阶段;三是中国家谱的勃发阶段,即魏晋南北朝时期;四是中国家谱的兴盛阶段,即隋唐时期;五是中国家谱的转型阶段,即宋元时期;六是明代中国家谱的完善阶段;七是中国家谱的普及阶段,时间自清至民国。

　　上述诸位学者都认可至宋元时期起,私修家谱开始出现,且日益发展;至明代之时,家谱体例日渐完善;至清代起,私修家谱开始繁荣普及。下文将按宋元、明及清三个阶段进行论述。

第一节　徽州家谱编撰理论在宋元时期的转型与探索

一、编撰目的的变化

　　宋代以前,谱牒可"别选举",同时"辨婚姻",故而谱牒不是只会记录父系世系,而是也会收录女子家的荣耀世系。唐代官修谱牒尤重于姓氏理论、姓氏源流、姓氏考辨、地望考辨等内容,其目的是为了在政治上抬高一姓而压低另一姓,所撰写记述内容只要血缘清楚即可。

　　自有宋一代起,朝廷开始鼓励家族编修家谱。宋代,经历了唐末五代十六国时期的大动乱,社会阶层变化迅速,在嫁娶等事宜上,出身所占的比重越来越小,因此,就没有必要单纯为了"别选举""辨婚姻"而修撰家谱。且家庙制度遭到破坏,虽然宋朝政府曾努力修复家庙制度,但因种种原因,始终未能建立行之有效的庙制②。在庙制不立的情况下,而"尊祖敬宗"又是人心所向,且宋朝施行重文轻武,重视文官,政治生活环境相对宽松,于是士大夫们

---

① 常建华:《宗族志》,上海:上海人民出版社,1998年,第221～300页。
② 常建华:《宗族志》,上海:上海人民出版社,1998年,第82页。

纷纷有限度地尝试各自尊祖敬宗的方式,编修家谱即是其中之一。编修家谱往往并非一人之力所能为,需要集族内众人之力,由此,编修家谱本身便是一个可以增加族人对于宗族认同感的活动。因此,家谱成为取代家庙制度新的用以"敬宗收族"的形式。

关于"敬宗收族",宋人多有认识,如《休宁曹氏宗谱》所收录的泰定乙丑《曹氏宗谱旧叙》中有如下表述:

> 谱系不明,则不知其所出;宗族无纪,则不顾其所同出。不知其所自出,是不敬也;不顾其所同出,是不睦也。不敬不睦,何以立身于天地间哉?故古者,世系有源,氏族有志。而近代,欧苏诸公,皆有族谱,凡以此也。①

与此相类似的还有《婺源查氏族谱》中写于元至元癸巳年的《宋淳安教谕裔孙仪韶序》:"人道亲亲故尊祖,尊祖故敬宗、故收族,家谱所以原得姓之始、述继别之传,诏来裔于无穷也。"②在这些谱序之中,撰写者认为家族的发展需要敬祖睦族,知晓其家族发展历程。这说明在家谱修撰的过程中,编修者对家谱的认识已经不再是单纯的记载世系,用以与他族缔结姻亲关系等交往互动的功能,而是开始更多地关注家谱对家族自身的作用,将家谱作为增强家族成员之间联系的工具,更多地关注家族内部的团结与稳定。这一内在变化的外化表现就是其主要修撰目的变化为"敬宗收族"。

之后,在家谱修撰上所发生的诸如扩大家谱收录范围、体例变化、逐步涉及墓制丧礼系统及祠堂祭祀系统等行为也都得到了很好的解释,这一些变化产生的根本原因是家谱发展到宋元时期,其功能由"别选举、辨婚姻"转变成了"敬宗收族"。

二、体例与内容的多样化

随着修撰家谱目的的改变,在宋元时期,基于家谱修撰的目的发生了巨

---

① (明)曹嗣轩:《休宁曹氏统宗谱》卷首《曹氏宗谱旧叙》,万历四十年(1612)刻本。
② (清)查荫元:《婺源查氏族谱》卷首《宋淳安教谕裔孙仪韶序》,光绪十八年(1892)刻本。

大的变化,由原先的"别选举、辨婚姻"逐渐变为利用家谱来达到"敬宗收族",原先单纯的对谱系的记载已经不能满足家谱所需要达到的"敬宗收族"的目的,因此,家谱体例和内容也发生了变化。

在家谱体例上,因单纯表和图的形式仅能够表现出家族繁衍的过程,故增加了略、序、传记等内容,以丰富家谱的体例。在家谱内容上,因单纯的世系图并不能传递和表达"敬宗收族"的理念,故在家谱编修之时通过增加其他内容的记述以使家谱的中心目的变为"敬宗收族"。另外,基于家谱功用的变化,家谱受众更多的是族内之人,而非原先谱牒用以出示外人,以便婚姻嫁娶等功用,因此,在修撰家谱之时,也就更加看重家谱保存文献的作用。因此,在家谱之中载有更多的家族史料。以具体家谱为例,元代徽州休宁陈村人陈栎在编修《定宇集》时,摘录了其所修撰的《陈氏谱略》,经整理罗列,得目录如下:

陈氏谱略
陈氏本始
前代姓陈人
始祖胥山府君
本房先世事略
福州通判
杂议
云萍小录①

由于家谱收录在其文集中,有理由作出猜测,作者在摘录之时舍弃了谱系部分,而仅收录家谱之中的文章,这些部分,实际即相较于宋元之前的家谱所增加的内容。其中,《陈氏谱略·陈氏本始》所记均是祖先问题,溯其源而循其根,从而知其之所来处;《前代姓陈人》《始祖胥山府君》《本房先世事略》及《福州通判》四篇为传记,所记皆为前贤事迹。在这些记载之中,又着重突

---

① (元)陈栎:《定宇集》卷一五《陈氏谱略》,见《景印文渊阁四库全书》第 1205 册,台北:台湾商务印书馆,1986 年。

出对于先祖的记载,在对于先祖记载之中,所载之人皆有官品或曾为官为宦,具有一定的权势。在该谱记载中,值得注意的是,尽管《前代姓陈人》《始祖鬲山府君》《本房先世事略》及《福州通判》这四篇都是传记,但是体裁不尽相同,是多人传记与单人传记相间的形式。其中,《前代姓陈人》所述为较为久远的陈姓始祖事迹;《始祖鬲山府君》记述了陈栎始祖鬲山府君陈禧为避乱自桐庐迁徙到陈村,在此定居繁衍,以及后人对其十分尊敬,当地人对其进行祭祀的情况;《本房先世事略》讲述了本房先人的事迹,形式类似于后世小传;《福州通判》则记述了陈栎旁支祖辈陈庆勉的事迹,所记十分详细,充分体现了作者对其的重视程度。

此外,根据作者将其收录于文集之中的举动,可以看出这一时期,对家谱的定位大多是归于文集,并没有将其当作史书,这与明清时期一些家族将家谱当作史书来对待是不同的情况。

三、编撰思想的开阔

徽州家谱的修撰在宋元时期经历了较大的变化,家谱修撰者们在编修家谱时不得不拓宽谱牒本身的视野,将家谱修撰的思路进行拓展,由此,一些与家族和谱牒相关的修撰思想被引入家谱修撰之中,这之中较为明显的有"引史入谱""引墓入谱"与"引祭入谱"三种。

第一,"引史入谱"。家谱修撰思路拓展的第一步便是"引史入谱",只有将家谱与史学相结合,赋予家谱史学的功效和形式,才能最终达到"敬宗收族"的目的。这在家谱中的表现在对正史等史书体例的效仿和融史学意识于修谱之中。宋元徽州家谱的修撰者们开始逐渐对正史等史书的体例进行效仿。这一时期,宋元徽州家谱修撰体例大大增多,诸如像赞、诰敕、诏书、家政录等都成为家谱修撰时的新兴体例。如:宋代歙县方桂森在其所修的《汉歙丹阳河南方氏衍庆统宗图谱·凡例》中说道:

> 旧谱自雷公而下,次图系世,毫无补缀,殊失之,然史尚有缺文,谱无遗失赝矣。削其图次,录入世家以备一谱大纲,传示得姓本源

实录,且以昭缺文之义。①

这说明在家谱修撰之时,方桂森将人物记载的体例定位为世家,世家作为传记体史书常用的一种体例,被方归森借鉴并吸收到修谱中,用以对族内人物进行记述。此外,在元代汪松寿作《汪氏渊源录》时,仿效了史注的形式,对谱内所引唐玄宗敕书《旧谱唐族望敕》作了十分详尽的解说:

> 按唐太宗时,山东崔、卢、李、郑诸族夸负世望,子孙虽衰,他族欲与为婚姻,必多责财币,人谓之卖婚。上恶之,贞观十二年,诏高士廉、韦挺、岑文本、令狐德棻遍责天下谱牒,质诸史籍,考其真伪,进忠贤,退悖恶,先宗室,后外戚,右膏粱,左寒畯,专以今朝官爵品秩为高下,合二百九十三姓,千六百五十一家,为九等,号《氏族志》。高宗时,许敬宗以不叙武后世望请改之,乃命孔志约、吕才十二人刊定二百三十五姓,二千二百八十七家,显庆四年书成,改号《姓氏录》。时李义府为子求婚于山东之族不获,恨之,以太宗旨劝帝,诏后魏陇西李氏等七姓十家,子孙不得自为婚姻,仍定天下嫁女受财之数,三品以上纳币不过三百匹,四品、五品二百匹,六品、七品百匹,悉为归装,夫家毋得受陪门财。然俗尚终不能禁,往往自称禁婚家,益增厚价。中宗景龙中,柳冲复请修其书,诏魏元忠、萧至忠、徐坚、吴兢等及冲修之。会魏元忠等物故,至玄宗先天时,复诏柳冲、徐坚、魏知古、陆象先、刘子玄等讨缀,书始成,号《姓系录》。开元初,诏冲与薛南金复加刊窜,乃定。冲之《录》以四海望姓为右姓。今详谱中所载,许敬宗之始请,当在永徽六年立武后时。考诸姓之不同,以为改《氏族志》之本后。书成于显庆四年六月,乾封丙寅距显庆己未凡七年,李君羡已诛死于贞观间。此未详谁氏,兼此篇讹

---

① (宋)方桂森:《汉歙丹阳河南方氏衍庆统宗图谱·凡例》,明刻本。

脱甚多，今姑考大概而阙其疑，以待后之览者。①

在这之中，汪松寿十分详细地说明了唐官修《氏族志》的历程，可谓几无遗漏。

"引史入谱"更重要的表现是在家谱修撰之时，开始有意识地融史学思想于其中。这一点尚不明显，更多地表现出本能性的意识，大多体现为保存相关史料的意识及对史源的重视两方面。在保存相关史料方面，上文所述元代汪松寿作其《汪氏渊源录》之时，摘录唐玄宗敕书《旧谱唐族望敕》，此即为对史料保存的一种体现。此外，在宋元时期，家谱中增加了人物传的形式，这也是撰修者有意识的保存史料的一种体现。在对史源的重视方面，则表现为开始有意识地对原始材料进行修订。汪松寿在修撰家谱之时，对汪华的生卒年月进行了修改，虽未写明修改原因，且修改后的真实性有待考证，但是这一行为与先前照抄照录的行为相比较，体现出家谱修撰者有意识地对原始材料进行辨析、修订，尤其是在面对汪华这样名家记述的生卒年月不同的情况，作者作出自己的理解并进行辨析、修订，体现了修撰者对史料运用的自主意识。此外，在宋元徽州家谱之中存在有存其疑的情况，如上文所摘引的汪松寿所作《旧谱唐族望敕》的注之中，作者面对脱讹较多，且在无法对其皆进行考证之时，选择了"考其大概而阙其疑"，希望后世有人进行相关的研究，对其进行考证。

第二，"引墓入谱"。宋元之前的谱牒修撰，其目的在于明其家世渊源，从而便于缔结姻亲关系等，这些行为只需载其身前之事，而无须载其身后之事。不过，在家谱修撰目的发生改变之后，既然要"尊祖敬宗收族"，那么祖先身后之事便不得不提及，在这一时期家谱修撰之中，出现了一些关于墓地的记载情况，虽较于后世所记，十分稀少，且无独立纲目，但也是一种有意义的尝试。如朱熹所修的《婺源茶院朱氏世谱》的谱序，就花了较大篇幅记载有关墓地之事：

> 淳熙丙申，熹还故里，将展连同之墓，则方夫人、十五公、冯夫人

---

① （元）汪松寿：《汪氏渊源录》卷一《旧谱唐族望敕》，明汪以昭增修，正德十三年（1518）刻本。

之墓皆已失之。因亟询访，得连同兆域所在，乃率众人言于有司，而复得之。其文据藏于家，副于族弟。然而三墓者则遂不可复见。(淳熙)癸卯五月辛卯，因阅旧谱，感世次之易远、骨肉之易疏，而坟墓之不易保也，乃更为叙次，定为《婺源茶院朱氏世谱》，而并书其后如此，仍别录一通，以示族人。①

这之中，朱熹直言"感世次之易远、骨肉之易疏，而坟墓之不易保也"，并因此而修撰了这部家谱，"以示族人"。到了元代，墓地信息更是成了常规性的记载内容。如：《石门陈氏族谱序》中载有："自其高祖以下，则名字、第号、仕隐、年寿、配姓、卒葬，往往得而书，盖幸乎其逮事与夫传闻所未泯者也。"②据此可知，在家谱修撰之时，要求记载族人的信息中有其去世信息及墓地情况。

第三，"引祭入谱"。在宋元徽州家谱之中，祭祀情况虽尚未得到关注，但是也有一些涉及。如：陈栎所撰写的《始祖鬲山府君》这篇小传中用了较大的篇幅记载了墓葬祭祀礼仪等方面的内容：

府君之始迁也，泛宅浮家，托于渔钓，积德敦义，乡称善人。没葬于县之南地曰鬲山。岁益久，一方之民神之，乃创庙墓傍，尸而祝之。凡水旱必祷焉。东作，不祀府君，不敢兴；西成，不祀府君，不敢食。子孙之祀之，有不如鬲山之民之祀者，视桐乡之于朱邑庶几焉。且诸乡大姓之祖有庙食者矣，程忠壮公是也；有墓祭者矣，孙王墓是也。③

在这之中，记载了关于祭祀的较多信息，如"东作，不祀府君，不敢兴；西成，不祀府君，不敢食"。这虽然是关于祭祀情况的粗略记载，但确为较好的开端，说明当时之人已经意识到需要在家谱中记载一定的祭祀情况。

---

① （明)程敏政：《新安文献志》卷一八《婺源茶院朱氏世谱后序》，见《景印文渊阁四库全书》第1375册，台北：台湾商务印书馆，1986年，第426页。
② （明)朱升，刘尚恒点校：《朱枫林集》卷三《石门陈氏族谱序》，合肥：黄山书社，1992年，第41页。
③ （元)陈栎：《定宇集》卷一五《陈氏谱略》，见《景印文渊阁四库全书》第1205册，台北：台湾商务印书馆，1986年，第387~388页。

第二节 大发展与成熟
——徽州家谱编撰理论在明代的不断发展

有明一代,徽州家谱的修撰进入了大发展与成熟的阶段,在这一阶段,徽州家谱不仅在数量上有了较大的发展,而且在编撰的各个方面都有了极大的提升,更难为可贵的是,修撰者们有意识地进行了家谱理论的总结与讨论,极大地推进了徽州家谱编修理论水平和实际修撰水平的提高。综观有明一代的徽州家谱,其编撰理论的大发展与提升主要体现在体例、史学意识及家谱编撰理论三个方面。

一、体例创新与定型

徽州家谱发展至明代,谱学家们在宋元家谱的基础上进行了一系列创新性的探索,如果说宋元时期家谱体例处于探索阶段,那么在明代,家谱体例处于一系列探索发展之后的大发展与定型时期。

明代徽州家谱体例在这一时期逐渐发展完善,从万历五年(1577)吕仕道纂修的《吕氏续修宗谱》和万历二十一年(1593)范涞纂修的《休宁范氏族谱》时来看,至此徽州家谱体例已十分完备,大致涵盖了清代及民国时期家谱的所有内容和体例,主要包括:历代谱序、书法凡例、姓氏考辨、像赞、迁派源流、族产、村居图、世系、传纪、族规家法、诰敕、文献、丘墓(志、图)、祠祭(祠制、祠产、祭仪、宗规、图式、祭田、祭规)、修谱考辨、修谱衔名、修谱总论、后序、跋等。在这一时期,不难看出,较之宋元时期所修撰的家谱,主要增添的体例内容有:书法凡例、像赞、迁派源流、族产、村居图、文献、丘墓(志、图)、祠祭(祠制、祠产、祭仪、宗规、图式、祭田、祭规)、修谱考辨、修谱衔名、修谱总论、后序、跋等内容。此外,族规家法在宋元时期所修家谱中的记载少之又少,亦是在明代所修徽州家谱中方有了较多的记载。

在这一时期,尤其值得注意的是出现了徽州家谱修撰史上,最系统、最全面的对于家谱体例的认识,这就是《临溪吴氏族谱》中的《谱则略》和《谱例略》。在这两篇中,《临溪吴氏族谱》的修撰者吴元孝对家谱的体例进行了较为深入的探讨。他认为家谱"其义例体裁盖不可以不谨焉",且家谱体例的功能最终要能够达到"支派各分而统绪相接,惟散而能收,详而不乱,斯一展卷而昭然"。至于如何才能做到这一点,他所作的《谱则略》和《谱例略》分别进行了论述。在《谱则略》中,吴元孝对家谱结构,即家谱由哪几部分组成进行了论述。他认为完整的家谱总共应该由八个部分组成,分别是系牒、系传、行业、贞淑、仕进、文儒、祠墓和哀文。不仅如此,吴元孝更是在宏观上对八个部分的不同作用与功能作了说明。如:对家谱中系牒的功能,他写道"谱系牒第一,牒具矣,举其人之行事以实之,及于生卒婚葬备书,故足术也"。这样的记述实际是基于吴元孝对家谱体例较为深刻的思考认识之后所进行的总结归纳,其实质与现今的参考工具书有些许相似,对后世之人深刻认识家谱体例有一定的指导意义。而《谱例略》中,吴元孝详细地论述了上述八个部分在时间上的具体断限,并对每一部分断限时间作了不同的说明。吴元孝对谱学体例的认识,特别是对断限问题的重视与研究,在当时是不多见的。

二、史学意识增强

如果说明代徽州家谱在修撰时注重体例的发展是为了实现"敬宗收族"的目的,那么在明代徽州家谱中所体现出的史学意识增强就是徽州谱学家们史家自觉意识的体现,这也使得徽州家谱更近于史学作品,成为更具有史学价值的存在。

在明人进行家谱修撰活动之时,更多地将家谱视作史学作品来对待,在家谱中多有将家谱与国史相类比的行为。如《休宁曹氏统宗谱·谱序》开篇便是如下论述:"甚哉!史不可不读,谱不可不修也!家之有谱,犹国之有史。不读史无以知历古兴亡,不修谱无以辨世次昭穆。"[1]

---

[1] (明)曹嗣轩:《休宁曹氏统宗谱》卷首《序》,万历四十年(1612)刻本。

与此相似的言论比比皆是，如在嘉靖三十八年(1559)撰写的《新安黄氏大宗谱·序》中，对此的论述则更进了一步：

> 谱牒何为而作也？以正姓氏，以明伦理，以笃恩义，以实记录，传诸无穷者也。苟非谱牒，则姓氏无由正，伦理无由明，恩义无由笃，纪录不实，流传失真，视族属如途人有之矣。是故家之有谱，犹国之有史也，国非史无以存历代之事迹，家非谱无以知历世之本末，虽所记不同而所系之重一也。①

在这之中，作者认为，谱牒的目的在于"正姓氏""明伦理""笃恩义""实记录"以"传诸无穷"，因此家谱的修撰十分重要，"家之有谱犹国之有史也"，如果国家没有史书，便无法保存历代事迹；如果家族没有家谱，就无法让后世之人知晓家族旧事的原委。作者将家谱与国史置于同等地位和高度，体现出修谱之人极大的史家意识。

也正因为明代的修谱者将家谱看作"一家之史"，认为其在家族中的地位堪比国史，明代徽州家谱在修撰中多有效仿正史的行为。如：以信史为原则，注重记载的真实性，体现史学"求真"的特点；学习正史修撰体例，拓展家谱所记载的内容，将原先较为单薄的家谱扩充为包括家族方方面面的内容，力图保存较为全面的家族全景；注重家谱的史学功用价值，在修谱的同时，有意识地保存史料，实现教育功效等。

家谱的真实性体现在对史源材料的谨慎选择和处理史源材料所持的考证态度两方面。首先，在史源材料的选择上，修撰者们对此多有论述，如《新安苏氏宗谱·凡例》中对于史料来源有如下记载：

> 祖宗官宦事迹以国史所载为准，史无载，始依杂书录入，不敢妄有增损。兵燹以后，遍州无积书之家，全史难得。往年于友人处抄得《周书·苏威传》，后因屋毁失之。近买得《史记》，内有《苏秦全

---

① （明）黄瑜：《新安左田黄氏宗谱》卷首《序》，嘉靖三十八年(1559)刻本。

传》,谨刊入,此吾家之伟人也。苏建,无全传,事迹附在《大将军传》中。《许国公父子全传》,无《唐书》可考。《参政公全传》无宋、辽、金三史可考,姑摘取《氏族群志》杂书之略,俟求至日另款刊补。或摘史无载者,不可信,此言过矣。史惟载其显者,微者未必尽录,不胜其繁也。若稗官、野史、俗谚,古史多采取之,以其言有可信而不诬者,况经贤人君子之手乎?此小传之源流也。①

在此条说明中,修撰者除了记述其曲折的找寻史料的过程,更多地论述了修谱之人对于史料来源的认识。修撰者认为,家谱史料首先当以正史为准,并将稗官野史和留传的故事进行细致分析考量,选取其中的可取之处加以利用。也正是因为有这样谨慎的态度,修撰者们在修撰家谱的时候,对家谱史料表现出了严谨的考证意识。如:《泾川张氏宗谱》中有载:"夫谱,家乘也,上焉取征于氏族,下焉取备于野史,在朝在野,非援据,实者乎?"②这就表明,明代徽州家谱在修撰之时,修撰者们往往充分认识到了考证史源是否真实。《安徽歙县重修汪氏家乘·凡例》中对于同一事件有多重史料的,按照"多依春坊仲鲁公《统宗会谱》及《正心渊源录》,间有异同者,必参考校证而笔削之"③的方法进行采用。吴元孝在编修《临溪吴氏族谱》之时,便进行了大量的考证工作,有《谱考略》七条,前文已有论述,故不再赘引。

学习正史修撰体例,拓展家谱所记载的内容,将原先较为单薄的家谱扩充为包括家族方方面面的内容,力图保存较为全面的家族全景。明代徽州家谱在修撰之时,对家谱的内容进行了大量的扩充,如:增加了关于迁派源流、族产、村居图、族规家法、家族文献、丘墓(志、图)、祠祭(祠制、祠产、祭仪、宗规、图式、祭田、祭规)等直接对宗族记述的内容,将家谱从单纯对家族内人的记载变成了对于家族的记载。

---

① (明)苏景元等:《新安苏氏宗谱·凡例》,成化三年(1467)刻本。
② 不详:《泾川张氏宗谱·凡例》,嘉庆六年(1801)刻本。
③ (明)汪奎:《重修汪氏家乘·凡例》,正德三年(1508)刻本。

三、家谱修撰理论的提出和趋于成熟

在有明一代徽州家谱的修撰过程中，家谱修撰者们纷纷在前人的基础上进行总结，并据此逐渐形成了一套十分详尽的家谱修撰理论。家谱中凡例的出现，表明了家谱修撰理论的成熟，从这一时期凡例所涉及的内容来看，家谱中凡例所展示出的家谱修撰理论已趋于成熟。

这一时期，"凡例"似已成为徽州家谱中的"常规定式"，大凡体例完备的家谱之中必有凡例。有些家谱因为是在前谱基础之上进行续修，保留有前谱凡例与新修谱凡例，如《槐塘程氏宗谱》中便有《旧谱凡例》与《续谱新增凡例》两篇。此外，有些家谱虽无前谱可参佐，却形成了一套十分详备的凡例，且规模可谓蔚为壮观，其中以《泾川张氏宗谱》中为首。在该谱凡例[①]中，对谱图、谱例、谱系、谱记、行实、宦秩、诰敕、家礼、遵制、文艺及题咏这十一个方面进行了详细的介绍，现仅以谱图与谱例为例进行摘录、分析介绍：

> 一谱图
>
> 图系法欧阳氏，上自高祖，下止玄孙，以五世为别者，将以明五宗、五服之义也，于图旁注世次，以明宗法，图下注迁居及派名，以谨其所自出。张氏自周而汉唐历代支图，欲芟旁派，觉伤厚道。今依旧谱原本重梓，存先人之遗牒，详各派之参考也。惟保望公传庐，一休、二敬二公而下，旁支不及附入，但以本支至士恭公迁泾川卅山，仍提一脉图于前，以见脉络无间，迨轮分居巴山及蓬里一脉相传者，或一派为一图，或一处为一图，遂附小传于本图之后，兼欧苏式以便观览，庶纲举而目张也。
>
> 一谱例
>
> 图例以分宗支，大宗则百世不迁，小宗有四继，高、曾、祖、祢，所谓五世则迁者也。由干而支以明世系，昭有序也。逐世而修行次，

---

① （明）程文绣：《泾川张氏宗谱·凡例》，万历四十六年（1618）刻本。

明有别也。有官疏曰某官,爵有尊也。无官书曰某公,隆降杀,明有尊也。以下书名不书公,示卑不敢逾尊也。无子而立后者,明纪之,示有传也。他姓来继者书来绍,示不当绍也。出绍他姓者书出绍,示不当出也。凡无后者,立本宗昭穆之子为嗣,本宗无可继者,方择旁宗子而立之,书名于所生父下,注曰继某,列图于所立父下。其有立异姓,舍本宗而立旁宗及昭穆不顺者,俱不书,直曰无嗣。迁居者书迁某处,明分派也。复迁者书继迁,谓由某处而继迁某处也。各揭其迁祖为派首以类相从,庶昭穆先后之不混淆也。

在这之中,修撰者对谱图及其修撰方式作了介绍。而关于图例,介绍的内容则更多,对于其书法也作了详尽的解读说明。除此以外,在该谱之中,存有家谱修撰的六个注意事项,即:

> 一明族属:本宗及妻女族属。
> 二别长少:有排行,有尊卑。
> 三辨同异:是吾族虽微不弃,非吾族虽显不录。
> 四避名讳:先人之名讳,后人不可犯。
> 五参详略:谱有六详,德行、科甲、孝节;谱有两略,迁外、无考俱略。
> 六慎要义:纪实、驭爵、考终、述规。

在这之中,家谱的修撰者明确地对家谱修撰的注意事项进行了提炼总结,认为家谱的修撰有"明族属""别长少""辨同异""避名讳""参详略""慎要义"六个方面的内容。除此以外,修撰者还概括总结了家谱修撰之时的"谱六不书"。这个"谱六不书"的实质说的是不被家谱记载的人物的情况。在这之后,修撰者作有《作谱五难》,以表家谱尤其是一部优秀的家谱对修撰者的要求。除此之外,该谱之中存有《谱例七款》,分为谱系、援据、人物、实征、著作、礼俗与事产七个类目。由于其记述十分详细,故摘引其谱系、援据、人物与实征四个类目如下:

谱例七款：

一、谱系八条

原生身以肇本始，由封国以并姓氏。溯源流以承发派，提始迁以明大宗。会谱序以束总要，立图系以著本支。分各支以别繁衍，开迁徙以防散失。

夫人陶生大块，岂属空桑，故今有父母，则昔有祖宗。祖宗生身之始也。氓隶编籍，岂无统纪，故家之祖宗，则国之姓氏，姓氏则皇王之封也。祖宗肇矣，姓氏定矣，于是源开而承发于流派者，东西殊也；派迁而统绎于宗制者，大小辨也。大小辨矣，非总会则无约束。约束严矣，非续系则失本支，是故谱亭束总要也，图系著本支也，然世远人繁，大宗一而小宗四，分各支为别，繁衍也。事迫时穷居无常而迁有变，开迁徙为防散失也。夫人生焉而有所本始，迁焉而无所散失，斯有终有始，而谱系所由作也矣。

二、援据六条

先之以皇王之纪载，次之以圣贤之经传。

次之以诸子之辨论，次之以史纲之事迹。

次之以群志之采摘，次之以野史之补遗。

夫无稽之言勿听，谓无所取证也，按其先出，□□公后，于是子孙支蔓天下，历汉唐宋元以迄国朝，文绅武胄，而其名讳官谥详注于传系，分徙出处恐有淆乱，又诉诸圣贤，谓有所取衷矣。或是或非，诸子之辩论有不一，稽之以史，纲之事迹，斯不一之中有至一者在。而今而古，群志之采摘未必备，参之以野史之补遗，斯不备之际而有大备者存。夫谱，家乘也，上焉取征于氏族，下焉取备于野史，在朝在野，非援据的实者乎？

三、人物十二条

忠孝尽臣子之分，节义明夫妇之伦。

儒硕继道脉之正，卿贤表风教之休。

科第彰发身之阶,武功奋安攘之勇。
荐辟据才德之实,宦业考勋绩之最。
词苑焕人文之贲,隐逸蹈潜德之光。
术艺见旁通之能,仙释征超世之绩。

霄壤间,莫匪人也,何忠臣、孝子、义妇之不多见耶?是故忠孝节义尽人道之大伦也;其次继道统,则莫先于儒硕;表风教,则莫重于卿贤,然贤人之状也无尽。有文有武,所以发身科第者,恒于斯也。奋勇安攘者,恒于斯也。其次荐辟之实征诸才德,宦业之成考诸勋猷。然夫人之生也无类,有显有晦,所以贲焕人文者,有词苑也;韬光潜德者,有隐逸也。外此则旁通之能,非艺术乎?超世之绩,非仙释乎?夫人生寰宇,非纲维世道则超情物外,合斯两者人品概见矣。

四、实征八条

诰敕膺宠命之光,状牒发委任之由。
传赞概生平之节,碑文记功绩之大。
祝颂见德寿之高,别号标志趣之雅。
状志定履历之素,祭挽尽死生之情。

夫稽古证今,无征不信,而征则褒封旌赠光膺宠命者,维诰与敕也。专司分职,给发委任者,维状与牒也。传赞节概而纪生平功绩之大者,有丰碑也。祝颂尊高其德寿而标志趣之雅,有别号也。然人事是非必盖棺而后定,交情厚薄因死生而乃见,是故采之志状履历,素定而莫移矣。陈之祭挽,情谊交尽而无歉矣。夫人生寄也,死归也。显令闻于生前,验悲悼于身后,有荣有哀,而始终之实征矣。

在这之中,可见家谱的修撰者对这些体例进行了总结性质的梳理,归纳概括了其核心思想,并根据其内核进行了解释说明,堪称一篇对家谱体例具有百科全书性质的介绍。而除此之外,该谱的修撰者更是对家谱修撰理论进行了总结和提升,作有《九仪九诫引》一篇:

九仪九诫引

凡人之言垂训,贵能明善以彰劝,明不善以示戒,而况谱书之作,亲切族属可无事于劝戒乎?是故尊祖、睦族、广恩、尽孝、奉终、务学、谨行、修德、体仁为宗之九仪,皆善之所当劝者也;无谱、忽谱、偏谱、误谱、肉谱、伪谱、遗谱、私谱、失谱为谱之九戒,皆不善之所当戒者也。余尝庸心谱学,而涉究诸子史传,偶得《逊志斋集》之九仪,淳切恳至,然深有补于族谊,则参录于家规以彰族劝。若夫九戒,则予采摘诸家之格言,分条析类,附列于诸例之末,以示戒勉焉耳,而非敢有所杜撰诳妄也,否则徒敷美于文而无实行,则无益于族谊,其能免肉谱之诮乎?

在这之中,对在家谱修撰中应该加以倡导的行为进行了归纳,认为"尊祖、睦族、广恩、尽孝、奉终、务学、谨行、修德、体仁为宗之九仪,皆善之所当劝者也",而"无谱、忽谱、偏谱、误谱、肉谱、伪谱、遗谱、私谱、失谱为谱之九戒,皆不善之所当戒者也"。现摘录九诫如下,因无谱与偏谱所涉内容较为重要,故此二部分进行全文摘录:

谱之九诫

一、谱不可无

先儒谓图谱之作肇于《河图》《洛书》,图经书纬,错综成文,非宏博不足语其大,非精确不足语其征,其学为至难,故姓氏之说司马迁刘知几尚有遗议,他如宋张文定公母年高,数被存问,而壶范不少概见至并其父名失之,此其谱之不可无也,可知矣。间如欧文忠公表阡,其父垮节有闻矣,然未及郑太君仅以荻画略传于世,亦谱牒所载阙如也,况于无谱者乎。

夫家谱犹国史也,司马氏《史记》创为本纪、世家、表、书、传五体为史家之宗,家谱之学既失其宗,而图书之古已不可仿。窃谓史于国事无所不备,家无谱以载事,则前无以考本始,后无以示将来,谱诚不可无者。艺文志所存六十余家,亦不复传,而郑夹际图谱略,谓其家有谱犹郡有志,求其可以备有,盖以祖宗遗墨在此,或不免逸失在彼,有能珍藏者必求备有,见世不可遗亡俾后人知起敬起孝焉耳。

二、谱不可忽

……

三、谱不可偏

又曰:世臣巨室则必读书者,可以知先烈之有贻,而思保其阀阅,方兴未艾,则必读书者可以知将相之无种而思大其门间,至于四姓小侯重茵叠衮,则知无两汉败亡之祸,勋臣劳旧传龟袭紫,则知无三世道家之忌。上以彰国朝人物之盛,下以为子孙昭穆之序,向所谓有心于劝诫而乐意于好恶者,不在兹乎。予按:周平园虽为百家族谱,而言其实一家之谱,其不偏于好恶者益寡矣,故特采节文以昭劝诫。

四、谱不可误

……

五、谱不可肉

……

六、谱不可伪

……

七、谱不可遗

……

八、谱不可私

……

九、谱不可失

……

明代是徽州家谱大发展阶段,在这一时期,涌现了许多受后世研究者们重视的著名谱学家,如程敏正、汪道昆、吴元孝等,出现了关于徽州家谱修撰理论的研究且日趋成熟。

第三节 总结与兼收
——徽州家谱修撰在清代的繁荣与时代新发展

在清代,徽州家谱的修撰进入繁荣时期,家谱的修撰数量呈爆炸性增长趋势,且出现了如《西关章氏族谱》一类的"大部头"家谱。在体例上愈发完备,且有一些细微的探索。除此以外,愈来愈多的人开始探讨总结徽州家谱,且更多地体现出时代发展的特点,有了关于海外交往等方面的记载。

清代是徽州家谱修撰的繁荣时期,目前在各研究机构、博物馆所收藏的徽州家谱之中,修撰于清代的徽州家谱约占徽州家谱总数量的三分之二。在篇幅上,清代徽州家谱篇幅普遍有所增加,究其原因:一是家族的壮大使其中世系图的部分大大增加;二是在修撰家谱之时,往往会将旧谱的内容摘录于其中,因此篇幅不断增长;三是这一时期家谱的修撰者普遍都认识到了在家谱修撰中保存家族史料的重要性,且入谱范围的不断扩大也使得清代徽州家谱篇幅日趋增长。以《西关章氏宗谱》为例,其目录如下:

绩溪西关章氏族谱总目
谱序　旧谱序
凡例　旧例辈行谱辨附
总目
职名

卷首上
天章　家训　宗训
卷首下
得姓述　分族述　外纪

卷一上

浦城统系一世及公至十二世连公

卷一中

瀛洲统宗一世连公至十三世思明公行

卷一下

……

卷二十三

三房十七世至二十世献谟公至孝芳公各支派

三房二十一世应魁公派

补系　逸系附

卷二十四

家传

……

卷三十七

著作考（四言诗　五言古诗　七言古诗　咏古诗　五言律诗　六言律诗）

卷三十八

著作考（七言律诗　五言绝句　七言绝句　殁诗附　词）

卷三十九

著作考（杂著　补遗　续补）

卷四十

墓图　领谱字号　后序①

从该谱目录中可以看到，该谱共有四十卷，体例完备，内容宏富，谱中有许多分类细致的记载内容，如：对族内之人的著作进行了分类记述，这一类似情况还出现在于关于人物的分类等情况，这至少说明了在这一时期，家谱所存资料已日渐浩繁，在体例上愈发成熟，且有一些新的探索。

---

① （清）章维烈等：《绩溪西关章氏族谱》，道光二十九年（1849）刻本。

第九章 徽州家谱编撰理论的沿革

正如上述材料所示,徽州家谱的修撰发展至清代,在体例上日趋完备,在此基础上,愈来愈多的人开始探讨总结徽州家谱的修撰理论,在清代所修徽州家谱之中,凡例也成为徽州家谱的必要内容,且往往内容十分丰富,所记内容也愈发具体。以《筹山周氏兆四派宗谱·谱例》为例,该谱谱例共十二条,具体内容如下:

一、谱首冠以诰敕,重天宠也。历叙渊源,志所自出也。上溯发祥,下录递传各族,旁推各族迁支,统述远祖分派,并附分族图,庶开卷了如指掌。

一、世表尊始迁祖为一世,至第九世孔字行,分孔一、孔二、孔三为三房,是为兆四嫡派,复由始迁祖上溯至从远公,著追源世表以为之冠,而前此从略,惧冒祖也,然世所未载者,考诸渊源亦可条分缕晰矣。

一、世表用世经人纬之法,五世另提,叙世称名,世下书族行,辨昭穆也。名下书字若号,防混同也。书爵秩,崇名器也。书配书子,重姒续也。如继室、侧室各有所出,分书于所自出下,明嫡庶也。岁久失查者统书几子,妇人姓逸,书配□氏,疑以传疑也。自鼎字行以下另提,处脑格内填某公派,便追溯也。表后立本宗行传,详世表之所略也。字行、履历、生卒、葬地、子女并详行传,妇女生卒、葬地详行传本夫名下,间有未详,俟后补查。

一、现今族行正值金、水、木、火、土五字,其原各不涉五行者,总归世下族行,名从其旧。有与五行、次第错乱者,俱改名仍注原名。至老谱及现在子姓名讳,有功令应避字样,暨直犯祖讳者,敬避改写。

一、正室书配,继室书继配,以再醮妇为正室者书娶,为继室者书继娶。间有有室无子,而娶处女及娶再醮妇者,书副配、副娶。非有所当娶者不书,仍无子息者,亦不书。童养妇未婚,不书,已婚亦书配。已聘,未婚而身故,女能矢志靡它者,书聘某氏。守贞妇寡已旌,书钦旌节孝,其或未旌,但查寡在三十内守节,逾十年卒者并书守节。

一、凡妻被出及改嫁者,概削其姓以△代之,止书配△氏或娶△氏。有子者,于行传子名下书母某氏,妇与庙绝子不绝母也。其妾媵有子女者,书侧室某氏,母以子贵也。无子女而青年矢志,及能长育子女之非己出者,则皆书,一以褒其节,一以奖其功也。

一、长殇、中殇于本名下,书早世。下殇以下,书夭。岁久失查者,书无传。

一、以兄弟子为后者,书继某兄弟第几子某为嗣。为伯叔后者,书出继某伯叔某为嗣。无子可继而继孙,书法同无子。不立继,书无传。不立继而祔祭于祖若父者,于本名下注明,祔某公祭。立继而已复有子,则书继后又书自生几子。

一、以异姓为后者,书继某地某姓子某为嗣。不承世次为异姓后者,书出继某地某姓,一防其乱宗,一冀其归宗也。娶醮妇者,不得以前夫之子为子,犹以异姓为后也。子随其母他适者,书随母某氏适某地某姓,犹为异姓后也。至本宗外有异姓入继,向载老谱钞本流传久远者,亦不敢尽没其旧,谨依老谱原本具列外编,用备查核。

一、迁居异地者,详书住址。流寓在外、未会入谱者,俟陆续查明,预载草谱,至后次修谱,照支补入。至已故,本宗仅有木主,不能查其房分、世次者,其生卒、葬地、子女或详或略,悉照木主录出,另编拾遗,列本宗列传之后。

一、老谱彼此传抄,未免沿讹袭谬。兹自完二公以上,悉从紫严、前梅、后马,各宗刊谱参互考订,亦有介于疑似者,未敢妄改,姑加按语,以俟匡正,完二公以下悉照老谱。

一、行传后述元公彝训,存道派也。汇年谱远祖列传,志先型也。立本宗列传、内传,崇行谊也。载遗像诸图,计久远也。志典礼、宗产、宗约,垂家范也。先泽系焉,后昆裕焉,劝征寓焉,法戒备焉。乃殿之以外编终焉。①

在这之中,更多关注到的是具体的书法,并进行了更细致的规定。这些规定也代表着徽州家谱修撰理论在经历了明代的大发展之后,进入了逐步完善的阶段,更多地对细微之处进行补充说明,以使得家谱的修撰理论更加系统化,使凡例由偏概念型家谱修撰指导理论转变为概念与应用兼备的家谱修撰指导理论。

与此同时,在徽州家谱修撰中还表现出了一些十分具有时代特色的内容,其中最为突出的就是在徽州家谱之中增加了许多有关于海外交往的内容,甚至出现了"今日之天下,中外一家之天下也"②的认识。

以清光绪年间所修《桃源洪氏宗谱》为例,依据谱中传记行状等记载显示,在桃源洪氏家族之中,洪遐昌、洪锡昌、洪仪昌、洪灏文四人均出使过外国。其中,洪遐昌曾出使英、法、德、比,并曾任日本驻神户正理事官,在日期间于光绪年间在神户修造了中华会馆,感于"今日之天下,中外一家之天下也",而在神户,三江帮、建帮、广帮分门户而设,为"我其民之不忘本者"而议建了神户的中华会馆。谱内关于洪遐昌的事迹载于人物表宦绩、太守遐昌公事实、世系图小传,更是保存了其所亲书《建造中华神户会馆记》,在该记之中,不仅记述了神户的情况,介绍了在神户华人的情况,详细说明了会馆建造缘起到最终建成的过程,保留了丰富的近代对外交往的史料,更是反应出了当时之人的对外观念。此外,洪锡昌随员出使英、意、比等国,洪冀昌随员出使欧美等国,洪仪昌随员出使日本,洪灏文任出使日本供事。这就表明,家谱的修撰者们不是仅着眼于一家之事,而是将视野扩展到与家族相关的各方面,具有了全球性的视野。这是原先历代徽州家谱修撰中所没有的。

---

① (清)周思栗等:《笄山周氏兆四派宗谱》卷首《谱例》,道光二十七年(1847)刻本。
② (清)洪钊纂修:《桃源洪氏宗谱六卷》卷六《建造中华神户会馆记》,光绪二十七年(1901)刻本。

第十章　徽州家谱的基本特征

虽然长期以来的徽州家谱种类多样、变动不居，但是作为一种固定性质的文献，其依然有着一些不变的基本特征。就体例而言，徽州家谱长期注重向正史、方志学习，故而在体例安排上可以明确看出这两类史书的影响。由于家谱长期服务于宗族的需要，故而其在功能上会注重保留宗族资产信息，并注重文献的教化之用。同时，徽州家谱的编修受到理学思想的左右，在内容书写上亦有其明确的选择要求和倾向。

第一节　注重向正史、地方志的学习借鉴

关于谱牒是否是史学，诸多人进行过研究与探讨，本书姑且不议，但是宋元以来的徽州家谱是地方史、社会史等史学研究中的重要史料，这是所有研究者一致认同的观点。徽州家谱之所以有如此之地位，最主要的原因是修撰者们不断地向史学修撰理论学习与借鉴。

王世贞作为明代著名的史学家，将史学分为三个层次：最高层次是"六经"，旨在为史学提供遵循的准则；而后是"史之正文"，即史学的正式形式，实际指的是编年体史书和纪传体史书中的各种文体；最后是"史之变文"和"史之用"，指的是材料上的层次，直接为"史之正文"准备史料，除此还有"史之

实"和"史之华"两方面内容,其作用也是提供材料的,不过在关系上与"史之正文"较为疏远一点。

在对徽州家谱进行考量之时,亦可以此作为参考。倘把家谱视作"史之正文",则正史就相当于"六经",其作用亦如同"六经"之于"史之正文"的作用,对家谱修撰起指导作用;碑刻乃至野史等则相当于"史之变文"与"史之用"的作用,为家谱的修撰提供需要加以辨析的材料。徽州家谱在修撰之时对国史与地方志的学习大致可以归于以下三个方面:一是对体例的效仿与学习;二是对"信以传信,疑以传疑"史学态度的学习;三是对史学"稽先世""贻将来"作用认识的理解和学习。

第一,徽州家谱自宋元时期不断增加体例之时,便处于不断地走向正史与地方志的过程中。在家谱之中,多有借鉴正史与地方志的体例,这当中最重要的莫过于对史表的运用了。史表作为一种史学表现形式,由司马迁所创,具有记录时间及有一定的历史记载的特点。不过,这种以年表记载历史的形式在后来的史学发展中没有被很好地继承下来,直至欧阳修编写《宰相世系表》才被又一次使用,将史表运用到位列宰相的士大夫们身上,这一形式正好解决了宋元徽州家谱转型时遇到的家谱既需要表现家族世次关系又需要对族内人物进行一些介绍的问题,因此在徽州家谱编撰中被普遍采用。如:程敏政在其编修的《新安程氏统宗世谱》的凡例中说道:"旧谱六世为图,失小宗之义;小传各系本支图后,失统宗之义。今图五世,准欧谱例下注事实,准《史记》年表、《唐书》世系表例,旁注世次,明传代也。"①这说明程敏政在修撰该谱的过程中,按照欧阳修的谱例,依照《史记》《新唐书》中史表的形式,将二者结合,进行修撰。由此可见程敏政在修撰家谱之时受到史表的极大影响。

第二,追求真实性是每一部家谱的共同追求,这点是毋庸置疑的。"信史"本是史学家对于正史的要求,但随着徽州家谱修撰的发展,渐渐成为徽州家谱修撰所追求的品质。徽州家谱的修撰者们大多都在家谱凡例或谱序之

---

① (明)程敏政:《篁墩文集》卷五九《新安程氏统宗世谱凡例》,见《景印文渊阁四库全书》第1253册,台北:台湾商务印书馆,1986年,第351页。

中或隐或直地表达出"信以传信,疑以传疑"的史学态度。《长原程氏重修家谱》的十六条《凡例》中对录入族谱之人有如下规定:"原无根据,不可考者,虽显不录。"①这在家谱兼具"光耀门楣"任务的情况下,是异常难能可贵的认识和做法。

关于其追求信史的情况,兹举一例如下:

谱牒义例书法

本族祖遗旧谱起于十九宣义护公而终于岩镇和师成师二公,凡一十八世,首尾不书纪录者之名。观其前后字迹出于二人之手,颇有舛误,无从考订,且护公而上,不著其所从来。今得溪源下村印本及学士统宗世谱,与长孙公永乐七年追为祖先斋簿,校正增补明白,特录旧谱原文,附以校增之字与永乐七年斋簿一篇,使览者知吾谱之有据,非妄附以欺后人,作传信篇第三。②

在这之中,作者通过对旧谱的研读,虽然发现"首尾不书纪录者之名""前后字迹出于二人之手"等问题,但是苦于无从考订,在终于找寻到其他支派所保存的旧谱之后,通过对二者进行对比,在按原样抄录旧谱之外,对旧谱进行了校对增补。通过这段话,作者十分明确地表示,其在修谱之时力求做到所修家谱言之有据,不"妄附以欺后人"。

徽州家谱在"敬宗收族"的目的之下,将史学"稽先世""贻将来"的思想融入家谱修撰思想之中。永乐七年(1409)赵文在所作的《环溪朱氏谱序》中提出,"甚矣,谱之不可不作也。谱不作则支派无自而明,孝敬无自而崇,族无自而睦,谱其可以无作乎?古之君子所以甚重也,若宋欧阳公、苏老泉咸作谱以稽先世,以贻将来,良可尚也",③明确了谱学联系先世与将来的意识,这与司马迁"述往事,思来者"的历史意识是有共通之处的。

---

① (明)程本华:《长原程氏重修家谱·凡例》,万历二年(1574)刻本。
② (明)程弘宾:《歙西岩镇百忍程氏本宗信谱》卷首《谱牒义例书法》,万历十七年(1589)刻本。
③ (清)汪掬如:《义成朱氏宗谱·环溪朱氏谱序》,宣统二年(1910)刻本。

"稽先世"在徽州谱学中主要的表现形式是将祖先的世系表达清楚。这是徽州谱学所要面对的主要任务之一,这方面的思想在徽州谱学中十分丰富。

如明嘉靖年间李乔说:"夫家之有谱犹国之有史也,国无史则千古之治迹不昭,家无谱则一宗彝伦攸散。问其源则不明也,问其派则莫别也,虽有追远之诚无由以俟,虽有睦族之志,无由以遂,此谱之作所当切也。然国史易运而不编,则纪阙而事疑;家谱再世而不修,则遗略而冒乱,修谱之举不尤所当切乎。"①万历时舒孔昭也有这样的论述,他说:"家之谱牒犹国之史书,国无史书,则帝王历数莫考;家无谱牒,则宗族源流莫辨,即爱敬之心无由而生,然则族谱可轻乎哉。"②这方面的论述,在崇祯年间的《临溪吴氏族谱序》中同样可以看到。序作者吴氏八十九世裔孙吴文班说:"家之有谱,犹国之有史也,史纪世代兴亡、承祚继统、褒贬抑扬以昭来世,谱系姓氏源流、序次昭穆、聚宗收族以贻后昆。史非玉堂硕彦弗克纂修,谱非博学隆望不能编辑。故国史则推班马,家史则称欧苏,应斯任者必待其人。"③史学以"昭来世"与谱学之"贻后昆"是相一致的,可以说谱学之"以贻将来"的目的是受到历史意识的影响的。明代徽州学者这方面的论述较多,不一一列举。

从以上学者论述可以看出,在徽州谱学发展中致力于"以稽先世,以贻将来"的历史意识是始终存在的,并一直激励和指导着谱学不断地发展。

第二节 注重经济方面的记述

徽商是明清时期闻名全国的大商帮,与同时期的晋商共执中国商界牛耳。在徽州家谱的修撰中,修撰者们大多有意识地对家族经济进行一系列的记述,这方面是其他家谱中较少出现的现象。这一类记述有对徽商的记述、有出于财产保护目的对财产的记述,以及与财产相关的文书诉讼。

---

① (明)李晖:《三田李氏统宗谱·休阳湖绫谱序》,万历四十二年(1614)刻本。
② (清)舒正仪:《华阳舒氏统宗谱序·舒孔昭序》,同治九年(1870)刻本。
③ (明)吴元孝:《临溪吴氏族谱·吴文班序》,崇祯十三年(1640)刻本。

在徽州家谱之中，存有诸多关于徽商的记述，如：在人物传中，有一定数量的商人传记，而在这些商人传记之中，有的甚至详细记述了其经商的情况。如《休宁厚田吴氏族谱》之中就有如下记载：

> 公讳易畴，字倬田，号稔斋。生而谨厚，从无疾声历色，及遇事则慷慨自任，不辞劳瘁，少多疾。伯仲公皆业儒，虑无人治生产，遂弃举子业，援例入太学。事妣以孝称，墓田宰树，经营培获，至老不懈。自考西台公殁后，公综理内外，旁及米盐凌杂，同气六人友爱笃挚，数十年无间言。家世业浙盐，列肆阳羡。嘉庆己未荆邑民讹传海上盗警，虑转运愆期，盐将匮乏，窃谋攘夺。公调剂数日，阖境以安居。常蓄聚数千金，乐周人之急……①

徽州家谱中，有关商人传记不仅记载详细，而且数量十分可观。以《桃源洪氏宗谱》为例，该谱记载传赞、事实、行状17篇，除2篇节妇传外，共记人物15人，其中，从商者达6人，接近所记人物一半。这样的数量其实是基于在宗族社会之中，商人所占有的财富资源以各种形式为家族的发展作出了贡献，甚至很多家谱的修撰便是由一些富商巨贾出资赞助的。且在徽州，商人群体在宗族中所占比例较大，这也是在徽州家谱修撰之时，记载从商者较多的一大原因。

如果说徽州家谱中商人传记的记载是为了记录更多更全的家族中人物，那么对于家族财产有意识的记载则是出于保护财产的目的。这一部分的内容主要有土地、房屋、山林、坟地、山场及水利设施、碾房、水碓等生产生活设施，还有祠产、祭田等。以《官源洪氏宗谱》为例：

> 洪氏总谱目录
> 卷首上
> 官源总叙

---

① （清）吴瑗：《休宁厚田吴氏宗谱》卷六《世传·太学倬田公》，道光二十三年（1843）刻本。

目录
各派新叙
各派旧叙

卷首下
姓源疑辨
原郡原祖
总谱谱说
凡例
历代仕宦
诰命
容像
杂著
官源事迹
耕读记
贻义弁言
各派基图
官源祠图
始祖墓图
祭田录
捐银
字号簿数

卷末上
卷之一到卷之十八
世系图

卷末下
休传
歙传
孝子传
横溪传
神道坊
各派墓图
行状
墓文
墓志
构讼案卷①

在这之中,"官源祠图""始祖墓图""祭田录""捐银"四部分是直接记述家族中的经济史料,而构讼案卷中则记述有家族词讼的内容,其中不乏一些涉及家族财产的案件记录。

又如在《江村洪氏家谱》中对祠田的记载如下:

> 陶字七百零八号,土名程保门前,田一丘,计租八砠,上积田二百三十一步七分零五毫,计税一亩二分二厘,每年照时年交租谷。佃仆家旺。
>
> 陶字七百零九号,土名程保门前,田一丘,计租八砠,上积田二百八十一步四分五厘二毫,计税一亩四分八厘一毫,每年照时年收租谷。佃仆家旺。
>
> 陶字七百二十六号,土名茶亭巷口,田一丘,计租九砠,中积田三百零二步八分五厘三毫,计税一亩三分七厘七毫,每年照时年收租谷。佃仆家旺。
>
> 陶字七百二十七号,土名巷口,田一丘,计租四砠半,中积田一

---

① (清)洪文陛:《婺源官源洪氏宗谱》,乾隆五十三年(1788)刻本。

百五十三步九分七厘,计税七分,每年照时年收租谷。佃仆家旺。

陶字七百二十八号,土名巷口,田一丘,计租四砠半,中积田一百四十三步八分,计税六分五厘三毫,每年照时年收租谷。佃仆家旺。①

第三节 注重家谱的教育功能

徽州是中国传统教育最为发达的地区之一,正所谓"自文学盛于东南,新安比之邹鲁,博雅之儒,彬彬如也"。而徽州地区的"文风鼎盛之势"是地方政府、宗族、地方学者及普通民众共同推动造就的。家谱便是家族对族内子弟进行教育的一个重要载体,有的家族甚至会要求族内子弟对家谱中的部分内容进行背诵②。也正是因为修撰者赋予了徽州家谱教育功能,在家谱修撰之时,通过设具有教育功能的内容,如家规家训等对族内子弟进行直接教育;并通过对入谱人物进行限制和规定,使族内子弟更加重视。

徽州家谱中保存有大量家规家训的资料。如:《绩溪许氏敦叙堂族谱》的家训中有明伦理、敬祖宗、重师儒、正闺门、睦宗族、务正业、早完粮、息争讼及杜邪风九条,每一条都有详细的介绍和劝诫。而在具体内容之前,又有修撰者对于家训的认识以说明家训的重要性。

圣贤彝训备载六经,又何必要家训?家训所以济圣训之所不及也。盖六经惟读书人知之,至愚夫愚妇不读《诗》《书》,若无家训,则全不知伦理,此风俗所以坏也。故家训必须粗言俗语,妇孺皆知,又必每年春分、冬至祭祖以后宣讲一次。其有关风俗非浅,后世子孙慎勿视为具文,庶男女皆知向善,而我后克昌矣。

……

---

① (清)洪昌:《江村洪氏家谱》卷一四《祠田》,雍正八年(1730)刻本。
② 笔者在徽州地区多年走访调研的过程中,许多80岁以上的老人,都记得小时候要求背诵家谱中的部分内容,甚至有一些老人至今仍能记诵部分内容。

九杜邪风

　　凡葬祖祭祖，儒家自有正礼，僧道邪说概不可信。近世僧道又添出恶习，聚众金鼓以鄙俚言辞、狂奔呼喊作暴戾之气，引妖魅之风，乃王法所当禁者，更不可行。至于男女入教特斋，非但伤风败俗，而且贻祸宗党，可怕！可怕！

　　十禁溺女

　　徽宁第一恶俗在自溺其女。彼本性恶，莫过豺狼虎豹，尚不自食其子，人而自溺其女，比豺狼虎豹更凶。若不禁止，成何宗族？彼溺女的解说，一说不育女，好早生男，一说免赔嫁资，一说贫不能养，都是胡说！人家求子当誓心行善，杀女求子，岂不上犯天怒？嫁资厚薄，各视力量，忍下手杀他，难道不忍薄他的妆奁？至于生女必有乳，乞丐的妇女，常时有襁褓沿门，难道住家的偏养不起？想到把呱呱婴女投下水时光景，口不忍说，耳不忍闻。溺女之人，凶恶已极。古人说不孝之人，人人得而诛之，如今溺女之人亦人人得而诛之者也。凡我子孙永远禁戒，同登仁寿。①

在这段家训之中，修撰者不仅阐述了应当如何做，更讲述了为何如此做，这实质上便是对族内子弟最根本的教育，徽州家谱对于入谱之人有一套明确的评价体系，这一点在后文将作详细介绍，此处不再赘述具体评价内容。徽州家谱的修撰者正是通过这一套评价体系进行详细指引的。

第四节　关于女性的记载

在徽州家谱中，多有关于女性的记载，这是十分难能可贵的突破。家谱中对入谱人物的规定极其严格，在欧苏谱法之中，"不书女、不书继娶、不书妾"已经成为了定例。自有明一代起，徽州家谱在修撰之时便打破了这一规

---

①　（清）许道宣等：《绩溪南关许氏敦叙堂族谱》，光绪十四年（1888）刻本。

定,在明代徽州家谱之中存在着一定数量关于女性的记载。将家族的女性也纳入家谱记述的内容之中,在明代徽州家谱中有较多的节妇烈女传,在记述中,有的家谱会将本族外嫁之女记入家谱中,且在编修时不仅记录节烈妇女,还书妻妾。冯尔康认为,女性记载入谱需要审查以下三条:一是否贞节,二是否传宗接代,三是否婚姻失类。①

在徽州家谱中,通常情况下,凡无过之妻皆被写入族谱之中,"妇人书嫡不书妾,正名也"。② 不过,"妾之有子者书之,以子贵也"。③ 于是,在家传记述内容中增加了关于妻与部分妾的记述。"妻妾姓氏、德行及女子已适、未适者,俱于本夫、本父名下见之,妻曰娶,妾曰纳,其夫殁而改适者,不书所适"④。

此外,在家谱记述之中还增加了对本族外嫁女性的记述。"其女嫁守节者,亦附书之,有以贱为配者、改适者、女嫁非族者,悉削不书"⑤"女之年庚不书,以有夫家也。婿之名亦书,重戚好也"。⑥

徽州家谱中极其重视对于贞洁烈妇的记载,"妇之守志有终,众所共推者当表扬数语,以励风化"⑦"族中贤淑贞洁可嘉者,宜表而出之,以示闺范,盖鹊巢、柏舟所从来远矣,作内传篇第六"。⑧ 在徽州家谱中,尚有部分家谱中节妇烈女等妇女传记、行状、墓志铭三类的篇目数量占该谱这三类家传总和的半数或半数以上。尤其是《珰溪金氏家谱补戚篇》,该谱之中仅载一人,记录的是修谱者金应宿生母的情况,是家谱中少见专记一位女性的家谱,该谱体例与他谱相似,有谱序、目录、凡例、礼图、义宪、生母图表、生母小传、文翰和附录。

《张氏统宗世谱·明节妇戴氏传》中亦直接表明"妇人之所当尽者,妇道、

---

① 冯尔康:《18世纪以来中国家族的现代转向》,上海:上海人民出版社,2005年,第149页。
② (明)毕济川:《新安毕氏族谱》卷首《凡例》,正德四年(1509)刻本。
③ (明)毕济川:《新安毕氏族谱》卷首《凡例》,正德四年(1509)刻本。
④ (明)罗汝声纂修:《罗氏宗谱·凡例》,正德二年(1507)刻本。
⑤ (明)程文杰:《休宁率口程氏续编本宗谱·凡例》,天启四年(1624)刻本。
⑥ (明)查派英:《查氏宗谱·凡例》,嘉庆二十三年(1818)刻本。
⑦ (明)程嗣功:《槐塘程氏宗谱·凡例》,万历十四年(1586)刻本。
⑧ (明)程弘宾:《歙西岩镇百忍程氏本宗信谱》卷首《谱牒义例书法》,万历十七年(1589)刻本。

妻道、母道,而其所尤难者,节也"。① 可见,明代徽州人十分看重妇女的"节",并将其视作女子"为妇为妻为母"最关键的内容。同时,修谱者还明确了这么撰写的目的,即"若吾戴孺人者,孝其姑,佐其夫,成其子,而且能励节苦志如此,其有阙于世教大矣,岂可使无闻于后世乎?予嘉孺人之德,而不敢没人之善也,乃作张节妇戴氏传"。②

在徽州家谱中,"其女嫁守节者亦附书之"。③ 如:《汪氏十六族近属族谱》中《七烈传》所记述的七位节烈女性中,有三位是本族女外嫁他族。此外,在家谱之中,往往会在父亲的名下写上其女儿的名字,甚至还将本族女子外嫁的夫婿也记载上去,甚至也会记述妇女的父亲。"妇之父、女之婿,皆至亲也。妇之父谓之外父,故书曰处士某之女,申敬也。婿亦子行,故书曰女某适某人,直书其名或字"。④ 这就极大地扩大了家谱中人物记述的范围。

第五节　谱惟载善,为亲者讳的传统

由于程朱理学乃是宋以后徽州宗族得以存在与发展的意识形态支撑,故而家谱编修者的善恶观自然与理学有着密切关联,同时,宗族还存在着各类现实利益,这种利益同样会对编谱者的善恶评价有所影响。可以说,符合理学价值体系和宗族利益延续的族人行为自然就是"善"的,反之就是"恶"的。从这个角度来说,"恶"的光谱包含色彩更多,也更为复杂。尽管不同时期徽州文人都对本土社会道德状况多有夸赞,但实际上,宋以后的徽州社会远不是一个儒家文人的理想国,期间大量存在着编谱者所认为的"恶"行。长期以来,徽州社会各类矛盾常有发生,并且极易激化,并纠缠不休,以至于呈现出长期的"健讼"景象。⑤ 这些诉讼参与者中,仅有部分的出发点是与宗族利益

---

① (明)张宪:《张氏统宗世谱·明节妇戴氏传》,嘉靖九年(1530)刻本。
② (明)张宪:《张氏统宗世谱·明节妇戴氏传》,嘉靖九年(1530)刻本。
③ (明)程文杰:《休宁率口程氏续编本宗谱·凡例》,天启四年(1624)刻本。
④ (明)罗汝声:《呈坎罗氏族谱·凡例》,正德二年(1507)刻本。
⑤ 卞利:《明中叶以来徽州争讼和民俗健讼问题探论》,载《明史研究》,1993年。

直接相关的,大部分人的活动仍是由于自身经济利益驱动的。从这点来看,这些人物的行为便可归之于"恶"。此外,徽州社会长期存在一些社会陋俗,这些习俗的遵循者同样也应属于"恶"的范围。同样,在商品经济的影响下,社会秩序也有所翻转,以往的亲友关系变得更为功利,相应的人员行为也会对理学社会秩序产生挑战,此种举动亦应是"恶"的一种。明中期以后,在一定程度上,徽州社会下层人物的生存状况每况愈下,以至于出现了各式无赖群体[①],这些人物的行为多会触犯家法、国法,种种举动自然是一些较大的"恶"。在利益驱动下,偷盗宗族资产者更是常有发生,甚至还有因此而迫害族人生命的例子,这些行为在程度上属于更大的"恶"。如前所述,对于这些事实上存在的"恶",徽州编谱者会通过编谱谱例将有些族人直接排除在家谱之外,而另一些犯有"恶"行者虽然其基本信息会出现在家谱中,但这些行为则会被编谱者隐去。

  反观"善"行,由于其结果能够有益于徽州宗族的发展,并且其本身也有着较为明确的判定标准与限定范围,故而家谱编谱者会将之写入家谱,并且能够将相应行为说得明白清楚。在徽州家谱中的传记中,统一并模糊地使用善来描述族人行为的情况确有存在,如康熙年间商山吴氏家谱中的记载,"祖祢皆以积德行善著于时""吾家积善数世,尝闻久蛰者必振""乡以善人称之"。[②] 更多的情况则是家谱编修者以各式各样的"善"行分类为族人立传,从中可以清晰看出家谱扬善的书写方式。对于谱中男性来说,徽州家谱偏向于宣扬他们的孝友、义行与读书三个方面的"善"行。就孝友而言,家谱中突出表现的是传主在日常生活中孝敬长辈、友爱兄弟的情景。这些族人,当父母在时,竭力侍奉左右,"事亲尽孝,承顺志意,而甘旨弗远,事无巨细,必命以行"[③],并加以无微不至的照顾,"虽在兵戈抢攘中,色养之心,委曲周旋,靡所

---

  ① 卞利:《明代徽州的地痞无赖与徽州社会》,载《安徽大学学报》,1996第5期。
  ② (明)吴应迁编,(清)吴献吉等补:《新安商山吴氏宗祠谱传·三世祖七宣议垓公传》《十四世祖正三府君观仪公传》《十六世崇一仲升公传》,康熙刻本。
  ③ (明)黄玄豹始修,(清)黄臣槐等续修:《潭渡孝里黄氏族谱》卷九《处士黄文懿公墓志铭》,雍正九年(1731)校补刻本。

不尽,故能稗其亲泰然不知有乱离之世也"①。父母病时,则"躬尝汤药以进,终夕未尝解带"②,甚至割股救亲,父母因病去世,则按照儒家礼仪祭祀,"服丧尽礼,生忌岁时尽思"③、"居丧不御酒肉,葬祭一本古礼"④。侍奉继母犹如生母,"孝养备至,得其欢心。公若不知非孺人所出,而孺人亦若不知公非己所出者"⑤。对待兄弟,则是兄友弟恭,昆季和睦的模样,"与弟无较,弟娶妇后,遂求分异,不能理止,乃重分其财,竭力扶助",兄弟去世后则"抚其子女俱遂成立,遴选阀阅为之婚嫁"。⑥还有族人在父亲去世后,承担起相应的养育职责,抚养弟弟以至成立。⑦

在义行方面,徽州家谱重点宣扬的是族人在宗族及乡里公共事务上的贡献,具体来说,分为三个层次,首先是对于宗族基业的保持与光大,例如"居家极持节俭,布素粗粘,与下人同甘苦"⑧的黄札,"平生能创大业,资产充拓,甲于一乡"⑨的谢光等。其次则是表彰族人参与编修家谱、建造宗祠、维护安全等宗族事务,以《古林黄氏重修族谱》为例,其中就记载了多位族人,分别有着相应的行动,"率其族创宗祠,挥千金不吝"⑩,"建台阁以砒水口,造文笔以秀祖茔,植松霞以获居址"⑪,如"山寇剽掠……捐金募壮士保御,境赖以宁迩"⑫。此类例子在其他家谱中同样率有所见。第三,家谱会详细描述族人

---

① (明)黄元兆:《古林黄氏重修族谱》卷四《贤二府君传》,崇祯十六年(1643)刻本。
② (清)周之屏等:《绩溪城西周氏宗谱》卷一七《明涪州周公传》,光绪二十四年(1898)刻本。
③ (明)俞汪祥:《新安俞氏统宗谱》卷六《时济斋俞公传》,嘉靖二十三年(1544)刻本。
④ (明)程大潘:《程氏家乘·明处士窦山程公墓志铭》,万历刻本。
⑤ (明)黄文明:《古林黄氏重修族谱》卷四《处士龙泉黄公暨舒孺人行状》,崇祯十六年(1643)刻本。
⑥ (明)黄文明:《古林黄氏重修族谱》卷四《孝友黄君德申传》,崇祯十六年(1643)刻本。
⑦ (清)张令彤等:《康熙周氏家谱》卷一六《明处士沧宗公传》,康熙间刻本;(清)周善达等:《绩溪周氏重修族谱正宗》卷一三《仲玉公传》,康熙五十五年(1716)刻本。
⑧ (明)黄文明:《古林黄氏重修族谱》卷四《处士觉吾公行状》,崇祯十六年(1643)刻本。
⑨ (明)谢惟仁:《王源谢氏孟宗谱》卷十《月庵谢公家传》,嘉靖十六年(1537)刻本。
⑩ (明)黄文明:《古林黄氏重修族谱》卷四《敕赠文林郎雪亭黄公墓志铭》,崇祯十六年(1643)刻本。
⑪ (明)黄文明:《古林黄氏重修族谱》卷四《先考见源府君行状》,崇祯十六年(1643)刻本。
⑫ (明)黄文明:《古林黄氏重修族谱》卷四《处士双塘黄长公行状》,崇祯十六年(1643)刻本。

在乡里间的慈善活动,涵盖基础设施建设、荒年赈济、焚毁债券,以及参与官府事务等多个方面。绩溪周氏宗族内部多位族人长期致力于乡里间基础设施的建设,因而进入自身宗族的家谱,例如周仰松、周望松、周世杰等人,此类传记便是这个问题的典型代表。①

至于读书,由于此事与传统中国社会流动息息相关,故而族人读书能够有效促进宗族发展,徽州家谱自然会对有志于读书成才者多加赞赏。在徽州家谱编修者看来,这类族人"达则兼善天下,否则独善其身,不汲汲于逢世,不戚戚于居贫"②,不伎不求,诗书是务,尝试以读书传家,统计十余部徽州家谱中的 202 篇传记资料,其中半数皆是文人与官员,而另外半数的传主大多同样有着读书的经历。一些徽州家谱中还会称赞族人引导子弟读书向儒时的举动,《新安商山吴氏宗祠谱传》中便有多个这种例子,例如七世祖吴俊富而好儒,"生殖甚殷",被封为朝议大夫,他"教子孙必以读书为先务,戒之曰:不读书,非吾子与孙也"。③ 又如二十一世吴世祖命两子"业儒","凡从子从孙之儒业者,必奖之、劳之、劝勉之"。④ 由此推及开来,家谱还会以传记的形式对那些投身于宗族教育的族人予以表彰,有些是诲人之功,"卓为人师,严毅方正"⑤,更多的是投资助教,"尝捐十三都遥遥村租百数十石,东西两山二十八亩零于濂溪书院,又举新管田庄存半为瑞二公祀产,而捐其半亦归濂溪书院,诚盛举也"。⑥

---

① (清)张令彤等:《康熙周氏家谱》卷一六《明处士仰松公传》《先世合传》,康熙间刻本;(清)周之屏等:《绩溪梁安城西周氏宗谱》卷一七《移赠修职郎太学生悦堂公家传》,光绪三十一年(1905)刻本。
② (明)黄玄豹始修,(清)黄臣槐等续修:《潭渡孝里黄氏族谱》卷九《蛟峰先生传》,雍正九年(1731)校补刻本。
③ (明)吴应迁编,(清)吴献吉等补:《新安商山吴氏宗祠谱传·七世祖九府君俊公传》,康熙刻本。
④ (明)吴应迁编,(清)吴献吉等补:《新安商山吴氏宗祠谱传·二十一世从宗四六敬斋公传》,康熙刻本。
⑤ (明)谢惟仁:《王源谢氏孟宗谱》卷一〇《谢一墩先生行略》,嘉靖十六年(1537)刻本。
⑥ (清)周之屏等:《绩溪梁安城西周氏宗谱》卷一七《恩赐八品顶戴槐堂公家传》,光绪三十一年(1905)刻本。

家谱中还有一些传记的收录目的在于彰显族人抵制"恶"行的举动,尤其是在止讼方面,多有例证,这类传记的传主同样是男性,例如宋代吴垓,只言片语便可调解乡里间的纠纷,"家饶裕财,亦好施予,人每服其信义,乡里有斗者、讼者,公以片言决之,无不悦服,斗讼之风几息,咸称有识之士也"①。元代时,长兄家破后,有人鼓动吴锡畴状告长兄,以图其家产,锡畴坚决不告,对众人谢道:"贫窭,命也。二祖以孝友名家,而吾兄弟讼,宁不辱先乎。"②明代周昌宇同样因调解纠纷而得到本族族人的信服,"凡有争讼,皆不愿质有司,而愿得公一言判曲直"③。清代周德兴则因此种能力而得到官府的嘉奖,其人经历自然会因此而进入家谱,"族人因事不平就公质成,公片言排解,无不帖服而去。以故里闾间咸以'鲁连'目之,邑令杜君穗园举公为常平省长,以公清慎过人锡额旌之"④。这些例子无不显示,谱传会通过叙述族人不诉讼以及平息诉讼的生平事迹,进而对传主的这种行为进行表彰。

徽州家谱编修者同样会在家谱中对女性族人的行为进行嘉奖,以为赞扬,受入谱标准的影响,徽州家谱中的女性传记"专画于贞孝节烈"⑤,显然对这类女性的行为多有夸赞。具体而言,谱中这类女性行为可被分为三个阶段,首先是未嫁之时,此时她们身居闺阁,兼具"四德",《黄节妇传》载:"故节妇生有淑质,柔婉贞静,寡言笑慎,起居克闲,姆训习女红,预识妇仪,凡所以持内职者,不烦教令"⑥。其次是出嫁后,谱中传记中的女性此时往往是在相夫有力、教子有方、持家有道、孝侍翁姑等方面有着突出的贡献。尤其值得注

---

① (明)吴应迁编,(清)吴献吉等补:《新安商山吴氏宗祠谱传·三世祖七宣议垓公传》,康熙刻本。
② (明)吴应迁编,(清)吴献吉等补:《新安商山吴氏宗祠谱传·十一世祖堂长府君兰皋公传》,康熙刻本。
③ (清)张令彤等:《康熙周氏家谱》卷一六《明处士昌宇公传》,康熙间刻本。
④ (清)张令彤等:《康熙周氏家谱》卷一六《清世父德兴公传》,康熙间刻本。
⑤ (清)章学诚著,刘公纯标点:《校雠通义外篇·高邮沈氏家谱叙例》,北京:古籍出版社,1956年,第89页。
⑥ (明)黄玄豹始修,(清)黄臣槐等续修:《潭渡孝里黄氏族谱》卷九《黄节妇传》,雍正九年(1731)校补刻本。

意的是,随着徽商的兴起,一些家谱中会着重描述徽商妇安家以佐丈夫经商的行为,例如程君悦在外经商,妻子吴氏"居家敦静整肃,然未尝一失妯娌欢心,即箧管井灶,咸秩秩有条。以是程君无内顾,得商游江淮间。"①最后是在丈夫去世后,谱中传记往往会详细描述妻子的守节行为,《古林黄氏重修族谱》中的《明故黄母程氏孺人节孝传》就是典型,"讣至,昼夜号泣,勺浆粒黍不入于口,欲死以殉,既而心口相语曰,使未亡人不生,此子能独生乎? 使此子不生,其父宁不为,莫敖氏之鬼乎? 是非已逝者之属望于未亡人者也。于是强起复食,抚哺遗孤,曲尽竭蹶,茕然影形相吊,未尝有芥蒂。"②

总的说来,徽州家谱隐恶扬善的内容绝不止这些,但最能显现这一特征的方式,莫过于对比谱中立传者的举动与那些不能进谱的族人行为,以清代徽州两支周氏宗族家谱为例,能够清晰看出家谱编修者善恶观念光谱的两端:

一曰懿行,义勇、忠义、孝友、乡善是也。一曰缙绅,仕宦、职官、科贡、生员是也。一曰福寿,八旬以上、五世同堂之耆英也。一曰节孝、烈女、孝妇之外,尚有列女传,建百岁坊之贤淑也。其为隐逸者,品节高超、不染污尘、足以风世者也。③

一曰:弃祖,弃卖祖冢坟地于异姓,货鬻族谱于非族者,谓之弃祖。二曰:叛党,前人叛逆抄没,而余党苟全于世者,谓之叛党。三曰:积世恣恶、代遭刑狱者,谓之刑犯。四曰:败伦,彝伦渎乱,男女无别,禽心兽行者,谓之败伦。五曰:背义,不思祖宗义重,惟图狗行全躯,甘为人下者,谓之背义。六曰:杂贱,不肖无耻,甘于下贱为婚者,谓之杂贱。前此六者,皆有玷于祖宗,有一于此,黜而削之。④

而在这两端内行为,则是编谱者认为可以接受但不应表彰各式举动,由此观之,徽州家谱者拥有的隐恶扬善思维是明确的,而家谱内容又显示出编谱者对于这些行为有着具体且细致的书写。

---

① (明)吴以升:《休宁率东程氏家谱》卷一一《程母吴孺人传》,正统三年(1438)刻本。
② (明)黄文明:《古林黄氏重修族谱》卷四《明故黄母程氏孺人节孝传》,崇祯十六年(1643)刻本。
③ (清)周之屏等:《绩溪梁安城西周氏宗谱》卷首《凡例》,光绪三十一年(1904)刻本。
④ (清)周冕等:《祁门周氏宗谱》卷一《凡例》,康熙五十五年(1716)刻本。

第十一章 徽州家谱的研究现状与展望

作为现今家谱遗存较多的区域,徽州家谱在20世纪80年代前一直是养在深闺,学界少有耳闻,更遑论专门研究。而随着徽学研究的展开,徽州家谱逐渐进入学者的研究视野,成为徽学与明清史研究的重要文献来源。伴随着文献利用,有关徽州家谱的专门系统研究也日渐兴盛。进入新世纪之后,随着学科研究的深入与技术手段的进步,徽州家谱研究呈现出一派繁荣之相。但因受制于现存家谱文本的时代分布,明清两代徽州家谱研究较为热闹,而宋元时代的研究相对寥落。同时需要看到的是,这种繁荣的背后仍然有着阴影,一些重要的问题未得到有效的阐释,其原因在于文本利用率不高、家谱认识错位、谱学理论研究滞后等方面。总体而言,时至今天,对于徽州家谱的利用仍大于研究,亟需学者对徽州家谱进行深化探究。

第一节 宋元明清徽州家谱的研究现状

一、宋元徽州家谱的研究

从现今公开的资料来看,宋元时期徽州只存有十四部完整家谱,其中十三部藏于图书馆,剩下的一部为陈栎所著《陈氏谱略》,藏于其文集中。但宋元时期文人文集以及后世家谱中辑录有大量宋元时期文人谱序,它们能够部分改善资料稀缺的情况。基于这些史料,学者对宋元徽州家谱进行了一定的研究。学者在探究宋元全国家谱时,会对徽州部分有所涉及,主要是日本学者森田宪司、多贺秋五郎和中国学者常建华。[①] 21世纪以来,虽出现了一些新的成果,但数量较少,其中有两份成果相当有价值:一是汪庆元对元代徽州家谱《新安旌城汪氏家录》进行了文献分析,着重描述了其体例,并且论及此谱的史料价值,[②]由于此谱一直藏于安徽省图书馆,属于馆藏善本,外界稀见,而此文大量引用原谱,故文章极具价值。二是赵华富对宋元徽州家谱的整体性描述,涉及留存至今的全部徽州家谱,[③]其论述了宋元徽州谱牒的宗旨、体例和内容,具体而言,宋元时期徽州宗族纂修谱牒的宗旨,是奠世系、序昭穆、尊祖、敬宗、收族;谱体以欧苏为法,一图一传;内容包括谱序、恩荣、世系图、世系录、传记、祖墓、祖先考辨、谱例、支派、著述等。

二、明清徽州家谱的研究

与宋元徽州家谱研究相比,遗留至今的明清徽州家谱数量更多,所含内容也更为繁杂,基于它们的成果自然也大为增加。[④] 在徽州谱牒发展史上,明清两代徽州家谱仍然有着一定的区别,这使得学者在进行研究时,需要将之区分研究。同时,明清两代徽州家谱也有相当多的共同之处,在讨论某些具体问题时,又无法完全割裂,从而使得断代与通史研究交相辉映,成为这一时段徽州家谱研究的重要特色。

---

① [日]森田宪司:《宋元时代的修谱》,载《东洋史研究》,1979年,第37卷第4号;[日]多贺秋五郎:《中国宗谱的研究(上)》,日本学术振兴会,1981年;常建华:《元代族谱研究》,载《谱牒学研究(第三辑)》,北京:书目文献出版社,1992年。

② 汪庆元:《〈新安旌城汪氏家录〉初探》,载《文献》,2003年第4期。

③ 赵华富:《徽州宗族研究》,合肥:安徽大学出版社,2004年,第214~237页。

④ 关于现今徽州家谱的数量及分布等情况,薛贞芳:《徽州谱牒述略》,载《安徽大学学报(哲学社会科学版)》,2000年第2期;徐学林:《徽州存世谱牒及其开发利用》,载《江淮论坛》,2000年第4期;戴圣芳:《徽州望族的谱牒》,载《寻根》,2006年第1期。

(一)明清徽州家谱的断代研究

明代是徽州家谱发展的重要时间段,有明一代,徽州家谱经历了较大的变化,同时,这一时期又是徽州社会发展至成熟之时。在这种情况下,学者对此时的徽州家谱产生了较大的兴趣。一是明代徽州家谱的文献分析,在一些全国性普查工具书,如《中国家谱总目》《中国家谱综合目录》《上海图书馆藏家谱提要》等的帮助下,宋杰完成了相应的工作[①]。二是对家谱编修中各因素的分析,包含谱牒编纂者、家谱体例与内容三个方面。在谱牒编纂者方面,主要集中在讨论程敏政与汪道昆等一些谱学名家上,有林济、常建华、徐彬等人的阐述[②];在家谱体例方面,学术界关注的时间较早,陈瑞是开先河的研究者,之后卞利等学者对此有所深化;[③]在家谱内容方面,在体例研究成果中虽有所涉及,但研究深度相对较浅,部分研究者针对家谱部分内容进行了相对深入的专项探讨。[④] 此外,日本学者臼井佐知子从宗族角度对家谱编修展开了讨论。[⑤] 与此同时,针对部分特殊家谱,学者还进行了专门解读。[⑥] 在这些研究的基础上,张学会对明代徽州家谱作了总结,具有一定的价值。[⑦]

---

① 宋杰:《明代徽州存世家谱的文献学研究》,安徽师范大学 2011 年硕士论文。
② 常建华:《程敏政〈新安程氏统宗世谱〉谱学问题初探》,载《河北学刊》,2005 年第 6 期;林济:《汪道昆的谱本宗与宗法收族理论》,载《史学月刊》,2006 年第 7 期,《程敏政统宗谱法与徽州谱法发展》,载《安徽史学》,2008 年第 4 期;徐彬:《程敏政的家谱编修及其影响》,载《淮北师范大学学报(哲学社会科学版)》,2011 年第 5 期;吴兆龙:《汪道昆的家谱编修活动及其理论成就》,安徽师范大学 2012 年硕士论文。
③ 陈瑞:《明代徽州家谱的编修及其内容与体例的发展》,载《安徽史学》,2000 年第 4 期;卞利:《明代徽州谱牒的纂修、管理及其家国互动关系研究》,载《江海学刊》,2010 年第 1 期;吕春阳:《明代徽州家谱内容与体例研究》,安徽师范大学 2016 年硕士论文。
④ 于程琳:《明代徽州谱序研究》,安徽师范大学 2013 年硕士论文;徐昉:《嘉万时期徽州家谱中的人物传研究》,安徽师范大学 2016 年硕士论文;胡楚清:《家谱中传记书写研究——以明代徽州家谱中传记为中心》,安徽师范大学 2017 年硕士论文。
⑤ [日]臼井佐知子:《明代徽州族谱的编纂——宗族扩大组织化的样态》,载《徽学》,2004 年。
⑥ 栾成显:《〈新安大阜吕氏宗谱〉研究》,载《徽学》,2010 年;刘道胜:《明代徽州珍稀族谱〈程典〉考论》,载《历史档案》,2012 年第 3 期。
⑦ 张学会:《明代徽州家谱述论》,安徽师范大学 2014 年硕士论文。

清代家谱数量最为庞大,保守估计有千余种,并且清代徽州家谱编修也已成熟,这都使得清代徽州家谱具有相当大的价值。在这种情况下,学者们对清代徽州家谱研究付出大量的心血,产生了一批重要成果。一是对家谱修纂问题的关注,在编修者方面,徐彬、祝虻探讨了此时徽州家谱编修的主要方式,即开设谱局修谱。① 二是在家谱体例上,胡中生对此时徽州家谱女性书写体例作了探索。② 同时,部分学者对家谱谱序亦有所探究,形成了一些成果。③ 此外,由于清代徽州家谱还有着一定的自身特色,使得研究独立的家谱文本具有相应的价值。④ 在家谱编修之外,因为清乾隆年间存在着谱禁政策,围绕这一问题,王裕明、郑小春等学者作了相应的分析。⑤ 此外,陈琪等人依据新发现的文书材料分析了清末祁门竹源陈氏宗族的家谱编修情况。⑥ 与明代类似,朱玉荣总结了清代徽州家谱的成果。⑦

(二)明清徽州家谱的通史研究

徽州区域在明清两代,没有出现长时期的动乱,政治与社会均保持了较长时间的稳定,在此情况下,学者在研究徽州区域社会史时往往会采取长时段的视角来加以分析。与此同时,包括徽州在内的中国传统家谱文本自身同样没有出现根本性的变革,使得对它进行跨越明清两朝的考察成为可能。从家谱

---

① 徐彬,祝虻:《清代以来徽州家族修谱谱局管理模式研究》,载《史学史研究》,2014年第4期。

② 胡中生:《清代徽州族谱对女性上谱的规范》,载《安徽大学学报(哲学社会科学版)》,2007年第1期。

③ 徐道彬:《戴震〈族支谱序〉及其相关问题研究》,载《古籍研究》,2007年第2期;江小角:《清代徽州族谱中张廷玉、汪由敦佚文述略》,载《安徽史学》,2012年第4期;李影:《清代徽州谱序研究》,安徽师范大学2013年硕士论文。

④ 姚硕:《馆藏清代徽州存世家谱档案的纂修与文献价值——以〈绩溪城西周氏宗谱〉为例》,载《档案管理》,2014年第3期;张道仙:《新安金氏宗族变迁实录——〈新安休宁金氏合族通谱〉的编修及其价值》,载《池州学院学报》,2014年第5期。

⑤ 王裕明:《清代徽州家谱的谱禁》,载《安徽大学学报(哲学社会科学版)》,2015年第6期;郑小春:《清乾隆朝谱禁与徽州宗谱之重修实践》,载《史学月刊》,2016年第7期。

⑥ 陈琪,胡筱艳:《清末徽州民间宗谱纂修活动研究——以光绪二十三年祁门竹源陈氏宗谱文书为例》,载《安徽史学》,2006年第6期。

⑦ 朱玉荣:《清代徽州家谱述论》,安徽师范大学2014年硕士论文。

文献数量来看,通史研究拥有着大量的资源,并散落于各大图书馆与民间,使得考察其规模与分布成为重要的基本工作。同时,在具体问题的指引下,现今的徽州家谱研究可以分为两大部分,即家谱文本研究和家谱与社会关系研究。

1. 家谱规模与分布

早在20世纪,徽州家谱进入研究者视野后,学界对家谱的留存情况便有了需求,在此需求下,学者开始统计分析家谱数量的分布与流传,此时的统计对象主要是各大图书馆或博物馆。最早的尝试者是翟屯建,他对当时黄山市博物馆藏徽州善本家谱作了提要。[①] 之后王鹤鸣对徽州家谱馆藏大户——上海图书馆所有资源进行了统计与介绍。[②] 而国家图书馆藏徽州家谱的主要推介者为谈家胜,他在全面了解国家图书馆的馆藏情况后,重点介绍了其中的32种稀见家谱。[③] 此外,黄山学院图书馆也简要地介绍了其所藏徽州家谱的情况。[④] 近年来,受历史人类学影响,徽州家谱研究者也逐渐将视野移至徽州本地,试图了解民间仍然拥有的家谱规模,形成的成果主要集中于歙县与绩溪两地。[⑤] 在这些数量统计分析之外,部分学者对现存徽州家谱的时代与县域分布也作了一定的研究。如:宋杰以《中国家谱总目》为底本进行了明清两代徽州家谱的文献学分析,徐学林则在其编著的《徽州刻书史长编》第8编中分县、姓、时代介绍了编者可知的徽州家谱,成为迄今最详细的文献分布介绍。[⑥]

2. 家谱文本研究

与断代研究相类似,通史性文本研究的重心同样在文本的形成与特质

---

① 翟屯建:《黄山市博物馆藏善本家谱述要》,载《文献》,1996年第3期。
② 王鹤鸣:《上海图书馆藏徽州家谱简介》,载《安徽史学》,2003年第1期。
③ 谈家胜:《国家图书馆所藏徽州家谱的特点与价值》,载《历史档案》,2009年第2期;《国家图书馆所藏徽谱资源研究:32种稀见徽州家谱叙录》,合肥:安徽大学出版社,2011年。
④ 陈玲、冯剑辉:《黄山学院图书馆藏徽州家谱简介》,载《黄山学院学报》,2012年第1期。
⑤ 姚硕:《绩溪存世家谱辑录文献的类型与价值研究》,安徽师范大学2015年硕士论文;安君:《徽州家谱的民间收藏与保护——以安徽省歙县为例》,载《黑龙江生态工程职业学院学报》,2016年第5期。
⑥ 宋杰:《徽州存世家谱的文献学分析》,载《安庆师范学院学报(社会科学版)》,2010年第11期;徐学林:《徽州刻书史长编》,合肥:安徽教育出版社,2014年。

上，由于家谱文本还属于徽州地域的乡邦文献，自然会促使学者对其文献价值进行分析。此外，家谱还是地方宗族的家族史集成，对家族有着特殊的功能。在此情况下，家谱文本研究展现出了三大分支：一是对家谱纂修的分析，二是对家谱内容的论述，三是对家谱性质与功能的讨论。在第一点上，王鹤鸣有所开创，其率先专门探讨了徽州家谱的编谱体例与指导思想[①]，此后翟屯建也研讨了不同家谱编修者在编修方式上的不同[②]，卞利对家谱纂修与刊刻进行了分析[③]，邵凤丽则以徽州汪氏家谱凡例为对象阐述了徽州家谱的体例问题[④]。之后，徐彬进行了系统性研究，涉及徽州家谱纂修的多个方面，如在家谱纂修者方面，他认为职业道德、责任意识、专业素养乃是编谱者必备的素质[⑤]；在具体的家谱编修者方面，他主要阐述了徽商群体参与家谱编修的动因[⑥]；在家谱纂修宗旨方面，他认为，历史意识和历史编撰理论决定了徽州家谱的发展动力与努力方向。[⑦] 在此之外，徐彬还讨论了徽州家谱编修中的编纂理论与评价体系等问题。[⑧] 近年来，在徽州家谱编修研究的广度与深度上又出现了一些新成果，如：郑小春对家谱编修、防伪与秩序维护的探究，徐彬、祝虻对徽州家谱编修中文化认同的思考，李姣对徽州家谱编修中困难之处的分析，董家魁对徽商参与家谱编修展开进一步研究等。

由于明清时期徽州家谱卷帙浩繁，其中包含着大量信息，使得讨论家谱内容设置成为研究者绕不过去的问题。在这一问题上，学者往往将其与文献

---

① 王鹤鸣：《试论徽州谱牒的体与魂》，载《复旦学报（社会科学版）》，2006年第1期。
② 翟屯建：《徽州私撰家谱与公修族谱的差异》，载《安徽史学》，2006年第6期。
③ 卞利：《明清时期徽州族谱的纂修及刊刻等相关问题研究》，载《徽学》，2008年。
④ 邵凤丽：《家谱凡例研究——以徽州汪氏家谱为例》，北京师范大学2009年硕士论文。
⑤ 徐彬：《"谱之废与兴，人也"——徽州学者的家谱编者论》，载《史学史研究》，2009年第1期。
⑥ 徐彬：《明清时期徽商参与家谱编修的动因》，载《安徽师范大学学报（人文社会科学版）》，2011年第1期。
⑦ 徐彬：《历史意识与历史编撰理论对明清徽州家谱的影响》，载《安徽史学》，2010年第3期。
⑧ 徐彬、张学会：《论宗法思想对家谱编修的影响——兼论明清徽州家谱的宗法理念实践》，载《徽学》，2013年；《论徽州家谱的评价理论》，载《安徽师范大学学报（人文社会科学版）》，2009年第2期。

价值结合起来探讨,在整体层面上,周惊涛解析了徽州家谱的社会史价值,谈家胜对徽州家谱内容进行了分类与总结。① 而在部分层面上,则有两个范式,一是依据单一家谱进行的评说;二是综合可见家谱研究谱中的某类体裁。前者数量较少,典型案例是汪庆元所阐释的歙县吴氏《冲山家乘》②;后者数量较多,主要集中在家谱中的传记上,朱慧敏讨论了多种不同的传记,并分析了它们的撰述思想③,周晓光选取了一部历明至清的家谱以剖析徽州家谱传记的撰述④,安君则是从传主与作者两个层面量化分析了徽州家谱所载明代传记的情形⑤。此外,董家魁对家谱传记的作用作了一定的阐发。⑥ 在传记体裁之外,张秀玉还对家谱中的版画、印章进行了研究。⑦ 徐彬在多年研究的基础上,从整体上讨论了徽州家谱的纂修与内容,形成了综合前两类研究的成果。⑧ 此外,在传统社会中,家谱有着明确的编纂意图,徽州也不例外,在这种意图的影响下,家谱成为宗族控制族人的重要工具,而家谱随之就有了明确的功能与性质。对于这种控制,陈瑞作了较为全面的分析,胡中生专

---

① 周惊涛:《徽州存世家谱的社会史资料价值》,载《安徽师范大学学报(人文社科版)》,2005年第1期;谈家胜:《徽州族谱所录文献的类型与价值》,载《安徽师范大学学报(人文社科版)》,2010年第5期。

② 汪庆元:《徽州的家族文献与宗族文化——以歙县吴氏〈冲山家乘〉为中心》,载《安徽史学》,2006年第1期。

③ 朱慧敏:《明清家谱人物传记的结构方式与存世价值——以徽州家谱为中心》,载《佳木斯大学社会科学学报》,2015年第4期;《明清家谱人物传记的宗法思想——以徽州家谱为中心》,载《宁夏大学学报(人文社会科学版)》,2016第2期;《明清徽州家谱像传初探》,载《宁夏大学学报(人文社会科学版)》,2017第1期;《明清时期徽州家谱传记研究》,安徽大学2017年硕士论文。

④ 周晓光:《论徽州家谱谱传的价值——以〈新安商山吴氏宗祠谱传〉为例》,载《安徽大学学报(哲学社会科学版)》,2015年第6期。

⑤ 安君:《徽州家谱中明代传记书写述论》,安徽师范大学2017年硕士论文。

⑥ 董家魁:《明清徽州家谱传记与徽商社会地位的提高》,载《宁夏大学学报(人文社会科学版)》,2017年第4期。

⑦ 张秀玉:《明清至民国徽州家谱中的版画——兼论与徽派版画的关系》,载《民间文化论坛》,2010年第3期;《徽州家谱中的原镌印与后钤印》,载《图书馆建设》,2013年第7期。

⑧ 徐彬:《徽州家谱的理论与方法研究》,合肥:安徽科学技术出版社,2017年。

门阐述了家谱对女性的控制情况,王业明则从传播学视角对这种控制作出了解释。① 在家谱性质的讨论上,祝虻引入档案学概念,对徽州家谱的宗族文献特性作了解读。②

3. 家谱与社会关系研究

明清时期徽州家谱的纂修与当时区域社会的整体变迁紧密相连,通过家谱内容能够反映出徽州社会的一些变化,而社会变迁同样也能够影响到家谱文本的形成。与利用家谱进行某些社会问题研究不同,家谱与社会关系研究侧重于探明徽州家谱与徽州社会某些因子间的关联。从家谱文本出发,徽州社会与家谱相联最为密切的因子是家谱纂修者,在这种情况下,家谱与宗族、徽商间建立了紧密的联系。在家谱与宗族方面,关系的表现形式虽都是工具与主体,但具体缘由有二:一是因家谱具有控制功能,而这种控制的主体是徽州宗族,于是宗族与家谱之间便有了关系。对此,陈瑞和徐国利分别从血缘与职业方面进行了阐述;③二是鉴于家谱记载宗族历史,而宗族历史在徽州宗族的社会文化分层中占据了重要地位,故使得家谱成为宗族竞争的重要手段,对此,冯剑辉与郑小春分别作出了实证性阐述。④ 家谱与徽商关系则有所不同,两者表现出互动和互相影响之态,这种关系更多是间接的,对此,徐彬与董家魁有所发微。⑤ 在家谱纂修者之外,徽州家谱还与徽州社会风俗有

---

① 陈瑞:《明清时期徽州族谱的控制功能》,载《安徽大学学报(哲学社会科学版)》,2007年第1期;胡中生:《礼教渗透下徽州家谱控制女性的模式》,载《徽学》,2011年;王业明:《家谱作为组织传播媒介的观照——以明清徽州家谱为对象》,载《今传媒》,2016年第6期。

② 祝虻:《现存民间家谱档案属性研究——以徽州家谱为中心》,载《档案学通讯》,2016年第6期。

③ 陈瑞:《明清时期徽州宗族内部的血缘秩序控制》,载《中国社会历史评论》,2007年第3期;徐国利:《从明清徽州家谱看明清徽州宗族的职业观》,载《河北学刊》,2011年第6期。

④ 冯剑辉:《徽州家谱宗族史叙事冲突研究》,合肥:合肥工业大学出版社,2014年;郑小春:《谱牒纷争所见明清徽州小姓与望族的冲突》,载《安徽大学学报(哲学社会科学版)》,2016年第3期。

⑤ 徐彬:《论明清徽州家谱编修与徽商的互动》,载《学术研究》,2011年第6期;董家魁:《明清徽州家谱治生观与徽商发展》,载《中国石油大学学报(社会科学版)》,2017年第4期。

着较大的联系,对此,周晓光与徐彬在整体上进行了阐发,而常建华则以《珰溪金氏族谱》为个案,透视了家谱与某一时间段徽州社会风俗的关联。①

第二节　宋元明清徽州家谱的研究问题

从 20 世纪八九十年代徽州家谱进入学界视野以来,研究者对徽州家谱的认识逐渐深入,至今已达相当的高度。不过相较于徽州家谱的价值,研究者的认识显然大为落后。回看三十余年来徽州家谱研究者的成果,不难发现,原本困扰我们的问题仍没有解决,而在学术发展的需求下,又出现了一些新的问题。总体而言,繁盛成果的背后是更多的未知。展望今后的徽州家谱研究,至少可以在以下数个方面产生突破,以更好地服务于徽学和中国史的研究。

一、仍然存在的旧问题

在中国历史学家眼里,明清时期家谱并不能被视为一个真实可靠的史料来源,其原因在于家谱受编修者主观意志的影响较大,很难客观地描述历史事实。这种不真实的情况在徽州家谱中同样存在,将徽州家谱内容分割来看,大概逾近逾真。尽管如此,这些家谱编修的"当代"内容同样会被家谱编修者予以改造。在人物方面,编纂者往往会按道德等标准择人而录,并且在撰写时书善不书恶;在事务方面,编修者同样会因宗族利益而有自身的考量,进而进行删减。在这种情况下,"求真"就会成为史料利用之前必不可少的阶段,而这种"求真"也是家谱研究者一直期待解决的问题。在以往的研究成果中,并没有出现足够的徽州家谱辨析成果,自然导致了如何寻求全面且真实的家谱资料成为一个需要解决的问题。就徽州家谱存在的环境而言,这个问题并非完全无解,由于地理与人物并不会被根本性篡改,故在家谱中"求真"存在着可能。同时,遗留至今天的徽州地方区域史资料相当全面,既有官方

---

① 周晓光,徐彬:《明清徽州家谱与徽州社会风俗》,载《安徽史学》,2011 年第 6 期;常建华:《16 世纪初徽州的宗族与习俗补正——以〈珰溪金氏族谱〉为例》,载《徽学》,2015 年。

各类方志、政书,也有与家谱类似的文集,以及大量当时徽人生活所产生的文书,借助于对比和摸索的方法,在这些史料中求得相应的线索并非是一件无法实现的事情。此外,徽州家谱中大量记载了一些"远古"事情,如祖先、姓氏来源、始迁祖迁入缘由等,它们虽然多有谬误,有些甚至荒诞不经,但它们依然是一种选择下的产物,并非是家谱编修者的一念所得。观察这些文字,其中大有类似之处,显示出它们内在存在着某些共有特质,具有着一定的研究价值。在这里,依然需要探究"真实",只不过它们并非是家谱记载的真,而是家谱纂修者选择的真。

与此同时,从宋元明清徽州家谱的存留现状来看,徽州区域内家谱编修有着自身的传承与发展,其体例日渐完备,内容逐步扩大,最终积累成我们现今看到的明清徽州家谱。不过,研究者受制于多种因素,对宋元时期徽州家谱的理解一直缺少深度,缺少专人探讨这一时段的家谱状态,给我们理解后来徽州家谱造成了很多隔膜。此外,明清及民国时期的中国在社会层面上发生了巨变,作为地方文献,家谱也随之变化了,显然从这种变化出发更能帮助我们解读民国之前的徽州家谱。同时,在研究者分析讨论明代或清代徽州家谱时,往往是简单地将之统为一朝,并不会在朝代内细究其变化,而明代嘉靖"大礼议"与清代咸同兵燹都对徽州家谱产生了相当大的影响,徽州家谱之延续并非全无改变。这些粗糙的时间研究视野实际上有着大量的缺陷。在此之外,地域视野的限制同样一直存在,并且在明清徽州家谱研究中表现得尤其明显。事实上,明清时期徽州社会并非是一个独立的个体,其区域反而与中国其他地区有着紧密的关联,特别是因为徽商的存在,使徽州与江南等地形成了一种超越经济与社会的血缘联系,在这种情况下,独立的徽州家谱研究将很难说清一些问题。受制于家谱资料占有等情况,现今的徽州家谱研究者大多选择单独研究本区域的家谱,使得相关研究受限。

二、发展出现的新问题

学者研究宋元明清徽州家谱的根本目的在于服务于徽学乃至中国史研

究,在这种目的下,后者的深化必然会对前者提出新的要求。近年来,徽学以及中国史,特别是明清史研究出现了多方面的进步,对徽州家谱研究产生了诸多影响,也向研究者提出了新问题。这些新问题第一表现在家谱文本产生过程方面,受人类学影响,华南地区研究者开始尝试重现本地文献的产生过程,而在以往的徽州家谱研究中,文本的产生被简单地等同于家谱的纂修,缺少家谱编修的原因与背景分析。这种缺失无法完整展现徽州家谱编修过程中参与者的投入状态,也限制了家谱研究的深度。但徽州毕竟与华南地区有着相当大的差异,如何引入吸收华南地区家谱研究中的历史人类学优势成为家谱研究中的一道重要思考题。第二是在家谱内容的专题研究上,在多学科交叉研究中国史的今天,运用各种社会科学方法解决中国历史问题成为常见之事,而现今徽州家谱的研究者主要采用的仍是历史学思路与方法,这种方法虽在阐述部分问题时可以得到有效答案,但却无法完全解释或利用徽州家谱中的一些内容。举例而言,从前述情况来看,传记虽已成为徽州家谱内容研究的主要成果来源,但这些传记研究缺少相应的文学因素,实际上传记的书写本身有着作传者的感情色彩,完全排除这一点不仅会使研究成果变冷,也可能造成最终结果的偏差。再譬如徽州家谱中的世系,由于其中蕴含了大量的人口信息,只有应用人口学理论与方法才能真正判定其价值,但从现今来看,由于缺少相关知识系统,世系的研究相当滞后。第三是在徽州家谱的宏观整体分析上,在强调微观研究与整体研究相结合、防止碎片化史学研究的影响下,如何规避徽州家谱研究陷入文本之海,从而丧失对大环境的敏感认知,成为一个新问题。从以往的研究来看,相关的宏观成果不仅数量较少,而且实证的家谱文本数量也较为有限,故这一问题的解决极为必要。

第三节 宋元明清徽州家谱的研究展望

若从第一篇专论徽州家谱的文章算起,宋元明清徽州家谱研究已经走过了三十余年,在这期间,家谱研究日渐受到重视,相关文章数量、质量均大有提升,但截至今天,相关问题尚未厘清。在家谱研究范围内,长期遗留的疑惑无法得到解决,更是无法满足徽州家谱利用与徽学研究的需要。对此,谈家胜与董家魁都提出了一些具体的建议,不过从上述问题分析来看,仍显得较为局限。① 以他们的建议为基础,笔者在此提出一些新的想法。

一、加快徽州家谱原件的开放、开发与电子化的步伐

家谱研究的基础在于学者占有家谱史料的数量,从现今的情况来看,徽州家谱大量藏于各大图书馆,虽然在数字化发展的今天,这些馆藏文献大部分已经公开,但它们往往仅是条目或部分展示,学者通览它们有着相当的障碍和限制。此外,由于明清徽州家谱内容繁杂,学者搜罗同质内容同样有着相当的困难。同时,迄今为止,徽州家谱的数据库建设同样较为简略,大部分家谱内容只是影印公开,并没有开发出合适的内容检索引擎。考虑到家谱研究的必要性与重要程度,馆藏单位应怀有"公器"之心,长时间逐步地展开徽州家谱的公开工作,而学者同样需要参与此过程,实现"馆—学"的无缝对接。在这种互动和互助过程中,学者应主动考虑并实施徽州家谱专题内容的建设,这种建设应以工具书或资料集的形式展现出来,以更好地服务于徽州家谱的研究。在内容检索引擎方面,徽州家谱研究者当与数据库建设者通力合作,引进并吸收国内外相关文献数字化的成果②,以期在不久的将来形成强大的家谱数据库。需要提及的是,一旦这种数据库建设成功,学者便可以参考"e-考据"方法来服务于徽州家谱"求真"问题的解决。当然单凭这种工具,很难达此目标,学者还应考虑结合其他史料,并运用训诂学与知识考古等方法,方才能够更好地求得相应的"真"。

---

① 谈家胜:《近二十年徽州家谱文献研究的学术审思》,载《安徽大学学报(哲学社会科学版)》,2009 年第 6 期;董家魁:《徽州家谱研究的回眸与前瞻》,载《图书馆理论与实践》,2013 年第 6 期。

② 王开队:《徽州族谱数据化相关问题——以人物和地理信息为中心》,载《图书馆论坛》,2017 年第 2 期。

二、扩展徽州家谱研究的时间与空间视野

通观徽州家谱的发展历史,宋以后徽州家谱的发展是一个整体,虽然从数量来看,明清时期最多,但宋元与民国家谱并不能被忽略,并且因为它们是明清徽州家谱的前导与后续,故更应当加以重视。尽管相关史料留存较少,学者的视野却不应受限,徽州家谱研究者当以长时段视角思索并考量明清家谱的相关问题,方才能获得较为恰当的认识。与此同时,由于徽州与区域外地区有着千丝万缕的联系,特别是还存在着血缘等较为特殊的关系,使得孤立阐述徽州家谱成为一种限制。在此情况下,当以徽州家谱为底本,以人物与地理联系为线索,适当地突破徽州家谱研究的界限,以人群活动或文化痕迹取代简单的行政区划,建立起学术研究中的各式联系。还要考虑到徽州家谱仅是宋以后中国家谱甚至是东亚家谱的一个组成部分,这样一来,比较研究不仅非常必要,而且能够为研究者提供另一种思路,甚至会形成异域视角。从这个角度来看,徽州家谱研究不应当仅仅是一些特色文本的小范围讨论,而应成为一个开放的平台。

三、强化徽州家谱研究的理论与方法

如前所述,仅凭历史学的理论与方法很难全面解读徽州家谱,有时甚至会因为盲信而产生误导,但其他地区成熟的经验并不意味着它们能够直接套用在徽州家谱研究上。同时,徽州家谱研究并非是一个独立的学术领域,它从属于徽学,且直接受到徽州区域社会史研究进程的影响。从现今区域社会史研究思路来看,华南地区主要以社会经济史为导向,同时受到人类学的影响,强调田野调查的重要性;而在华北地区则是以"传统史学"为根基,主要兼用民俗学的理论方法,人类学色彩较淡。① 两者都是在史料与问题的结合下摸索出的具有相应自身特色的研究范式,而徽学研究显然缺少这种研究范

---

① 代洪亮:《中国社会史研究的分化与整合:以学派为中心》,载《清华大学学报(哲学社会科学版)》,2015年第3期。

式,故而徽州家谱的研究理论与方法缺乏明确的导向。同时,近年来,部分学者开始倡导"新社会史",倡导反思并总结近年来的区域社会史研究,其中重要的一点便是"重提"大历史或大背景,而这种大的历史或背景则正是徽州家谱研究中缺失的重要一环。从这个角度出发,强调与家谱有关的全国性社会制度和经济的研究相当有必要。

参考文献

一、史籍类

[1]（宋）宋祁、欧阳修等：《新唐书》,中华书局,1975年。

[2]（宋）刘昫：《旧唐书》,中华书局,1975年。

[3]（元）脱脱等：《宋史》,中华书局,1977年。

[4]（明）宋濂：《元史》,中华书局,1976年。

[5]（唐）刘知几撰,（清）浦起龙通释：《史通通释》,上海古籍出版社,1978年。

[6]（宋）郑樵：《通志》,中华书局,1995年。

[7]（明）顾炎武：《天下郡国利病书》,上海科学技术文献出版社,2002年。

[8]（清）赵翼著,王树明校证：《廿二史劄记校证》,中华书局,2013年。

[9]（清）章学诚撰,吕思勉评,李永圻、张耕华整理：《文史通义》,上海古籍出版社,2008年。

二、谱牒类

[1]（宋）黄天衢：《祁门左田黄氏宗派图》,清康熙间重刻本。

[2](宋)方桂森:《汉歙丹阳河南方氏衍庆统宗图谱》,明刻本。

[3](元)汪垚:徽州《新安汪氏庆源宗谱》,元抄本。

[4](元)汪炤:《新安旌城汪氏家录》,元刻本。

[5](元)汪松寿:《汪氏渊源录》,正德十三年(1518)刻本。

[6](元)吴浩:《休宁商山吴氏重修族谱》,明吴景存续订,明吴士彦续辑,明崇祯十六年(1643)刻本。

[7](元)陈栎辑,(清)程以通补校:《新安大族志》,康熙六年(1667)刻本。

[8](明)黄显仁:《休宁黄氏思本图》,洪武二十二年(1389)刻本。

[9](明)苏景元等:《新安苏氏宗谱》,明成化三年(1467)刻本。

[10](明)程克荣:《新安程氏家谱》,成化七年(1471)刻本。

[11](明)程敏政:《新安程氏统宗世谱》,成化十八年(1482)刻本。

[12](明)不详:《新安富溪程氏族谱》,成化刻本。

[13](明)黄云苏:《黄氏会通谱》,弘治四年(1491)刻本。

[14](明)叶志道等:《休宁陪郭叶氏世谱》,弘治十一年(1498)刻本。

[15](明)罗汝声:《罗氏宗谱》,正德二年(1507)刻本。

[16](明)毕济川等:《新安毕氏族谱》,明正德四年(1509)刻本。

[17](明)王宠:《王氏统宗世谱》,正德十年(1515)刻本。

[18](明)不详:《新安休宁岭南张氏会通谱》,嘉靖十二年(1518)刻本。

[19](明)汪奎等:《歙县重修汪氏家乘》,明正德年间刻本。

[20](明)谢镒等:《祁门金吾谢氏族谱》,嘉靖九年(1530)刻本。

[21](明)张先、张阳辉:《张氏统宗世谱》,嘉靖十四年(1535)刻本。

[22](明)汪尚琳:《新安汪氏重修八公谱》,明嘉靖十四年(1535)刻本。

[23](明)黄铨:《新安休宁约山黄氏开国宗谱》,嘉靖二十八年(1549)刻本。

[24](明)卢乾:《黟北卢氏族谱》,嘉靖三十四年(1555)刻本。

[25](明)不详:《新安休邑由潭黄氏支谱》,嘉靖三十四年(1555)。

[26](明)程弘宾:《歙西岩镇百忍程氏本宗信谱》,嘉靖三十四年(1555)刻本。

[27](明)黄积瑜:《新安左田黄氏宗谱》,嘉靖三十七年(1558)刻本。

[28](明)葛文简等:《绩溪积庆坊葛氏族谱》,嘉靖四十四年(1565)刻本。

[29](明)黄显:《黄氏世谱》,嘉靖年间刻本。

[30](明)汪廷俸:《汪氏统宗谱》,嘉靖年间刻本。

[31](明)金瑶:《珰溪金氏族谱》,隆庆二年(1568)刻本。

[32](明)汪鸿儒:《汪氏统宗正脉》,隆庆四年(1570)刻本。

[33](明)程尚芳:《古城程氏重修宗谱》,隆庆四年(1570)刻本。

[34](明)程景珍等:《休宁率口程氏续编本宗谱》,隆庆四年(1570)刻本。

[35](明)程时化:《休宁率东程氏家谱》,嘉靖四十二年(1563)刻本。

[36](明)程本华:《长原程氏重修家谱》,万历二年(1574)刻本。

[37](明)吕仕道:《新安大阜吕氏宗谱》,万历五年(1577)修,民国二十四年(1935)重刻本。

[38](明)叶盛春、叶桂芳等:《沙堤叶氏家谱》,万历七年(1579)刻本。

[39](明)程嗣功:《槐塘程氏宗谱》,万历十四年(1506)刻本。

[40](明)程弘宾:《歙西岩镇百忍程氏本宗信谱》,万历十八年(1590)刻本。

[41](明)程一枝:《程典》,万历二十七年(1599)刻本。

[42](明)吴圆满:《新安歙西溪南吴氏世谱》,万历三十年(1602)刻本。

[43](明)程梦稷:《程氏祖茔疆理图不分卷》,万历三十六年(1608)抄本。

[44](明)曹诰等:《休宁曹氏统宗谱》,万历四十年(1612)刻本。

[45](明)张敦仁等:《张氏统宗世谱》,万历四十三年(1615)刻本。

[46](明)程文绣等:《泾川张氏宗谱》,万历四十六年(1618)刻本。

[47](明)不详:《休宁邵氏宗谱》,万历刻本。

[48](明)李晖:《三田李氏统宗谱》,万历刻本。

[49](明)洪允温:《重修洪氏统宗谱不分卷》,万历刻本。

[50](明)杨万春:《徽州杨氏宗谱》,崇祯三年(1630)刻本。

[51](明)吴元孝:《临溪吴氏族谱》,崇祯十四年(1641)抄本。

[52](明)黄文明:《古林黄氏重修族谱》,崇祯十六年(1643)刻本。

[53](明)洪允温等:《重修洪氏统宗谱》,明末刻本。

[54](清)程善述:《新安褒嘉里程氏世谱》,康熙十一年(1672)刻本。

[55](清)程启东等,《槐塘程氏重续宗谱》,康熙十二年(1673)刻本。

[56](清)程茂祯:《新安郡北门程氏溯源录》,康熙二十三年(1684)刻本。

[57](清)程士培:《新安程氏统宗补正图纂》,康熙二十四年(1685)刻本。

[58](清)程霆:《程氏统宗补正图纂》,康熙三十二年(1693)刻本。

[59](清)黄肇荣:《居安黄氏家谱》,康熙年间抄本。

[60](清)不详:《程氏墓考图》,康熙年间刻本。

[61](清)朱国兰:《新安月潭朱氏族谱》,康熙四十六年(1707)刻本。

[62](清)项茂棋等纂修:《汝南项氏宗谱》,康熙四十九年(1710)年刻本。

[63](清)周冕等:《周氏宗谱》,康熙五十五年(1716)刻本。

[64](清)宋德泽:《歙西金山宋村宋氏族谱》,康熙五十九年(1720)刻本。

[65](清)夏刚:《夏氏家乘》,雍正二年(1724)刻本。

[66](清)汪应全等:《江村洪氏家谱》,雍正七年(1729)刻本。

[67](清)洪昌:《江村洪氏家谱》,雍正八年(1730)刻本。

[68](清)作者不详:《程氏忠壮公墓辟伪录》,雍正九年(1731)刻本。

[69](清)程廷谔:《新安岩镇程氏家谱》,雍正年间刻本。

[70](清)徐景京:《歙西傅溪徐氏族谱》,乾隆二年(1737)刻本。

[71](清)徐景京:《新安徐氏宗谱》,乾隆三年(1738)刻本。

[72](清)程廷灌:《婺西香山程氏文信公新修支谱》,乾隆三年(1738)刻本。

[73](清)程梦星:《新安岑山渡程氏支谱》,乾隆六年(1741)刻本。

[74](清)徐景京:《歙北皇呈徐氏宗谱》,乾隆十年(1745)刻本。

[75](清)许登瀛:《重修古歙东门许氏宗谱,乾隆十年(1745)刻本。

[76](清)吴起凤:《新安歙西溪南吴氏统宗志》乾隆十二年(1747)刻本。

[77](清)金门诏:《休宁金氏宗谱》,乾隆十三年(1748)刻本。

[78](清)方善祖:《歙淳方氏柳山真应庙会宗统谱》,乾隆十八年(1753)刊刻本。

[79](清)洪定渭:《歙西王充东源洪氏宗谱》,清乾隆二十一年(1756)刻本。

[80](清)作者不详:《程氏世系歌》,乾隆二十三年(1758)抄本。

[81](清)胡奎文:《考川明经胡氏统宗谱》,乾隆二十四年(1759)刻本。

[82](清)鲍光纯:《棠越鲍氏三族宗谱》,乾隆二十五年(1760)刻本。

[83](清)汪国佑:《汪氏宗谱》,乾隆二十七年(1762)刻本。

[84](清)吴如彬:《昌溪太湖吴氏宗谱》,乾隆三十年(1765)刻本。

[85](清)朱世熊等:《朱氏正宗谱》,乾隆三十四年(1769)刻本。

[86](清)夏烈光等:《新安夏氏族谱》,乾隆三十六年(1771)抄本。

[87](清)王永椿等:《萧江复七公房支谱》,乾隆三十七年(1772)刻本。

[88](清)余邦炎:《余氏族谱》,乾隆四十七年(1782)刻本。

[89](清)李廷赵纂修:《甲椿李氏世系家谱》,乾隆四十七年(1782)刻本。

[90](清)张元泮:《甲道张氏宗谱》,乾隆刻本。

[91](清)鲍琮:《棠樾鲍氏宣忠堂支谱》,嘉庆十年(1805)刻本。

[92](清)夏昌铭等:《义井夏氏宗谱》,清嘉庆十八年(1813)乐善堂木活字印本。

[93](清)查派英:《查氏宗谱》,嘉庆二十三年(1819)刻本。

[94](清)查嗣苌:《婺源查氏族谱》,道光二年(1822)刻本。

[95](清)胡叔咸等:《西递明经胡氏壬派宗谱》,道光六年(1826)刻本。

[96](清)黄开簇:《虬川黄氏宗谱》,道光十年(1830)刻本。

[97](清)程鉴冰等:《安徽程氏族谱》,道光十二年(1832)刻本。

[98](清)吴瑗:《休宁厚田吴氏宗谱》,道光二十三年(1843)刻本。

[99](清)周炜:《笋山周氏兆四派宗谱,道光二十八年(1848)刻本。

[100](清)章绪苗等:《绩溪西关章氏族谱》,清道光二十九年(1849)刻本。

[101](清)裴元荣:《湾里裴氏族谱》,咸丰五年(1855)刻本。

[102](清)汪炳章等:《磻溪汪氏家谱》,同治三年(1864)刻本。

[103](清)方金声等:《方氏重修宗谱》,同治八年(1869)刻本。

[104](清)舒安仁:《华阳舒氏统宗谱》,同治九年(1870)刻本。

[105](清)方定远:《方氏宗谱》,同治十三年(1874)刻本。

[106](清)汪炳章等:《磻溪汪氏家谱》,清同治十三年(1864)木刻本。

[107](清)张沛泽:《绩溪张氏宗谱》,光绪十三年(1875)刻本。

[108](清)高富浩等:《绩溪县梁安高氏宗谱》,光绪三年(1877)刻本。

[109](清)余济世等:《余氏族谱》,光绪七年(1881)刻本。

[110](清)项哲人等:《仙源东溪项氏族谱》,光绪十一年(1885)刻本。

[111](清)张沛泽:《绩溪北门张氏宗谱》,光绪十三年(1887)刻本。

[112](清)许登瀛:《绩溪南关许氏惇叙堂宗谱》,光绪十五年(1889)刻本。

[113](清)查荫元:《婺源查氏族谱》,光绪十八年(1892)刻本。

[114](清)王启魁等:《太原双彬王氏宗谱》,光绪十九年(1893)刻本。

[115](清)汪宗瀚等:《梧传汪氏宗谱》,光绪二十一年(1895)刻本。

[116](清)黄世培:《五城镇和祥门摘枝谱》,光绪二十三年(1897)抄本。

[117](清)冯景铭:《冯氏宗谱》,光绪二十六年(1900)刻本。

[118](清)洪钊:《桃源洪氏宗谱六卷》,清光绪二十七年刻本。

[119](清)冯景铭:《冯氏家谱》,光绪二十八年(1902)抄本。

[120](清)周之屏:《绩溪城西周氏宗谱》,光绪三十一年(1905)刻本。

[121](清)佚名:《锦沙陆氏宗谱》,光绪三十三年(1907)思亲堂木活字印本。

[122](清)胡广植等:《绩溪金紫胡氏家谱》,光绪三十三年(1907)刻本。

[123](清)戴国忠等:《礼村戴氏统宗谱》,光绪三十四年刻本。

[124](清)方盛昱:《方氏宗谱》,清光绪三十四年(1908)刻本。

[125](清)作者不详:《洪氏族继修族谱》,光绪间刻本。

[126](清)汪源:《泾北汪氏宗谱》,宣统元年(1909)刻本。

[127](清)程蓉照等:《韩溪程氏梅山支谱》,宣统元年(1909)刻本。

[128](清)汪衍桎等:《韩楚二溪汪氏家乘》,宣统二年(1910)刻本。

[129](清)汪掬如:《义成朱氏宗谱》,清宣统二年(1910)刻本。

[130](清)程步云等:《绩溪璜上程承启堂世系谱》,宣统三年(1911)刻本。

[131](清)胡祥木等:《上川明经胡氏宗谱》,宣统三年(1911)刻本。

[132](清)周赟:《绩溪仙石周氏宗谱》,宣统三年(1911)刻本。

[133](清)黄治安:《古林黄氏重修族谱》,清刻本。

[134](清)作者不详:《新安孚潭许氏世谱》,清刻本。

[135](清)黄孝烦:《古林黄氏诚正堂伯房祖宗世系》,清抄本。

[136](清)佚名:《新安歙西岩镇闵氏家谱》,清抄本。

[137](清)佚名:《旧写本仇氏家乘》,清抄本。

[138](清)汪士铉:《潜川汪氏惇本祠溯源家谱》,清刻本。

[139](民国)徐宗勉:《韶铿徐氏宗谱》,民国刻本。

[140](民国)章尚志:《西关章氏族谱》,民国四年(1915)刻本。

[141](民国)胡上林等:《清华东园胡氏勋贤总谱》,民国五年(1916)刻本。

[142](民国)汪立中:《余川越国汪氏族谱》,民国五年(1916)刻本。

[143](民国)余攀荣:《环山余氏宗谱》,民国六年(1917)刻本。

[144](民国)汪宗海:《歙西汪氏重辑支谱》,民国八年(1919)刻本。

[145](民国)耿全等:《鱼川耿氏宗谱》,民国八年(1919)刻本。

[146](民国)黄占魁等:《双井黄氏宗谱》,民国九年(1920)刻本。

[147](民国)王德藩等:《盘川王氏宗谱》,民国十年(1921)刻本。

[148](民国)叶希明:《新州叶氏家乘附录》,民国十四年(1925)铅印本。

［149］（民国）朱承铎：《新安月潭朱氏族谱》，民国二十年（1931）刻本。

［150］（民国）吴絜华：《左台吴氏大宗谱》，民国二十三年（1934）刻本。

［151］（民国）柯立功、柯廷栋等：《新安柯氏宗谱》，民国二十四年（1925）汤乙斋刻本。

［152］（民国）胡位咸等：《遵义胡氏宗谱》，民国二十四年（1935）铅印本。

［153］（民国）毕琢之：《巨川毕氏宗谱》，民国三十三年（1944）刻本。

［154］（民国）曹诚谨：《柳川绩邑胡氏宗谱》，民国三十五年（1946）刻本。

［155］（民国）不详：《碧山李氏宗派谱》，民国抄本。

三、文集、笔记

［1］（宋）文天祥：《文山先生全集》，北京：商务印书馆，1936年。

［2］（宋）王安石著，唐武标校：《王文公文集》，上海：上海人民出版社，1974年。

［3］（宋）程颢、程颐：《二程集》，北京：中华书局，1981年。

［4］（宋）罗愿：《罗鄂州小集》，《四库全书》，台北：商务印书馆，1983年。

［5］（宋）吴儆：《竹洲集》，《四库全书》，台北：商务印书馆，1983年。

［6］（宋）汪藻：《浮溪集》，《四库全书》，台北：商务印书馆，1983年。

［7］（宋）方岳：《秋崖集》，《四库全书》，台北：商务印书馆，1983年。

［8］（宋）王炎：《双溪类稿》，《四库全书》，台北：商务印书馆，1983年。

［9］（宋）苏轼：《苏轼文集》，北京：中华书局，1986年。

［10］（宋）陈亮著，邓广铭点校：《陈亮集（增订本）》，北京：中华书局，1987年。

［11］（宋）苏洵著，曾枣庄、金成礼笺注：《嘉祐集笺注》，上海：上海古籍出版社，1993年。

［12］（宋）李石：《方舟集》，北京：线装书局，2004年。

［13］（宋）宋人撰，曾枣庄、刘琳主编：《全宋文》，上海：上海辞书出版社，2006年。

[14](宋)欧阳修著,洪本健校笺:《居士外集》,上海古籍出版社,2009年。

[15](宋)朱熹著,朱杰人等主编:《朱子全书》,上海:上海古籍出版社,2010年。

[16](元)陈栎:《定宇集》,《四库全书》,台北:商务印书馆,1983年。

[17](元)郑玉:《师山遗文》,《四库全书》,台北:商务印书馆,1983年。

[18](元)胡炳文:《云峰文集》,《四库全书》,台北:商务印书馆,1983年。

[19](元)方回:《桐江续集》,《四库全书》,台北:商务印书馆,1983年。

[20](元)郑玉:《师山集》,《四库全书》,台北:商务印书馆,1983年。

[21](元)舒頔:《贞素斋集》,《四库全书》,台北:商务印书馆,1983年。

[22](元)贡师泰:《玩斋集》,《四库全书》,台北:商务印书馆,1983年。

[23](元)程端礼:《程氏家塾读书分年日程》,北京:中华书局,1985年。

[24](元)汪克宽:《环谷集》,《四库全书》,台北:商务印书馆,1983年。

[25](元)唐桂芳:《白云集》,《四库全书》,台北:商务印书馆,1983年。

[26](元)唐元:《筠轩集》,《四库全书》,台北:商务印书馆,1983年。

[27](元)李祁:《云阳集》,《四库全书》,台北:商务印书馆,1983年。

[28](明)朱升;刘尚恒点校:《朱枫林集》,合肥:黄山书社,1992年。

[29](明)金瑶:《金栗斋先生文集》,《续修四库全书》,上海:上海古籍出版社,2002年。

[30](明)王袆:《王忠文集》,《四库全书》,台北:商务印书馆,1983年。

[31](明)程敏政:《篁墩文集》,《四库全书》,台北:商务印书馆,1983年。

[32](明)汪道昆:《太函集》,《四库全书存目丛书》,济南:齐鲁书社,1997年。

[33](明)金声:《金正希先生文集辑略》,《四库禁毁书丛刊》,北京:北京出版社,1997年。

[34](明)宋濂著,罗月霞主编:《宋濂全集》,杭州:浙江古籍出版社,1999年。

[35](明)谢肇淛:《五杂俎》,《续修四库全书》,上海:上海古籍出版社,2002年。

[36](明)王世贞著,姚大勇等点校:《弇山堂别集》,上海:上海古籍出版社,2017年。

[37](清)邵晋涵:《南江文钞》,《续修四库全书》,上海:上海古籍出版社,2002年。

[38](清)赵吉士辑撰,周晓光、刘道胜点校:《寄园寄所寄》,合肥:黄山书社,2008年。

[39](清)黄士簏:《栢林寱书》,康熙年间抄本。

[40](清)钱大昕:《十驾斋养新录》,上海:上海书店,1983年。

[41](清)黄生:《黄生全集》,合肥:安徽大学出版社,2009年。

[42](民国)许承尧:《歙事闲谭》,合肥:黄山书社,2001年。

[43]上海书画出版社、浙江省博物馆编:《黄宾虹文集》,上海:上海书画出版社,1999年。

四、方志类

[1](宋)罗愿撰,肖建新、杨国宜校著:《〈新安志〉整理与研究》,合肥:黄山书社,2008年。

[2](明)彭泽修,(明)汪舜民纂:《徽州府志》,《天一阁藏明代方志选刊》,上海:上海古籍书店,1964年。

[3](清)赵吉士:《徽州府志》,《中国方志丛书》,台北:成文出版社,1975年。

[4](明)何东序,(明)汪尚宁纂:《徽州府志》,《北京图书馆珍本古籍丛刊》,北京:书目文献出版社,1992年。

[5](明)宋国华修,(明)吴宗尧、陈有守纂:《休宁县志》,嘉靖二十七年

(1548)刻本。

[6](明)李乔岱纂修:《休宁县志》,万历三十五年(1607)刻本。

[7](明)谢陛撰,张艳红点校:《歙志》,合肥:黄山书社,2014年。

[8](明)程敏政辑撰,何庆善、于石点校:《新安文献志》,合肥:黄山书社,2004年

[9](明)曹嗣轩:《休宁名族志》,合肥:黄山书社,2003年。

[10](明)程尚宽:《新安名族志》,合肥:黄山书社,2004年。

[11](清)马步蟾修,(清)夏銮纂:《徽州府志》,《中国地方志集成》,南京:江苏古籍出版社,1998年。

[12](清)廖腾煃,(清)汪晋征:《休宁县志》,《中国方志丛书》,台北:成文出版社,1970年。

[13](清)王景曾修,(清)尤何等纂:《黟县志》,康熙二十二年(1683)刻本。

[14](清)姚启元,(清)张瑗:《祁门县志》,康熙二十三年(1684)刻本。

[15](清)较陈锡,(清)章瑞钟:《绩溪县志》,乾隆二十一年(1756)刻本。

[16](清)施璜:《紫阳书院志》,合肥:黄山书社,2010年。

[17](清)不详:《婺源乡土志》,清光绪三十四年(1908)刻本。

[18](清)佘华瑞:《岩镇志草》,《中国地方志集成》,南京:江苏古籍出版社,1992年。

[19](民国)许承尧:《歙县志》,南京:江苏古籍出版社,1998年。

五、今人著述

[1]梁方仲:《中国历代户口田地田赋统计》,上海:上海人民出版社,1980年。

[2]叶显恩:《明清徽州农村社会与佃仆制度》,合肥:安徽人民出版社,1983年。

[3]刘淼:《徽州社会经济史译文集》,合肥:黄山书社,1987年。

[4] 张海鹏,唐力行等编:《明清徽商资料选编》,合肥:黄山书社,1985年。

[5] 朱振华:《中国家谱综合目录》,北京:中华书局,1997年。

[6] 常建华:《宗族志》,上海:上海人民出版社1998年。

[7] [英]莫里斯·弗里德曼著,刘晓春译:《中国东南的宗族组织》,上海:上海人民出版社2000年。

[8] 冯惠玲,张辑哲:《档案学概论》,北京:中国人民大学出版社,2001年

[9] 王铁:《中国东南的宗族与宗谱》,上海:汉语大词典出版社,2002年。

[10] 赵华富:《徽州宗族研究》,合肥:安徽大学出版社,2004年。

[11] 林济:《长江流域的宗族与宗族生活》,武汉:湖北教育出版社,2004年

[12] 唐立行:《徽州宗族社会》,合肥:安徽人民出版社,2005年。

[13] 冯尔康:《18世纪以来中国家族的现代转向》,上海:上海人民出版社,2005年。

[14] 刘道胜:《明清徽州宗族文书研究》,合肥:安徽人民出版社,2008年。

[15] 郑振满:《明清福建宗族组织与社会变迁》,北京:中国人民大学出版社,2009年。

[16] 中国古籍总目编纂委员会:《中国古籍总目》,上海:上海古籍出版社,2009年。

[17] 科人卫著,卜永坚译:《皇帝与祖宗——华南的国家与宗族》,南京:江苏人民出版社2010年。

[18] 谈家胜:《国家图书馆所藏徽谱资源研究:32种稀见徽州家谱叙录》,合肥:安徽大学出版社,2011年。

[19] 冯尔康:《中国宗族制度与谱牒编纂》,天津:天津古籍出版社2011年。

[20] 常建华:《宋以后宗族的形成及地域比较》,北京:人民出版社

2013年。

[21]冯剑辉:《徽州家谱宗族史叙事冲突研究》,合肥:合肥工业大学出版社2014年。

[22]徐学林:《徽州刻书史长编》,合肥:安徽教育出版社,2014年。

[23]徐彬:《徽州家谱的理论与方法研究》,合肥:安徽科学技术出版社,2017年。

六、论文

[1]潘光旦:《中国家谱学略史》,《东方杂志》卷第26,第1号,1929年。

[2]赵万里:《从天一阁说到东方图书馆》,《国立北平图书馆馆刊》第8卷第1号,1934年。

[3][日]森田宪司:《宋元时代的修谱》,《东洋史研究》第37卷第4号,1979年。

[4]瞿林东:《直书与曲笔》,《吉林大学学报(社会科学版)》,1979年第4期。

[5][日]多贺秋五郎:《中国宗谱的研究(上)》,日本学术振兴会,1981年。

[6]唐力行:《论徽商与封建宗族势力》,《历史研究》,1986年第2期。

[7]常建华:《元代族谱研究》,《谱牒学研究》第3辑,1991年。

[8]翟屯建:《黄山市博物馆藏善本家谱述要》,《文献》,1996年第3期。

[9]叶显恩:《儒家传统文化与徽州商人》,《安徽师范大学(哲学社会科学版)》,1998年第4期。

[10][韩]朴元熇:《明清时代徽州商人与宗族组——以歙县柳山方氏为中心》,《安徽师范大学(人文社会科学版)》,1999年第3期。

[11]赵华富:《元代的新安理学家》,《学术界》,1999年第3期。

[12]薛贞芳:《徽州谱牒述略》,《安徽大学学报(哲学社会科学版)》,2000年第2期。

[13]钱杭:《莫里斯·弗利德曼与〈中国东南部的宗族组织〉》,《史林》,2000年第3期。

[14]常建华:《宋元时期徽州祠庙祭祖的形式及其变化》,《徽学》,2000年。

[15]徐学林:《徽州存世谱牒及其开发利用》,《江淮论坛》,2000年第4期。

[16]陈瑞:《明代徽州家谱的编修及其内容与体例的发展》,《安徽史学》,2000年第4期。

[17]刘锡涛:《宋代江西文化地理研究》,陕西师范大学2001年博士论文。

[18]王鹤鸣:《上海图书馆馆藏徽州家谱简介》,《安徽史学》,2003年第1期。

[19]王鹤鸣:《家谱体例概说一》,《寻根》,2009年第2期。

[20][荷]宋汉理:《〈新安大族志〉与中国士绅阶层的发展(800—1600年)》,《中国社会经济史研究》,1983年第2期。

[21]吴树国:《唐宋之际徽州重税考》,《求是学刊》,2003年第3期。

[22]汪庆元:《〈新安旌城汪氏家录〉初探》,《文献》,2003年第4期。

[23]周晓光:《南宋徽州人文环境变迁与新安理学的形成》,《江淮论坛》,2003年第6期。

[24][日]臼井佐知子:《明代徽州族谱的编纂——宗族扩大组织化的样态》,《徽学》,2004年。

[25]王国键:《徽州宗族立祠修谱活动及其文书》,《中国典籍与文化》,2004年第3期。

[26]周晓光:《试论朱熹在徽州的理学教育活动及其影响》,《华东师范大学学报(教育科学版)》,2004年第3期。

[27][日]臼井佐知子:《明代徽州族谱的编纂——宗族扩大组织化的样态》,《徽学》,2004年。

[28]周惊涛:《徽州存世家谱的社会史资料价值》,《安徽师范大学学报

（人文社科版）》,2005 年第 1 期。

[29] 焦艳婷:《从家谱发展史看家谱档案属性的演变》,《图书馆工作与研究》,2005 年第 2 期。

[30] 席永春:《元代南部中国的宗族组织——读 251 篇元代谱序》,复旦大学 2005 年硕士论文。

[31] 王韡:《徽州传统聚落生成环境研究》,同济大学 2005 年博士论文。

[32] 常建华:《程敏政〈新安程氏统宗世谱〉谱学问题初探》,《河北学刊》,2005 年第 6 期。

[33] 王鹤鸣:《试论徽州谱牒的体与魂》,《复旦学报（社会科学版）》,2006 年第 1 期。

[34] 汪庆元:《徽州的家族文献与宗族文化——以歙县吴氏〈冲山家乘〉为中心》,《安徽史学》,2006 年第 1 期。

[35] 戴圣芳:《徽州望族的谱牒》,《寻根》,2006 年第 1 期。

[36] 陈琪,胡筱艳:《清末徽州民间宗谱纂修活动研究——以光绪二十三年祁门竹源陈氏宗谱文书为例》,《安徽史学》,2006 年第 6 期。

[37] 翟屯建:《徽州私撰家谱与公修族谱的差异》,《安徽史学》,2006 年第 6 期。

[38] 黄国信,温春来:《新安程氏统宗谱重构祖先谱系现象考》,《史学月刊》,2006 年第 7 期。

[39] 林济:《汪道昆的谱本宗与宗法收族理论》,《史学月刊》,2006 年第 7 期。

[40] 陈瑞:《明清时期徽州族谱的控制功能》,《安徽大学学报（哲学社会科学版）》,2007 年第 1 期。

[41] 胡中生:《清代徽州族谱对女性上谱的规范》,《安徽大学学报（哲学社会科学版）》,2007 年第 1 期。

[42] 林济:《程敏政"冒祖附族"说考辨》,《安徽史学》,2007 年第 2 期。

[43] 刘道胜:《明清徽州民间契约关系的维系》,《安徽师范大学学报（人文社会科学版）》,2007 年第 2 期。

［44］徐道彬：《戴震〈族支谱序〉及其相关问题研究》，《古籍研究》，2007年第2期。

［45］陈瑞：《明清时期徽州宗族内部的血缘秩序控制》，《中国社会历史评论》，2007年第3期。

［46］卞利：《明清时期徽州家谱的纂修及刊刻等相关问题研究》，《徽学》（第五卷），2008年。

［47］陈瑞：《明清时期徽州宗族祖茔的控制功能》，《徽学》，2008年。

［48］林济：《程敏政统宗谱法与徽州谱法发展》，《安徽史学》，2008年第4期。

［49］常建华：《元人文集族谱序跋数量及反映的谱名与地区分布》，《史学集刊》，2008年第6期。

［50］章毅：《理学社会化与元代徽州宗族观念的兴起》，《中国杜会历史评论》，2008年第00期。

［51］王鹤鸣：《中国家谱体例该说（一）》，《寻根》，2009年第1期。

［52］陈瑞：《元代徽州宗族祖茔规约二则释读》，《史学史研究》，2009年第1期。

［53］徐彬：《"谱之废与兴，人也"——徽州学者的家谱编者论》，《史学史研究》，2009年第1期。

［54］陈瑞：《元代徽州路的手工业》，《安徽大学学报（哲学社会科学版）》，2009年第1期。

［55］谈家胜：《国家图书馆所藏徽州家谱的特点与价值》，《历史档案》，2009年第2期。

［56］徐彬：《论徽州家谱的评价理论》，《安徽师范大学学报（人文社会科学版）》，2009年第2期。

［57］连心豪：《宋代儒士对谱牒学的贡献》，《宋代文化研究》，2009年。

［58］邵凤丽：《家谱凡例研究——以徽州汪氏家谱为例》，北京师范大学2009年硕士论文。

［59］谈家胜：《近二十年徽州家谱文献研究的学术审思》，《安徽大学学

报(哲学社会科学版)》,2009 年第 6 期。

[60] 林萍:《试析宋代江西进士地域分布的不平衡性》,《东京文学》,2009 年第 8 期。

[61] 赵龙:《试析宋代徽州进士的分布特点》,《社会科学论坛(学术研究卷)》,2009 年第 12 期。

[62] 卞利:《明代徽州谱牒的纂修、管理及其家国互动关系研究》,《江海学刊》,2010 年第 1 期。

[63] 卞利:《明代徽州谱牒的纂修、管理及其家国互动关系研究》,《江海学刊》,2010 年第 1 期。

[64] 徐彬:《明清徽州家谱与徽商文化》,《光明日报》,2010 年 6 月 22 日,第 12 版。

[65] 徐彬:《历史意识与历史编撰理论对明清徽州家谱的影响》,《安徽史学》,2010 年第 3 期。

[66] 栾成显:《〈新安大阜吕氏宗谱〉研究》,《徽学》,2010 年。

[67] 徐彬:《历史意识与历史编撰理论对明清徽州家谱的影响》,《安徽史学》,2010 年第 3 期。

[68] 张秀玉:《明清至民国徽州家谱中的版画——兼论与徽派版画的关系》,《民间文化论坛》,2010 年第 3 期。

[69] 刘道胜:《众存产业与明清徽州宗族社会》,《安徽史学》,2010 年第 4 期。

[70] 谈家胜:《徽州族谱所录文献的类型与价值》,《安徽师范大学学报(人文社科版)》,2010 年第 5 期。

[71] 宋杰:《徽州存世家谱的文献学分析》,《安庆师范学院学报(社会科学版)》,2010 年第 11 期。

[72] 徐彬:《明清时期徽商参与家谱编修的动因》,《安徽师范大学学报(人文社会科学版)》,2011 年第 1 期。

[73] 卞利:《无徽不成镇——明清时期的徽商与城市发展》,《社会科学》,2011 年第 1 期。

[74] 胡中生:《礼教渗透下徽州家谱控制女性的模式》,《徽学》,2011年。

[75] 黄一农:《e-考据时代的新曹学研究:以曹振彦生平为例》,《中国社会科学》,2011年第2期。

[76] 林济:《徽州祖先谱系的构造与祖、宗、族观念》,《安徽史学》,2011年第3期。

[77] 徐彬:《程敏政的家谱编修及其影响》,《淮北师范大学学报(哲学社会科学版)》,2011年第5期。

[78] 徐国利:《从明清徽州家谱看明清徽州宗族的职业观》,《河北学刊》,2011年第6期。

[79] 周晓光,徐彬:《明清徽州家谱与徽州社会风俗》,《安徽史学》,2011年第6期。

[80] 徐彬:《论明清徽州家谱编修与徽商的互动》,《学术研究》,2011年第6期。

[81] 宋杰:《明代徽州存世家谱的文献学研究》,安徽师范大学2011年硕士论文。

[82] 陈玲,冯剑辉:《黄山学院图书馆馆藏徽州家谱简介》,《黄山学院学报》,2012年第1期。

[83] 黄超,王善军:《宋代族谱序跋所涉家族的地域分布》,《大连大学学报》,2012年第1期。

[84] 栾成显:《谱牒:记录中华历史文化的又一宝藏》,《安徽师范大学学报(人文社会科版)》,2012年第1期。

[85] 汪兵:《谱牒:最具中国特色的历史档案》,《天津师范大学学报(社会科学版)》,2012年第1期。

[86] 徐国利:《民国时期基层社会传统职业观的革新与保守——以民国徽州家谱的族规家训所见职业观为例》,《民国档案》,2012年第1期。

[87] 吴兆龙:《汪道昆的家谱编修活动及其理论成就》,安徽师范大学2012年硕士论文。

[88] 林济:《明代徽州宗族精英与祠堂制度的形成》,《安徽史学》,2012年第6期;

[89] 刘道胜:《明代徽州珍稀族谱〈程典〉考论》,《历史档案》,2012年第3期。

[90] 江小角:《清代徽州族谱中张廷玉、汪由敦佚文述略》,《安徽史学》,2012年第4期。

[91] 梅华:《宋代家谱序跋的文化意蕴》,《社会科学家》,2012年第8期。

[92] 张守卫:《元代安徽刻书考》,《图书馆理论与实践》,2012年第12期。

[93] 徐彬,张学会:《论宗法思想对家谱编修的影响——兼论明清徽州家谱的宗法理念实践》,《徽学》,2013年。

[94] 李影:《清代徽州谱序研究》,安徽师范大学2013年硕士论文。

[95] 于程琳:《明代徽州谱序研究》,安徽师范大学2013年硕士论文。

[96] 董家魁:《徽州家谱研究的回眸与前瞻》,《图书馆理论与实践》,2013年第6期。

[97] 张秀玉:《徽州家谱中的原镌印与后钤印》,《图书馆建设》,2013年第7期。

[98] 张学会:《明代徽州家谱述论》,安徽师范大学2014年硕士论文。

[99] 朱玉荣:《清代徽州家谱述论》,安徽师范大学2014年硕士论文。

[100] 姚硕:《馆藏清代徽州存世家谱档案的纂修与文献价值——以〈绩溪城西周氏宗谱〉为例》,《档案管理》,2014年第3期。

[101] 林济:《宋元宗族谱系的构造——以徽州程氏为例》,《安徽史学》,2014年第4期。

[102] 张道仙:《新安金氏宗族变迁实录——〈新安休宁金氏合族通谱〉的编修及其价值》,《池州学院学报》,2014年第5期。

[103] 徐彬,祝虹:《清代以来徽州家族修谱谱局管理模式研究》,《史学史研究》,2014年第4期。

[104] 李素娟:《关于谱牒与档案关系的探析》,《兰台世界》,2014年第11期。

[105] 常建华:《16世纪初徽州的宗族与习俗补正——以〈珰溪金氏族谱〉为例》,《徽学》,2015年。

[106] 代洪亮:《中国社会史研究的分化与整合:以学派为中心》,《清华大学学报(哲学社会科学版)》,2015年第3期。

[107] 章毅:《元代徽州路的军功家族》,《安徽史学》,2015年第3期。

[108] 姚硕:《绩溪存世家谱辑录文献的类型与价值研究》,安徽师范大学2015年硕士论文。

[109] 朱慧敏:《明清家谱人物传记的结构方式与存世价值——以徽州家谱为中心》,《佳木斯大学社会科学学报》,2015年第4期。

[110] 周晓光、周慧珺:《试论北宋及两宋之交的徽州理学思潮》,《孔子研究》,2015年第5期。

[111] 周晓光:《论徽州家谱谱传的价值——以〈新安商山吴氏宗祠谱传〉为例》,《安徽大学学报(哲学社会科学版)》,2015年第6期。

[112] 王裕明:《清代徽州家谱的谱禁》,《安徽大学学报(哲学社会科学版)》,2015年第6期。

[113] 常建华:《谱牒学与徽学离不开徽州族谱(主持语)》,《安徽大学学报(哲学社会科学版)》,2015年第6期。

[114] 朱慧敏:《明清家谱人物传记的宗法思想——以徽州家谱为中心》,《宁夏大学学报(人文社会科学版)》,2016年第2期。

[115] 王耀祖,黄书光:《元代徽州童蒙教育探析》,《四川师范大学学报(社会科学版)》2016年第2期。

[116] 吕春阳:《明代徽州家谱内容与体例研究》,安徽师范大学2016年硕士论文。

[117] 徐昉:《嘉万时期徽州家谱中的人物传研究》,安徽师范大学2016年硕士论文。

[118] 郑小春:《谱牒纷争所见明清徽州小姓与望族的冲突》,《安徽大学学报(哲学社会科学版)》,2016年第3期。

[119] 安君:《徽州家谱的民间收藏与保护——以安徽省歙县为例》,《黑龙江生态工程职业学院学报》,2016年第5期。

[120] 王业明:《家谱作为组织传播媒介的观照——以明清徽州家谱为对象》,《今传媒》,2016年第6期。

[121] 祝虻:《现存民间家谱档案属性研究——以徽州家谱为中心》,《档案学通讯》,2016年第6期。

[122] 郑小春:《清乾隆朝谱禁与徽州宗谱之重修实践》,《史学月刊》,2016年第7期。

[123] 朱慧敏:《明清徽州家谱像传初探》,《宁夏大学学报(人文社会科学版)》2017,第1期。

[124] 王开队:《徽州族谱数据化相关问题——以人物和地理信息为中心》,《图书馆论坛》,2017年第2期。

[125] 安君:《徽州家谱中明代传记书写述论》,安徽师范大学2017年硕士论文。

[126] 朱慧敏:《明清时期徽州家谱传记研究》,安徽大学2017年硕士论文。

[127] 胡楚清:《家谱中传记书写研究——以明代徽州家谱中传记为中心》,安徽师范大学2017年硕士论文。

[128] 董家魁:《明清徽州家谱治生观与徽商发展》,《中国石油大学学报(社会科学版)》,2017年第4期。

[129] 董家魁:《明清徽州家谱传记与徽商社会地位的提高》,《宁夏大学学报(人文社会科学版)》,2017年第4期。

[130] 陈鹏:《中古谱牒的类型、层级与流变》,《古代文明》,2019年第2期。

后　记

2020年是一个不平凡的年份，也是一个充满变化的年份。原计划我的《明清乡村绅权建构与社会认同研究》一书出版，但结果却是《宋元明清徽州家谱的历史演进》先出，而前书则要推迟到2021年出版。这一变化确实让人感觉快而突然，但当此书出版需要提供后记时，我又觉得是一个必然。

《宋元明清徽州家谱的历史演进》是国家社科基金重大招标项目"千年徽州家谱与徽州社会变迁研究"子课题"宋元明清徽州家谱的历史演进"2018年的结题成果，成果的名称与子课题名称一致，没有改变，成果出版时依然保持原题。之所以没有变动，是因为这一名称是2011年申报国家社科基金重大招标项目时仔细推敲、认真思考的。当时的设想就是要将宋元明清这一历史时期徽州家谱发展的脉络说清楚，将不同阶段徽州家谱的特点总结出来，并在此基础上讨论徽州家谱编修理论与方法上的成就，目的是要研究清楚徽州家谱近千年来的发展进程。最后从结题的成果来看，这一目的是完成了的。

没有进行名称修改的另一个原因是与我关于徽州家谱研究的构想相关。2017年我出版了《徽州家谱的理论与方法》一书，而《宋元明清徽州家谱的历史演进》则可以看作其姊妹篇，这两部著作都是以徽州家谱本身作为研究对象的，是对徽州家谱自身发展的考察。即将出版的《明清乡村绅权建构与社会认同研究》和已经完成的《明清徽州传统家训与优秀家风》两书,则是侧重于徽州家谱与徽州社会互动关系的研究。此外,我还计划开展系列的徽州家谱资料整理,诸如已列入出版计划的徽州谱序、徽州家训等。最终的设想是编写一部《徽州家谱史》。因此,现在的工作还只是对徽州家谱发展过程的一个梳理,是《徽州家谱史》的准备工作。

开展"宋元明清徽州家谱的历史演进"研究工作,其实是与 2011 年度国家社科基金一般项目"明清乡村绅权建构与社会认同研究——以徽州士绅修谱为中心"和 2014 年度国家社科基金重点项目"明清徽州传统家训资料整理与优秀家风研究"同时进行的,三者交织在一起,确实是十分有难度的,但好处是三者之间又有着较大的关联性,可从多角度、系统地、立体地观察徽州家谱自身发展情况,也可对家谱与社会关系进行更加细致的考察,因此研究之间是相互启发、相互促进的。但从 2011 年到 2019 年的 8 年时间里,同时进行了国家社科基金重大、重点、一般三个项目的研究工作,其压力是不言而喻的。所幸的是我所在的安徽师范大学有一个学术传承有自的徽学研究团队,可以为我的研究提供源源不断的学术动力。在这一期间,我所指导的博士、硕士研究生基本都参与了资料的收集、整理和到徽州地区进行调研的工作,他们中多人的学位论文也都与这些课题直接相关,为课题的完成提供了十分重要的助力作用。在此一并向他们致以谢意。

祝虻同志在攻读硕士、博士学位期间都参与了本课题的研究,其在中国社会科学院做博士后期间依然承担了"宋元徽州家谱""宋元明清徽州家谱编纂理论"等章节 11 万字的书稿撰写与修改工作,特别是这次出版前的修订工作主要是由他来完成的。

本书的出版时间比我预计的远远提前了,当交到安徽大学出版社时,书稿还处在结题后没有进一步整理的状态,这无疑给李君编辑造成了巨大的"麻烦",虽然她没有责怪我们的不严谨,但增加工作量是无疑的。在此书即将付梓之即,特向李君编辑的辛勤付出致以诚挚的感谢。